2020 年度

注册土木工程师（道路工程）执业资格考试类图书

出 版 资 讯

一、官方考试用书

本书为专业科目的指定官方用书，也是考试命题的依据。

书　　名	书号	定价
勘察设计注册土木工程师（道路工程）执业资格考试标准规范摘录汇编　公路工程（2020 年版）	16480	220.00

二、考试辅导用书

书　　名	主　　编	书号	定价
勘察设计注册土木工程师（道路工程）执业资格考试习题精练与解析 **专业基础知识**（2020 年版）	汪海年 等	16806	100.00
勘察设计注册土木工程师（道路工程）执业资格考试习题精练与解析 **专业知识**（2020 年版）	赵一飞 等	16807	110.00
勘察设计注册土木工程师（道路工程）执业资格考试模拟试卷 **专业案例**（2020 年版）	邓一郎（网名：狼王）	16838	70.00
公路工程技术标准与设计规范对照手册（第三版）	本书编委会	16599	110.00

天猫购书码：

规范汇编

专业基础知识

专业知识

专业案例

对照手册

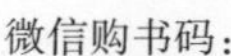

微信购书码：

规范汇编

专业基础知识

专业知识

专业案例

对照手册

★咨询电话：（发行部）010-59757973

注册道路工程师考试交流 QQ 群：775356672

2020职(执)业资格考试辅导丛书

勘察设计注册土木工程师(道路工程)执业资格考试习题精练与解析

专业知识

赵一飞　等　主编

人民交通出版社股份有限公司

北京

内 容 提 要

本书为勘察设计注册土木工程师(道路工程)执业资格考试辅导用书,全书紧扣《专业知识》考试相关要求,主要设置有复习提示和大量的练习题,并附有详细解析。全书共八章,分别为:道路路线设计、路基工程、路面工程、桥梁工程、隧道工程、交叉工程、交通工程及沿线设施、道路工程施工组织与概预算。

本书可作为勘察设计注册土木工程师(道路工程)《专业知识》考试复习备考用书。

图书在版编目(CIP)数据

勘察设计注册土木工程师(道路工程)执业资格考试习题精练与解析. 专业知识 / 赵一飞等主编. — 北京 : 人民交通出版社股份有限公司, 2020.9

ISBN 978-7-114-16807-9

Ⅰ. ①勘… Ⅱ. ①赵… Ⅲ. ①道路工程—资格考试—题解 —Ⅳ. ①U41-44

中国版本图书馆 CIP 数据核字(2020)第 160809 号

书　　名:勘察设计注册土木工程师(道路工程)执业资格考试习题精练与解析　专业知识
著 作 者:赵一飞　等
责任编辑:朱伟康
责任校对:孙国靖　扈　婕
责任印制:刘高彤
出版发行:人民交通出版社股份有限公司
地　　址:(100011)北京市朝阳区安定门外外馆斜街 3 号
网　　址:http://www.ccpcl.com.cn
销售电话:(010)59757973
总 经 销:人民交通出版社股份有限公司发行部
经　　销:各地新华书店
印　　刷:北京市密东印刷有限公司
开　　本:787 × 1092　1/16
印　　张:22.75
字　　数:545 千
版　　次:2020 年 9 月　第 1 版
印　　次:2020 年 9 月　第 1 次印刷
书　　号:ISBN 978-7-114-16807-9
定　　价:110.00 元
(有印刷、装订质量问题的图书由本公司负责调换)

《勘察设计注册土木工程师(道路工程)
执业资格考试习题精练与解析　专业知识》

编写委员会

(按编写章节排序)

赵一飞　郑智能　叶巧玲　杜　铭　李学文　李　诚
颜东煌　吴从师　张庆彬　潘兵宏　梁国华　王首绪

前　言

勘察设计是公路建设的灵魂。在公路勘察设计过程中,以科学发展观为指导,坚持以人为本,坚持"资源节约、环境友好"的公路勘察设计理念,是实现我国公路建设可持续发展的关键所在,更是公路勘察设计人员所面临的重要课题。为了规范道路工程勘察设计人员管理,提高道路工程勘察设计人员综合素质,提升道路工程勘察设计整体水平,打造一支高素质的道路工程勘察设计队伍,原交通部会同原人事部和原建设部建立了勘察设计注册土木工程师(道路工程)制度,并于2007年4月1日起正式实施。

2020年度全国勘察设计注册土木工程师(道路工程)执业资格考试将于10月17、18日进行。为帮助广大考生复习备考,人民交通出版社股份有限公司组织长安大学、重庆交通大学、东南大学、长沙理工大学等院校的相关专家,根据考试有关资料及文件精神,结合自身对考试的深度理解,精心编写了《勘察设计注册土木工程师(道路工程)执业资格考试习题精练与解析》辅导用书。本辅导用书分为《专业基础知识》和《专业知识》两册,本书为《专业知识》分册,共八章,包括:道路路线设计、路基工程、路面工程、桥梁工程、隧道工程、交叉工程、交通工程及沿线设施、道路工程施工组织与概预算。

本书主要设置有复习提示(包括复习要点和规范提示)及大量的练习题,并附参考答案及详细解析。

(1)**复习提示**——如何有效地备考复习,是绝大多数考生共同关注的问题。为减少复习的盲目性,少走弯路,特设置此栏目。其中,"复习要点"是站在考生复习的角度,系统梳理了各章节的主要知识点,同时对重难点进行了分析提炼,力求为考生指明方向,使考生复习时能够有的放矢;"规范提示"是针对勘察设计注册土木工程师(道路工程)执业资格考试涉及的相关标准、规范,尤其对新旧规范的变化做了明确提示并进行了精要解读,以便帮助考生更好地理解规范。

(2)**习题及解析**——为避免考生在复习看书过程中感到枯燥,根据考纲相关要求,本书各章设置了大量练习题,并附参考答案及详细解析。习题讲究精练,力求将知识点融入题目,并通过解析让考生能够举一反三,进一步巩固掌握知识点,提高复习效率。

本书的编写分工如下:长安大学赵一飞(第一章);重庆交通大学郑智能(第二章);重庆交

通大学叶巧玲、重庆两江交通规划勘察设计研究有限公司杜铭(第三章);长沙理工大学李学文、李诚、颜东煌(第四章);长沙理工大学吴从师、张庆彬(第五章);长安大学潘兵宏(第六章);长安大学梁国华(第七章);长沙理工大学王首绪(第八章)。

本书难免有疏漏和不当之处,请各位考生提出宝贵意见和建议,以便修订时参考。

作　者

2020 年 8 月

目　录

第一章　道路路线设计……1
　第一节　一般要求……1
　第二节　总体设计……21
　第三节　路线平面设计……26
　第四节　路线纵断面设计……44
　第五节　横断面设计……56
　第六节　线形设计……67
　第七节　选线……77
　第八节　环境保护与景观设计……81
　第九节　城市管线综合……87
第二章　路基工程……94
　第一节　总论……94
　第二节　一般路基设计……98
　第三节　路基边坡稳定性设计……107
　第四节　路基排水设计……114
　第五节　路基防护、加固与支挡结构设计……122
　第六节　特殊路基工程……132
第三章　路面工程……141
　第一节　总论……141
　第二节　沥青路面……148
　第三节　水泥混凝土路面……161
第四章　桥梁工程……174
　第一节　一般要求……174
　第二节　桥面构造……185
　第三节　梁桥的构造与设计……190
　第四节　桥梁支座与墩台……205
　第五节　涵洞……208
　第六节　桥涵水文……211
　第七节　桥位选择与布置……217

第八节 大中桥桥孔设计…… 220
第九节 墩台冲刷计算及基础埋深…… 224
第五章 隧道工程…… 228
第一节 概述…… 228
第二节 山岭隧道…… 232
第六章 交叉工程…… 252
第一节 一般要求…… 252
第二节 服务水平与通行能力…… 257
第三节 平面交叉…… 268
第四节 立体交叉…… 282
第五节 公路与铁路、乡村道路及管线交叉 …… 299
第七章 交通工程及沿线设施…… 309
第一节 一般规定…… 309
第二节 交通安全设施…… 311
第三节 服务设施…… 323
第四节 管理设施…… 329
第八章 道路工程施工组织与概预算…… 334
第一节 道路工程施工组织…… 334
第二节 道路工程概预算…… 350

第一章　道路路线设计

第一节　一 般 要 求

【考试纲要】

1. 掌握道路功能分类和道路分级、设计车辆、设计速度、交通量、建筑限界、抗震设计等基本概念。

2. 掌握路线设计中通行能力与服务水平的分析与运用。

3. 掌握城市道路工程无障碍设计的内容和方法。

4. 熟悉现行标准、规范中有关路线设计的内容及其主要技术指标的规定。

5. 了解道路勘测设计的阶段和任务。

【复习提示】

1. 复习要点

主要考点：

道路功能、设计车辆、设计速度与运行速度、交通量、设计交通量、设计小时交通量、通行能力与服务水平、设计通行能力、建筑限界等基本概念；公路技术分级的依据和城市道路分级的依据；设计车辆的作用；设计速度的作用；运行速度在路线设计中的应用；设计交通量与设计小时交通量的作用；安全性评价的定义与作用；交通量折算；通行能力与服务水平的分析与运用；各级公路与城市道路的净空要求；道路抗震设计的要求；道路技术标准的决定因素；城市道路工程无障碍设计（盲道、缘石坡道、坡道和梯道等）的内容和方法；现行标准、规范中有关路线设计的内容及其主要技术指标的规定；道路勘测设计的阶段和任务。

考试重点：

道路功能与道路分级；道路设计依据；交通量与车道数计算；通行能力与服务水平的分析与运用；城市道路工程无障碍设计的内容和方法。

案例考点：

交通量计算；设计通行能力与服务水平分析；路段车道数计算；建筑限界横向宽度；无障碍设计。

2. 规范依据

《公路工程技术标准》（JTG B01—2014）中“3.1 公路分级、3.2 设计车辆、3.3 交通量、3.4 服务水平、3.5. 速度、3.6 建筑限界、3.7 抗震”。

《公路路线设计规范》（JTG D20—2017）中“2 公路分级与等级选用、3 公路通行能力”。

《城市道路工程设计规范》（CJJ 37—2012）中“3.1 道路分级、3.2 设计速度、3.3 设计车辆、3.4 道路建筑限界、3.5 设计年限、3.7 防灾标准”及“4 通行能力和服务水平”。

《城市道路路线设计规范》(CJJ 193—2012)中“3 基本规定”。

《无障碍设计规范》(GB 50763—2012)中“3.1 缘石坡道、3.2 盲道、3.3 无障碍出入口、3.4 轮椅坡道、4.1 实施范围、4.2 人行道、4.3 人行横道、4.4 人行天桥及地道、4.5 公交车站、4.6 无障碍标识系统”。

《公路项目安全性评价规范》(JTG B05—2015)是2020年新增加的规范,主要内容包括“3 工程可行性研究阶段、4 初步设计阶段、5 施工图设计阶段、6 交工阶段、7 后评价”中各阶段的评价方法、评价内容(或设计要素评价或公路安全状况评价)。主要评价内容为路线、互通式立交、平面交叉的评价内容。

《公路工程基本建设项目设计文件编制办法》(交公路发〔2007〕358 号)中“2 设计阶段、3 初步设计(3.1 目的与要求、3.2 组成与内容)、4 技术设计(4.1 目的与要求、4.2 组成与内容)、5 施工图设计(5.1 目的与要求、5.2 组成与内容)”的内容。

习题精练

一、单项选择题

1. 公路设计应按地区特点、路网结构及(　　)综合分析确定公路功能。

A. 地形条件　B. 交通特性　C. 交通量　D. 行驶速度

2. 主要干线公路和次要干线公路具有(　　)功能。

A. 汇集疏散　B. 畅通直达　C. 出入通达　D. 汇集直达

3. 公路应按设计速度进行路线设计,采用(　　)进行检验,保持线形连续性。

A. 期望速度　B. 限制速度

C. 大货车与小客车速度差　D. 运行速度

4. 高速公路和一级公路的设计交通量宜在(　　)以上。

A. 10000pcu/h　B. 25000pcu/h　C. 55000pcu/h　D. 15000pcu/h

5. 干线公路和主要集散公路应满足(　　)通行要求。

A. 小客车和大型客车　B. 所有设计车辆

C. 小客车和大型货车　D. 小客车和载重汽车

6. 公路交通量换算的标准车型是(　　)。

A. 小客车　B. 中型车　C. 大型车　D. 汽车列车

7. 高速公路和一级公路设计交通量预测年限为(　　)。

A. 15 年　B. 20 年　C. 25 年　D. 30 年

8. 城市快速路交通量达到饱和状态时的道路设计年限应分别为(　　)。

A. 20 年　B. 15 年　C. 30 年　D. 25 年

9. 在公路工程设计时,根据《公路工程技术标准》(JTG B01—2014)的规定,应进行交通安全评价的是(　　)。

A. 乡村公路　B. 三级公路

C. 四级公路　D. 二级及二级以上的干线公路

10.(　　)决定公路技术等级的选用。

A. 适应的交通量　　B. 技术标准

C. 设计速度　　D. 公路功能

11. 城市道路主干路应连接各城市主要分区,应以(　　)为主。

A. 集散交通功能　　B. 交通功能

C. 服务功能　　D. 出入功能

12. 城市快速路的设计速度为 100km/h,则该快速路辅路的设计速度最有可能的是(　　)。

A. 50km/h　　B. 70km/h　　C. 30km/h　　D. 35km/h

13、公路设计小时交通量宜采用年第(　　)位小时交通量。

A. 50　　B. 60　　C. 30　　D. 15

14. 确定道路等级和车道数采用的交通量分别是(　　)。

A. 设计交通量和年平均小时交通量

B. 预测年限时所能达到的年平均日交通量和设计小时交通量

C. 设计小时交通量和预测年限时所能达到的年平均日交通量

D. 设计小时交通量和年平均小时交通量

15. 道路建筑限界是(　　)设计的重要依据。

A. 通行能力　　B. 横断面　　C. 平面线形　　D. 视距

16. 三、四级公路侧向宽度为(　　)。

A. 硬路肩宽度　　B. 土路肩宽度

C. 硬路肩宽度减去 0.25m　　D. 路肩宽度减去 0.25m

17. 城市道路中对道路建筑限界的规定是(　　)。

A. 道路建筑限界内不得有任何物体侵入

B. 道路建筑限界内不应有任何物体侵入

C. 道路建筑限界内不宜有任何物体侵入

D. 道路建筑限界内不可有任何物体侵入

18. 地震动峰值加速度系数大于或等于 0.40 地区的公路工程,应进行(　　)。

A. 简易设防　　B. 抗震设计

C. 不设防　　D. 专门的抗震研究和设计

19. 在规划、设计阶段进行通行能力与服务水平分析的主要目的是(　　)。

A. 确定路面结构层厚度

B. 确定在某一服务水平下的最大服务流量

C. 在已知交通量的情况下确定规定服务水平的标准横断面宽度

D. 确定设计小时交通量

20. 高速公路设计服务水平应不低于(　　)。

A. 一级　　B. 二级　　C. 三级　　D. 四级

21. 高速公路长隧道及特长隧道路段,设计服务水平可降低至(　　)。

A. 一级　　B. 二级　　C. 三级　　D. 四级

22. 按照《公路工程技术标准》(JTG B01—2014)的规定,公路服务水平分为(　　)。

A. 四级　　B. 五级　　C. 六级　　D. 七级

23. 设计速度为 $v=100\text{km/h}$ 的一级公路在五级服务水平下最大服务交通量是(　　)。

A. 1400pcu/(h·ln)　　B. 1800pcu/(h·ln)

C. 2000pcu/(h·ln)　　D. 2200pcu/(h·ln)

24. 设计速度为 $v=100\text{km/h}$ 的一级公路基准通行能力是(　　)。

A. 1400pcu/(h·ln)　　B. 1800pcu/(h·ln)

C. 2000pcu/(h·ln)　　D. 2200pcu/(h·ln)

25. 城市快速路基本路段的服务水平分为(　　)。

A. 四级　　B. 五级　　C. 六级　　D. 七级

26. 城市快速路新建项目的服务水平应按(　　)服务水平设计。

A. 四级　　B. 三级　　C. 二级　　D. 六级

27. 高速公路、一级公路以(　　),作为评价服务水平的主要指标。

A. 平均运行速度　　B. 小客车实际行驶速度与自由流速度之差

C. 延误率　　D. 饱和度 V/C 值

28. 受平面交叉影响的一条自行车道的路段设计通行能力,当有机非分隔设施时,应取(　　)。

A. 800～1000veh/h　　B. 1000～1200veh/h

C. 1200～1400veh/h　　D. 1300～1500veh/h

29. 城市行人较多的重要区域的人行道设计通行能力宜取(　　)。

A. 1800 人/(h·m)　　B. 2200 人/(h·m)

C. 1600 人/(h·m)　　D. 2100 人/(h·m)

30. 城市道路无障碍设施,三面坡缘石坡道的正面坡道宽度不应小于(　　)。

A. 1.00m　　B. 1.20m　　C. 1.30m　　D. 1.5m

31. 城市道路无障碍设计全宽式单面坡缘石坡道的坡度不应大于(　　)。

A. 1∶20　　B. 1∶12　　C. 1∶15　　D. 1∶10

32. 城市道路无障碍设施,关于全宽式单面坡缘石坡道说法不正确的是(　　)。

A. 全宽式单面坡缘石坡道的坡度不应大于 1∶20

B. 全宽式单面坡缘石坡道的宽度应与人行道宽度相同

C. 全宽式单面缘石坡道的坡口与车行道之间宜没有高差

D. 全宽式单面缘石坡道的坡口与车行道之间高差不应大于 20mm

33. 无障碍设计行进盲道的宽度宜为(　　)。

A. 150～400mm　　B. 200～450mm

C. 250～500mm　　D. 300～550mm

34. 城市道路无障碍设施,行进盲道在起点、终点及转弯处及其他有需要处应设提示盲道,当盲道的宽度不大于 300mm 时,提示盲道的宽度应大于(　　)。

A. 200mm　　B. 250mm

C. 行进盲道的宽度　　D. 路缘带的宽度

35. 一条城市次干线道路同侧两个相邻平面交叉口间的无障碍设施一般包括(　　)。

A. 盲道和梯道　　B. 盲道和路缘石

C. 缘石坡道和梯道　　D. 盲道和缘石坡道

36. 城市道路无障碍设计的范围可不包括的是(　　)。

A. 城市主干路　　B. 城镇主干路　　C. 城市步行街　　D. 城镇支路

37. 公路工程可行性研究阶段的安全性评价重点为(　　)。

A. 走廊带及工程方案对交通安全、社会和环境的影响

B. 路线方案及其技术指标的运用情况、结构物布设的合理性、交通工程及沿线设施建设规模的合理性等

C. 交通工程及沿线设施的设置情况

D. 公路设施、交通量及交通组成、路网环境、路侧环境等的现状对公路交通安全的影响

38. 相邻路段运行速度协调性采用相邻路段运行速度差值的绝对值$|\Delta v_{85}|$及运行速度梯度的绝对值$|\Delta I_v|$进行评价。针对高速公路,当$|\Delta v_{85}|$小于(　　)且$|\Delta I_v|$不大于(　　)时,相邻路段运行速度协调性好。

A. 5km/h,10 km/(h · m)　　B. 10km/h,10 km/(h · m)

C. 20km/h,10 km/(h · m)　　D. 20km/h ,15 km/(h · m)

39. 施工图设计阶段应进行(　　)和(　　)评价。

A. 总体评价、走廊带方案　　B. 总体评价、设计要素

C. 总体评价、公路安全状况　　D. 比选方案、设计要素

40. 当圆曲线半径大于1000m,纵坡坡度不小于3%时,高速公路运行速度的分析单元为(　　)。

A. 平直路段　　B. 平曲线路段

C. 纵坡路段　　D. 弯坡组合路段

41. 公路工程基本建设项目一般采用(　　)。

A. 一阶段设计,即一阶段施工图设计

B. 两阶段设计,即初步设计和施工图设计

C. 两阶段设计,即技术设计和施工图设计

D. 三阶段设计,即初步设计、技术设计和施工图设计

42. 公路初步设计阶段的目的是(　　)。

A. 解决工程可行性研究中未解决的技术问题,落实技术方案

B. 提出工程数量,为施工图预算提供依据

C. 基本确定设计方案

D. 提出文字说明和图表资料以及施工组织计划,并编制施工图预算

二、多项选择题

1. 公路按照功能分为(　　)。

A. 干线公路　　B. 国道　　C. 集散公路　　D. 支线公路

2. 公路根据(　　)分为高速公路、一级公路、二级公路、三级公路及四级公路等五个技术等级。

A. 交通特性　　B. 控制干扰的能力

C. 路网规划　　D. 综合运输体系

3. 下列哪些是高速公路的特征(　　)。

A. 汽车专用　　B. 分方向、分车道行驶

C. 全部控制出入　　D. 接入管理

4. 城市快速路应实现交通连续通行,并应(　　)。

A. 中央分隔　　B. 部分控制出入

C. 全部控制出入　　D. 控制出入口间距及形式

5. 城市道路按照(　　),被分为快速路、主干路、次干路和支路四级。

A. 红线宽度　　B. 道路在城市道路网中的地位

C. 交通功能　　D. 对沿线的服务功能

6. 公路路线所采用的设计车辆应根据(　　)等因素选用。

A. 公路功能　　B. 运行特征　　C. 运行速度　　D. 车辆组成

7. 设计车辆外廓尺寸是道路几何设计中的重要控制因素,下列哪些道路几何指标与设计车辆外廓尺寸有密切关系(　　)。

A. 车道宽度　　B. 道路路拱横坡

C. 行车视距　　D. 弯道加宽

8. 公路技术等级选用应遵循一定的原则。其中,次要干线公路应选用(　　)。

A. 三级公路　　B. 二级公路　　C. 一级公路　　D. 高速公路

9. 高速公路设计速度一般情况下宜选择(　　)。

A. 100km/h　　B. 80km/h　　C. 120km/h　　D. 60km/h

10. 关于设计速度的描述,下列说法正确的是(　　)。

A. 设计速度是确定公路设计指标并使其相互协调的设计基准速度

B. 设计速度越高,实际行驶速度超过设计速度的概率越大

C. 道路的曲线半径、超高、视距等直接与设计速度有关

D. 设计速度影响车道宽度、中间带宽度、路肩宽度等指标的确定

11. 关于运行速度,下列说法正确的是(　　)。

A. 运行速度是在路面平整、潮湿、自由流状态下,行驶速度累计分布曲线上对应于85%分位值的速度

B. 运行速度是随着公路路线不断变化的

C. 公路设计采用运行速度进行检验,可有效解决路线设计指标与实际行驶速度所要求的线形指标脱节的问题

D. 相对于变化的公路几何线形,运行速度是不变的

12. 关于道路建筑限界的描述,下列说法正确的是(　　)。

A. 道路建筑限界又称净空,由净高和净宽两部分组成

B. 在道路建筑限界内,桥台、桥墩、行道树、电杆等设施不能侵入,但照明灯柱、护栏、

标志可放在道路建筑限界以内

C. 在横断面设计中,不得有任何障碍物侵入道路建筑限界之内

D. 同一公路应采用相同的净空高度

13. 根据交通流行驶特征,城市快速路分为(　　)。

A. 基本路段　　B. 分合流区　　C. 交织区　　D. 匝道

14. 公路可采用四级服务水平的路段有(　　)。

A. 二级公路　　B. 集散一级公路

C. 高速公路　　D. 高速公路特长隧道路段

15. 公路设计中,(　　)路段必须进行通行能力与服务水平分析与评价。

A. 高速公路的路段

B. 高速公路交织区段

C. 高速公路互通式立体交叉分合流区段

D. 一级公路平面交叉

16. 城市道路的(　　)路段应进行通行能力分析。

A. 主干路的路段　　B. 快速路交织区段

C. 次干路与支路平面交叉口　　D. 快速路基本路段

17. 运行速度协调性是用于评价线形设计一致性的指标,采用(　　)进行评价。

A. 相邻路段运行速度差值

B. 相邻路段设计速度差值

C. 同一路段的运行速度与设计速度差值

D. 相邻路段的运行速度与设计速度差值

18. 设计阶段公路项目安全性评价方法包括(　　)。

A. 运行速度协调性分析　　B. 经验分析法

C. 安全检查清单　　D. 断面速度现场观测

19. 以下关于公路项目初步设计阶段的评价论述,不正确的有(　　)。

A. 应进行总体评价、比选方案评价和设计要素评价

B. 应进行总体评价、走廊带方案评价和设计要素评价

C. 比选方案评价应针对各同深度比选方案进行,设计要素评价应针对推荐方案进行

D. 走廊带方案评价应针对各同深度走廊带方案进行

20. 施工图设计阶段的路线安全性评价包括(　　)。

A. 超高设计评价　　B. 爬坡车道评价

C. 圆曲线加宽评价　　D. 避险车道评价

21. 城市道路无障碍设计缘石坡道的坡度应符合(　　)。

A. 全宽式单面坡缘石坡道的坡度不应大于1∶20

B. 三面坡缘石坡道正面及侧面的坡度不应大于1∶12

C. 其他形式的缘石坡道的坡度均不应大于1∶12

D. 有条件地区的缘石坡度可为1∶10

22. 城市道路无障碍设计缘石坡道的宽度应符合(　　)。

A. 全宽式单面坡缘石坡道的宽度应与人行道宽度相同

B. 三面坡缘石坡道的正面坡道宽度不应小于 1.20m

C. 其他形式的缘石坡道的坡口宽度均不应小于 1.50m

D. 特别困难地区的缘石坡道的宽度可为 1.0m

23. 无障碍设施中的提示盲道应设置在(　　)。

A. 行进盲道的起点　　B. 行进盲道的中段

C. 行进盲道的终点　　D. 行进盲道的拐弯处

24. 关于无障碍设施设计,下列说法正确的是(　　)。

A. 人行道在各种路口、各种出入口位置必须设置缘石坡道

B. 提示盲道表面呈圆点形状,设在起点、终点、盲道拐弯等处

C. 只要求盲道表面触感部分的尺寸与人行道砖一致,其他没有限制

D. 坡道的上下坡边缘处应设置提示盲道

三、案例题

1. 某拟建国家主要干线公路在规定的预测年限的交通量组成如下:小客车 21000veh/d,中型车 4500veh/d,大型车 3150veh/d,汽车列车 2580veh/d,则设计交通量和合理的公路等级分别为(　　)。

A. 31230pcu/d,一级公路　　B. 45945pcu/d,高速公路

C. 39540pcu/d,高速公路　　D. 41790pcu/d,一级公路

2. 某城郊公路经调查交通流中有小客车 4300 辆/日,2t 载货车 1300 辆/日,24 座客车 1600 辆/日,6t 载货汽车 1800 辆/日,18t 载货车 1000 辆/日,25t 载货车 50 辆/日,自行车 6800 辆/日,拖拉机 20 辆/日。则该公路交通量折算为小客车的每日当量交通量为(　　)。

A. 13480pcu/d　　B. 16880pcu/d　　C. 14950pcu/d　　D. 18350pcu/d

3. 拟建城市快速路,设计速度 80km/h,远景年单向高峰小时预测交通量及其车型构成如下:小客车 4250 辆/日,大型客车 200 辆/日,大型货车 60 辆/日,铰接车 80 辆/日。如果不考虑方向不均匀系数,那么远景年双向高峰小时预测交通量为(　　)。

A. 4590pcu/h　　B. 5040pcu/h　　C. 9180pcu/h　　D. 10080pcu/h

4. 某双向六车道高速公路,设计速度 100km/h,其设计服务水平下单车道服务交通量 $C_D = 1600$pcu/(h · ln),设计小时交通量系数 $K = 0.13$,方向不均匀系数 $D = 0.55$,该高速公路年平均日设计交通量是(　　)。

A. 44755pcu/d　　B. 67133pcu/d

C. 73846pcu/d　　D. 134265pcu/d

5. 某高速公路,设计速度 120km/h,双向八车道,位于浙江省杭州市近郊。设计服务水平下单车道服务交通量为 1650pcu/(h · ln),方向不均匀系数为 52%,则该高速公路设计交通量为(　　)。

A. 125882pcu/d　　B. 149321pcu/d

C. 166628pcu/d　　D. 156823pcu/d

6. 某高速公路,设计速度 120km/h,预测年限的年平均日交通量为 86510pcu/d,该公路的

交通流方向分布为 52/48，设计小时交通量系数为 9%，如该高速公路设计服务水平采用三级，试计算该高速公路双向需要的车道数为(　　)条。

A. 2　　B. 4　　C. 6　　D. 8

7. 拟建一条的城市主干路，设计速度 60km/h，经预测远景年平均日交通量为 57400pcu/d，设计小时交通量系数 K = 0.12，方向不均匀系数为 0.54，那么拟建道路需要的单向车道数应为(　　)。

A. 3 条　　B. 4 条　　C. 6 条　　D. 8 条

8. 拟建一条三幅路城市主干路，经预测远景年自行车单向高峰小时交通量为 3780veh/h，那么，该城市主干路非平面交叉口路段需要的单向自行车车道数应为(　　)。

A. 3 条　　B. 4 条　　C. 2 条　　D. 5 条

9. 位于非重要地区的城市支路，不考虑其他因素的干扰，预测路段单侧人行交通量 3400P/h。该路段单侧需要的最小人行道宽度应定为(　　)。(计算结果取整数)

A. 1.5m　　B. 2.0m　　C. 2.5m　　D. 3.0m

10. 某四车道高速公路，设计速度为 100km/h，高峰小时交通量为 900pcu/(h · ln)，其中，小型车占 60%，中型车占 35%，大型车占 3%，汽车列车占 2%，驾驶员多为职业驾驶员，比较熟悉该高速公路。如果该高速公路路段设计服务水平下单车道最大服务交通量 MSF_i = 1600pcu/(h · ln)，试问高速公路路段一条车道的设计通行能力与下列答案最为接近的是(　　)。

A. 625veh/(h · ln)　　B. 925veh/(h · ln)

C. 834veh/(h · ln)　　D. 735veh/(h · ln)

11. 某二级公路穿过村镇段，被交支路有少量车辆出入。设计速度为 80km/h，双向两车道(2 × 3.75m)，路基总宽为 10.0m，该路段预测交通量为 750veh/h，其中小型车占 69%，中型车占 19%，大型车占 10%，汽车列车占 2%，方向分布为 55/45，禁止超车区比例为 35%，四级服务水平，则该段公路的设计通行能力最接近的数值为(　　)。

A. 1321veh/h　　B. 821veh/h　　C. 992veh/h　　D. 1067veh/h

12. 某双车道二级公路，设计速度采用 60km/h，该公路路基段正常情况下的建筑限界横向总宽是(　　)。

A. 7.50m　　B. 7.00m　　C. 8.50m　　D. 8.25m

13. 某高速公路，设计速度 120km/h，双向四车道，中央分隔带宽度为 3.0m，左侧路缘带宽度为 0.75m，行车道宽度为 3.75m，右侧硬路肩宽度为 3.0m. 右侧路缘带宽度为 0.50m，土路肩宽度为 0.75m，该高速公路路基段正常情况下单幅的建筑限界横向总宽是(　　)。

A. 11.25m　　B. 12.50m　　C. 11.50m　　D. 11.75m

14. 某城市主干道，设计速度采用 60km/h，采用三幅路横断面，单向机动车道数为 2 条，包括一条小客车专用车道和一条混行车道，该城市主干道三幅断面机动车道的建筑限界横向总宽为(　　)。

A. 15.50m　　B. 15.00m　　C. 14.50m　　D. 16.00m

15. 下图为无障碍设施设计图，在以选项中不符合规范定的是(　　)。

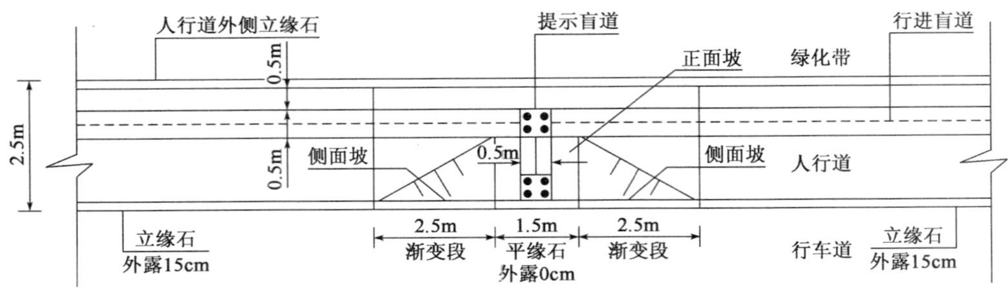

A. 正面坡度　　B. 侧面坡度　　C. 坡口宽度　　D. 提示盲道宽度

16. 下图为无障碍设施设计图,在以下选项中,不符合规范规定的是(　　)。

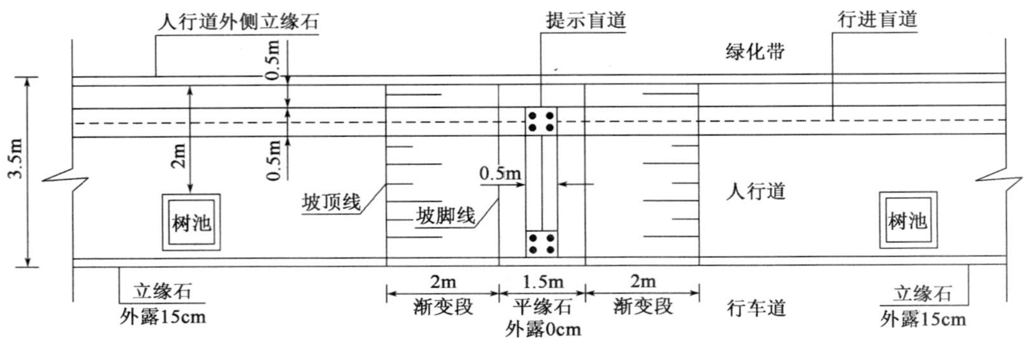

A. 行进盲道与树池的距离　　B. 全宽式单面坡宽度

C. 缘石坡道的坡口与车行道间的高差　　D. 提示盲道宽度

习题参考答案及解析

一、单项选择题

1. B

【解析】《公路工程技术标准》(JTG B01—2014)1.0.3 条和《公路路线设计规范》(JTG D20—2017)1.0.3 条规定:公路设计应按地区特点、交通特性、路网结构综合分析确定公路功能。

2. B

【解析】《公路工程技术标准》(JTG B01—2014)2.0.2 条规定:主要干线公路和次要干线公路具有畅通直达功能;主要集散公路和次要集散公路具有汇集疏散的功能;支线公路具有出入通达功能。

3. D

【解析】《公路路线设计规范》(JTG D20—2017)1.0.9 条规定:公路应按设计速度进行路线设计,采用运行速度进行检验,保持线形连续性。

4. D

【解析】《公路工程技术标准》(JTG B01—2014)3.1.1 条和《公路路线设计规范》(JTG

D20—2017）2.1.2 条规定：高速公路为专供汽车分方向、分车道行驶，完全控制出入的多车道公路。高速公路的设计交通量宜在 15000 辆小客车/日以上。一级公路为供汽车分方向、分车道行驶，可根据需要控制出入的多车道公路。一级公路的设计交通量宜在 15000 辆小客车/日以上。

5. B

【解析】《公路路线设计规范》（JTG D20—2017）2.1.3 条规定：干线公路和主要集散公路应满足所有设计车辆通行要求；次要集散公路应满足小客车、载重汽车和大型客车通行要求；支线公路应满足小客车和大型客车的通行要求。

6. A

【解析】《公路工程技术标准》（JTG B01—2014）3.3.2 条和《公路路线设计规范》（JTG D20—2017）3.1.4 条规定：交通量换算的标准车型应采用小客车。

7. B

【解析】《公路工程技术标准》（JTG B01—2014）3.3.1 条和《公路路线设计规范》（JTG D20—2017）2.2.1 条规定：高速公路和一级公路设计交通量预测年限为 20 年；二级公路、三级公路设计交通量预测年限为 15 年；四级公路可根据实际情况确定。

8. A

【解析】《城市道路工程设计规范》（CJJ 37—2012）3.5.1 条规定：道路交通量达到饱和状态时的道路设计年限为：快速路、主干路应为 20 年；次干路应为 15 年；支路宜为 10 年～15 年。

9. D

【解析】《公路工程技术标准》（JTG B01—2014）1.0.10 条规定：二级及二级以上的干线公路应在设计时进行交通安全评价，其他公路有条件时也可进行交通安全性评价。

10. D

【解析】《公路路线设计规范》（JTG D20—2017）2.2.2 条规定：公路技术等级选用应在论证确定公路功能的基础上，结合项目所在地的综合运输体系、远景发展规划及设计交通量论证确定。

11. B

【解析】《城市道路工程设计规范》（CJJ 37—2012）3.1.1 条规定：主干路应连接城市各主要分区，应以交通功能为主。

12. A

【解析】《城市道路工程设计规范》（CJJ 37—2012）3.2.2 条规定：快速路和主干路的辅路设计速度宜为主路的 0.4～0.6。

13. C

【解析】《公路工程技术标准》（JTG B01—2014）3.3.3 条和《公路路线设计规范》（JTG D20—2017）3.3.1 条规定：公路设计小时交通量宜采用年第 30 位小时交通量，也可根据当地公路小时交通量的变化特征，采用年第 20～40 位小时之间最为经济合理时位的交通量。

14. B

【解析】《公路路线设计规范》（JTG D20—2017）2.2.2 条和 3.3.1、3.3.2 条规定：设

计交通量是指拟建道路到预测年限时所能达到的年平均日交通量(辆/日)。设计交通量对确定道路等级、计算道路的计划费用或各项结构设计等有重要作用,但不宜直接用于道路几何设计。设计小时交通量是确定车道数和车道宽度或评价服务水平的依据。道路设计小时交通量宜采用年第30位小时交通量作为设计的依据。

15. B

【解析】《公路工程技术标准》(JTG B01—2014) 3.6.1 条规定:道路建筑限界是横断面设计的重要依据,在道路建筑限界范围内不得有任何障碍物侵入。横断面设计时,应充分研究组成路幅要素的相互关系及道路各种设施的设置规划,在有限空间内做出合理的安排。

16. D

【解析】《公路工程技术标准》(JTG B01—2014) 3.6.1 条规定:二级公路的侧向宽度为硬路肩宽度,三、四级公路为路肩宽度减去0.25m,设置护栏时,应根据护栏需要的宽度加宽路基。

17. A

【解析】《城市道路工程设计规范》(CJJ 37—2012)3.4.2 条规定:道路建筑限界内不得有任何物体侵入。注意规范用词。

18. D

【解析】《公路工程技术标准》(JTG B01—2014)规定:地震动峰值加速度系数小于或等于0.05 地区的公路工程,除有特殊要求外,可采用简易设防;地震动峰值加速度系数大于0.05、小于0.40 地区的公路工程,应进行抗震设计;地震动峰值加速度系数大于或等于0.40地区的公路工程,应进行专门的抗震研究和设计。

19. C

【解析】根据《公路路线设计规范》(JTG D20—2017)3.1.1 条条文说明可知:规划、设计阶段通行能力与服务水平分析的最主要的目的是在已知交通的情况下,确定规定服务水平的标准横断面宽度。

20. C

【解析】《公路路线设计规范》(JTG D20—2017)3.2.1 条规定:公路设计服务水平应根据公路功能、地形条件等合理选用,并不低于表3.2.1 的规定,即高速公路设计服务水平应不低于三级。

21. D

【解析】《公路路线设计规范》(JTG D20—2017)3.2.1 条规定:公路设计服务水平应根据公路功能、地形条件等合理选用,并不低于表3.2.1 的规定。公路的长隧道及特长隧道路段、非机动车及行人密集路段、互通式立体交叉分合流及交织区段,其路段设计服务水平也可降低一级。一般情况下,高速公路设计服务水平应不低于三级,公路的长隧道及特长隧道路段设计服务水平也可降低一级,即不低于四级。

22. C

【解析】《公路工程技术标准》(JTG B01—2014)3.4.1 条规定:公路设计服务水平分为六级。

23. C

【解析】《公路路线设计规范》(JTG D20—2017)3.2.2 条中表 3.2.2-2 的规定：设计速度为 v = 100km/h 的一级公路在五级服务水平下最大服务交通量为 2000pcu/ (h · ln)。

24. C

【解析】《公路路线设计规范》(JTG D20—2017)3.2.2 条中表 3.2.2-2 的规定：设计速度为 v = 100km/h 的一级公路基准通行能力是 2000pcu/(h · ln)。基准通行能力是指五级服务水平下对应的最大服务水平。

25. A

【解析】《城市道路工程设计规范》(CJJ 37—2012)4.2.3 条规定：快速路基本路段服务水平分级指标应符合表 4.2.3 的规定,新建道路应按三级服务水平设计。

26. B

【解析】《城市道路工程设计规范》(CJJ 37—2012)4.2.3 条规定：快速路基本路段服务水平分级指标应符合表 4.2.3 的规定,新建道路应按三级服务水平设计。

27. D

【解析】根据《公路路线设计规范》(JTG D20—2017)3.2.1 条的条文说明：高速公路、一级公路以饱和度 V/C 值作为评价服务水平的主要指标。

28. B

【解析】《城市道路工程设计规范》(CJJ 37—2012)4.4.2 条规定：受平面交叉口影响的一条自行车道的路段设计通行能力,当有机非分隔设施时,应取 1000 ~ 1200veh/h；当无分隔时,应取 800 ~ 1000veh /h。

29. A

【解析】《城市道路工程设计规范》(CJJ 37—2012)4.5.1 条规定：人行设施的基本通行能力和设计通行能力应符合表 4.5.1 的规定。行人较多的重要区域设计通行能力宜采用低值,非重要区域宜采用高值。

30. B

【解析】《无障碍设计规范》(GB 50763—2012)3.1.3 条规定：三面坡缘石坡道的正面坡道宽度不应小于 1.20m。

31. A

【解析】《无障碍设计规范》(GB 50763—2012)3.1.2 条规定：全宽式单面坡缘石坡道的坡度不应大于 1∶20。

32. D

【解析】《无障碍设计规范》(GB 50763—2012)3.1.1 条规定：缘石坡道的坡口与车行道之间宜没有高差；当有高差时,高出车行道的地面不应大于 10mm。

33. C

【解析】《无障碍设计规范》(GB 50763—2012)3.2.2 条规定：行进盲道应与人行道的走向一致；行进盲道的宽度宜为 250 ~ 500mm。

34. C

【解析】《无障碍设计规范》(GB 50763—2012)3.2.3 条规定：行进盲道在起点、终点、转弯处及其他有需要处应设提示盲道,当盲道的宽度不大于300mm时,提示盲道的宽度应大于行进盲道的宽度。

35. D

【解析】《无障碍设计规范》(GB 50763—2012)4.1.3条规定:城市道路人行系统中的无障碍设计主要包括人行道、人行横道、人行天桥及地道等。一条城市次干线道路同侧两个相邻平面交叉口间不包含过街设施,不需要人行天桥和人行地道所设置的轮椅坡道和安全梯道,无障碍设施只需设置盲道和缘石坡道。

36. D

【解析】《无障碍设计规范》(GB 50763—2012)4.1.1条规定:城市道路无障碍设计的范围包括城市各级道路、城镇主要道路、步行街、旅游景点与城市景观带的周边道路。

37. A

【解析】《公路项目安全性评价规范》(JTG B05—2015)3.1.1条规定:公路工程可行性研究阶段评价重点应为走廊带及工程方案对交通安全、社会和环境的影响。初步设计阶段评价重点应为路线方案及其技术指标的运用情况、结构物布设的合理性、交通工程及沿线设施建设规模的合理性等。施工图设计阶段评价重点应为交通工程及沿线设施的设置情况。后评价的评价重点应为公路设施、交通量及交通组成、路网环境、路侧环境等的现状对公路交通安全的影响。因此,B、C、D选项错误。

38. B

【解析】《公路项目安全性评价规范》(JTG B05—2015)规定:针对高速公路和一级公路,当$|\Delta v_{85}|<10\text{km/h}$且$|\Delta I_v|\leqslant 10\text{km/(h}\cdot\text{m)}$时,相邻路段运行速度协调性好。

39. B

【解析】《公路项目安全性评价规范》(JTG B05—2015)规定:施工图设计阶段应进行总体评价和设计要素评价。

40. C

【解析】《公路项目安全性评价规范》(JTG B05—2015)附录B表B.2.1规定:当圆曲线半径大于1000m,纵坡坡度不小于3%时,该单元为纵坡路段。

41. B

【解析】《公路工程基本建设项目设计文件编制办法》(交公路发〔2007〕358号)规定:公路工程基本建设项目一般采用两阶段设计,即初步设计和施工图设计。对于技术简单、方案明确的小型建设项目,可采用一阶段设计,即施工图设计;技术复杂、基础资料缺乏和不足的建设项目或建设项目中的特大桥、长隧道、大型地质灾害治理等,必要时采用三阶段设计,即初步设计、技术设计和施工图设计。

42. C

【解析】《公路工程基本建设项目设计文件编制办法》(交公路发〔2007〕358号)规定:初步设计阶段的目的是基本确定设计方案;技术设计阶段的目的是对重大、复杂的技术问题通过科学试验、专题研究,加深勘探调查及分析比较,解决初步设计中未解决的问题,落实技术方案;施工图设计阶段的目的是进一步对所审定的修建原则、设计方案、技术决定加以具体和深化,适应施工的需要。

二、多项选择题

1. ACD

【解析】《公路路线设计规范》(JTG D20—2017)2.1.1 条规定:公路按照功能分为干线公路、集散公路和支线公路。

2. AB

【解析】《公路路线设计规范》(JTG D20—2017)2.1.2 条规定:公路根据交通特性及控制干扰的能力分为高速公路、一级公路、二级公路、三级公路及四级公路等五个技术等级。

3. ABC

【解析】《公路路线设计规范》(JTG D20—2017)2.1.2 条规定:高速公路为专供汽车分方向、分车道行驶,完全控制出入的多车道公路。高速公路的设计交通量宜在 15000 辆小客车/日以上。

4. ACD

【解析】《城市道路工程设计规范》(CJJ 37—2012)3.1.1 条规定:快速路应中央分隔、全部控制出入、控制出入口间距及形式,应实现交通连续通行,单向设置不应少于两条车道,并应设有配套的交通安全与管理设施。

5. BCD

【解析】《城市道路工程设计规范》(CJJ 37—2012)3.1.1 条规定:城市道路应按道路在道路网中的地位、交通功能以及对沿线的服务功能等,分为快速路、主干路、次干路和支路四个等级。

6. AD

【解析】《公路路线设计规范》(JTG D20—2017)2.1.3 条规定:公路路线与路线交叉几何设计所采用的设计车辆应根据公路功能、车辆组成等因素选用。

7. ACD

【解析】根据《公路路线设计规范》(JTG D20—2017)2.1.3 条的条文说明:车道宽度、弯道加宽、行车视距等与设计车辆的外廓尺寸有密切关系;最大纵坡、转弯半径、行车视距等与设计车辆的行驶性能有关。

8. BCD

【解析】《公路路线设计规范》(JTG D20—2017)2.2.2 条规定:次要干线公路作为主要干线公路的补充,应选用二级及二级以上公路。

9. AC

【解析】《公路路线设计规范》(JTG D20—2017)2.2.3 条规定:高速公路设计速度不宜低于 100km/h,受地形、地质等条件限制时,可选用 80km/h。

10. ACD

【解析】根据《公路工程技术标准》(JTG B01—2014)2.0.3 条和 3.5.1 条的条文说明:设计速度是确定公路设计指标并使其相互协调的设计基准速度。道路的曲线半径、超高、视距等直接与设计速度有关。同时也影响车道宽度、中间带宽度、路肩宽度等指标的确定。设计速度越高,实际行驶速度超过设计速度的概率越小。

11. ABC

【解析】《公路工程技术标准》(JTG B01—2014)2.0.4 条规定:运行速度是在路面平整、潮湿、自由流状态下,行驶速度累计分布曲线上对应于85%分位值的速度。A 项是运行速度的概念,是正确的。运行速度考虑了公路上绝大多数驾驶员的交通心理需求,是随着公路路线不断变化的。公路设计采用运行速度进行检验,可以有效地解决路线设计指标与实际行驶速度所要求的线形指标脱节的问题,保证了在一个设计区段内行车速度的连续性和一致性。

12. ACD

【解析】根据《公路路线设计规范》(JTG D20—2017)6.6.1 条、6.6.2 条和6.6.4 条规定,选项 ACD 是正确的。

13. ABC

【解析】《城市道路工程设计规范》(CJJ 37—2012)4.2.1 条规定:快速路应根据交通流行驶特征分为基本路段、分合流区和交织区,应分别采用相应的通行能力和服务水平。

14. ABD

【解析】《公路路线设计规范》(JTG D20—2017)3.2.1 条规定:公路设计服务水平应根据公路功能、地形条件等合理选用,并不低于表 3.2.1 的规定。一级公路用作集散公路时,设计服务水平可降低一级。公路的长隧道及特长隧道路段、非机动车及行人密集路段、互通式立体交叉分合流及交织区段,其路段设计服务水平也可降低一级。二级公路设计服务水平是四级;一级公路用作集散公路时,设计服务水平可降低一级,可为四级;高速公路设计服务水平是三级;高速公路特长隧道路段其设计服务水平也可降低一级,可为四级。

15. ABC

【解析】《公路路线设计规范》(JTG D20—2017)3.1.1 条规定:公路设计应进行通行能力和服务水平的分析与评价,使服务水平保持协调均衡,并应符合下列规定:高速公路、一级公路的路段和互通式立体交叉的匝道、分合流区段、交织区及收费站等设施必须进行通行能力和服务水平的分析与评价;二级公路、三级公路的路段和一级公路、二级干线公路的平面交叉,应进行通行能力和服务水平的分析与评价。

16. ABD

【解析】《城市道路工程设计规范》(CJJ 37—2012)4.1.1 条规定:道路通行能力和服务水平分析应符合下列规定:快速路的路段、分合流区、交织区段及互通式立体交叉的匝道,应分别进行通行能力分析,使其全线服务水平均衡一致。主干路的路段和与主干路、次干路相交的平面交叉口,应进行通行能力和服务水平分析。次干路、支路的路段及其平面交叉口,宜进行通行能力和服务水平分析。

17. AC

【解析】《公路项目安全性评价规范》(JTG B05—2015)2.0.2 条规定:运行速度协调性是评价线形设计一致性的指标,采用相邻路段运行速度差值,以及同一路段运行速度与设计速度差值进行评价。

18. ABC

【解析】《公路项目安全性评价规范》(JTG B05—2015)规定:设计阶段公路项目安全性评价方法包括经验分析法、安全检查清单、运行速度协调性分析、驾驶模拟方法等。

19. BD

【解析】《公路项目安全性评价规范》(JTG B05—2015)规定:初步设计阶段应进行总体评价、比选方案评价和设计要素评价。比选方案评价应针对各同深度比选方案进行,设计要素评价应针对推荐方案进行。公路工程可行性研究阶段新建公路应针对同深度比选的走廊带方案进行评价。因此选项 BD 错误。

20. ABCD

【解析】《公路项目安全性评价规范》(JTG B05—2015)规定:施工图设计阶段的路线评价包括超高设计评价、圆曲线加宽评价、合成坡度评价、爬坡车道评价、避险车道评价等。因此,选项 ABCD 均正确。

21. ABC

【解析】《无障碍设计规范》(GB 50763—2012)3.1.2 条规定:全宽式单面坡缘石坡道的坡度不应大于1∶20;三面坡缘石坡道正面及侧面的坡度不应大于1∶12;其他形式的缘石坡道的坡度均不应大于1∶12。

22. ABC

【解析】《无障碍设计规范》(GB 50763—2012)3.1.3 条规定:全宽式单面坡缘石坡道的宽度应与人行道宽度相同;三面坡缘石坡道的正面坡道宽度不应小于1.20m;其他形式的缘石坡道的坡口宽度均不应小于1.50m。

23. ACD

【解析】《无障碍设计规范》(GB 50763—2012)3.2.3 条规定:行进盲道在起点、终点、转弯处及其他有需要处应设提示盲道,当盲道的宽度不大于300mm 时,提示盲道的宽度应大于行进盲道的宽度。

24. ABD

【解析】《无障碍设计规范》(GB 50763—2012)4.2.1 条、3.2.3 条、4.2.1 条规定:人行道在各种路口、各种出入口位置必须设置缘石坡道;提示盲道表面呈圆点形状,设在起点、终点、盲道拐弯等处;坡道的上下坡边缘处应设置提示盲道。盲道的颜色宜与相邻的人行道铺面的颜色形成对比,并与周围景观相协调,宜采用中黄色。

三、案例题

1. B

解:根据《公路工程技术标准》(JTG B01—2014)3.3.2 条规定,拟建公路预测年限的设计交通量为:$21000+4500\times1.5+3150\times2.5+2580\times4.0=45945$ pcu/d。

根据《公路工程技术标准》(JTG B01—2014)3.1.1 条规定,该交通量在一级公路或高速公路的设计交通量范围内,根据交通量可选择高速公路或一级公路。

拟建公路的交通功能为国家主要干线公路,根据《公路工程技术标准》(JTG B01—2014)3.1.2 条规定,应选用高速公路。

在备选答案中,只有选项 B 符合。

2. A

解:《公路工程技术标准》(JTG B01—2014) 3.3.2 条规定:小客车和2t 载货车均为小

客车,折算系数为1.0;24座客车和6t载货汽车均为中型车,折算系数为1.5;18t载货车为大型车,折算系数为2.5;25t载货车为汽车列车、折算系数为4.0;拖拉机折算系数为4.0;自行车按路侧干扰因素计,不折算。

公路交通量折算为小客车的每日当量交通量为:

$(4300+1300)\times1.0+(1600+1800)\times1.5+1000\times2.5+(50+20)\times4.0=13480$ pcu/d

在备选答案中,只有选项A符合。

3. D

解:《城市道路工程设计规范》(CJJ 37—2012)4.1.2条规定:小客车折算系数为1.0;大型客车折算系数为2.0;大型货车折算系数为2.5;铰接车折算系数为3.0。

远景年双向高峰小时预测交通量为:

$$2\times(4250\times1.0+200\times1.5+60\times2.5+80\times4.0)=2\times5040=10080\text{pcu/d}$$

在备选答案中,只有D符合。因此,应选择D。

4. B

解:《公路工程技术标准》(JTG B01—2014)3.1.1条文说明:单方向车道为三车道,则:

$$AADT=\frac{C_{D}N}{KD}=\frac{1600\times3}{0.13\times0.55}=67133\text{pcu/d}$$

在备选答案中,只有选项B符合。

5. B

解:根据《公路工程技术标准》(JTG B01—2014)3.1.1条条文说明,单方向车道为四车道;根据《公路路线设计规范》(JTG D20—2017)3.3.4条规定:杭州市近郊的设计小时交通量系数为0.085,则

$$AADT=\frac{C_{D}N}{KD}=\frac{1650\times4}{0.085\times0.52}=149321\text{pcu/d}$$

在备选答案中,只有选项B符合。

6. C

解:《公路路线设计规范》(JTG D20—2017)3.3.2条规定:高速公路的单向设计小时交通量为:

$$DDHV=AADT\times D\times K=86510\times0.52\times0.09=4049\text{pcu/d}$$

《公路路线设计规范》(JTG D20—2017)3.2.2条规定:高速公路当设计速度为120km/h时的三级服务水平的最大服务交通量为1650 pcu/(h·ln)。

高速公路单向需修建的车道数为:

$$N=\frac{DDHV}{1650}=\frac{4049}{1650}=2.45\text{ 条}\qquad(\text{单向车道为3条,双向为6条})$$

在备选答案中,只有选项C符合。

7. A

解:城市主干路的单向设计小时交通量为:

$$DDHV=AADT\times D\times K=57400\times0.54\times0.12=3720\text{pcu/d}$$

根据《城市道路工程设计规范》(CJJ 37—2012)4.3.2 条规定,城市主干路当设计速度为60km/h 时的三级服务水平的一条最大服务交通量为1400pcu/h。

城市主干路单向需修建的车道数为:

$$N=\frac{DDHV}{1400}=\frac{3720}{1400}=2.65\text{ 条}\qquad(\text{单向车道为 3 条})$$

在备选答案中,只有选项 A 符合。

8. A

解:《城市道路工程设计规范》(CJJ 37—2012)4.4.1 条规定:三幅路城市主干路非平面交叉口路段一条自行车车道的路段设计通行能力应取(1600 ~1800)veh/h。

预测远景年自行车单向高峰小时交通量为3780veh/h,拟建单向自行车车道数应为:

$$N=\frac{DDHV}{(1600\sim1800)}=\frac{3780}{(1600\sim1800)}=(2.4\sim2.1)\text{条}\qquad(\text{单向车道取整为 3 条})$$

在备选答案中,只有选项 A 符合。

9. B

解:《城市道路工程设计规范》(CJJ 37—2012)4.5.1 条规定:位于非重要地区的城市支路的一条人行道的设计通行能力宜采用高值,取2100 人/(h · m)。

单侧需要的最小人行道宽度为:

$$W_P=\frac{N_w}{N_{W1}}=\frac{3400}{2100}=1.6\qquad(\text{取整为 2m})$$

由《城市道路工程设计规范》(CJJ 37—2012)表 5.3.4 知,各级道路的人行道最小宽度为2.0m。

在备选答案中,只有选项 B 符合。

10. B

解:《公路路线设计规范》(JTG D20—2017)3.4.2 条规定,高速公路的设计通行能力按式(3.4.2-1)计算:

$$C_d=MSF_i\times f_{HV}\times f_p\times f_f$$

式中,高速公路路段设计服务水平下单车道最大服务交通量 $MSF_i=1600$pcu/(h · ln)。驾驶员多为职业驾驶员,比较熟悉该公路,驾驶者总体特征修正系数$f_p=0.98$。f_f为路侧干扰修正系数,高速公路取 1.0。

高峰小时交通量为900pcu/(h · ln),在 800 ~1200 pcu/(h · ln)之间,根据《公路路线设计规范》(JTG D20—2017)表 3.4.2 -2 得中型车的车辆折算系数为2.5,大型车的车辆折算系数为 4,汽车列车的车辆折算系数为 5,则交通组成修正系数为:

$$f_{H_V}=\frac{1}{1+\sum P_i(E_i-1)}=\frac{1}{1+0.35\times1.5+0.03\times3+0.02\times4}=\frac{1}{1.695}=0.59$$

高速公路路段一条车道的设计通行能力为:

$$C_d=MSF_i\times f_{HV}\times f_p\times f_f=1600\times0.59\times1.0\times0.98=925\text{veh/(h · ln)}$$

在备选答案中,只有选项 B 符合。

11. C

解:《公路路线设计规范》(JTG D20—2017)3.6.2 条规定:二级公路的设计通行能力

按式(3.6.2)计算:

$$C_d = MSF_i \times f_{HV} \times f_d \times f_w \times f_f$$

①二级公路,设计速度 80km/h,查表 3.2.2-3 和表 3.6.1,设计服务水平下最大服务交通量$MSF_i = 2800 \times 0.6 = 1680$pcu/h。

②f_d为方向分布修正系数,按《公路路线设计规范》(JTG D20—2017)表 3 .6.2-2 取值为 0.97。

③f_w为车道宽度、路肩宽度修正系数,按《公路路线设计规范》(JTG D20—2017)表 3.6.2-2 取值为 1.12(按车道宽度 3.75m 和路肩宽度 2.25m 内差)。

④f_f为路侧干扰修正系数,根据路况描述,查《公路路线设计规范》(JTG D20—2017)表 3.1.4 知,该路段干扰等级为 3 级;查表 3.6.2-4 取值为 0.75。

⑤预测小时交通量为 750veh/h,在 400 ~ 900 veh/h 之间,根据《公路路线设计规范》(JTG D20—2017)表 3.6.2-1 得中型车的车辆折算系数为 2.0,大型车的车辆折算系数为 2.5,汽车列车的车辆折算系数为 3.0,则交通组成修正系数为:

$$f_{HV} = \frac{1}{1 + \sum P_i(E_i - 1)} = \frac{1}{1 + 0.19 \times 1.0 + 0.10 \times 1.5 + 0.02 \times 2} = \frac{1}{1.38} = 0.725$$

二级公路路段的设计通行能力为:

$$C_d = MSF_i \times f_{HV} \times f_p \times f_f = 1680 \times 0.725 \times 0.97 \times 1.12 \times 0.75 = 992\text{veh/(h} \cdot \text{ln)}$$

在备选答案中,只有选项 C 符合。

12. C

解:《公路工程技术标准》(JTG B01—2014)3.6.1 条规定:二级公路的建筑限界为行车道宽度 + 两侧的侧向宽度,二级公路的侧向宽度为硬路肩宽度。

表 4.0.2 中可查得设计速度为 60km/h 时,车道宽度应为 3.50m,为双车道, 则总车道宽度应为 7.00m;表 4.0.5-1 中可查得二级公路正常情况下单侧硬路肩宽度为 0.75m, 则单侧侧向宽度为 0.75m,双侧侧向宽度为 1.50m。

则建筑限界横向总宽度为:7.00 + 1.50 = 8.50m。

在备选答案中,只有选项 C 符合。

13. D

解:《公路工程技术标准》(JTG B01—2014)3.6.1 条规定:高速公路单幅的建筑限界为右侧硬路肩宽度L_2 + 行车道宽度 + 左侧路缘带宽度S_1 + C 值。

表 4.0.2 中可查得设计速度为 120km/h 时,车道宽度应为 3.75m,为单向双车道,则总车道宽度应为 7.50m;表 4.0.5-1 中可查得高速公路正常情况下右侧硬路肩宽度为 3.00m;表 4.0.4中可查得高速公路正常情况下右侧硬路肩宽度为 0.75m;3.6.1 条规定设计速度为 120km/h 时 C 值为 0.50m。

则高速公路单幅的建筑限界横向总宽度为:3.00 + 7.50 + 0.75 + 0.50 = 11.75m。

在备选答案中,只有选项 D 符合。

14. B

解:《城市道路路线设计规范》(CJJ 193—2012)3.0.8 条规定:三幅路的城市主干路的机动车道建筑限界为:安全带宽度 W_{sc} + 机动车道路面宽度 W_{pc} + 安全带宽度 W_{sc}。

表 5.3.1 中可查得设计速度为 60km/h 时，一条小客车专用车道宽度为 3.25m，一条混行车道 3.50m，机动车道总宽度为(3.25 + 3.5) × 2 = 13.5m。

根据表 5.3.4 中可查得设计速度为 60km/h 时，路缘带宽度为 0.5m，安全性宽度为 0.25m。

机动车道路面宽度 W_{pc} = 机动车道总宽度 + 路缘带宽度 × 2 = 14.5m

则城市主干道三幅断面机动车道的建筑限界横向总宽为：0.25 + 14.5 + 0.25 = 15.00m。

在备选答案中，只有选项 B 符合。

15. A

解：根据《无障碍设计规范》(GB 50763—2012)，该图示为三面坡道，按 3.1.2 条规定，三面坡缘石坡正面坡不应大于 1∶12。

选项 A，正面坡坡度为 0.15/(2.5 - 1.0) = 1∶10，大于 1∶12，不符合规范要求。

选项 B，侧面的坡度为 0.15/2.5 = 1∶16.67，小于 1∶12，符合规范要求。

选项 C，按 3.1.3 条规定，正面坡道宽度不应小于 1.2m，1.5m > 1.2m，符合规范要求。

选项 D，按 3.2.3 条规定，提示盲道与行进盲道同宽，且宽度大于 300mm，符合规范要求。

在备选答案中，只有选项 A 符合。

16. A

解：根据《无障碍设计规范》(GB 50763—2012)，该图示为全宽式单面坡缘石坡道。

选项 A 按 3.2.2 条规定，行进盲道宜在距树池边缘 250 ~ 500mm 处设置，行进盲道设置在距离树池边缘 1000mm 处，不满足规范要求。

选项 B 按 3.1.3 条规定，全宽式单面坡缘石坡道的宽度应与人行道宽度相同，符合规范要求。

选项 C 按 3.1.1 条规定，缘石坡道的坡口与车行道之间宜没有高差，设计高差为 0cm，符合规范要求。

选项 D 按 3.2.3 条规定，提示盲道与行进盲道同宽，且宽度大于 300mm，符合规范要求。

在备选答案中，只有选项 A 符合。

第二节　总 体 设 计

【考试纲要】

1. 掌握总体设计的范围、目的和内容。

2. 熟悉总体设计要点。

3. 了解城市道路工程与城市总体规划、交通专项规划、市政管线规划等的相互关系。

【复习提示】

1. 复习要点

主要考点：

总体设计的概念、公路和城市道路总体设计范围、总体设计的目的、总体设计的主要内容、总体设计要点。

考试重点：

公路和城市道路总体设计范围、总体设计主要内容、总体设计要点。

考试难点：

对总体设计内涵与设计要点内容的理解。

2.规范依据

《公路路线设计规范》(JTG D20—2017)的1.0.4条和"4 总体设计"。4 总体设计"包括"4.1 一般规定、4.2 公路功能与技术标准、4.3 建设规模与建设方案、4.4 环境保护与资源节约、4.5 设计检验与安全评价"。

《城市道路路线设计规范》(CJJ 193—2012)中"4 总体设计"。"4 总体设计"包括"4.1 一般规定、4.2 总体设计要点"。

习题精练

一、单项选择题

1.下列选项中,应进行公路总体设计的是(　　)。

A.二级及二级以上公路　　B.高速公路与一级公路

C.各级公路　　D.二级及二级以上干线公路

2.公路总体设计应贯穿于公路建设项目(　　),并覆盖公路建设项目的各相关专业。

A.工可阶段和初步设计阶段

B.初步设计至施工图设计阶段

C.设计阶段

D.从可行性研究到施工图设计的全过程各个阶段

3.下列关于公路总体设计中公路功能与技术标准论证内容说法错误的是(　　)。

A.同一公路项目可根据功能和交通量变化,论证分段采用不同的技术等级

B.同一公路中不同设计速度的变化不应频繁

C.扩建公路应采用改扩建后的公路技术标准和指标

D.应根据公路功能、设计交通量确定设计车辆

4.一个公路工程建设项目由两个或两个以上单位设计时,应由(　　)总体设计。

A.两个设计单位各自负责　　B.一个设计单位负责

C.委托的第三方负责　　D.两个设计单位共同负责

5.高速公路整体式路基路段,不得采用(　　)的建设方式。

A.纵向分段　　B.分期分幅　　C.项目分期　　D.一次建成

6.改扩建公路应遵照利用与改造相结合的原则,其中桥梁、隧道的利用应在(　　)的基础上,综合论证对既有构造物等的利用原则和利用方案。

A.风险评估　　B.设计荷载计算

C.检测与评价　　D.强度计算

7. 如高速公路设计服务水平为三级，该高速公路改扩建维持通车路段的服务水平最低可采用(　　)。

A. 三级　　B. 五级　　C. 六级　　D. 四级

8. 连续长陡纵坡路段的上坡方向，应重点依据交通量、车型组成和(　　)变化，提出交通组织与管理措施方案。

A. 通行能力　　B. 运行速度　　C. 平均速度　　D. 速度差

9. 快速路应根据(　　)确定机动车车道数规模。

A. 预测设计交通量　　B. 服务水平

C. 年平均日交通量　　D. 红线宽度

二、多项选择题

1. 公路总体设计应论证确定(　　)和建设规模、建设方案。

A. 公路功能　　B. 建设条件　　C. 设计交通量　　D. 技术标准

2. 各个公路项目总体设计的主要内容应有所差异的原因是(　　)。

A. 项目特点不同　　B. 建设条件不同

C. 公路功能与技术等级不同　　D. 设计人员不同

3. 高速公路总体设计中公路功能与技术标准论证的内容有(　　)。

A. 公路功能的论证　　B. 路线起终点的论证

C. 设计车辆的论证　　D. 设计速度的论证

4. 公路不同技术等级、不同设计速度路段相互衔接的位置或地点应选择在(　　)。

A. 路侧环境条件明显变化处　　B. 沿线主要村镇结点的前后

C. 填挖断面变化处　　D. 互通式立交或平面交叉

5. 利用原有公路改扩建的路段，因提高设计速度可能(　　)时，经论证局部路段可维持原设计速度和指标。

A. 诱发工程地质病害　　B. 增加工程造价

C. 交通量增长不多　　D. 对环境保护、文物有不利影响

6. 关于公路工程分期修建，下列说法正确的是(　　)。

A. 高速公路根据路网规划或交通量等因素，可采用纵向分段或按工程项目分期修建的方式修建

B. 分期修建的设计应使前期工程在后期仍能充分利用

C. 四车道高速公路整体式路基的路段可采用横向分幅分期修建

D. 高速公路分离式路基路段经论证可采用分期分幅的建设方式，先期建成的一幅按双向交通通行时，应按二级公路通车条件进行管理，且限制速度不应超过 80km/h

7. 公路总体设计中建设方案论证包括的内容有(　　)。

A. 路基横断面形式选择　　B. 交叉位置与方式选择

C. 路线方案选择　　D. 交通工程与沿线设施布置

8. 合理确定公路管理和服务设施的位置、形式、间距和配置规模时，主要考虑(　　)因素。

A. 公路功能及等级　　B. 交通组织方式

C. 公众意见　　D. 安全与运营管理

9. 下列城市道路的(　　)项目应进行总体设计。

A. 快速路　　B. 交通枢纽　　C. 主干路　　D. 路面工程

10. 下列(　　)是城市道路总体设计的内容。

A. 制定设计原则　　B. 明确功能定位和服务对象

C. 确定技术标准和建设规模　　D. 设计检验与安全评价

11. 城市道路设计时,应分别对(　　)提出交通组织方案。

A. 路段　　B. 交叉口　　C. 货车　　D. 出入口

习题参考答案及解析

一、单项选择题

1. C

【解析】《公路路线设计规范》(JTG D20—2017)1.0.4 条规定:各级公路均应进行总体设计。总体设计应贯穿于公路建设项目从可行性研究到施工图设计的全过程的各个阶段,并覆盖公路建设项目的各相关专业。

2. D

【解析】《公路路线设计规范》(JTG D20—2017)1.0.4 条规定:各级公路均应进行总体设计。总体设计应贯穿于公路建设项目从可行性研究到施工图设计的全过程的各个阶段,并覆盖公路建设项目的各相关专业。

3. D

【解析】《公路路线设计规范》(JTG D20—2017)4.2.2 条、4.2.3 条、4.2.5 条、4.2.8 条规定,D 选项是错误的。应根据公路功能、交通组成、车型比例,确定设计车辆。

4. B

【解析】《公路工程基本建设项目设计文件编制办法》(交公路发〔2007〕358 号)1.0.7 条规定:一个公路工程建设项目由两个或两个以上单位设计时,应由一个设计单位负责总体设计,统一设计原则,编写说明书,绘制总体设计图,编制主要工程数量表和汇编总概(预)算,协调统一文件的编制。

5. B

【解析】《公路路线设计规范》(JTG D20—2017)4.3.2 条规定:高速公路根据路网规划、交通量等因素,可采用纵向分段或按工程项目分期修建的方式。高速公路整体式路基路段,不得采用分期分幅的建设方式;高速公路和一级公路分离式路基路段经论证可采用分期分幅的建设方式,先期建成的一幅按双向交通通行时,应按二级公路通车条件进行管理,且限制速度不应超过 80km/h。

6. C

【解析】《公路路线设计规范》(JTG D20—2017)4.3.8 条规定:改扩建公路应遵照利用

与改造相结合的原则,应在原有公路路线安全性评价,以及原有路基、桥梁、隧道检测与评价的基础上,综合论证对既有路线和构造物等的利用原则和利用方案,合理、充分地利用原有工程。

7. D

【解析】《公路路线设计规范》(JTG D20—2017)4.3.8 条规定:高速公路改扩建项目维持通车路段,服务水平可降低一级,设计速度不宜低于 60km/h。

8. B

【解析】《公路路线设计规范》(JTG D20—2017)4.5.2 条第 1 款规定:对于连续长陡纵坡路段的上坡方向,应重点依据交通量、车型组成和运行速度变化,分析评价其上坡路段的通行能力和服务水平,提出交通组织与管理措施方案,必要时论证增设爬坡车道。

9. A

【解析】《城市道路路线设计规范》(CJJ 193—2012)4.2.3 条规定:快速路、主干路应根据预测的设计交通量进行通行能力和服务水平评价,并结合定性分析,确定机动车车道数规模。

二、多项选择题

1. AD

【解析】《公路路线设计规范》(JTG D20—2017)4.1.1 条规定:公路总体设计应论证确定公路功能、技术标准、建设规模及建设方案。

2. ABC

【解析】《公路路线设计规范》(JTG D20—2017)4.1.3 条规定:公路总体设计的主要内容应根据公路建设项目的特点、条件和技术等级有所差异,应根据项目设计阶段不同而有所侧重。

3. ACD

【解析】《公路路线设计规范》(JTG D20—2017)4.2 规定:高速公路总体设计中公路功能与技术标准论证的内容包括公路功能、技术等级、设计车辆、设计速度、基本路段车道数与路基宽度及路线主要控制指标的论证确定。

4. ABD

【解析】《公路路线设计规范》(JTG D20—2017)4.2.5 条规定:各级公路可根据项目沿线地形、地质与自然条件变化,分段选用设计速度,并应符合下列规定:①同一设计速度的路段长度不宜过短,同一公路中不同设计速度的变化不应频繁。②不同技术等级、不同设计速度路段相互衔接的位置或地点,应选择在大型构造物、互通式立交、平面交叉、沿线主要村镇结点的前后,或路侧环境条件明显变化处。

5. ABD

【解析】《公路路线设计规范》(JTG D20—2017)4.2.8 条规定:扩建公路应采用改扩建后的公路技术标准和指标,对于利用原有公路的路段,因提高设计速度可能诱发工程地质病害、增加工程造价或对环境保护、文物有不利影响时,经论证该局部路段可维持原设计速度和指标,其长度为高速公路不宜大于 15km,一级、二级公路不宜大于 10km,但不应降低技术等级。

6. ABD

【解析】《公路路线设计规范》(JTG D20—2017)4.3.2 条规定:必须在综合分析论证的基础上做出总体设计和分期实施计划,分期修建的项目应使前期工程在后期仍能充分利用,并为后期工程的修建留有余地和创造有利条件。高速公路根据路网规划、交通量等因素,可采用纵向分段或按工程项目分期修建的方式。高速公路整体式路基路段,不得采用分期分幅的建设方式;高速公路和一级公路分离式路基路段经论证可采用分期分幅的建设方式,先期建成的一幅按双向交通通行时,应按二级公路通车条件进行管理,且限制速度不应超过80km/h。

7. ABCD

【解析】《公路路线设计规范》(JTG D20—2017)4.3.3 条 ~4.3.8 条规定:公路总体设计中建设方案论证中应包括路线方案选择、路基横断面形式选择、公路与邻近铁路、管线的相互布置、交叉位置与方式选择、交通工程与沿线设施布置、改扩建方案论证等内容。

8. ABD

【解析】《公路路线设计规范》(JTG D20—2017)4.3.6 条规定:交通工程及沿线设施应与主体工程同步设计,并应根据公路功能及等级、交通组织方式,以及安全与运营管理等需要,合理确定公路收费站场、服务区、停车区等管理和服务设施的位置、形式、间距和配置规模。

9. ABC

【解析】《城市道路路线设计规范》(CJJ 193—2012)4.1.1 条规定:城市道路快速路、主干路、大桥和特大桥、隧道、交通枢纽应进行总体设计,其他道路可根据相关因素、重要程度进行总体设计。

10. ABC

【解析】《城市道路路线设计规范》(CJJ 193—2012)4.1.3 条规定:选项 ABC 是城市道路总体设计的主要内容,选项 D 是公路总体设计的内容。

11. ABD

【解析】《城市道路路线设计规范》(CJJ 193—2012)4.2.10 条规定:道路设计应分别对路段、交叉口、出入口提出机动车、非机动车、行人以及客车、公交车、货车的交通组织设计方案。

第三节　路线平面设计

【考试纲要】

1. 熟悉平面设计中各线形要素的性质与作用。
2. 了解各线形要素主要技术指标的规定与运用。
3. 掌握平面设计线形要素的组合类型及其设计方法。
4. 了解平面线形设计中超高、加宽、视距、回头曲线等的规定与运用。

【复习提示】

1. 复习要点

主要考点:

平面线形三要素；直线的特点、直线的最大长度与最小长度的规定、直线的运用；圆曲线的特点、圆曲线最小半径（含不设超高最小半径）规定、圆曲线的运用；回旋线的作用与性质、回旋线的最小长度与参数规定、回旋线的运用；平面线形设计要点、平面线形要素组合类型（基本形、S 形、卵形等）及其设计方法；超高及作用、超高值与超高过渡方式的规定、超高过渡段长度计算；平曲线加宽的规定、平曲线加宽过渡方式与过渡段长度；行车视距类型、行车视距的规定和各级道路对视距的要求、行车视距的保证；回头曲线的规定与运用。

考试重点：

直线、圆曲线、回旋线的性质、作用及运用；平面线形要素组合类型的设置要求及其设计方法；超高、加宽、视距等的规定与运用。

案例考点：

圆曲线半径计算、回旋线参数计算与回旋线基本公式的运用、S 形曲线和卵形曲线的规范符合性评价、基本形和 S 形曲线计算、圆曲线加宽计算、缓和曲线长度和超高过渡段长度计算、视距计算。

2. 规范依据

《公路工程技术标准》（JTG B01—2014）中“4 路线”。

《公路路线设计规范》（JTG D20—2017）中“7.1 一般规定、7.2 直线、7.3 圆曲线、7.4 回旋线、7.5 圆曲线超高、7.6 圆曲线加宽；9.1 一般规定、9.2 平面线形设计”。

《城市道路工程设计规范》（CJJ 37—2012）中“6.1 一般规定、6.2 平面设计、6.4 线形组合设计”。

《城市道路路线设计规范》（CJJ 193—2012）中“6.1 一般规定、6.2 直线、6.3 平曲线、6.4 圆曲线超高、6.5 圆曲线加宽、6.6 视距、6.7 分隔带及路缘石开口”。

习题精练

一、单项选择题

1. 某高速公路项目设计速度为 100km/h，拟设置一段同向曲线，依据《公路路线设计规范》（JTG D20—2017），该同向圆曲线间直线长度宜大于（　　）。

A. 200m　　B. 600m　　C. 2000m　　D. 300m

2. 某高速公路设计速度为 100km/h，路拱坡度采用 2%，当该公路圆曲线半径小于（　　）时，平曲线应设置超高。

A. 4000m　　B. 700m　　C. 5500m　　D. 5250m

3. 某高速公路项目设计速度为 120km/h，正常情况下，圆曲线半径为（　　）。

A. $R<1000$m　　B. 1000m$\leqslant R\leqslant$10000m

C. 650m$\leqslant R<$1000m　　D. $R<650$m

4. 某二级公路有 3 个右偏曲线，曲中点的横断面如图所示，则曲线半径从大到小的正确排列次序为（　　）。

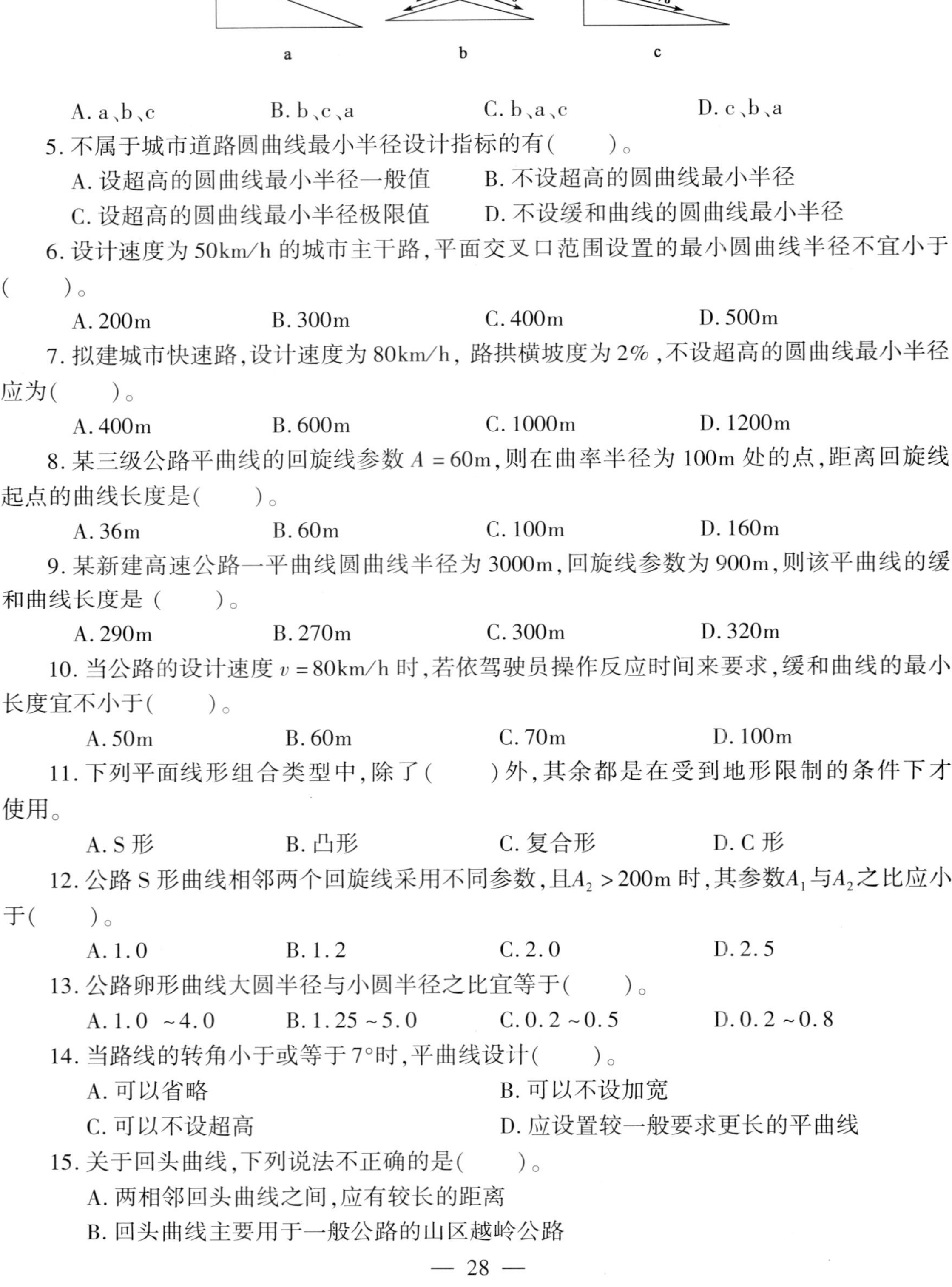

A. a、b、c　　B. b、c、a　　C. b、a、c　　D. c、b、a

5. 不属于城市道路圆曲线最小半径设计指标的有(　　)。

A. 设超高的圆曲线最小半径一般值　　B. 不设超高的圆曲线最小半径

C. 设超高的圆曲线最小半径极限值　　D. 不设缓和曲线的圆曲线最小半径

6. 设计速度为50km/h的城市主干路,平面交叉口范围设置的最小圆曲线半径不宜小于(　　)。

A. 200m　　B. 300m　　C. 400m　　D. 500m

7. 拟建城市快速路,设计速度为80km/h,路拱横坡度为2%,不设超高的圆曲线最小半径应为(　　)。

A. 400m　　B. 600m　　C. 1000m　　D. 1200m

8. 某三级公路平曲线的回旋线参数$A = 60$m,则在曲率半径为100m处的点,距离回旋线起点的曲线长度是(　　)。

A. 36m　　B. 60m　　C. 100m　　D. 160m

9. 某新建高速公路一平曲线圆曲线半径为3000m,回旋线参数为900m,则该平曲线的缓和曲线长度是(　　)。

A. 290m　　B. 270m　　C. 300m　　D. 320m

10. 当公路的设计速度$v = 80$km/h时,若依驾驶员操作反应时间来要求,缓和曲线的最小长度宜不小于(　　)。

A. 50m　　B. 60m　　C. 70m　　D. 100m

11. 下列平面线形组合类型中,除了(　　)外,其余都是在受到地形限制的条件下才使用。

A. S形　　B. 凸形　　C. 复合形　　D. C形

12. 公路S形曲线相邻两个回旋线采用不同参数,且$A_2 > 200$m时,其参数A_1与A_2之比应小于(　　)。

A. 1.0　　B. 1.2　　C. 2.0　　D. 2.5

13. 公路卵形曲线大圆半径与小圆半径之比宜等于(　　)。

A. 1.0 ~4.0　　B. 1.25 ~5.0　　C. 0.2 ~0.5　　D. 0.2 ~0.8

14. 当路线的转角小于或等于7°时,平曲线设计(　　)。

A. 可以省略　　B. 可以不设加宽

C. 可以不设超高　　D. 应设置较一般要求更长的平曲线

15. 关于回头曲线,下列说法不正确的是(　　)。

A. 两相邻回头曲线之间,应有较长的距离

B. 回头曲线主要用于一般公路的山区越岭公路

C. 回头曲线的设计要求与一般平曲线的规定相同

D. 三级、四级公路在自然展线无法争取到需要的距离以克服高差,可采用回头曲线

16. 公路圆曲线加宽一般在(　　)进行。

A. 圆曲线行车道外侧　　B. 圆曲线行车道内侧

C. 圆曲线行车道两侧同时　　D. 圆曲线行车道中心

17. 当城市道路圆曲线半径小于或等于(　　)时,应在圆曲线范围内设置加宽。

A. 150m　　B. 250m　　C. 280m　　D. 200m

18. 双车道公路在不能满足会车视距的圆曲线路段,圆曲线内侧车道的加宽值应(　　),设计时应通过计算分别确定。

A. 大于外侧车道的加宽值　　B. 等于外侧车道的加宽值

C. 小于外侧车道的加宽值　　D. 不考虑

19. 城市主干路设计中,当圆曲线半径小于或等于 250m 时,其道路加宽应设在圆曲线的(　　)。

A. 外侧　　B. 内侧　　C. 左侧　　D. 右侧

20. 关于城市道路加宽缓和段的长度,下列说法不正确的是(　　)。

A. 对设有缓和曲线的平曲线,加宽缓和段长度应采用与缓和曲线长度相同的数值

B. 对于设有缓和曲线的平曲线,加宽缓和段可设置在缓和曲线一部分上

C. 当不设缓和曲线或超高缓和段时,加宽缓和段长度应按加宽侧路面边缘宽度渐变率为 1 : 15 ~1 : 30 计算,且长度不应小于 10m

D. 对于不设缓和曲线,但设有超高缓和段的平曲线,可采用与超高缓和段相同的长度

21. 无中间带公路超高过渡有多种方式, 下列方式中不常用的是(　　)。

A. 绕内侧车道边缘旋转　　B. 绕外侧车道边缘旋转

C. 绕路中线旋转　　D. 绕内侧边沟边缘旋转

22. 某公路直线部分的路拱横坡度为 2% ,则圆曲线部分最小超高横坡度应为(　　)。

A. 3%　　B. 2%　　C. 1.5%　　D. 非定值

23. 公路超高过渡段的纵向渐变率不得小于 1/330,主要是出于(　　)考虑。

A. 路面排水　　B. 路容美观　　C. 路面平顺　　D. 缓和冲击

24. 双幅路及四幅路超高旋转轴宜采用(　　)。

A. 内侧路面边缘线　　B. 中线

C. 外侧路面边缘线　　D. 中间分隔带边缘线

25. 高速公路、一级公路和双车道公路应分别采用(　　)的要求。

A. 行车视距和停车视距　　B. 停车视距和超车视距

C. 停车视距和会车视距　　D. 会车视距和超车视距

26. 一条二级公路,设计速度为 $v = 80\text{km/h}$,该公路的停车视距是(　　)。

A. 80m　　B. 110m　　C. 125m　　D. 150m

27. 一条山区二级公路,设计速度为 $v = 60\text{km/h}$,一个平曲线受地形条件限制采取分道行驶措施,该平曲线路段应保证的视距应不小于(　　)。

A. 75m　　B. 110m　　C. 125m　　D. 150m

28. 关于视距检查,下列说法不正确的是(　　)。

A. 对于纵断面上的凸形竖曲线以及下穿式立体交叉凹形竖曲线上的视距问题,一般不考虑

B. 在视距检查中,应重点注意道路平面上的“暗弯”,即曲线内侧有树林、房屋、边坡等阻碍驾驶员的视线,处于隐蔽地段的平曲线

C. 凡属“暗弯”都应进行视距检查,若不能保证该级公路的最短视距,则应将阻碍视线的障碍物清除

D. 如果是因挖方边坡妨碍了视线,则应按所需净距绘制包络线(或称视距曲线)开挖视距台

29. 设计速度为 60km/h 的城市主干路,会车视距不应小于(　　)。

A. 70m　　B. 80m　　C. 140m　　D. 160m

30. 城市道路对以货运交通为主的道路,应验算下坡段货车的(　　)。

A. 超车视距　　B. 停车视距　　C. 错车视距　　D. 会车视距

二、多项选择题

1. 某高速公路项目设计速度为 100km/h,由于地形地物等严格限制,必须采用长直线。因此,依据《公路路线设计规范》(JTG D20—2017),该路段路线平面设计(　　)。

A. 不应采用超过 2000m 的长直线

B. 不应采用超过 3000m 的长直线

C. 直线的长度不宜过长

D. 受特殊情况限制而采用长直线时,应采取相应的交通安全技术措施

2. 下列(　　)宜采用直线线形。

A. 路线交叉点前后的路段　　B. 山区沿河路段

C. 特长、长隧道路段　　D. 双车道公路提供超车的路段

3. 某高速公路项目设计速度为 120km/h,正常情况下,圆曲线的运用(　　)。

A. 应与地形相适应,以采用超高为 2% ~4% 的圆曲线半径为宜

B. 条件受限制时,R 可采用大于 1000m

C. R 可采用大于或等于 650m,小于 1000m

D. R 可采用小于 650m

4. 属于城市道路圆曲线最小半径设计指标的有(　　)。

A. 设超高的圆曲线最小半径

B. 不设超高的圆曲线最小半径

C. 设缓和曲线的圆曲线最小半径

D. 不设缓和曲线的圆曲线最小半径

5. 在下列(　　)情况下,城市道路可不设缓和曲线。

A. 在直线与圆曲线间,当圆曲线半径大于或等于“不设缓和曲线的最小圆曲线半径”时

B. 当设计速度大于或等于 40km/h 时,在半径不同的同向圆曲线间,当小圆半径大于或等于“不设缓和曲线的最小圆曲线半径”时

C. 设计速度为 80km/h 的城市道路,当圆曲线半径大于 2000m 时

D. 当城市道路的圆曲线半径大于或等于“不设超高的最小半径”时

6. 关于缓和曲线,下列说法正确的是(　　)。

A. 缓和曲线使离心加速度逐渐变化

B. 缓和曲线采用回旋线

C. 汽车匀加速行驶,同时以不变的角速度转动方向盘所产生的轨迹,即为回旋线

D. 缓和曲线长度应考虑超高过渡段的要求

7. 下列属于公路平面线形组合形式的有(　　)。

A. 基本形　　B. 凸形　　C. 卵形　　D. 凹形

8. 关于 S 形曲线,下列说法正确的有(　　)。

A. 从行驶力学与线形协调、超高过渡考虑,S 形曲线相邻两回旋线参数 A_1 和 A_2 宜相等

B. 两圆曲线半径之比以满足 $R_2/R_1=0.2\sim0.8$ 为宜

C. 当 S 形曲线相邻两回旋线采用不等参数时,A_1 与 A_2 之比应小于 2.0,有条件时以小于 1.5 为宜

D. S 形两圆曲线半径之比不宜过大,以 $R_2/R_1\geqslant0.5$ 为宜,(R_1 和 R_2 分别为大、小圆半径)

9. 下列(　　)应采用第 3 类加宽值。

A. 支线的三级公路

B. 干线的二级公路

C. 通行铰接列车的集散二级公路

D. 不通行铰接列车的集散三级公路

10. 关于公路加宽过渡段长度确定,下列说法正确的是(　　)。

A. 既不设缓和曲线,又不设超高过渡段,应按渐变率为 1∶15,且长度不小于 10m 的要求设置加宽过渡段

B. 设有缓和曲线的平曲线,加宽过渡段应采用与缓和曲线相同的长度

C. 不设缓和曲线,不设加宽过渡段

D. 不设缓和曲线,但设有超高过渡段的平曲线,可采用与超高过渡段相同的长度

11. 无中间带公路超高方式包括(　　)。

A. 绕两侧路面中心旋转　　B. 绕内侧车道边缘旋转

C. 绕路中线旋转　　D. 绕外侧车道边缘旋转

12. 有中间带公路超高形式包括(　　)。

A. 绕中间带中心线旋转

B. 绕中央分隔带边缘旋转

C. 绕路面未加宽时的外侧边缘线旋转

D. 分别绕行车道中线旋转

13. 关于城市道路超高缓和段,下列说法正确的是(　　)。

A. 超高缓和段应满足路面排水要求,超高缓和段的纵向渐变率不得小于 1/330

B. 当缓和曲线较长时,超高缓和段可设在缓和曲线的某一区段范围内进行

C. 超高缓和段长度应小于或等于缓和曲线的计算长度

D. 超高缓和段必须在缓和曲线全长范围内进行

14. 下列公路路段中,需要进行视距检验路段是(　　)。

A. 线形组合复杂路段

B. 中间带设置护栏或防眩设施的平曲线路段

C. 路侧设有高边坡或构造物的平曲线路段

D. 平曲线明弯路段

15. 组成城市道路停车视距的有(　　)。

A. 反应距离　B. 制动距离　C. 会车距离　D. 安全距离

16. 在城市快速路中间分隔带应设置紧急开口的位置有(　　)。

A. 隧道前后　B. 分离式立交前后

C. 枢纽立交前后　D. 特大桥路段前后

三、案例题

1. 拟建某城市快速路,设计速度 100km/h,μ 取值范围 0.067 ~0.10,则圆曲线半径为 600m 时的最大超高值拟定为(　　)。

A. 3%　B. 6.4%　C. 6%　D. 4%

2. 某拟建一级公路,设计速度为 100km/h,圆曲线超高值取 4%,μ 取 0.05,圆曲线半径拟定为(　　)m(按 10 的倍数往上取整)。

A. 880　B. 900　C. 1000　D. 800

3. 某新建高速公路设计速度为 120km/h,路拱横坡为 2%,某平曲线的圆曲线半径为 3000m,回旋线参数为 900m,该平曲线不设超高最小半径处距离回旋线起点的曲线长度为(　　)。

A. 108.00m　B. 270.00m　C. 202.50m　D. 147.27m

4. 某高速公路设计速度采用 100km/h,平曲线半径采用 2700m,比较合适的回旋线参数 A 取值是(　　)。

A. 1200　B. 1150　C. 900　D. 800

5. 某公路设计速度 $v=60\text{km/h}$,路面宽度 $B=7.0\text{m}$,路拱横坡 $i_G=2.0\%$。有一弯道半径 $R=200\text{m}$,超高率 $i_y=7\%$,规范规定的缓和曲线长度为 50m,超高采用绕路中线旋转,最大超高渐变率 $p=1/175$,如要满足超高过渡的要求(不考虑硬路肩宽度要求),缓和曲线长度应取(　　)。

A. 50m　B. 40m　C. 60m　D. 35m

6. 某山区公路设计速度采用 40km/h,某路段需要采用卵形曲线才能与地形很好吻合,小圆曲线半径采用 80m,大圆曲线半径采用的合理区间是(　　)。

A. 400 ~600m　B. 100 ~400m　C. 80 ~600m　D. 80 ~150m

7. 某山区公路设计速度为 40km/h,某路段受地形限制采用卵形曲线,如下图所示,大圆曲线半径采用 200m,小圆曲线半径采用 80m,回旋线参数为 60m,两圆曲线的间距 $D=2.6\text{m}$,该处卵形曲线设计不符合规范规定的是(　　)。

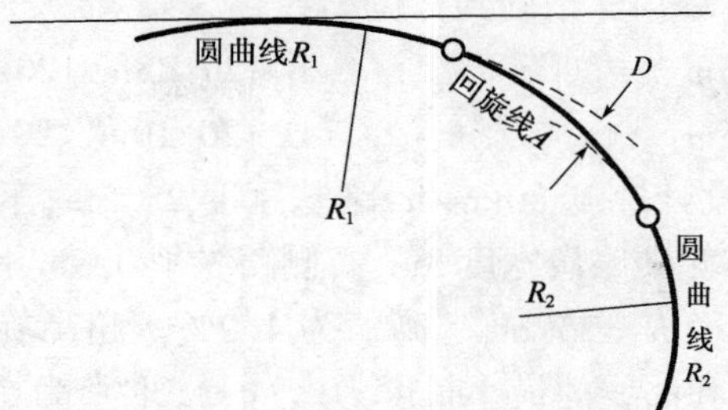

A. 卵形曲线的回旋线参数　　B. 两圆曲线半径之比

C. 两圆曲线的间距　　D. 小圆曲线的半径

8. 某高速公路设计速度为100km/h,某路段拟采用S形曲线,大圆曲线半径采用2000m,回旋线参数为700m;小圆曲线半径采用800m，回旋线参数为400m,该处S形曲线设计不符合规范规定的是(　　)。

A. S形曲线的回旋线参数比　　B. 两圆曲线半径之比

C. 大圆曲线半径　　D. 小圆曲线的半径

9. 某高速公路,设计速度为100km/h,某处平曲线转角角度为4°,一般情况下,平曲线最小长度不应小于(　　)。

A. 170m　　B. 200m　　C. 300m　　D. 400m

10. 某三级公路,设计速度为40km/h,某处平曲线转角角度为$\alpha=24°$,平曲线半径采用150m,则回旋线参数A取值最有可能的是(　　)。

A. 70m　　B. 85m　　C. 100m　　D. 120m

11. 某城市主干道,设计速度为60km/h,某处平曲线转角角度为$\alpha=5°$,如果该平曲线拟设置大于不设缓和曲线的最小半径,该平曲线的最小半径可能是(　　)。

A. 1500m　　B. 1405m　　C. 1200m　　D. 1605m

12. 某一级公路有一个交点,偏角$\alpha_1=12°24'20''$(左偏),圆曲线半径$R_1=1200$m,如第一回旋线、圆曲线及第二回旋线长度基本按1∶1∶1关系设计时,最有可能的回旋线长度是(　　)。

A. 130m　　B. 90m　　C. 160m　　D. 210m

13. 某公路有两个交点间距为407.54m,交点1为左偏,平曲线切线长$T_1=195.484$m;交点2为右偏,$\alpha_2=15°32'50''$,回旋线长度$L_{S2}=130$m,将交点1和交点2组合成S形曲线,交点2的圆曲线半径为(　　)。

A. 869.54m　　B. 1236.78m　　C. 1076.63m　　D. 1354.67m

14. 某新建集散二级公路,设计速度为60km/h,双向两车道,车道宽度为3.5m,不通行铰接列车,其路段中有设$R=220$m的圆曲线,回旋线长度为70m,ZH点的里程桩号为K4+140,那么K4+175处的行车道宽度为(　　)。

A. 7.6m　　B. 7.30m　　C. 7.00m　　D. 7.8m

15. 某改建二级集散公路,设计速度60km/h,路面宽7m,硬路肩宽0.75m,土路肩宽0.75m,路拱横坡为2%,土路肩横坡为3%。路基设计高程位于路中心线处,超高过渡绕中线旋转,某圆曲线半径为380m,超高坡度为5%，QZ点路基设计高程为120.50m，QZ点的路基内侧和外侧的高程分别为(　　)(精确到2位小数)。

A. 120.33m,120.75m　　B. 120.25m,120.69m

C. 120.45m,120.85m　　D. 120.10m,120.55m

16. 某一级干线公路,设计速度80km/h,路基宽度25.5m,车道宽度3.75m,中间带宽度3m,中央分隔带宽度2m,右侧硬路肩宽度3m,右侧路缘带0.5m,路拱坡度为2%,某转角处设置基本形平曲线,圆曲线半径R=750m,超高值为4.0%。超高旋转轴为中央分隔带边缘,超高过渡考虑硬路肩宽度,缓和曲线的最小长度为(　　)(取整为5m的倍数)。

A. 70m　　B. 100m　　C. 85m　　D. 115m

17. 拟建城市快速路的设计速度为100km/h,单向机动车道路宽为8.50m,标准路拱设计坡度为2%,该工程平面设计线形中设R=800m的圆曲线,已知圆曲线超高值为2.0%,采用绕中间分隔带边缘旋转,那么在平曲线段缓和曲线的最小长度应为(　　)。

A. 38.25m　　B. 59.5m　　C. 76.50m　　D. 85.00m

18. 某一级公路设计速度为80km/h,其标准横断面各个组成部分的尺寸分别为:中央分隔带2.0m,左侧路缘带2×0.50m,行车道2×(2×3.75)m,硬路肩2×3.0m,右侧路缘带2×0.5m,土路肩2×0.75m,路拱横坡为2.0%。有一弯道超高横坡为4.0%,若取缓和曲线长度为150.0m,超高采用绕中央分隔带边缘旋转,其右侧路缘带外侧边缘处的超高渐变率约为(　　)。

A. 1/175　　B. 1/330　　C. 1/294　　D. 1/150

19. 某山区高速公路,设计速度采用100km/h,在一段纵坡/坡长为-4%/500m的下坡路段,下坡路段第二车道小客车和货车的停车视距应分别不小于(　　)。

A. 160m和195m　　B. 160m和180m

C. 210m和195m　　D. 210m和190m

习题参考答案及解析

一、单项选择题

1. B

【解析】《公路路线设计规范》(JTG D20—2017)7.2.2条规定:两圆曲线间以直线径相连接时,直线的长度不宜过短,并应符合下列规定:设计速度大于或等于60km/h时,同向圆曲线间最小直线长度(以m计)以不小于设计速度(以km/h计)的6倍为宜。

2. A

【解析】《公路路线设计规范》(JTG D20—2017)7.5.1条规定:当设计速度为100km/h,路拱坡度采用2%时,当圆曲线半径小于不设超高最小圆曲线半径4000m时,应在曲线上设置超高。

3. B

【解析】《公路路线设计规范》(JTG D20—2017)7.3.2条和7.3.3条规定:圆曲线最小半径应根据设计速度,按表7.3.2确定,圆曲线最小半径"一般值"为正常情况下的采用值;

"极限值"为条件受限制时可采用的值。圆曲线最大半径值不宜超过10000m。设计速度为120km/h时的圆曲线半径一般值为1000m。

4. B

【解析】《公路路线设计规范》(JTG D20—2017)7.3.2条和7.4.1条规定:圆曲线半径越大,超高横坡越小。图b的平曲线半径大于或等于不设超高最小半径,图a和图c的平曲线均为设置超高的平曲线,超高横坡小,平曲线半径大。选项B正确。

5. D

【解析】《城市道路路线设计规范》(CJJ 193—2012)6.3.2条和条文说明规定:城市道路规定了不设超高的圆曲线最小半径、设超高的圆曲线最小半径一般值、设超高的圆曲线最小半径极限值三类圆曲线最小半径。

6. C

【解析】《城市道路路线设计规范》(CJJ 193—2012)6.3.2条和9.2.7条规定:平面交叉口范围内的道路平面线形宜采用直线;当采用圆曲线时,其圆曲线半径宜大于不设超高的圆曲线最小半径。设计速度为50km/h的城市主干路其不设超高的圆曲线最小半径为400m。

7. C

【解析】《城市道路路线设计规范》(CJJ 193—2012)6.3.2条规定:城市快速路设计速度为80km/h,路拱横坡度为2%时,不设超高的圆曲线最小半径为1000m。

8. A

【解析】根据《公路路线设计规范》(JTG D20—2017) 7.1.1条文说明中的回旋线基本公式 $rl = A^2$ 计算,$l = \frac{60^2}{100} = 36\text{m}$。

9. B

【解析】根据《公路路线设计规范》(JTG D20—2017) 7.1.1条文说明中的回旋线基本公式 $RL_s = A^2$ 计算,$L_s = \frac{900^2}{3000} = 270\text{m}$。

10. C

【解析】《公路路线设计规范》(JTG D20—2017) 7.4.3条表7.4.3规定:当公路的设计速度 $v = 80\text{km/h}$ 时,若依驾驶员操作反应时间来要求,缓和曲线的最小长度宜不小于70m。

11. A

【解析】《公路路线设计规范》(JTG D20—2017) 9.2.4条第3、5、6、7款规定:选项BCD均为受到地形限制的条件下才使用。

12. C

【解析】《公路路线设计规范》(JTG D20—2017) 9.2.4条第3款规定:当采用不同的回旋线参数时,A_1 与 A_2 之比应小于2.0,有条件时以小于1.5为宜。当 $A_2 \leq 200$ 时,A_1 与 A_2 之比应小于1.5。

13. B

【解析】《公路路线设计规范》(JTG D20—2017) 9.2.4 条第 4 款规定:两圆曲线半径之比,以$R_2/R_1=0.2\sim0.8$为宜(R_1为大圆曲线半径;R_2为小圆曲线半径)。

14. D

【解析】《公路路线设计规范》(JTG D20—2017)7.8.2 条规定:当路线转角小于或等于 7°时,应设置较长的平曲线。

15. C

【解析】《公路路线设计规范》(JTG D20—2017)7.10 规定:回头曲线的设计要求与一般路段的平纵指标的规定是不相同的。

16. B

【解析】《公路路线设计规范》(JTG D20—2017)7.6.2 条规定:圆曲线上的路面加宽应设置在圆曲线的内侧。各级公路的路面加宽后,路基也应相应加宽。行车道需要加宽,硬路肩和土路肩部加宽。

17. B

【解析】《城市道路路线设计规范》(CJJ 193—2012)6.5.1 条规定:当圆曲线半径小于或等于 250m 时,应在圆曲线范围内设置加宽。

18. A

【解析】《公路路线设计规范》(JTG D20—2017)7.6.3 条规定:双车道公路在采取强制性措施实行分向行驶的路段(不能满足会车视距就属于需要采取强制性措施实行分向行驶的路段),其圆曲线半径较小时,内侧车道的加宽值应大于外侧车道的加宽值,设计时应通过计算分别确定。

19. B

【解析】《城市道路路线设计规范》(CJJ 193—2012)6.5.2 条规定:圆曲线上的路面加宽应设置在圆曲线的内侧。当受条件限制时,次干路、支路可在圆曲线的两侧加宽。

20. B

【解析】《城市道路路线设计规范》(CJJ 193—2012)6.5.4 条规定:加宽缓和段的长度宜符合下列规定:当设置缓和曲线或超高缓和段时,加宽缓和段长度应采用与缓和曲线或超高缓和段长度相同的数值。当不设缓和曲线或超高缓和段时,加宽缓和段长度应按加宽侧路面边缘宽度渐变率为 1∶15 ~1∶30 计算,且长度不应小于 10m。

21. B

【解析】《公路路线设计规范》(JTG D20—2017)7.5.5 条规定:对于无中间带的公路,当超高横坡度大于路拱坡度时,应采用绕内侧车道边缘旋转、绕路中线旋转或绕外侧车道边缘旋转的方式。绕外侧车道边缘旋转不常用。

22. B

【解析】《公路路线设计规范》(JTG D20—2017)7.5.1 条第 2 款规定:各级公路圆曲线部分的最小超高值应与该公路直线部分的正常路拱横坡度值一致。

23. A

【解析】《公路路线设计规范》(JTG D20—2017)7.5.6 条条文说明规定:超高渐变率过小,将导致曲线路段路面排水不畅,应按排水要求的最小坡率计,规定超高渐变率不得小于

1/330。

24. D

【解析】《城市道路路线设计规范》(CJJ 193—2012)6.4.2 条规定:单幅路及三幅路横断面形式超高旋转轴宜采用中线,双幅路及四幅路宜采用中间分隔带边缘线,使两侧车行道成为独立的超高横断面。

25. C

【解析】《公路路线设计规范》(JTG D20—2017) 7.9.1 条和 7.9.2 条规定:高速公路、一级公路的视距应采用停车视距。二级公路、三级公路、四级公路的视距,应采用会车视距。

26. B

【解析】《公路工程技术标准》(JTG B01—2014)4.0.15 条和《公路路线设计规范》(JTG D20—2017) 7.9.2 条规定:设计速度为 v=80km/h 时的停车视距为 110m。

27. A

【解析】《公路路线设计规范》(JTG D20—2017) 7.9.3 条规定: 二级公路、三级公路、四级公路的视距,应采用会车视距。受地形条件或其他特殊情况限制而采取分道行驶措施的路段,可采用停车视距。设计速度为 v=60km/h 时的停车视距为 75m。

28. A

【解析】《公路路线设计规范》(JTG D20—2017) 7.9.6 条条文说明规定:对于纵断面上的凸形竖曲线以及下穿式立体交叉凹形竖曲线上的视距不足问题,应通过增大竖曲线半径来保证。

29. C

【解析】《城市道路路线设计规范》(CJJ 193—2012)6.6.3 条规定:当对向行驶的车辆有会车可能时,应采用会车视距,其值应为本规范表 6.6.1 中停车视距的 2 倍。设计速度 60km/h 时停车视距为 70m,会车视距不应小于 140m。

30. B

【解析】《城市道路路线设计规范》(CJJ 193—2012)6.6.6 条规定:城市道路对以货运交通为主的道路,应验算下坡段货车的停车视距。

二、多项选择题

1. CD

【解析】《公路路线设计规范》(JTG D20—2017)7.2.1 条规定:直线的长度不宜过长。受地形条件或其他特殊情况限制采用长直线时,应结合沿线具体情况采取相应的技术措施。

2. ACD

【解析】《公路路线设计规范》(JTG D20—2017)9.2.2 条规定:农田、河渠规整的平坦地区、城镇近郊规划等以直线条为主体时,宜采用直线线形。特长、长隧道或结构特殊的桥梁等构造物所处的路段,以及路线交叉点前后的路段宜采用直线线形。双车道公路为超车所提供的路段宜采用直线线形。

3. AB

【解析】《公路路线设计规范》(JTG D20—2017)7.3.2 条规定:圆曲线最小半径应根据设计速度,按表 7.3.2 确定,圆曲线最小半径“一般值”为正常情况下的采用值;“极限值”为条件受限制时可采用的值。设计速度为 120km/h 的圆曲线半径一般值为 1000m。9.2.3 条规定:圆曲线的运用应遵循下列要求:设置圆曲线时应与地形相适应,宜采用超高为 2% ~4% 对应的圆曲线半径。条件受限制时,可采用大于或接近于圆曲线最小半径的“一般值”;地形条件特殊困难而不得已时,方可采用圆曲线最小半径的“极限值”,并应采取措施保证视距的要求。

4. AB

【解析】《城市道路路线设计规范》(CJJ 193—2012)6.3.2 条和条文说明规定:城市道路规定了不设超高的圆曲线最小半径、设超高的圆曲线最小半径一般值、设超高的圆曲线最小半径极限值三类圆曲线最小半径。

5. ABC

【解析】《城市道路路线设计规范》(CJJ 193—2012)6.3.3 条规定:选项 AB 满足不设缓和曲线的规定。城市道路设计速度为 80km/h 时不设缓和曲线的最小圆曲线半径为 2000m,选项 C 也正确。

6. ABD

【解析】缓和曲线采用回旋线,是一条汽车以不变角速度转动方向盘等速行驶所产生的轨迹。缓和曲线具有曲率连续变化、离心加速度逐渐变化、超高及加宽逐渐变化的特性。

7. ABC

【解析】《公路路线设计规范》(JTG D20—2017) 9.2.4 条规定:平面线形组合形式主要有基本形、S 形、、卵形、凸形、C 形、复合形等。

8. ACD

【解析】根据《公路路线设计规范》(JTG D20—2017) 9.2.4 条第 3 款规定,选项 ACD 是正确的。S 形两圆曲线半径之比不宜过大,以 $R_1/R_2 \leqslant 2$ 为宜,故选项 B 是错误的。

9. BC

【解析】《公路路线设计规范》(JTG D20—2017)7.6.1 条规定:作为干线的二级公路,应采用第 3 类加宽值;作为集散的二级公路和三级公路,在考虑铰接列车通行时,应采用第 3 类加宽值;不考虑通行铰接列车时,可采用第 2 类加宽值;作为支线的三级公路、四级公路可采用第 1 类加宽值。

10. ABD

【解析】《公路路线设计规范》(JTG D20—2017)7.6.4 条规定:加宽过渡段设置应符合下列规定:设置回旋线或超高过渡段时,加宽过渡段长度应采用与回旋线或超高过渡段长度相同的数值。不设回旋线或超高过渡段时,加宽过渡段长度应按渐变率为 1∶15 且长度不小于 10m 的要求设置。

11. BCD

【解析】《公路路线设计规范》(JTG D20—2017)7.5.5 条规定:对于无中间带的公路,当超高横坡度大于路拱坡度时,应采用绕内侧车道边缘旋转、绕路中线旋转或绕外侧车道边缘旋转的方式。

12. ABD

【解析】《公路路线设计规范》(JTG D20—2017)7.5.5 条规定:对于有中间带的公路,应采用绕中间带的中心线旋转、绕中央分隔带边缘旋转或分别绕行车道中线旋转的方式。

13. ABC

【解析】《城市道路路线设计规范》(CJJ 193—2012)6.4.4 条、6.4.5 条、6.4.6 条规定:超高缓和段应满足路面排水要求,超高缓和段的纵向渐变率不得小于 1/330;超高缓和段应在缓和曲线全长范围内进行。当缓和曲线较长时,超高缓和段可设在缓和曲线的某一区段范围内进行。当设计速度小于 40km/h 时,超高缓和段可在直线段内进行。超高缓和段长度与缓和曲线长度两者中应取大值作为缓和曲线的计算长度。

14. ABC

【解析】《公路路线设计规范》(JTG D20—2017)7.9.6 条规定:路线设计应对采用较低几何指标、线形组合复杂、中间带设置护栏或防眩设施、路侧设有高边坡或构造物、公路两侧各类出入口、平面交叉、隧道等各种可能存在视距不良的路段和区域,进行视距检验。

15. ABD

【解析】 根据《城市道路路线设计规范》(CJJ 193—2012)6.6.1 条的条文说明,停车视距由反应距离、制动距离及安全距离组成。

16. ACD

【解析】《城市道路路线设计规范》(CJJ 193—2012)6.7.1 条规定:快速路宜在互通式立体交叉出口上游与入口下游、特大桥、隧道、道路路堑段两端、分离式路基的分离(汇合)处设置中间分隔带紧急开口。

三、案例题

1. C

解:根据《城市道路路线设计规范》(CJJ 193—2012)6.3.2 条的条文说明,汽车行驶在曲线上的力的平衡式如下:$R=\frac{v^2}{127(\mu+i_u)}$

$$i_u=\frac{100^2}{127\times600}-0.067=0.064$$

《城市道路路线设计规范》(CJJ 193—2012)6.4.1 条规定,设计速度为 100km/h 时的最大超高横坡为 6%,所以取$i_u=6\%$。此时根据力的平衡式,$\mu=0.071<0.10$,小于最大值,符合题意。选项 C 正确。

2. A

解:根据《公路工程技术标准》(JTG B01—2014)4.0.17 条的条文说明,车辆在弯道上行驶的力的平衡式如下:

$$R=\frac{v^2}{127(\mu+i_u)}$$

$$R=\frac{100^2}{127\times(0.05+0.04)}=874.9\text{m}$$

按 10 的倍数往上取整为 880m。

在备选答案中,只有选项 A 符合。

3. D

解:《公路路线设计规范》(JTG D20—2017) 7.4.1 条规定:高速公路设计速度为 120km/h,路拱横坡为 2% 时的不设超高最小半径为 5500m。

根据《公路路线设计规范》(JTG D20—2017) 7.1.1 条条文说明中的回旋线基本公式 $rl = A^2$ 计算,$l = \frac{900^2}{5500} = 147.27\text{m}$。

选项 D 正确。

4. C

解:《公路路线设计规范》(JTG D20—2017) 9.2.4 条第 2 款规定:回旋线参数宜依据地形条件及线形要求确定,并与圆曲线半径相协调。在确定回旋线参数时,宜在下述范围内选定:$R/3 \leqslant A \leqslant R$。当 R 较接 近于 3000m 时,A 宜等于 $R/3 = 2700/3 = 900\text{m}$。

选项 C 正确。

5. C

解:根据《公路路线设计规范》(JTG D20—2017) 7.5.7 条条文说明中的式(7-3),超高过渡段长度为:

$$L_C = \frac{B\,\Delta_i}{p} = \frac{3.5 \times (0.07 + 0.02)}{\frac{1}{175}} = 55.125\text{m}$$

《公路路线设计规范》(JTG D20—2017) 7.4.3 条规定:圆曲线按规定需设置超高时,回旋线长度还应不小于超高过渡段长度,回旋线长度取 60m。

选项 C 正确。

6. B

解:《公路路线设计规范》(JTG D20－2017) 9.2.4 条第 4 款规定:两圆曲线之比以 $\frac{R_2}{R_1} = 0.2 \sim 0.8$ 为宜。

$$R_1 = \left(\frac{80}{0.8} \sim \frac{80}{0.2}\right) = (100 \sim 400)\text{m}$$

选项 B 正确。

7. C

解:《公路路线设计规范》(JTG D20－2017) 9.2.4 条第 4 款规定:

①卵形曲线的回旋线参数宜选 $\frac{R_2}{2} \leqslant A \leqslant R_2$,其中 R_2 为小圆半径,该卵形曲线的回旋线参数为 60m,满足 40～80m 的要求,选项 A 符合规范规定。

②两圆曲线之比以 $\frac{R_2}{R_1} = 0.2 \sim 0.8$ 为宜,$\frac{R_2}{R_1} = 0.4$,选项 B 满足规范规定。

③两圆曲线的间距,以 $\frac{D}{R_2} = 0.003 \sim 0.03$ 为宜,$\frac{D}{R_2} = 0.0325$,选项 C 不满足规范规定。

④小圆曲线的半径采用80m，大于本规范表7.3.2中圆曲线最小半径极限值，选项D满足规范规定。

8. B

解：《公路路线设计规范》(JTG D20—2017)9.2.4条第3款规定：

①当采用不同的回旋线参数时，A_1与A_2之比应小于2.0，有条件时以小于1.5为宜。$A_1 : A_2 = 1 : 1.75$，选项A符合规范规定。

②两圆曲线之比以$\frac{R_1}{R_2} \leqslant 2$为宜，$\frac{R_1}{R_2} = 2.5$，选项B不满足规范规定。

③大圆曲线的半径采用2000m，大于本规范表7.3.2中圆曲线最小半径一般值，选项C满足规范规定。

④小圆曲线的半径采用800m，大于本规范表7.3.2中圆曲线最小半径一般，选项D满足规范规定。

9. C

解：《公路路线设计规范》(JTG D20—2017)7.8.2条规定：

平曲线转角为4°，小于7°，为小偏角平曲线。

当$v = 100$km/h，查本规范表7.8.2，平曲线长度为：

$$\frac{1200}{\Delta} = \frac{1200}{4} = 300\text{m}$$

选项C正确。

10. B

解：(1)《公路路线设计规范》(JTG D20—2006)7.4.3条规定：设计速度为40km/h时，回旋线最小长度为35m，则：$A_{\min} = \sqrt{RL_S} = \sqrt{150 \times 35} = 72.45\text{m}$。

(2)《公路路线设计规范》(JTG D20—2006)9.2.4条第5款规定：该平曲线如果采用凸形曲线所对应的回旋线长度最大，则$L_S = \alpha R = 24° \times \frac{\pi}{180} \times 150 = 62.83\text{m}$。

$A_{\max} = \sqrt{RL_S} = \sqrt{150 \times 62.83} = 97.07\text{m}$。

选项A小于$A_{\min} = 72.45$m，不符合规范；选项C、D大于$A_{\max} = 97.07$m，不符合规范；只有选项B满足规范要求。

11. D

解：《城市道路路线设计规范》(CJJ 193—2012)6.3.4条第2款的规定：平曲线转角为5°，小于7°时，设计速度等于60km/h的平曲线最小长度应符合本规范表6.3.4-2的规定，即：$L \geqslant \frac{700}{\alpha} = \frac{700}{5} = 140\text{m}$。

该平曲线拟设置大于不设缓和曲线的最小半径，即不设回旋线，则平曲线长度$L = R\alpha\frac{\pi}{180}$。

$$R \geqslant \frac{140}{5} \times \frac{180}{\pi} = 1604.3\text{m}$$

该平曲线半径大于60km/h下的不设缓和曲线的最小半径(1000m)，满足要求。选项中只有 D 满足要求。

12. A

解:基本形曲线中按 1∶1∶1 计算。

未设回旋线时,圆曲线长度为 αR,对基本形曲线,设回旋线后,回旋线长度约占未设回旋线时圆曲线长度 αR 的一半,即$\frac{\alpha R}{2}$,可保证第一回旋线、圆曲线及第二回旋线长度近似符合 1∶1∶1关系。

$$L_S=\frac{\alpha R}{2}=12°24'20''\times\frac{\pi}{180}\times\frac{1200}{2}=129.91$$

$$\beta_0=\frac{L_S}{2R}\cdot\frac{180}{\pi}=\frac{129.91}{2\times1200}\times\frac{180}{\pi}=3.1014°$$

$$L_{Y1}=(\alpha-2\beta_0)\times\frac{\pi}{180}\times R=6.2028\times\frac{\pi}{180}\times1200=129.91$$

$$L_{S1}:L_{Y1}:L_{S2}=129.91:129.91:129.91=1:1:1$$

回旋线长度取 130m,第一回旋线、圆曲线及第二回旋线长度近似符合 1∶1∶1 关系。

13. C

解:由于 JD_1 到 JD_2 的距离为 407.54m,把 JD_1、JD_2 设计成 S 形曲线,《公路路线设计规范》(JTG D20—2017)9.2.4 条第 3 款规定,S 形曲线宜径向衔接,则:

JD_2 的切线长为:$T_2=407.54-195.484=212.056$m。

JD_2 的回旋线的长为 130m,设 JD_2 的半径为 R_2,则:

$T_2=(R_2+p_2)\tan\frac{\alpha_2}{2}+q_2=(R_2+\frac{135^2}{24\times R_2})\tan\frac{15°32'50''}{2}+65=212.056$m。

$R_2=1076.63$m。

选项 C 正确。

14. B

解:《公路路线设计规范》(JTG D20—2017)7.6.1 条规定:二级公路、三级公路、四级公路的圆曲线半径小于或等于 250m 时,应设置加宽;作为集散的二级公路和三级公路,在不考虑铰接列车通行时,应采用第 2 类加宽值。

查本规范表 7.6.1 可知,$R=220$m 时圆曲线双车道的加宽值为 0.6m。

ZH 点的里程桩号为 K4+140,K4+175 处距离 ZH 点为 35m,即在回旋线的中间,按照比例加宽,K4+175 处的加宽值为 0.6/2=0.3m。则 K4+175 处的行车道宽度为:2×3.5+0.3=7.3m。

选项 B 正确。

15. B

解:《公路路线设计规范》(JTG D20—2017)7.6.1 条规定:二级公路、三级公路、四级公路的圆曲线半径小于或等于 250m 时,应设置加宽。圆曲线半径为 380m,不需要设置加宽。

《公路路线设计规范》(JTG D20—2017)6.5.5 条规定:当曲线超高小于或等于 5% 时,其硬路肩横坡和方向与相邻车道相同;弯道内侧土路肩的横坡与硬路肩横坡值相同,位于曲线外侧的土路肩横坡,应采用 3% 的反向横坡值。则:

QZ 点路基内侧的高程为：

$H_1 = H_0 - (\frac{B}{2} + 0.75 + 0.75) \times 0.05 = 120.50 - 0.25 = 120.25\text{m}$。

QZ 点路基外侧的高程为：

$H_2 = H_0 + (\frac{B}{2} + 0.75) \times 0.05 - 0.75 \times 0.03 = 120.50 + 0.21 - 0.02 = 120.69\text{m}$。

选项 B 正确。

16. B

解：《公路路线设计规范》(JTG D20—2017)7.4.3 条表 7.4.3 规定：当设计速度为 80km/h 时，回旋线最小长度为 70m。

《公路路线设计规范》(JTG D20—2017)7.5.7 条条文说明规定：

$$L_C = \frac{B\Delta_i}{P}$$

$$B = \frac{3-2}{2} + 2 \times 3.75 + 3.0 = 11.0\text{m}$$

$$\Delta_i = 4\% - (-2\%) = 6\%$$

根据《公路路线设计规范》(JTG D20—2017)第 7.5.4 条，设计速度 80km/h，超高绕中央分隔带边缘旋转时，超高渐变率 $P = \frac{1}{150}$。

$$L_C = \frac{11.0 \times 0.06}{\frac{1}{150}} = 99\text{m}$$

取超高缓和段长度和回旋线最小长度中两者的大值，即 99m，取整为 5m 的倍数为 100m。选项 B 正确。

17. D

解：《城市道路路线设计规范》(CJJ 193—2012)6.3.3 条第 5 款规定：缓和曲线最小长度应符合表 6.3.3-2 的规定，当圆曲线按规定需设置超高时，缓和曲线长度还应大于超高缓和段长度。

缓和曲线最小长度　　表 6.3.3-2

设计速度(km/h)	100	80	60	50	40	30	20
缓和曲线最小长度(m)	85	70	50	45	35	25	20

从表可以看出，缓和曲线最小长度应为 85.0m，但根据规范仍应验算超高缓和段长度。

6.4.6 条规定超高缓和段长度与缓和曲线长度两者中应取大值作为缓和曲线的计算长度。

6.4.3 条规定当由直线上的正常路拱断面过渡到圆曲线上的超高断面时，必须在其间设置超高缓和段。超高缓和段长度应按下式计算：

$$L_e = b \cdot \Delta i / \varepsilon$$

按题意，超高旋转轴至路面边缘的宽度为 8.5m；超高横坡度与路拱横坡度的代数差为 $2\% - (-2\%) = 4\%$；超高渐变率查表 6.4.3 应为 1/175，代入上式，求得超高缓和段长度为 59.5m。

比较超高缓和段长度与缓和曲线最小长度,平曲线段缓和曲线的最小长度应为 85m。选项 D 正确。

18. C

解:《公路路线设计规范》(JTG D20—2017)7.5.7 条条文说明规定:

$$L_C = \frac{B'\Delta_i}{P} = \frac{(0.5+7.5+0.5)(0.04+0.02)}{p} = 150$$

$$P = \frac{8.5\times 0.06}{150} = \frac{1}{294}$$

右侧路缘带外侧边缘处的超高渐变率大于 1/330,满足要求,选择 C。

19. A

解:《公路路线设计规范》(JTG D20—2017) 7.9.1 条规定:高速公路设计速度采用 100km/h 时,每个车道的停车视距应不小于 160m。

《公路路线设计规范》(JTG D20—2017) 7.9.4 条规定:高速公路设计速度采用 100km/h 时,纵坡为 -4% 的下坡路段货车的停车视距应不小于 195m。

选项 A 正确。

第四节　路线纵断面设计

【考试纲要】

1. 掌握纵断面设计高程与路基设计洪水频率的有关规定。
2. 掌握最大纵坡、最小坡长、桥隧两端路线纵坡、合成坡度、竖曲线等的一般规定与运用。
3. 熟悉纵断面的设计方法和步骤。

【复习提示】

1. 复习要点

主要考点:

纵断面设计高程、路基设计洪水频率、最大纵坡、最小坡长、坡长限制、缓和坡段、平均坡度与坡长、桥隧两端路线纵坡、合成坡度、竖曲线要素和设计高程计算、竖曲线最小半径与最小长度、纵断面设计方法和步骤。

考试重点:

设计高程与路基设计洪水频率、桥隧两端路线纵坡、平均坡度与坡长、合成坡度、竖曲线。

案例考点:

纵断面设计高程与路基设计洪水频率;平均纵坡计算;竖曲线要素和高程计算;纵坡、竖曲线、合成坡度规范符合性评价。

2. 规范提示

《公路工程技术标准》(JTG B01—2014)中"4 路线"。

《公路路线设计规范》(JTG D20—2017)中"8.1 一般规定、8.2 纵坡、8.3 坡长、8.5 合成坡度、8.6 竖曲线"。

《城市道路工程设计规范》(CJJ 37—2012)中“6.3 纵断面设计、6.4 线形组合设计”。

《城市道路路线设计规范》(CJJ 193—2012)中“7.1 一般规定、7.2 纵坡、7.3 坡长、7.4 合成坡度、7.5 竖曲线”。

◆◆ 习题精练 ◆◆

一、单项选择题

1. 新建一级公路(高速公路)的路基设计高程宜采用(　　)。

A. 中央分隔带的外侧边缘高程　　B. 行车道中心高程

C. 路面中心高程　　D. 路基外侧边缘高程

2. 城市道路双幅路的纵断面的设计高程可采用(　　)处的路面设计高程。

A. 中间分隔带外侧边缘线　　B. 机动车道中心

C. 机动车道外侧边缘　　D. 非机动车道外侧边缘

3. 高速公路路基设计洪水频率应采用(　　)。

A. 1/25　　B. 1/50　　C. 1/100　　D. 1/200

4. 关于公路路基设计洪水位频率规定,下列说法不正确的是(　　)。

A. 沿河及可能受水侵淹的路段,按设计高程推算的最低侧路基边缘高程,应高出规定洪水频率计算水位加壅水高、波浪侵袭高和 0.50m 的安全高度

B. 沿水库上游岸边的路段,按设计高程推算的最低侧路基边缘高程应考虑水库水位升高后地下水壅升,以及水库淤积后壅水曲线抬高及浪高的影响

C. 大、中桥桥头引道(在洪水泛滥范围内)的设计高程推算的路基最低侧边缘高程,应高于该桥设计洪水位(并包括壅水和浪高)至少 1.0m

D. 小桥涵附近的路基最低侧边缘高程应高于桥(涵)前壅水水位至少 0.50m(不计浪高)

5. 关于公路最大纵坡规定值,下列说法不正确的是(　　)。

A. 设计速度为 60km/h 的二级公路,正常情况下最大坡度应不大于 6%

B. 设计速度大于或等于 80km/h 的高速公路,受地形条件或其他特殊情况限制时,经技术经济论证,最大纵坡极限值可增加 1%

C. 位于海拔 2000m 以上或积雪冰冻地区,四级公路最大纵坡不应大于 8%

D. 设计速度为 120km/h 时,公路最大坡度为 4%

6. 关于城市道路最大纵坡规定值,下列说法不正确的是(　　)。

A. 除快速路外的其他等级道路,受地形条件或其他特殊情况限制时,经技术经济论证后,最大纵坡极限值可增加 1.0%

B. 积雪或冰冻地区的快速路最大纵坡不应大于 3.5%

C. 机动车与非机动车混合行驶的车行道,宜按机动车的最大纵坡度控制

D. 积雪或冰冻地区除快速路外,其他等级道路最大纵坡不应大于 6.0%

7. 城市道路特大桥、大桥、中桥的桥面最小纵坡不宜小于(　　),且竖向高程最低点不应位于主桥范围内。

A. 0.3%　　B. 0.5%　　C. 0.8%　　D. 1.0%

8. 关于隧道部分路线纵坡,下列说法不正确的是(　　)。

A. 长于100m的隧道内纵坡一般不应小于0.3%

B. 高速公路、一级公路的中、短隧道,当条件受限制时,最大纵坡可适当加大,但不宜大于4%

C. 独立明洞和不短于100m的隧道内纵坡按一般路段纵坡进行设计

D. 长于100m的隧道内纵坡不应大于3%

9. 关于桥上及桥头路线的最大纵坡,下列说法不正确的是(　　)。

A. 小桥处纵坡应随路线纵坡设计

B. 大、中桥上纵坡不宜大于3%

C. 紧接大、中桥的桥头引道纵坡不宜大于5%

D. 位于城镇混合交通繁忙处的桥梁,桥上及桥头引道纵坡不得大于3%

10. 位于城镇混合交通繁忙处的桥梁,桥上及桥头引道纵坡不得大于(　　)。

A. 3.0%　　B. 3.5%　　C. 3.8%　　D. 4.0%

11. 城市道路非机动车道设计时,困难情况下其最大纵坡不应大于(　　)。

A. 4.0%　　B. 3.5%　　C. 3.0%　　D. 2.5%

12. 公路主线设计速度为30km/h时,回头曲线内的最大纵坡应不大于(　　)。

A. 3.5%　　B. 2.5%　　C. 4.0%　　D. 4.5%

13. 设计速度100km/h的公路,在纵断面设计时,当单一纵坡坡度采用4%时,其最大坡长应不大于(　　)。

A. 700m　　B. 800m　　C. 900m　　D. 1000m

14. 某山区二级公路,设计速度60km/h,在连续上坡路段有一纵坡采用5%/800m时,其后应设置(　　)的缓和坡段。

A. 不大于3%　　B. 大于3.0%　　C. 不大于2.5%　　D. 大于2.5%

15. 某相连两段纵坡,其中第一段长300m,坡度4%;第二段长700m,坡度6%。则两段纵坡高差和平均纵坡分别为(　　)。

A. 54m和5.4%　　B. 50m和5.0%　　C. 50m和5.4%　　D. 54m和4.5%

16. 关于二级公路、三级公路、四级公路的平均纵坡,下列说法不正确的是(　　)。

A. 平均纵坡 i_p 是指在一定长度的路段内,路线在纵向所克服的高差值与该路段的距离之比,用百分率(%)表示

B. 任何相连3km路段的平均纵坡不宜大于5.0%

C. 越岭路线连续上坡(或下坡)路段,相对高差为200~500m时,平均纵坡不应大于5.5%

D. 相对高差大于500m时,平均纵坡不应大于5.0%

17. 缓和坡段的主要作用是(　　)。

A. 用以恢复连续上坡路段车辆在陡坡上行驶而降低的速度

B. 下坡的安全考虑

C. 路容美观

D. 适应车辆匀速加速

18. 当陡坡与小半径平曲线相重叠时，宜采用(　　)。

A. 较小的合成坡度　　B. 较大的合成坡度

C. 最小的合成坡度　　D. 最大的合成坡度

19. 冬季路面有结冰、积雪的地区的公路，其合成坡度必须小于(　　)。

A. 10%　　B. 8%　　C. 6%　　D. 4%

20. 我国《城市道路路线设计规范》(CJJ 193—2012)采用(　　)作为竖曲线。

A. 圆曲线　　B. 抛物线　　C. 二次抛物线　　D. 回旋曲线

21. 对于竖曲线，《公路工程技术标准》(JTG B01—2014)规定最小值采用(　　)指标控制。

A. 竖曲线最小半径　　B. 竖曲线最小长度

C. 竖曲线最小半径或最小长度　　D. 竖曲线最小半径和最小长度

二、多项选择题

1. 路线纵断面图上的设计高程，即路基设计高程，对于"新建公路的路基设计高程"，规范规定(　　)。

A. 采用行车道中线处的高程

B. 采用路肩处的高程

C. 高速公路和一级公路采用中央分隔带的外侧边缘高程

D. 二级、三级、四级公路采用路基边缘高程，在设置超高、加宽地段为设超高、加宽前该处边缘高程

2. 某三级公路采用设计速度 40km/h，在路线设计中纵坡坡度可采用(　　)。

A. 5%　　B. 6%　　C. 7%　　D. 10%

3. 关于最大纵坡规定，下列说法正确的是(　　)。

A. 小桥处纵坡应随路线纵坡设计

B. 大、中桥上纵坡不宜大于 3%，紧接大、中桥桥头两端的引道纵坡应与桥上纵坡相同

C. 隧道内纵坡不应大于 3%，但短于 100m 的隧道其纵坡不受此限

D. 隧道的纵坡宜设置成单向坡，地下水发育的隧道及特长、长隧道宜采用人字坡

4. 设计速度小于或等于 80km/h 且位于海拔 3000m 以上高原地区的公路，"最大纵坡折减值"规定正确的是(　　)。

A. 海拔高度 3000 ~ 4000m 时折减值 1%，折减后小于 4% 时应采用 4%

B. 海拔高度 4000 ~ 5000m 时折减值 2%，折减后小于 4% 时应采用 4%

C. 海拔高度 5000 ~ 6000m 时折减值 3%，折减后小于 4% 时应采用 4%

D. 海拔高度 >6000m 时折减值 4%，折减后小于 4% 时应采用 4%

5. 在公路(　　)的路段，采用平坡(0%)或小于 0.3% 的纵坡时，其边沟应进行纵向排水设计。

A. 长路堑　　B. 高填方

C. 横向排水不畅　　D. 不产生路面积水

6. 关于城市道路纵坡长度限制,下列说法正确的是(　　)。

A. 设计速度 100km/h 的快速路,纵坡为 4% 时,其坡长应不大于 700m

B. 城市道路缓和段的坡度不应大于 2.0%

C. 道路连续上坡,应在不大于机动车最大坡长的纵坡长度之间设置纵坡缓和段

D. 当非机动车道的纵坡大于或等于 2.5% 时,应限制坡长

7. 关于缓和坡段,下列说法正确的是(　　)。

A. 设计速度小于或等于 80km/h 时,缓和坡段的纵坡应不大于 3%,其长度应大于最小坡长

B. 一级公路的缓和坡段的纵坡应不大于 2.5%

C. 在缓坡上汽车将以加速行驶,理论上缓坡长度应适应这个加速过程需要

D. 在纵断面设计中,当连续上坡路段陡坡的长度达到限制坡长时,应设计一段缓坡,用以恢复车辆在陡坡上行驶而降低的速度

8. 某山区高速公路一段连续下坡的平均坡度为 3.3%,连续坡长为 16km,相对高差为 528m,该连续下坡路段(　　)。

A. 是连续长陡下坡路段

B. 应进行交通安全性评价

C. 应提出路段速度控制和通行管理方案

D. 完善交通工程和安全设施,并论证增设货车加油站

9. 关于公路合成坡度,《公路路线设计规范》(JTG D20—2017)规定正确的是(　　)。

A. 设计速度为 80km/h 的二级公路合成坡度最大值不得大于 9.0%

B. 高速公路的合成坡度最大值不得大于 10.0%

C. 最小合成坡度不宜小于 0.5%

D. 冬季路面有结冰、积雪的地区,合成坡度值必须小于 8%

10. 下列哪些路段其合成坡度必须小于 8%(　　)。

A. 冬季路面有结冰、积雪路段　　B. 自然横坡较陡峻的傍山路段

C. 非汽车交通量较大的路段　　D. 平曲线路段

11. 凹形竖曲线最小长度,应满足的视距要求(　　)。

A. 各级道路设计速度的 3s 行程

B. 保证跨线桥下有足够的视距

C. 保证夜间行车安全,前灯照明应有足够的距离

D. 在竖曲线异侧的路面不形成盲区

12. 城市道路纵断面设计应满足(　　)等要求。

A. 路基稳定　　B. 管线覆土

C. 防洪排涝　　D. 计算方便

三、案例题

1. 某沿河二级公路,受水浸淹,水文计算得知,300 年一遇的洪水位为 29.8m,100 年一遇的洪水位为 28.6m,50 年一遇的洪水位为 26.8m,25 年一遇的洪水位为 24.0m。假定壅水高

0.6m，波浪侵袭高 1.2m，根据《公路工程技术标准》（JTG B01—2014），路基边缘高程是（　　）。

A. 26.3m　　B. 28.6m　　C. 29.1m　　D. 30.9m

2. 某新建高速公路，设计速度为 100km/h，双向四车道，路基宽度 26m，其中左侧路缘带宽度 0.75m，行车道宽度 3.75m，右侧硬路肩宽度 3m，土路肩宽度 0.75m，路拱横坡 2%，土路肩横坡 3%。该高速公路某直线路段沿河位置易受水浸淹，水文计算得知，300 年一遇的洪水位为 29.8m，100 年一遇的洪水位为 28.6m，50 年一遇的洪水位为 26.8m，25 年一遇的洪水位为 24.0m。假定壅水高 0.6m，波浪侵袭高 1.2m，根据《公路路线设计规范》（JTG D20—2017），设计高程应不低于（　　）（精确到 2 位小数）。

A. 26.55m　　B. 28.85m

C. 29.35m　　D. 31.15m

3. 某山区三级公路越岭连续上坡路段，山脚的控制高程为 112.58m，越岭垭口的控制高程为 533.79m，拟采用平均纵坡进行放坡，需要的路段长度至少为（　　）。

A. 7658.36m　　B. 7347.52m

C. 7300.48m　　D. 8424.20m

4. 某一级公路，设计速度为 80km/h，有一个变坡点桩号为 K20 + 280.00，高程为 520.28，变坡点前后纵坡分别为$i_1 = 1\%$、$i_2 = 3\%$，竖曲线半径采用视觉所需要的最小竖曲线半径，则桩号 K20 + 240.00、K20 + 280.00 处的设计高程分别为（　　）。（竖曲线长度 L 取两侧纵坡的代数差 ω 与竖曲线半径 R 相乘之积；竖曲线上任一点的竖距 $h = \frac{x^2}{2R}$，x 为竖曲线上一点至竖曲线确定的距离）

A. 519.58m，520.28m　　B. 519.98m，520.68m

C. 519.98m，520.88m　　D. 520.98m，521.68m

5. 某二级公路，设计速度采用 60km/h，路基设计高程为路基边缘线，有一变坡点的高程为 240.35m，其相邻坡段的纵坡分别为$i_1 = -2.8\%$、$i_2 = 1.6\%$。该变坡点处设有 2m 盖板涵，净高 1.6m，涵洞铺底高程 239.45m，盖板厚度 0.30m，要求涵洞顶面填土（含路面）高度至少保证 0.6m，竖曲线半径最小应是（　　）（取整为 10m 的倍数）。（竖曲线外距 $E = \frac{L\omega}{8}$，竖曲线长度 L 取两侧纵坡的代数差 ω 与竖曲线半径 R 相乘之积）

A. 5820m　　B. 6620m　　C. 6220m　　D. 6420m

6. 某城市主干路，设计速度 80km/h。设计一段跨越线，其纵坡分别为 $i_1 = -2.3\%$，$i_2 = 1.5\%$，变坡点桩号为 K3 + 360，变坡点高程 H 为 405.55m。由于受地下管线和下穿地形限制，在竖曲线中点处的设计高程要求为不低于 405.85m 且不高于 405.95m。试确定该竖曲线的半径 R 可能取值范围为（　　）。

A. 1800m≤R≤2700m　　B. 1662.05m≤R≤2216.07m

C. 1800m≤R≤2210m　　D. 1670m≤R≤2220m

7. 某山区一级公路，双向四车道，设计速度采用 80km/h。某段纵断面设计如下图，则该段纵断面设计中，不符合规范要求的是（　　）。

A. 凸曲线半径　　B. 凹曲线半径　　C. 纵坡长度　　D. 竖曲线长度

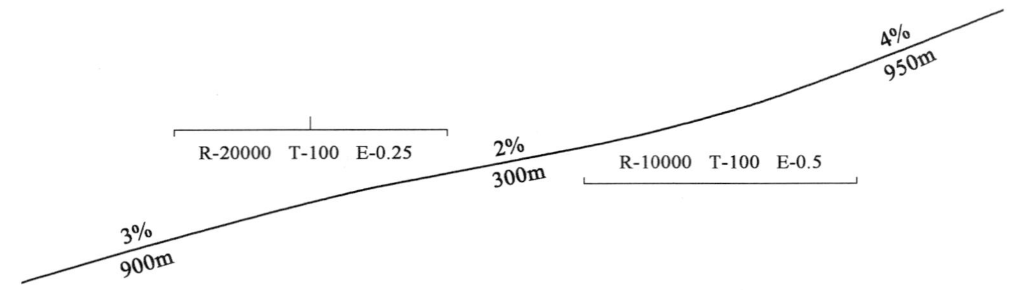

8. 某冰冻地区的城市快速路,设计速度 80km/h,路拱横坡采用 1.5%。有一平曲线与竖曲线组合路段,平曲线半径为 800m,圆曲线长度 160m,平曲线长度为 360m,超高横坡为 5%;竖曲线变坡点坡度坡长分别为 3.5%/600m,-1.0%/800m,竖曲线半径采用 8000m,则平纵组合该路段不符合规范要求的技术指标是(　　)。

A. 平曲线半径　　B. 平曲线长度　　C. 道路纵坡　　D. 合成坡度

习题参考答案及解析

一、单项选择题

1. A

【解析】《公路路线设计规范》(JTG D20—2017)8.1.1 条第 1 款规定:新建公路的路基设计高程:高速公路和一级公路宜采用中央分隔带的外侧边缘高程;二级公路、三级公路、四级公路宜采用路基边缘高程,在设置超高、加宽路段为设超高、加宽前该处边缘高程。

2. A

【解析】《城市道路路线设计规范》(CJJ 193—2012)7.1.1 条规定:纵断面的设计高程宜采用道路设计中线处的路面设计高程;当有中间分隔带时可采用中间分隔带外侧边缘线处的路面设计高程。

3. C

【解析】《公路路线设计规范》(JTG D20—2017)8.1.2 条表 8.1.2 规定:高速公路路基设计洪水频率为 1/100。

4. C

【解析】《公路路线设计规范》(JTG D20—2017)8.1.2 条规定:大、中桥桥头引道(在洪水泛滥范围内)的按设计高程推算的路基最低侧边缘高程,应高于该桥设计洪水位(并包括壅水和浪高)至少 0.50m。

5. D

【解析】《公路路线设计规范》(JTG D20—2017)8.2.1 条规定:选项 ABC 均为正确。设计速度为 120km/h 时,公路最大坡度为 3%,选项 D 错误。

6. C

【解析】《城市道路路线设计规范》(CJJ 193—2012)7.1.5 条和 7.2.1 条规定:选项

ABD 均为正确。机动车与非机动车混合行驶的车行道,宜按非机动车骑行的设计纵坡度控制。选项 C 错误。

7. A

【解析】《城市道路路线设计规范》(CJJ 193—2012)7.22 条规定:特大桥、大桥、中桥的桥面最小纵坡不宜小于 0.3% ,且竖向高程最低点不应位于主桥范围内。

8. C

【解析】《公路路线设计规范》(JTG D20—2017)8.2.5 条规定:隧道内的纵坡应大于 0.3%并小于3%,但短于 100m 的隧道不受此限。高速公路、一级公路的中、短隧道,当条件受限制时,经技术经济论证后,最大纵坡可适当加大,但不宜大于4%。

9. B

【解析】根据《公路路线设计规范》(JTG D20—2017)8.2.4 条规定,选项 ACD 正确。大、中桥上的纵坡不宜大于4%,选项 B 错误。

10. A

【解析】《公路路线设计规范》(JTG D20—2017)8.2.4 条规定:位于城镇混合交通繁忙处的桥梁,桥上及桥头引道纵坡不得大于3%。

11. B

【解析】《城市道路路线设计规范》(CJJ 193—2012)7.2.3 条规定:非机动车道最大纵坡不宜大于2.5%;困难时不应大于3.5%。

12. C

【解析】《公路路线设计规范》(JTG D20—2017)7.10.3 条表 7.10.3 规定:公路主线设计速度为 30km/h 时,回头曲线内的最大纵坡应不大于4.0%。

13. B

【解析】《公路路线设计规范》(JTG D20—2017)8.3.2 条表 8.3.2 规定:设计速度 100km/h 的公路,在纵断面设计时,当单一纵坡坡度采用 4% 时,其最大坡长应不大于 800m。

14. A

【解析】《公路路线设计规范》(JTG D20—2017)8.3.3 条规定:各级公路的连续上坡路段,应根据载重汽车上坡时的速度折减变化,在不大于表 8.3.2 规定的纵坡长度之间设置缓和坡段。设计速度小于或等于 80km/h 时,缓和坡段的纵坡应不大于 3%;设计速度大于 80km/h 时,缓和坡段的纵坡应不大于2.5%。

15. A

【解析】根据计算,两段纵坡高差为 $300 \times 4\% + 700 \times 6\% = 54m$,平均纵坡为 $54/(300 + 700) = 5.4\%$。

16. B

【解析】《公路路线设计规范》(JTG D20—2017)8.3.4 条规定:二级公路、三级公路、四级公路的越岭路线连续上坡或下坡路段,相对高差为 200 ~ 500m 时,平均纵坡应不大于 5.5%;相对高差大于 500m 时,平均纵坡应不大于 5%。任意连续 3km 路段的平均纵坡宜不大于 5.5%。

17. A

【解析】《公路路线设计规范》(JTG D20—2017)8.3.3 条和条文说明规定:在纵断面设计中,当连续上坡路段陡坡的长度达到限制坡长时,应设计一段缓坡,用以恢复车辆在陡坡上行驶而降低的速度。

18. A

【解析】《公路路线设计规范》(JTG D20—2017)8.5.2 条规定:当陡坡与小半径平曲线相重叠时,宜采用较小的合成坡度。

19. B

【解析】《公路路线设计规范》(JTG D20—2017)8.5.2 条规定:当陡坡与小半径平曲线相重叠时,宜采用较小的合成坡度。下列情况其合成坡度必须小于8%:冬季路面有结冰、积雪的地区;自然横坡较陡峻的傍山路段;非汽车交通量较大的路段。

20. A

【解析】《城市道路路线设计规范》(CJJ 193—2012)7.5.1 条规定:各级道路纵坡变更处应设置竖曲线,竖曲线宜采用圆曲线。

21. D

【解析】《公路工程技术标准》(JTG B01—2014)4.0.22 条和《公路路线设计规范》(JTG D20—2017)8.6.1 条规定:竖曲线规定最小值采用竖曲线最小半径和最小长度指标控制。

二、多项选择题

1. CD

【解析】《公路路线设计规范》(JTG D20—2017)8.1.1 条规定:新建公路的路基设计高程:高速公路和一级公路宜采用中央分隔带的外侧边缘高程;二级公路、三级公路、四级公路宜采用路基边缘高程,在设置超高、加宽路段为设超高、加宽前该处边缘高程。改建公路的路基设计高程:宜按新建公路的规定执行,也可视具体情况而采用中央分隔带中线或行车道中线高程。

2. ABC

【解析】《公路路线设计规范》(JTG D20—2017)8.2.1 条规定:设计速度 40km/h 的公路,最大纵坡不应大于7%,在路线设计中纵坡坡度可采用小于或等于7%的纵坡。

3. ACD

【解析】根据《公路路线设计规范》(JTG D20—2017)8.2.4 条和 8.2.5 条规定,选项 ACD 正确。大、中桥上的纵坡不宜大于4%,桥头引道纵坡不宜大于5%,引道紧接桥头部分的线形应与桥上线形相配合。选项 B 错误。

4. ABC

【解析】《公路路线设计规范》(JTG D20—2017)8.2.2 条规定:设计速度小于或等于80km/h 且位于海拔 3000m 以上高原地区的公路,最大纵坡应按表 8.2.2 的规定予以折减。最大纵坡折减后小于4%时应采用4%。

5. AC

【解析】《公路路线设计规范》(JTG D20—2017)8.2.3条规定:公路的纵坡不宜小于0.3%。横向排水不畅的路段或长路堑路段,采用平坡(0%)或小于0.3%的纵坡时,其边沟应进行纵向排水设计。

6. ACD

【解析】根据《城市道路路线设计规范》(CJJ 193—2012)7.3.2条和7.3.3条规定,选项ACD是正确的。城市道路缓和段的坡度不应大于3.0%,其长度应符合本规范表7.3.1最小坡长的规定。

7. ACD

【解析】根据《公路路线设计规范》(JTG D20—2017)8.3.3条和条文说明规定,选项ACD是正确的。设计速度小于或等于80km/h时,缓和坡段的纵坡应不大于3%;设计速度大于80km/h时,缓和坡段的纵坡应不大于2.5%。一级公路设计速度位于100~60km/h,缓和坡段的纵坡应不大于2.5%或3%。

8. ABC

【解析】《公路路线设计规范》(JTG D20—2017)8.3.5条规定:该连续下坡路段的平均坡度与连续坡长超过了表8.3.5的规定,是连续长陡下坡路段,应进行交通安全性评价,提出路段速度控制和通行管理方案,完善交通工程和安全设施,并论证增设货车强制停车区。

9. ACD

【解析】根据《公路路线设计规范》(JTG D20—2017)8.5规定,选项ACD是正确的。高速公路的合成坡度最大值随设计速度不同不得大于10.0%或10.5%,选项B是错误的。

10. ABC

【解析】《公路路线设计规范》(JTG D20—2017)8.5.2条规定:当陡坡与小半径平曲线相重叠时,宜采用较小的合成坡度。下列情况其合成坡度必须小于8%:冬季路面有结冰、积雪的地区;自然横坡较陡峻的傍山路段;非汽车交通量较大的路段。

11. BC

【解析】根据《公路路线设计规范》(JTG D20—2017)8.6.1条条文说明,凹形竖曲线最小长度,应满足两种视距的要求,一是保证夜间行车安全,前灯照明应有足够的距离;二是保证跨线桥下有足够的视距。选项BC是正确的。

12. ABC

【解析】《城市道路路线设计规范》(CJJ 193—2012)7.1.6条规定:纵断面设计应满足路基稳定、管线覆土、防洪排涝等要求。

三、案例题

1. C

解:《公路工程技术标准》(JTG B01—2014)表5.0.2规定:二级公路设计洪水频率应采用50年一遇洪水位。

5.0.3条第2款规定:沿河及受水浸淹的路基边缘高程,应高出表5.0.2规定设计洪水频率的计算水位加壅水高、波浪侵袭高和0.5m的安全高度。

路基边缘高程 $H = 26.8 + 0.6 + 1.2 + 0.5 = 29.1\text{m}$。

选项 C 正确。

2. D

解:《公路路线设计规范》(JTG D20—2017)表 8.1.2 规定:高速公路设计洪水频率应采用 100 年一遇洪水位。

8.1.2 条第 1 款规定:沿河线及可能受水侵害的路段,按设计高程推算的最低侧路基边缘高程,应高出设计洪水位加壅水高、波浪侵袭高和 0.5m 的安全高度。

路基边缘高程 $H1 = 28.6 + 0.6 + 1.2 + 0.5 = 30.9$m。

8.1.1 条第 1 款规定:新建高速公路的路基设计高程宜采用中央分隔带的外侧边缘高程,直线路段的路基设计高程应不低于:

$H = H1 + (0.75 + 2 \times 3.75 + 3) \times 0.02 + 0.75 \times 0.03 = 30.9 + 0.25 = 31.15$m。

在备选答案中,只有 D 符合。因此,应选择 D。

3. A

解:越岭连续上坡路段需要克服的相对高差为 533.58 − 112.58 = 421.21m。

《公路工程技术标准》(JTG B01—2014) 4.0.20 条和《公路路线设计规范》(JTG D20—2017)8.3.4 条规定:二级及二级以下公路,相对高差为 200 ~ 500m 时,其平均纵坡应不大于 5.5%。采用平均纵坡进行放坡,需要的路段长度至少为:

$$L = \frac{H}{i} = \frac{421.21}{0.055} = 7658.36\text{m}$$

在备选答案中,只有 A 符合。因此,应选择 A。

4. B

解:$\omega = i_2 - i_1 = 0.03 - 0.01 = 0.02 > 0$,为凹形。

《公路路线设计规范》(JTG D20—2017)9.3.4 条表 9.3.4 规定,设计速度为 80km/h 的视觉所需要的最小凹形竖曲线半径为 8000m。

$$\text{曲线长 } L = R\omega = 8000 \times 0.02 = 160,\ T = \frac{L}{2} = 80\text{m}。$$

$$E = \frac{T^2}{2R} = \frac{80^2}{2 \times 8000} = 0.4\text{m}。$$

竖曲线起点桩号为:K20 + 280.00 − 80 = K20 + 200.00。

竖曲线起点高程为:520.28 − 80 × 0.01 = 519.48m。

(1) K20 + 280.00 处的设计高程为:520.28 + 0.40 = 520.68m。

(2) K20 + 240.00 处距离竖曲线起点的距离 x = (K20 + 240) − (K20 + 200) = 40m。

其竖距 $h = \frac{x^2}{2R} = \frac{40^2}{2 \times 8000} = 0.1$m。

K20 + 240.00 处的设计高程为:519.48 + 40 × 0.01 + 0.1 = 519.98m。

在备选答案中,只有 B 符合。因此,应选择 B。

5. B

解:$\omega = i_2 - i_1 = 0.016 - (-0.028) = 0.044 > 0$,为凹形。

根据涵洞构造要求,确定路面最低设计高程 $H = 239.45 + 1.6 + 0.3 + 0.6 = 241.95$m。

该变坡点竖曲线外距 $E = 241.95 - 240.35 = 1.6$m。

竖曲线外距 $E=\frac{L\omega}{8}=\frac{R\omega^2}{8}$。

竖曲线半径 $R\geqslant\frac{8E}{\omega^2}=\frac{8\times1.6}{0.044^2}=6612$m，取整为 10m 的倍数 6620m。

《公路路线设计规范》(JTG D20—2017)8.6.1 条表 8.6.1 规定：设计速度为 60km/h 的最小凹形竖曲线半径为 1000m，满足规范要求。

在备选答案中，只有 B 符合。因此，应选择 B。

6. C

解：要控制竖曲线中点处的高程，即控制竖曲线 E。

(1)控制 $E\geqslant405.85-405.55=0.3$m。

(2)控制 $E\leqslant405.95-405.55=0.4$m。

由(1)式得 $E=\frac{T^2}{2R}=\frac{(R\cdot\omega/2)^2}{2R}=\frac{R\cdot\omega^2}{8}\geqslant0.3$，解得 $R\geqslant1662.05$m。

由(2)式得 $E=\frac{T^2}{2R}=\frac{(R\cdot\omega/2)^2}{2R}=\frac{R\cdot\omega^2}{8}\leqslant0.4$，解得 $R\leqslant2216.07$m。

《城市道路路线设计规范》(CJJ 193—2012) 7.5.1 条规定：设计速度 80km/h 时，凹形竖曲线最小半径规定：一般值 2700m；极限值 1800m。

判断 R 取值范围：结合工程设置条件及规范要求，竖曲线的半径 R 可能取值范围为 $1800\text{m}\leqslant R\leqslant2210\text{m}$。

在备选答案中，只有 C 符合。因此，应选择 C。

7. C

解：根据《公路路线设计规范》(JTG D20—2017)：

(1)8.6.1 条表 8.6.1 规定：设计速度 80km/h，凸形竖曲线半径一般值为 4500 m，极限值为 3000m。图中凸形曲线半径为 20000m，符合规范要求。

(2)表 8.6.1 规定：凹形竖曲线半径一般值为 3000 m，极限值为 2000m。图中凹形竖曲线半径为 10000m，符合规范要求。

(3)第 8.3.1 条规定：设计速度为 80 km/h 时，最小坡长为 200m，图中最小坡长为 300m，符合规范要求。查表 8.3.2 规定，设计速度 80km/h，纵坡 3% 时，最大坡长为 1000m，图中为 900m；纵坡为 4% 时，最大坡长为 900m，图中纵坡长度为 950m，不符合规范要求。

(4)表 8.6.1 规定：最小竖曲线长度一般值 170m，图中最小竖曲线长度为 $2\times100=200.0$m，符合规范要求。

在备选答案中，只有 C 符合。因此，应选择 C。

8. D

解：根据《城市道路路线设计规范》(CJJ 193—2012)：

(1)表 6.3.2 规定：设计速度 80km/h，设超高最小半径一般值为 400m，本设计采用半径 800m，符合规范要求。

(2)表 6.3.4-1 规定：平曲线最小长度及圆曲线最小长度均满足规范要求。

(3)表 7.2.1 规定：机动车道最大纵坡一般值为 4%，极限值为 5%。但根据第 7.2.1 条第 4 款规定，积雪或冰冻地区快速路最大纵坡不应大于 3.5%，该路段最大纵坡为 2.4%，符合规范规定。

(4)表7.4.1规定:最大合成坡度为7%,但表注:积雪或冰冻地区道路合成纵坡应小于或等于6%。该路段合成坡度 $i_H=\sqrt{i_Z^2+i_N^2}=\sqrt{0.035^2+0.05^2}=0.061>6.0\%$,不符合规范要求。

在备选答案中,只有D符合。因此,应选择D。

第五节 横断面设计

【考试纲要】

1. 掌握各级道路路基标准横断面组成的特点和要求。

2. 熟悉路基宽度各个组成部分,如:车道、中间带、路肩、路拱坡度、紧急停车带、错车道、爬坡车道、避险车道等的一般规定与运用。

3. 了解横断面设计方法和要求。

【复习提示】

1. 复习要点

主要考点:

公路双幅多车道、单幅双车道和单车道的路基标准横断面组成的特点、要求及适用性;城市道路单幅路、双幅路、三幅路和四幅路的横断面组成的特点和要求及适用性;道路横断面各个组成部分,如:车道、中间带、路肩、路拱坡度和非机动车道、路侧带和路缘石、紧急停车带、错车道、爬坡车道、避险车道等附加车道的作用、一般规定与运用;公路和城市道路横断面设计方法和要求。

考试重点:

公路横断面组成及形式、城市道路横断面组成及形式、道路横断面组成部分的作用和运用。

案例考点:

公路横断面设计、城市道路横断面设计、爬坡车道设计。

2. 规范提示

《公路工程技术标准》(JTG B01—2014)中"4.0.2 车道宽度、4.0.3 各级公路车道数、4.0.4 中间带、4.0.5 路肩宽度、4.0.6 紧急停车带、4.0.7 出入口加减速车道、4.0.8 爬坡车道、4.0.9 避险车道、4.0.10 局部设置超车道、4.0.11 二级公路设置慢车道、4.0.12 错车道、4.0.13 侧分隔带、非机动车道、人行道、4.0.13 公路路基宽度组成"。

《公路路线设计规范》(JTG D20—2017)中"6.1 一般规定、6.2 车道、6.3 中间带、6.4 路肩、6.5 路拱坡度"。

《城市道路工程设计规范》(CJJ 37—2012)中"5.1 一般规定、5.2 横断面布置、5.3 横断面的组成和宽度、5.4 路拱和横坡、5.5 缘石"。

《城市道路路线设计规范》(CJJ 193—2012)中"5.1 一般规定、5.2 横断面布置、5.3 横断面的组成和宽度、5.4 路拱和横坡、5.5 缘石"。

习题精练

一、单项选择题

1. 高速公路、一级公路的路基标准横断面分为(　　)两类。

A. 整体式和复合式　B. 整体式和分离式

C. 复合式和分离式　D. 整体式和标准式

2. 某二级公路,设计速度 60km/h,应采用(　　)路基断面形式。

A. 复合式　B. 分离式　C. 混合式　D. 整体式

3. 一级公路在慢行车辆较多时,可利用(　　)设置慢车道,并应在车道与慢车道之间设置隔离设施。

A. 左侧第一车道　B. 平行公路　C. 右侧硬路肩　D. 右侧第二车道

4. 当快速路两侧设置辅路时,应采用(　　)。

A. 两幅路　B. 四幅路　C. 单幅路　D. 三幅路

5. 城市道路桥梁与隧道横断面形式、(　　)应与路段相同。

A. 行车道宽度　B. 红线宽度

C. 路基宽度　D. 车行道及路缘带宽度

6. 某高速公路双向四车道,设计速度为 120km/h,其一条车道宽度应为(　　)。

A. 3.00m　B. 3.25m　C. 3.50m　D. 3.75m

7. 某双向八车道高速公路,内侧第 1、2 车道为小客车专用车道,其车道宽度可采用(　　)。

A. 3.00m　B. 3.25m　C. 3.50m　D. 3.75m

8. 城市道路设计速度大于 60km/h 时, 一条小客车专用车道最小宽度应为(　　)。

A. 3.00m　B. 3.25m　C. 3.50m　D. 3.75m

9. 城市道路非机动车道数单向不宜小于 (　　)条。

A. 4　B. 3　C. 2　D. 1

10. 高速公路、一级公路整体式路基必须设置中间带,组成中间带的是中央分隔带和两条(　　)。

A. 护栏　B. 路缘石

C. 右侧路缘带　D. 左侧路缘带

11. 高速公路整体式路基的左侧侧向安全余宽是由(　　)加余宽 C 提供的。

A. 左侧路缘带　B. 标线宽度　C. 左侧行车道　D. 左侧硬路肩

12. 下列对中央分隔带开口描述不正确的是(　　)。

A. 为了便于养护作业、临时调整行车方向,中央分隔带应按一定距离设置开口部

B. 当中央分隔带宽度小于 3.0m 时,其开口端部的形式可采用半圆形

C. 当中央分隔带宽度大于或等于 3.0m 时,其开口端部的形状可采用半圆形

D. 中央分隔带开口应设置在通视良好的路段

13. 城市道路分车带按其在横断面中的不同位置与功能,可分为(　　)及两侧分车带。

A. 中间分车带　B. 两侧带　C. 右侧分车带　D. 左侧路缘带

14. 设有机非分隔带的城市主干路,当设计速度为50km/h时,其路缘带最小宽度为(　　)。

A. 1.00m　　B. 0.75m　　C. 0.50m　　D. 0.25m

15. 设有中间带的城市主干路,当设计速度为60km/h时,机动车道的侧向净宽度最小宽度为(　　)。

A. 1.00m　　B. 0.75m　　C. 0.50m　　D. 0.25m

16. 下列对硬路肩描述不正确的是(　　)。

A. 高速公路、一级公路当采用分离式断面时,行车道左侧应设硬路肩

B. 高速公路和干线一级公路,一般应采用≥2.50m的右侧硬路肩

C. 高速公路、干线一级公路,当右侧硬路肩的宽度小于2.50m时,应设紧急停车带。紧急停车带的设置间距不宜大于500m

D. 二级公路的硬路肩可供汽车交通使用

17. 八车道及以上高速公路宜设置左侧硬路肩,其宽度应不小于(　　)。

A. 1.8m　　B. 2.0m　　C. 2.3m　　D. 2.5m

18. 高速公路和作为干线的一级公路的右侧硬路肩宽度小于(　　)时,应设紧急停车带。

A. 2.50m　　B. 2.00m　　C. 3.00m　　D. 1.50m

19. 双向六车道及以上车道数的公路,当超高过渡段的路拱坡度过于平缓时,可设置(　　)。

A. 双向路拱　　B. 单向横坡　　C. 零坡断面　　D. 超高横坡

20. 城市道路火车站、码头附近路段人行道最小宽度一般值为(　　)m。

A. 5.0　　B. 4.0　　C. 4.5　　D. 3.0

21. 城市道路人行道横坡宜采用(　　)。

A. 双面坡　　B. 与非机动车道横坡相同

C. 与机动车车道横坡相同　　D. 单面坡,坡度宜为1%~2%

22. 高速公路、一级公路的互通式立体交叉、服务区、停车区、客运汽车停靠站、管理与养护设施、观景台等与主线相衔接处,均应设置(　　)。

A. 减速车道　　B. 变速车道　　C. 加速车道　　D. 过渡段

23. 关于设置爬坡车道,下列说法不正确的是(　　)。

A. 在陡坡段增设爬坡车道,把载重车从正线车流中分离出去,可提高小客车行驶的自由度,确保行车安全,增加路段的通行能力

B. 对需设置爬坡车道的路段,应与改善正线纵坡不设爬坡车道的方案进行技术经济比较

C. 上坡路段的设计通行能力大于设计小时交通量时,应设置爬坡车道

D. 沿上坡方向载重汽车的行驶速度降低到允许最低速度以下时,可设置爬坡车道

24. 在长陡坡路段正线行车道下坡方向右侧供制动失效车辆尽快驶离车道、减速停车、自救增设的专用车道为(　　)。

A. 爬坡车道　　B. 避险车道　　C. 减速车道　　D. 错车道

25. 城市道路车辆驶出或驶入主路、立交匝道及集散车道出入口处,均应设置(　　)。

A. 紧急停车带　B. 变速车道　C. 爬坡车道　D. 辅助车道

26. 土石方调配时,(　　)是确定借土和调运的界限。

A. 经济运距　B. 平均运距　C. 超运运距　D. 免费运距

二、多项选择题

1. 高速公路、一级公路整体式路基的标准横断面应由(　　)部分组成。

A. 车道　B. 路肩　C. 中间带　D. 侧向余宽

2. 某二级公路,设计速度 60km/h,其路基标准横断面应由(　　)部分组成。

A. 车道　B. 硬路肩　C. 土路肩　D. 侧向余宽

3. 公路路基宽度为车道宽度和与路肩宽度之和, 除应计入中间带、加(减)速车道、爬坡车道、紧急停车带、超车道、错车道、慢车道外, 下列选项中还应计入的有(　　)。

A. 侧分隔带　B. 人行道　C. 避险车道　D. 非机动车道

4. (　　)可根据需要设置侧分隔带、非机动车道和人行道。

A. 非机动车、行人密集公路　B. 城市出入口的公路

C. 高速公路　D. 干线一级公路

5. 城市道路横断面形式应根据(　　)等条件选择,并应满足设计年限内的交通需求。

A. 设计速度　B. 交通量与交通组成

C. 两侧建筑物　D. 交通组织方式

6. 关于城市道路横断面类型的适用性,下列说法正确的是(　　)。

A. 单幅路适用于交通量不大的次干路、支路以及用地不足、拆迁困难的旧城区道路

B. 双幅路适用于专供机动车行驶的快速路、非机动车较多的主干路或次干路。双幅路单向机动车车道数不应少于 2 条

C. 三幅路适用于机动车流量较大、车速较高、非机动车较多的主干路或次干路

D. 四幅路适用于机动车流量大、车速高、非机动车多的快速路或主干路。四幅路主路单向机动车车道数不应少于 2 条

7. 关于城市道路三幅路,下列说法正确的是(　　)。

A. 中间为双向行驶的机动车车道,两侧为靠右侧行驶的非机动车车道

B. 机动车和非机动车车道之间采用分隔带或分隔墩分隔

C. 对红线宽度要求不高

D. 对于机动车流量较大、车速较高、非机动车较多的主干路或次干路宜优先考虑采用

8. 关于公路车道宽度的规定,下列说法正确是(　　)。

A. 设计速度为 60km/h 的二级公路,车道宽度应为 3.50m

B. 某机场专用高速公路,设计速度为 120km/h,以通行中、小型客车为主,经论证车道宽度可采用 3.5m

C. 互通式立体交叉加、减速车道宽度应为 3.75m

D. 高速公路、一级公路以及二级公路的爬坡车道宽度不应小于 3.5m,且不大于 4.0m

9. 高速公路和作为干线一级公路,中央分隔带应具有(　　)功能。

A. 对向分隔　B. 防撞　C. 防眩　D. 隔声

10. 在高速公路中央分隔带应设置开口的位置有(　　)。

A. 互通式立体交叉前后

B. 分离式立交前后

C. 整体式路基、分离式路基的分离(汇合)处

D. 特大桥前后

11. 在城市快速路中间分隔带应设置紧急开口的位置有(　　)。

A. 隧道前后　　B. 分离式立交前后

C. 枢纽立交前后　　D. 特大桥及路段前后

12. 关于高速公路、一级公路硬路肩,下列说法正确的是(　　)。

A. 高速公路、干线一级公路,正常情况下应采用3.0m的右侧硬路肩

B. 高速公路、一级公路硬路肩宽度不包括右侧路缘带宽度

C. 高速公路和干线一级公路右侧硬路肩的宽度小于2.50m时,应设紧急停车带

D. 高速公路和干线一级公路以通行小客车为主时,右侧硬路肩宽度可采用2.5m

13. 关于路拱,下列说法正确的是(　　)。

A. 是为了利于路面横向排水,将路面做成由中央向两侧倾斜的拱形

B. 倾斜的大小以百分率表示

C. 设置路拱,对行车有利

D. 路拱坡度可根据路面类型和当地自然条件选用

14. 影响确定城市道路标准路段横坡坡度的因素,除路面宽度之外,还有(　　)。

A. 纵坡　　B. 路面类型　　C. 设计车辆　　D. 气候条件

15. 关于爬坡车道,下列说法正确的是(　　)。

A. 爬坡车道的终点,应设于载重汽车爬经陡坡路段后恢复至“容许最低速度”处

B. 当上坡路段的设计通行能力大于设计小时交通量时,宜在上坡方向行车道右侧设置爬坡车道

C. 高速公路 、一级公路的爬坡车道应紧靠车道的外侧设置。条件受限时,爬坡车道路段右侧硬路肩宽度应不小于0.75m

D. 爬坡车道的超高坡度应比主线的超高坡度大

16. 土石方调配后,应按公式(　　)进行复核检查。

A. 横向调运+纵向调运+弃方=填方

B. 横向调运+纵向调运+借方=填方

C. 横向调运+纵向调运+弃方=挖方

D. 挖方+借方=填方+弃方

三、案例题

1. 某集散公路采用双向四车道一级公路标准,整体式横断面形式,中间带宽度采用3.5m,设计速度采用60km/h,根据《公路工程技术标准》(JTG B01—2014)计算,正常情况下的标准断面的路基宽度是(　　)。

A. 19.0m　　B. 20.0m　　C. 20.50m　　D. 21.50m

2. 某高速公路,设计速度 120km/h,采用双向八车道整体式横断面形式,中央分隔带宽度为3.0m,内侧第1、2车道仅限小客车通行且不设左侧硬路肩,根据《公路路线设计规范》(JTG D20—2017)计算,正常情况下的标准断面的最小路基宽度是(　　)。

A. 41.00m　　B. 42.5m　　C. 42.00m　　D. 40.50m

3. 城市道路立交范围内与主路设有分隔设施的集散车道,根据规范规定,集散车道的设计速度为 40km/h,流量为 300pcu/h,那么集散道路的最小宽度是(　　)。

A. 4.0m　　B. 6.5m　　C. 7.0m　　D. 7.5m

4. 拟建一条城市高架快速路,主路设计速度为 100km/h,采用分离式断面,见下图,经预测远景年单向高峰小时交通量为 5400pcu/h,拟定一条车道为混合车道,其余为小客车专用车道,则分离式高架单幅机动车道路面宽度(W_{gb})为(　　)。

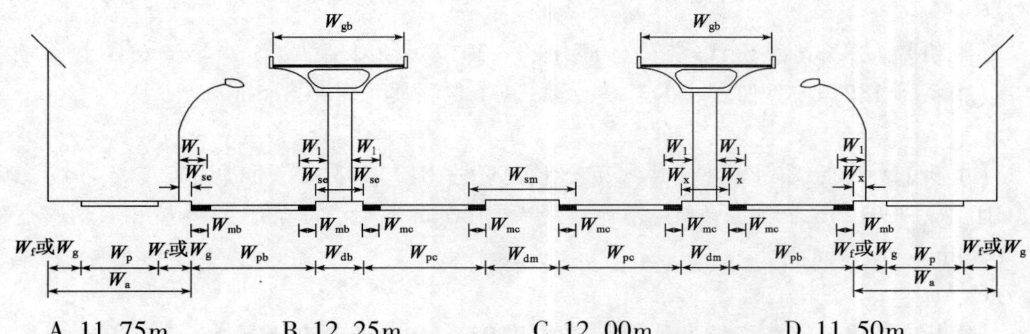

A. 11.75m　　B. 12.25m　　C. 12.00m　　D. 11.50m

5. 某新建山岭区高速公路,设计速度 80km/h,整体式路基宽度 25.5m。有一连续上坡组合路段为 4%/900m + 2.5%/700m + 4.2%/800m + 2.5%/450m + 4.5% 700m,连续上坡坡顶后的纵坡为 -2%/600m,连续上坡起点的桩号为 K10 + 100,载重汽车在 K10 + 800 至坡顶后100m 路段的运行速度低于容许最低速度,则爬坡车道的长度为(　　)。

A. 2950m　　B. 3250m　　C. 3550m　　D. 3150m

习题参考答案及解析

一、单项选择题

1. B

【解析】《公路路线设计规范》(JTG D20—2017)6.1.1 条第 1 款规定:高速公路、一级公路的路基标准横断面分为整体式和分离式两类。

2. D

【解析】《公路路线设计规范》(JTG D20—2017)6.1.2 条第 3 款规定:二级公路、三级公路、四级公路应采用整体式路基断面形式。

3. C

【解析】《公路路线设计规范》(JTG D20—2017)6.1.3 条第 3 款规定:一级公路在慢行车辆较多时,可利用右侧硬路肩(宽度不足时应加宽)设置慢车道,并应在车道与慢车道之间设置隔离设施。

4. B

【解析】《城市道路工程设计规范》(CJJ 37—2012)5.2.2 条规定：当快速路两侧设置辅路时,应采用四幅路。

5. D

【解析】《城市道路工程设计规范》(CJJ 37—2012)5.2.6 条规定：桥梁与隧道横断面形式、车行道及路缘带宽度应与路段相同。

6. D

【解析】《公路路线设计规范》(JTG D20—2017)6.2.1 条规定:设计速度为 120km/h,一条车道宽度应为 3.75m。

7. C

【解析】《公路路线设计规范》(JTG D20—2017)6.2.1 条规定:八车道及以上公路在内侧车道(内侧第 1、2 车道)仅限小客车通行时,其车道宽度可采用 3.5m。

8. C

【解析】《城市道路工程设计规范》(CJJ 37—2012)5.3.2 条和《城市道路路线设计规范》(CJJ 193—2012)5.3.1 条规定:设计速度大于 60km/h 时,一条小客车专用车道最小宽度应为 3.50m。

9. C

【解析】《城市道路路线设计规范》(CJJ 193—2012)5.3.2 条规定:城市道路非机动车道数单向不宜小于 2 条。

10. D

【解析】《公路路线设计规范》(JTGD20—2017)6.3.1 条规定:高速公路、一级公路整体式路基断面必须设置中间带,中间带由两条左侧路缘带和中央分隔带组成。

11. A

【解析】《公路路线设计规范》(JTG D20—2017)6.3.1 条条文说明规定:高速公路整体式路基的左侧侧向安全余宽是由左侧路缘带加余宽 C 提供的。

12. C

【解析】根据《公路路线设计规范》(JTG D20—2017)6.3.3 条规定,选项 ABD 是正确的。当中央分隔带宽度小于 3.0m 时,其开口端部的形式可采用半圆形;当中央分隔带宽度大于或等于 3.0m 时,宜采用弹头形。选项 C 是错误的。

13. A

【解析】《城市道路路线设计规范》(CJJ 193—2012)5.3.4 条规定:分车带按其在横断面中的不同位置与功能,可分为中间分车带(简称中间带)及两侧分车带(简称两侧带);分车带应由分隔带及两侧路缘带组成。

14. D

【解析】根据《城市道路路线设计规范》(CJJ 193—2012)5.3.4 条规定,当设计速度小于 60km/h 时,其路缘带最小宽度为 0.25m。

15. B

【解析】《城市道路路线设计规范》(CJJ 193—2012)5.3.4 条规定:当设计速度大于或等于 60km/h 时,机动车道的侧向净宽度最小宽度为 0.75m。

16. D

【解析】根据《公路路线设计规范》(JTG D20—2017)6.4.1 条、6.4.2 条和 6.4.3 条的规定,选项 ABC 是正确的。二级公路的硬路肩可供非汽车交通使用。选项 D 是错误的。

17. D

【解析】《公路路线设计规范》(JTG D20—2017)6.4.2 条规定:高速公路整体式路基双向八车道及以上路段,宜设置左侧硬路肩,其宽度应不小于 2.5m。

18. A

【解析】《公路路线设计规范》(JTG D20—2017)6.4.3 条规定:高速公路和作为干线的一级公路的右侧硬路肩宽度小于 2.50m 时,应设紧急停车带。

19. A

【解析】《公路路线设计规范》(JTG D20—2017)6.5.3 条规定:双向六车道及以上车道数的公路,当超高过渡段的路拱坡度过于平缓时,可设置双路拱线。

20. A

【解析】《城市道路路线设计规范》(CJJ 193—2012)5.3.3 条规定:城市道路火车站、码头附近路段人行道最小宽度一般值为 5.0m,最小值为 4.0m。

21. D

【解析】《城市道路路线设计规范》(CJJ 193—2012)5.4.3 条规定:人行道横坡度宜采用单面坡,横坡度宜为 1.0% ~2.0%。

22. B

【解析】《公路路线设计规范》(JTG D20—2017)6.2.4 条规定:高速公路、一级公路的互通式立体交叉、服务区、停车区、客运汽车停靠站、管理与养护设施、观景台等与主线相衔接处,应设置加速车道和减速车道(变速车道)。

23. A

【解析】《公路路线设计规范》(JTG D20—2017)8.4.1 条规定:四车道高速公路、四车道一级公路以及二级公路连续上坡路段,符合下列情况之一者,宜在上坡方向行车道右侧设置爬坡车道:沿连续上坡方向载重汽车的运行速度降低到表 8.4.1 的容许最低速度以下时。单一纵坡坡长超过表 8.3.2 的规定或上坡路段的设计通行能力小于设计小时交通量时。

24. B

【解析】《公路路线设计规范》(JTG D20—2017)6.2.6 条和条文说明规定:在长陡坡路段正线行车道下坡方向右侧供制动失效车辆尽快驶离车道、减速停车、自救增设的专用车道为避险车道。连续长、陡下坡路段,应结合交通安全性评价论证设置避险车道。

25. B

【解析】《城市道路路线设计规范》(CJJ 193—2012)5.3.5 条规定:车辆驶出或驶入主路、立交匝道及集散车道出入口处均应设置变速车道。

26. A

【解析】经济运距是确定借土或调运的限界及距离。当调运距离小于经济运距时,采取纵向调运是经济的,反之,则可考虑就近借土。

二、多项选择题

1. ABC

【解析】《公路路线设计规范》(JTG D20—2017)6.1.1 条第 1 款规定:高速公路、一级公路整体式路基的标准横断面应由车道、中间带(中央分隔带 、左侧路缘带)、路肩(右侧硬路肩、土路肩)等部分组成。

2. ABC

【解析】《公路路线设计规范》(JTG D20—2017)6.1.1 条第 2 款规定:二级公路路基的标准横断面应由车道、路肩(硬路肩、土路肩)等部分组成。

3. ABD

【解析】《公路路线设计规范》(JTG D20—2017)6.1.2 条第 1 款规定:公路路基宽度为车道宽度与路肩宽度之和。当设有中间带、加(减)速车道、爬坡车道、紧急停车带、错车道、超车道、侧分隔带、非机动车道(或慢车道)和人行道等时,应包括上述部分的宽度。

4. AB

【解析】《公路路线设计规范》(JTG D20—2017)6.1.3 条第 2 款规定:非机动车、行人密集公路和城市出入口的公路,可根据需要设置侧分隔带、非机动车道和人行道。

5. ABD

【解析】《城市道路路线设计规范》(CJJ 193—2012)5.1.2 条规定:横断面形式应根据设计速度、交通量、交通组成、交通组织方式等条件选择,并应满足设计年限内的交通需求。

6. ACD

【解析】《城市道路路线设计规范》(CJJ 193—2012)5.2.1 条规定:双幅路适用于专供机动车行驶的快速路、非机动车较少的主干路或次干路。选项中 ACD 分别为单幅路、三幅路及四幅路的适用性。

7. ABD

【解析】《城市道路工程设计规范》(CJJ 37—2012)5.2.1 条条文说明和《城市道路路线设计规范》(CJJ 193—2012)5.2.1 条规定:三幅路俗称“三块板”断面。中间为双向行驶的机动车车道,两侧为靠右侧行驶的非机动车车道。机动车和非机动车车道之间用分隔带或分隔墩分隔。三幅路将机动车与非机动车分开,对交通安全有利;在分隔带上可以布置绿带,有利于夏天遮阳防晒、布置照明和减少噪声等。对于机动车流量较大、车速较高、非机动车较多的主干路或次干路宜优先考虑采用。但三幅式断面占地较多,只有当红线宽度等于或大于 40m 时,才能满足车道布置的要求。

8. ABD

【解析】 根据《公路路线设计规范》(JTG D20—2017)6.2.1 条、6.2.3 条、6.2.4 条的规定,选项 ABD 是正确的。互通式立体交叉加、减速车道宽度应为 3.50m,选项 C 错误。

9. ABC

【解析】《公路路线设计规范》(JTG D20—2017)6.3.1 条条文说明规定:高速公路和作

为干线一级公路，中央分隔带应具有对向分隔、防撞及防眩等功能。

10. ACD

【解析】《公路路线设计规范》(JTG D20—2017)6.3.3 条规定：互通式立体交叉、隧道、特大桥、服务区设施前后，以及整体式路基、分离式路基的分离(汇合)处，应设置中央分隔带开口。

11. ACD

【解析】《城市道路路线设计规范》(CJJ 193—2012)6.7.1 条规定：快速路宜在互通式立体交叉出口上游与入口下游、特大桥、隧道、道路路堑段两端、分离式路基的分离(汇合)处设置中间分隔带紧急开口。

12. ACD

【解析】根据《公路路线设计规范》(JTG D20—2017)6.4.1 条、6.4.2 条、6.4.3 条规定，选项 ACD 是正确的。高速公路、一级公路应在右侧硬路肩宽度内设右侧路缘带，其宽度为 0.50m。选项 B 是错误的。

13. ABD

【解析】《公路路线设计规范》(JTGD20—2017)6.5.1 条 ~6.5.4 条规定：为了利于路面横向排水，将路面做成由中央向两侧倾斜的拱形，称为路拱。其倾斜的大小以百分率表示。路拱的形式有抛物线形、直线接抛物线形、折线形等。路拱坡度应根据路面类型和当地自然条件确定。路拱对排水有利，但对行车不利。因此，应选择 ABD。

14. ABD

【解析】《城市道路路线设计规范》(CJJ 193—2012)5.4.1 条规定：路拱设计坡度应根据路面宽度、路面类型、设计速度、纵坡及气候条件等确定。

15. AC

【解析】根据《公路路线设计规范》(JTG D20—2017)6.2.3 条和 8.4.1 条、8.4.2 条、8.4.5 条的规定，选项 AC 是正确的。上坡路段的设计通行能力小于设计小时交通量时，应设置爬坡车道；大货车爬坡速度较主线低，爬坡车道的超高坡度应比主线的超高坡度小。选项 BD 是错误的。

16. BCD

【解析】土石方调配后，应按下式复核检查：横向调运 + 纵向调运 + 借方 = 填方；横向调运 + 纵向调运 + 弃方 = 挖方；挖方 + 借方 = 填方 + 弃方。因此，应选择 BCD。

三、案例题

1. C

解：《公路工程技术标准》(JTG B01—2014)4.0.2 条规定：$v=60\text{km/h}$ 时，行车道宽度为 3.5m。

4.0.5 条规定：$v=60\text{km/h}$ 的集散公路一级公路正常情况下硬路肩和土路肩均为 0.75m。

正常情况下双向四车道集散公路一级公路的标准断面的路基宽度为：

$$B=0.75+0.75+3.5\times2+3.5+3.5\times2+0.75+0.75=20.5\text{m}$$

选项 C 正确。

2. A

解:《公路路线设计规范》(JTG D20—2017)6.2.1 条规定:$v=120\text{km/h}$ 时,内侧第 1、2 车道仅限小客车通行时,其行车道宽度采用 3.5m;外侧 3、4 车道行车道宽度为 3.75m。

6.3.1 条规定:$v=120\text{km/h}$ 高速公路,正常情况下左侧路缘带宽度为 0.75m;6.4.1 条规定:正常情况下右侧硬路肩和土路肩分别为 3.00m 和 0.75m。

正常情况下,内侧第 1、2 车道仅限小客车通行且不设左侧硬路肩,双向八车道高速公路标准断面的最小路基宽度为:

$B=0.75+3.00+3.75\times2+3.50\times2+(0.75+3.00+0.75)+3.50\times2+3.75\times2+3.00+0.75=41.00\text{m}$。

选项 A 正确。

3. D

解:《城市道路路线设计规范》(CJJ 193—2012)5.3.6 条规定:集散车道可为单车道或双车道,每条集散车道的宽度宜为 3.5m。与主路间设有分隔设施的集散车道,其车道数不应少于 2 条。

5.3.1 条规定:集散车道路面宽度为车行道宽度加两侧路缘带宽度,集散车道的设计速度为 40km/h,查表 5.3.4,单侧路缘带宽度为 0.25m,则集散车道最小宽度为 $3.5\text{m}\times2+0.25\times2=7.5\text{m}$。

选项 D 正确。

4. A

解:《城市道路工程设计规范》(CJJ 37—2012)4.2.3 条规定:新建城市快速路按三级服务水平设计,设计速度 100km/h 时一条车道的设计通行能力为 2000pcu/h。

单向高峰小时交通量为 5400pcu/h,拟建道路需要的单向车道数应为:

$N=\text{DDHV}/2000=5400/2000=2.7$ 条,单向车道为 3 条。

根据《城市道路工程设计规范》(CJJ 37—2012)表 5.3.2,设计速度 100km/h 时,一条混合车道的宽度为 3.75m,一条小客车专用车道的宽度应为 3.50m。

5.3.2 条第 2 款规定:机动车道路面宽度应包括行车道宽度及两侧路缘带宽度,查表 5.3.5,路缘带宽度为 0.50m。

则分离式高架单幅机动车道路面宽度(W_{gb})为 $0.50+3.50+3.50+3.75+0.50=11.75\text{m}$。

在备选答案中,只有选项 A 符合。

5. A

解:《公路路线设计规范》(JTG D20—2017)8.4.5 条规定:爬坡车道起、终点与长度的确定应符合下列规定:爬坡车道的起点,应设于陡坡路段上载重汽车运行速度降低至表 8.4.1 中“容许最低速度”处。爬坡车道的终点,应设于载重汽车爬经陡坡路段后恢复至“容许最低速度”处。

根据题意,连续上坡路段坡顶的桩号为 K10 + 100 + 900 + 700 + 800 + 450 + 700 = K13 + 650m。

该连续上坡路段载重汽车在 K10 + 800 ~ K13 + 750 路段的运行速度低于容许最低速度,

则爬坡车道的长度为：13750 - 10800 = 2950m。

在备选答案中，只有选项 A 符合。

第六节　线 形 设 计

【考试纲要】

1. 掌握线形设计的原则、要求和内容。

2. 熟悉平、纵、横线形设计及其组合设计，线形与桥隧的配合、与沿线设施的配合及其与环境的协调等的一般规定与运用。

【复习提示】

1. 复习要点

主要考点：

线形设计的原则、要求和内容；平、纵 、横线形设计；平纵线形组合设计；线形与桥隧的配合；线形与沿线设施的配合；线形与环境的协调。

考试重点：

线形设计的原则和要求；平面线形设计；平 、纵线形组合设计；线形与隧道的配合。

案例考点：

中央分隔带过渡设计；平纵组合设计。

2. 规范提示

《公路工程技术标准》（JTG B01—2014）中“4.0.1 一般规定；6.0.8 桥梁及其引道的平、纵、横技术指标；8.0.4 隧道及其洞口两端路线的平、纵 、横”。

《公路路线设计规范》（JTG D20—2017）中“9.1 一般规定、9.2 平面线形设计、9.3 纵面线形设计、9.4 横断面设计、9.5 线形组合设计、9.6 线形与桥、隧的配合、9.7 线形与沿线设施的配合、9.8 线形与环境的协调”。

《城市道路工程设计规范》（CJJ 37—2012） 中“6.4 线形组合设计；13.2.5 桥梁及其引道的平、纵 、横技 术指标；13.3.5 隧道及其洞口两端的道路平、纵 、横技术指标”。

《城市道路路线设计规范》（CJJ 193—2012）中“8.1 一般规定、8.2 平 、纵、横的线形组合、8.3 线形与桥、隧的配合、8.4 线形和沿线设施的配合、8.5 线形与环境的协调”。

◆◆ 习题精练 ◆◆

一、单项选择题

1. 线形设计除应符合行驶力学要求外，还应考虑用路者（　　）方面的要求，以提高汽车行驶的安全性、舒适性与经济性。

A. 驾驶习惯　　B. 视觉和心生理　　C. 驾驶时间　　D. 驾驶文化

2. 高速公路和承担干线功能的一级、二级公路，应注重（　　），做到线形连续、指标均衡、视觉良好、景观协调、安全舒适。

A. 驾驶行为控制　　B. 线形美观

C. 立体线形设计　　D. 横断面布置

3. 各级公路不论(　　)大小均应敷设曲线,并宜选用较大的圆曲线半径。

A. 坡度差　　B. 方位角　　C. 交叉角　　D. 转角

4. 整体式路基的中间带宽度当条件受限制,且中间带宽度变化小于 3.0m 时,可采用渐变过渡,过渡段的渐变率不应大于(　　)。

A. 1/150　　B. 1/100　　C. 1/50　　D. 1/200

5. 整体式路基分为分离式路基或分离式路基汇合为整体式路基时,其过渡段以设置在(　　)的路段为宜。

A. 缓和曲线　　B. 较大圆曲线半径

C. 竖曲线　　D. 直线

6. 高速公路、一级公路中央分隔带不得采用(　　)路缘石。

A. 平齐式　　B. 斜式　　C. 栏式　　D. 曲线式

7. 下列说法不正确的是(　　)。

A. 当竖曲线与平曲线组合时,平曲线宜包含在竖曲线之内,且竖曲线应稍长于平曲线

B. 要保持平曲线与竖曲线大小的均衡

C. 当平曲线缓而长、纵断面坡差较小时,可不要求平、竖曲线一一对应,平曲线中可包含多个竖曲线

D. 要选择适当的合成坡度

8. 平曲线与竖曲线组合时,所谓“平包竖”是指(　　)。

A. 竖曲线的起、终点分别放直线和圆曲线上

B. 竖曲线的起、终点分别放在平曲线的两个缓和曲线内

C. 竖曲线的起、终点在圆曲线上

D. 竖曲线的起、终点分别放在平曲线的两端直线上

9. 凸形竖曲线的顶部或凹形竖曲线的底部,不宜同反向平曲线的(　　)重合。

A. 拐点　　B. 起点　　C. 缓圆点　　D. 圆缓点

10. 关于平、纵线形设计不良组合说法正确的是(　　)。

A. 竖曲线宜与缓和曲线的重合

B. 避免在凸形竖曲线的顶部插入小半径的平曲线

C. 避免在凹形竖曲线的底部插入小半径的平曲线

D. 一个平曲线内,必须避免纵面线形的反复凸凹

11. 公路隧道洞口外连接线应与隧道洞口内线形相协调,隧道洞口内外侧各(　　)设计速度行程长度范围的平、纵面线形应一致。

A. 6s　　B. 5s　　C. 4s　　D. 3s

12. 某高速公路设计速度为 80km/h,下表为该高速公路 1 ~4 号隧道入洞口内外平纵面线形一致性数据统计表(表中分子为平面线形长度,分母为纵面线形长度),符合洞口线形一致性的隧道是(　　)。

隧道编号	线形长度(m)	
	洞外(平面/纵面)	洞内(平面/纵面)
1号隧道	1142.828/361	107.49/852
2号隧道	258.727/674	41.273/291
3号隧道	165.211/58	144.789/335
4号隧道	74.781/305.417	235.219/111

A. 1号和4号隧道　　B. 1号和3号隧道

C. 3号和4号隧道　　D. 1号和2号隧道

二、多项选择题

1. 公路线形设计的要求与内容应随(　　)的不同而各有侧重。

A. 公路功能　　B. 设计速度　　C. 设计交通量　　D. 路基宽度

2. 关于公路线形设计,下列说法正确的是(　　)。

A. 公路功能等级和设计速度越高,线形设计的要求就越高

B. 承担干线功能的一级、二级公路,应注重立体线形设计

C. 承担干线功能的一级公路,主要注重路线交叉处线形组合设计

D. 高速公路线形设计,应做到线形连续、指标均衡、视觉良好、景观协调、安全舒适

3. 各级公路均应采用运行速度方法,对(　　)等进行检验,依此优化线形设计、调整技术指标、完善交通工程与安全设施。

A. 技术指标的协调性和一致性　　B. 平纵线形组合设计

C. 视距以及路线视觉连续性　　D. 纵坡设计

4. 关于城市道路线形组合设计的规定,下列说法正确的是(　　)。

A. 设计速度小于60km/h的道路在保证行驶安全的前提下,宜合理运用线形要素的规定值

B. 主干路应强调线形组合设计

C. 不同等级道路和不同设计速度的路段之间应衔接过渡

D. 快速路线形设计,应做到线形连续、指标均衡、视觉良好、景观协调、安全舒适

5. 平面线形应均衡、连续,下列理解正确的是(　　)。

A. 平面线形相邻路段的运行速度差和速度梯度满足规定

B. 不在长直线尽头设置小半径曲线

C. 相邻圆曲线半径比大于2的平曲线间可直接衔接

D. S形曲线的大圆曲线和小圆曲线宜采用适当的曲线半径比

6. 某高速公路设计速度为100km/h,下列哪些平面线形组合符合线形均衡与连续性设计要求(　　)。

A. 3200m直线后接半径为650m的平曲线

B. 1400m直线后接半径为2000m的平曲线

C. 大圆曲线半径和小圆曲线半径分别为2000m和800m的S形曲线

D. 圆曲线半径分别为2000m、1400m和1000m的连续S形曲线

7. 对高速公路中间带设计的要求,下列表述正确的是(　　)。

A. 高速公路中央分隔带宽度小于3.0m时,中央分隔带形式可采用凸形

B. 存在风沙和风雪影响的高速公路路段,中央分隔带缘石宜采用平齐式

C. 高速公路中央分隔带宜采用栏式缘石

D. 高速公路中央分隔带宽度3.0m时中央分隔带形式宜用凹形

8. 某山区二级公路的平纵组合线形如下图,属于不良平纵组合的是(　　)。

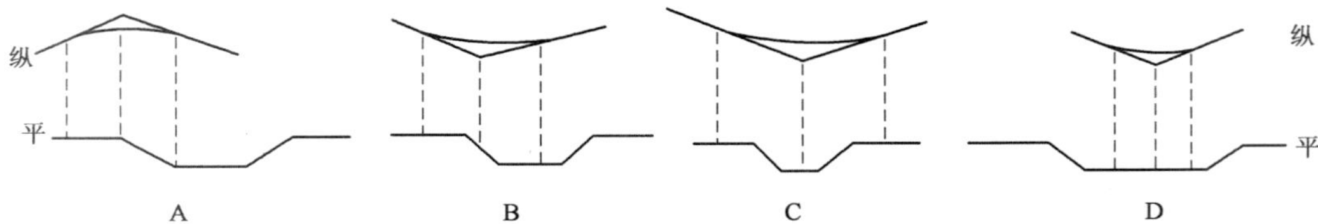

9. 平、纵线形组合设计时,以下组合中(　　)是合理的组合设计方法。

A. 平曲线与竖曲线宜相互对应,且平曲线应稍长于竖曲线

B. 长直线段上应设置短的竖曲线

C. 小半径的平曲线起点应设置凸形变坡点

D. 直线段上纵断面线形不宜设置短竖曲线反复凹凸

10. 关于平纵线形组合设计,下列说法正确的有(　　)。

A. 竖曲线的顶底部不宜出现小半径的平曲线

B. 小半径的平曲线起讫点设在或接近竖曲线的顶部或底部

C. 竖曲线的顶底部与反向平曲线的拐点重合

D. 小半径的竖曲线不宜与缓和曲线重合

11. 城市快速路设计中,下列平纵线形设计属于不当组合的有(　　)。

A. 长直线与陡坡组合

B. 平曲线与竖曲线宜相互对应,且平曲线长度宜大于竖曲线长度

C. 凹形竖曲线底部插入小半径平曲线

D. 长的平曲线内包含多个短的竖曲线

12. 公路线形与桥梁的配合,下面说法恰当的有(　　)。

A. 桥梁及其引道的位置、线形可不与路线线形相协调

B. 桥(涵)路衔接处的外侧护栏在平面上应为同一直线或曲线

C. 高速公路、一级公路上的桥梁线形应与路线线形相协调,且连续、流畅

D. 桥梁及其引道的位置、线形应与路线线形相协调,使之视野开阔,视线诱导良好

13. 拟建设计速度为60km/h的城市快速路隧道,隧道洞口内外侧平纵线形需保持一直的范围应不小于(　　)。

A. 3s设计速度的行程长度　　B. 5s设计速度的行程长度

C. 50m　　D. 80m

14. 公路线形与沿线设施的配合,下面说法正确的有(　　)。

A. 线形设计应考虑收费站、服务区、停车区等沿线设施布设的要求

B. 线形设计可不考虑收费站、服务区、停车区等沿线设施布设的要求

C. 路线设计时应考虑标志、标线的设置

D. 可将主线收费站设置在凹形竖曲线底部

三、案例题

1. 某公路由于交通量,地形变形较大,在路基横断面设计中需要对横断面进行变宽设计,其中间带宽度由 5.5m 变化为 3.5m,路基中心线不变、条件受限时,过渡段最小长度不应小于(　　)。

A. 80m　　B. 100m　　C. 120m　　D. 200m

2. 某非结冰积雪地区有一条山区二级公路,设计速度采用 60km/h,最大超高采用 8%,在圆曲线半径 200m 段设 7% 超高值、6% 纵坡、坡长 650m,此段公路设计指标不满足规范规定的是(　　)。

A. 圆曲线半径　　B. 合成坡度　　C. 纵坡度　　D. 坡长

3. 某二级公路,设计速度 80km/h,图中为“路线纵断面图”,四行表格:从上向下依次为坡度(%)/坡长(m)、里程桩号、直线及平曲线、超高。

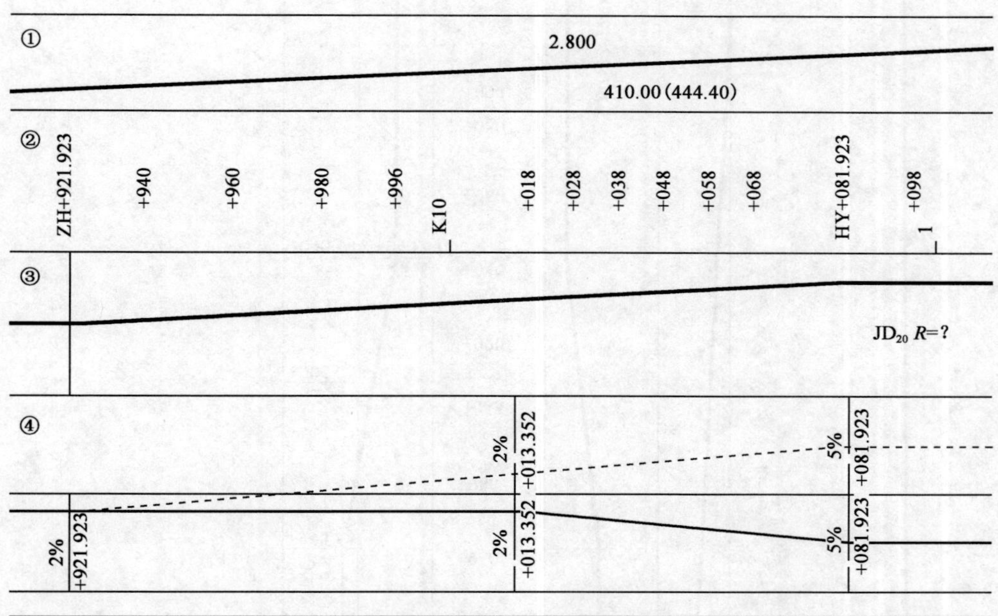

试推断该段路线平面曲线指标中,缓和曲线长度是(　　)及 JD_{20} 半径可能是(　　)。

A. 180m,270m　　B. 160m,300m　　C. 170m,295m　　D. 160m,280m

4. 某改建二级公路,设计速度 80km/h,图中为“路线纵断面图”,四行表格:从上向下依次为坡度(%)/坡长(m)、里程桩号、直线及平曲线、超高。平曲线范围为 K1044 + 960.644 ~ K1045 + 286.613。

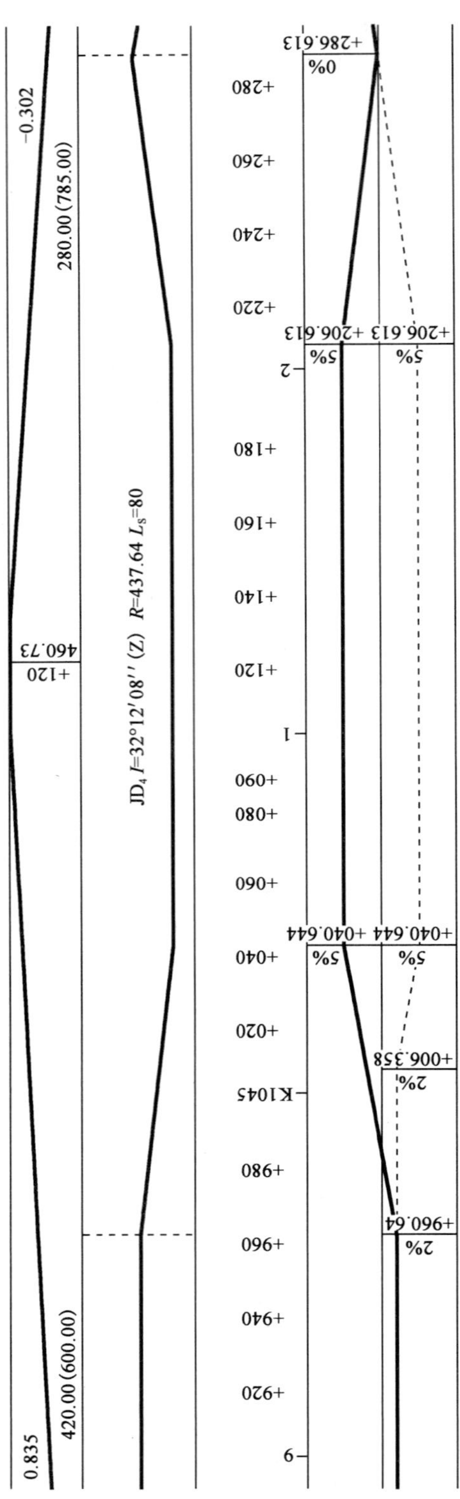
-0.302
280.00(785.00)
460.73
+120
420.00(600.00)
0.835
JD$_4$ I=32°12′08″ (Z) R=437.64 L_s=80
+286.613
0%
+280
+260
+240
+220
+206.613
5%
+180
+160
+140
+120
+090
+080
+060
+040.644
+040
+020
+006.358
2%
K1045
+980
+960.64
+960
+940
+920

基于“平面、纵断面组合设计”，良好的线形设计时，应考虑“竖曲线”半径 R 可取值范围是(　　)。

A. 2000 ~ 3000m　　B. 14600 ~ 28600m

C. 大于 3000m　　D. 无限制，越大越好

习题参考答案及解析

一、单项选择题

1. B

【解析】《公路路线设计规范》(JTG D20—2017)9.1.2 条规定：线形设计除应符合行驶力学要求外，还应考虑用路者的视觉、心理和生理方面的要求，以提高汽车行驶的安全性、舒适性与经济性。

2. C

【解析】《公路路线设计规范》(JTG D20—2017)9.1.3 条第 1 款规定：高速公路和承担干线功能的一级、二级公路，应注重立体线形设计，做到线形连续、指标均衡、视觉良好、景观协调、安全舒适。设计速度越高，线形设计组合所考虑的因素应越周全。

3. D

【解析】《公路路线设计规范》(JTG D20—2017)9.2.1 条第 4 款规定：各级公路不论转角大小均应敷设曲线，并宜选用较大的圆曲线半径。转角过小时，不应设置较短的圆曲线。

4. B

【解析】《公路路线设计规范》(JTG D20—2017)9.4.3 条规定：整体式路基的中间带宽度宜保持等值。当中间带的宽度根据需要增宽或减窄时，应采用左右分幅线形设计。条件受限制，且中间带宽度变化小于 3.0m 时，可采用渐变过渡，过渡段的渐变率不应大于 1/100。

5. B

【解析】《公路路线设计规范》(JTG D20—2017)9.4.4 条规定：整体式路基分为分离式路基或分离式路基汇合为整体式路基时，其中间带的宽度增宽或减窄时，应设置过渡段。其过渡段以设置在圆曲线半径较大的路段为宜。

6. C

【解析】《公路路线设计规范》(JTG D20—2017)9.4.6 条第 2 款规定：高速公路、一级公路中央分隔带不得采用栏式缘石。

7. A

【解析】《公路路线设计规范》(JTG D20—2017)9.5.2 条规定：平、纵线形宜相互对应，且平曲线宜比竖曲线长。这种布置通常称为平曲线与竖曲线的对应。

8. D

【解析】《公路路线设计规范》(JTG D20—2017)9.5.2 条规定：平、纵线形宜相互对应，

且平曲线宜比竖曲线长。这种布置通常称为平曲线与竖曲线的对应。

9. A

【解析】《公路路线设计规范》(JTG D20—2017)9.5.2条第6款规定:凸形竖曲线的顶部或凹形竖曲线的底部,不宜同反向平曲线的拐点重合。

10. A

【解析】《公路路线设计规范》(JTG D20—2017)9.5.2条规定:避免竖曲线的顶、底部插入小半径的平曲线。避免将小半径的平曲线起、讫点设在或接近竖曲线的顶部或底部;避免使竖曲线顶、底部与反向平曲线的拐点重合。避免出现驼峰、暗凹、跳跃、断背、折曲等使驾驶员视线中断的线形;应避免小半径的竖曲线与缓和曲线的重合。

11. D

【解析】《公路路线设计规范》(JTG D20—2017)9.6.2条第3款规定:隧道洞口外连接线应与隧道洞口内线形相协调,隧道洞口内外侧各3s设计速度行程长度范围的平、纵面线形应一致。

12. A

【解析】《公路路线设计规范》(JTG D20—2017)9.6.2条规定:隧道洞口外连接线应与隧道洞口内线形相协调,隧道洞口内外侧各3s设计速度行程长度范围的平、纵面线形应一致。3s设计速度行程长度为70m,2号隧道的平面线形与3号隧道的纵面线形不符合洞口一致性要求。

二、多项选择题

1. AB

【解析】《公路路线设计规范》(JTG D20—2017)9.1.3条规定:线形设计的要求与内容应随公路功能和设计速度的不同而各有侧重。

2. ABD

【解析】《公路路线设计规范》(JTG D20—2017)9.1.3条规定:高速公路和承担干线功能的一级、二级公路,应注重立体线形设计。承担集散功能的一级、二级公路,应根据混合交通情况确定公路横断面布置设计,并注重路线交叉等处的线形设计组合,保障通视良好,行驶通畅、安全。

3. ABC

【解析】《公路路线设计规范》(JTG D20—2017)9.1.5条规定:各级公路均应采用运行速度方法,对平、纵线形组合设计、技术指标的协调性和一致性、视距以及路线视觉连续性等进行检验,依此优化线形设计、调整技术指标、完善交通工程与安全设施。

4. ACD

【解析】《城市道路路线设计规范》(CJJ 193—2012)8.1.2规定:设计速度大于或等于60km/h的道路应强调线形组合设计,保证线形连续、指标均衡、视觉良好、安全舒适、景观协调。设计速度小于60km/h的道路在保证行驶安全的前提下,宜合理运用线形要素的规定值。不同等级道路和不同设计速度的路段之间应衔接过渡。选项B是错误的。

5. ABD

【解析】《公路路线设计规范》(JTG D20—2017)9.2 规定：相邻圆曲线半径比大于 2 的平曲线间应设置中等半径的过渡平曲线。选项 C 是错误的。

6. BD

【解析】《公路路线设计规范》(JTG D20—2017)9.2 规定：同一等级道路上长直线与小半径曲线之间、相邻的大小半径曲线之间应均衡过渡。A 为长直线接小半径曲线，C 为相邻平曲线半径大于 2.0，因此，应选择 BD。

7. ABD

【解析】根据《公路路线设计规范》(JTG D20—2017)9.4.6 条的规定，选项 ABD 是正确的，选项 C 是错误的。高速公路、一级公路中央分隔带不得采用栏式缘石。

8. ABCD

【解析】《公路路线设计规范》(JTG D20—2017)9.5.2 条规定：A 竖曲线的顶部插入小半径的平曲线起点。B 小半径竖曲线与缓和曲线的重合。C 平曲线与竖曲线相互对应，但竖曲线长于平曲线。D 平曲线与竖曲线相互对应，但整个竖曲线位于圆曲线上，竖曲线起终点没有分别位于缓和曲线。

9. AD

【解析】《公路路线设计规范》(JTG D20—2017)9.5.2 条规定：长直线段上不能设置短的竖曲线，小半径的平曲线起点不应设置变坡点。

10. AD

【解析】《公路路线设计规范》(JTG D20—2017)9.5.2 条规定：半径小的圆曲线起、讫点，不宜接近或设在凸形竖曲线的顶部或凹形竖曲线的底部。凸形竖曲线的顶部或凹形竖曲线的底部，不宜同反向平曲线的拐点重合。

11. ACD

【解析】《城市道路路线设计规范》(CJJ 193—2012)8.2.1 条和 8.2.2 条规定：平曲线与竖曲线宜相互对应，且平曲线长度宜大于竖曲线长度。在凸形竖曲线的顶部或凹形竖曲线的底部，不应插入急转的平曲线或反向平曲线。长直线不宜与陡坡或半径小且长度短的竖曲线组合；长的竖曲线不宜与半径小的平曲线组合。

12. BCD

【解析】《公路路线设计规范》(JTG D20—2017)9.6.1 条和条文说明规定：桥梁及其引道的位置、线形应与路线线形相协调，使之视野开阔，视线诱导良好。

13. AC

【解析】《城市道路路线设计规范》(CJJ 193—2012)8.3.2 条第 2 款规定：隧道洞口内侧和外侧在不小于 3s 设计速度的行程长度范围内，均应保持一致的平纵线形。

14. AC

【解析】《城市道路路线设计规范》(CJJ 193—2012)9.7 规定：线形设计应考虑收费站、服务区、停车区、客运汽车停靠站等沿线设施布设的要求。主线收费站范围内路线宜为直线或不设超高的曲线，不应将收费站设置在凹形竖曲线的底部或连续下坡的中底部。路线设计时应考虑标志、标线的设置。

三、案例题

1. B

解:《公路路线设计规范》(JTG D20—2017)9.4.3 条规定:中间分隔带变窄时,条件受限时,过渡段的渐变率不应大于 1/100。

由题意单侧路面宽度变化为(5.5 − 3.5)/2 = 1m。

故渐变段最小长度 = 1 × 100 = 100m。

选项 B 正确。

2. D

解:根据《公路路线设计规范》(JTG D20—2017):

①7.3.2 条表 7.3.2 规定:$v = 60\text{km/h}$ 和最大超高采用 8% 时,$R = 200\text{m}$ 大于 $R_{极限} = 125\text{m}$。A 满足规范。

②合成坡度 $i_H = \sqrt{i_N^2 + i_Z^2} = \sqrt{0.07^2 + 0.06^2} = 0.0922 = 9.22\% < 9.5\%$,根据 8.5.2 条规定,B 合成坡度满足规范要求。

③8.2.1 条,$v = 60\text{km/h}$,二级公路可以采用极限值的 6%,故 C 满足规范。

④8.3.1 条,$v = 60\text{km/h}$,最小坡长不小于 150m;结合 8.3.2 条最大坡长(6% 最大坡长 600m),故最大坡长不满足规范要求,故 D 不满足规范。

在备选答案中,只有 D 符合。因此,应选择 D。

3. D

解:①缓和曲线长度:

$$\text{ZH} \sim \text{HY 长度} = \text{K10} + 081.923 - \text{K9} + 921.923 = 160\text{m}$$

②根据《公路工程技术标准》(JTG B01—2014)4.0.17 条文说明,JD_{20} 半径为

$$R = \frac{v^2}{127(\mu + i)} = \frac{80^2}{127 \times (0.13 + 0.05)} \approx 280\text{m}$$

《公路路线设计规范》(JTG D20—2017)7.7.3 条规定:设计速度 80km/h 时的最小半径极限值为 250m,半径 $R = 280\text{m}$ 满足规范要求。

选项 D 正确。

4. B

解:平曲线中,圆曲线长度 K1045 + 040.644 ~ K1045 + 206.613,长度为 165.969m;缓和曲线长度 2 × 80 = 160m。

(1)取竖曲线长度 $L \geqslant 165.969\text{m}$ 时:

$$R \geqslant \frac{L}{\omega} = \frac{165.969}{|-0.302\% - 0.835\%|} \approx 14597.1\text{m}$$

(2)取竖曲线长度 $L \leqslant 325.969\text{m}$ 时:

$$R \leqslant \frac{L}{\omega} = \frac{325.969}{|-0.302\% - 0.835\%|} \approx 28669.2\text{m}$$

《公路路线设计规范》(JTG D20—2017)8.6.1 条规定:设计速度 80km/h 时的凸形最小半径极限值为 3000m,经过综合判断,故选项 B 正确。

第七节 选 线

【考试纲要】

1. 掌握不同设计阶段选线所必须遵循的原则与要点。

2. 熟悉选线所包括的确定路线基本走向、路线走廊带、路线方案以至选定线位等全过程的基本设计要求和内容。

3. 了解道路选线采用遥感、航测、GPS、数字技术等新技术的方法和步骤。

【复习提示】

1. 复习要点

主要考点:

道路选线方法与步骤(选线全过程基本设计要求和内容)、路线控制点、路线方案比选原则与方法;路选线采用遥感、航测、GPS、数字技术等新技术的方法和步骤。

考试重点:

选线步骤与方法;路线控制点;选线原则与要点。

2. 规范提示

《公路路线设计规范》(JTG D20—2017)中“5 选线”,规定了选线过程、路线控制点、选线原则与选线方法。

◆ 习题精练 ◆

一、单项选择题

1. 公路选线的全过程,除应包括确定路线基本走向、路线方案至选定线位外,关键是确定(　　)。

A. 桥梁方案　B. 隧道方案　C. 路线走廊带　D. 互通方案

2. 下列不是选线工作内容的是(　　)。

A. 路线带选择　B. 地形图测量　C. 具体定线　D. 路线方案选择

3. 在公路选线时,一般不是路线基本走向控制点的是(　　)。

A. 路线起、终点　B. 必须连接的城镇、工矿企业

C. 互通式立体交叉、铁路交叉的位置　D. 特定的特大桥、特长隧道的位置

4. 特大桥、特长隧道、互通式立体交叉、铁路交叉等路线走向控制点,原则上应服从(　　)。

A. 路线走向　B. 路线一般走向

C. 路线总体走向　D. 路线基本走向

5. 路线走廊带选择的目的是(　　)。

A. 主要是解决起、终点间路线基本走向的问题

B. 根据技术标准和路线方案,进行平、纵、横综合设计,具体定出路线中线

C. 在基本走向的基础上,结合地形、地质、水文等自然条件在大的控制点之间选定一些细部控制点

D. 确定路线的据点

6. 新建二级公路、三级公路在遵循项目总体功能和走向的基础上,到城镇时应尽量(　　)。

A. 直接穿越　　B. 环绕　　C. 避免穿越　　D. 远离

7. 新建高速公路选线时,应综合考虑与相关线性工程的平行或交叉关系,合理利用(　　)资源,节省占地。

A. 走廊带　　B. 区域路网　　C. 周边路网　　D. 旧路

8 某越岭线用5%的平均纵坡进行放坡,采用深挖垭口的过岭方式,挖深为12m,则路线可缩短(　　)。

A. 240m　　B. 360m　　C. 600m　　D. 480m

9. 公路选线高速公路、一级公路采用(　　)时,必须现场核定。

A. 纸上定线　　B. 现场定线　　C. 激光定线　　D. 试坡定线

10. 纸上定线时,当地形图比例尺为1∶2000,等高距为2m,平均坡度取5.0%时,则平距a在该地形图上的长度应为(　　)。

A. 2cm　　B. 3cm　　C. 4cm　　D. 5cm

11. 某段路线起点桩号为K1+380,终点桩号为K27+394.58,中间有两处断链,一处长链57.94m,一处短链43.36m,则该路线总长为(　　)。

A. 26029.16m　　B. 27380m　　C. 26000m　　D. 27563m

二、多项选择题

1. 下列哪些控制点是路线基本走向的控制点(　　)。

A. 路线起、终点　　B. 互通式立体交叉

C. 特大桥　　D. 必须连接的城镇

2. 公路选线时应尽可能避让(　　)。

A. 不可移动文物　　B. 水源地　　C. 村庄　　D. 自然保护区

3. 公路选线时应保持与(　　)等危险源及污染源间的安全距离。

A. 易燃　　B. 水源地　　C. 文物　　D. 易爆

4. 公路选线时应考虑同(　　)等规划的配合。

A. 农田与水利建设　　B. 水源地

C. 矿产资源开发　　D. 城市发展

5. 关于公路选线原则,下列说法和理解不正确的是(　　)。

A. 走廊带内各种运输体系应按照其功能统筹规划,合理布局

B. 应由面到带、由带到线、由浅入深、由轮廓到具体,在详细调查与勘察的基础上反复比较论证

C. 应保护水源地,远离危险源

D. 应考虑同城市发展等规划的配合,远离城市

6. 越岭线的展线方式分为(　　)等几种方式。

A. 直线或曲线　　B. 自然展线　　C. 回头展线　　D. 螺旋展线

7. 公路选线可采用定线的方法或(　　)的方法。

A. 纸上定线　　B. 现场定线　　C. 航空定线　　D. 现场移线

8. 关于各级公路选线时采用的定线方法,说法正确的是(　　)。

A. 高速公路采用纸上定线时,必须现场核定

B. 二级公路、三级公路、四级公路可采用现场定线

C. 一级公路采用纸上定线时,宜现场核定

D. 有条件或地形条件受限制时,二级公路、三级公路、四级公路可采用纸上定线或纸上移线并现场核定的方法

习题参考答案及解析

一、单项选择题

1. C

【解析】《公路路线设计规范》(JTG D20—2017)5.0.1 条规定:选线应包括确定路线基本走向、路线走廊带、路线方案至选定线位的全过程。

2. B

【解析】《公路路线设计规范》(JTG D20—2017)5.0.1 条规定:选线应包括确定路线基本走向、路线走廊带、路线方案至选定线位的全过程。选项 ACD 均是工作内容。

3. C

【解析】《公路路线设计规范》(JTG D20—2017)5.0.2 条第 1 款规定:路线起、终点,必须连接的城镇、重要园区、工矿企业、综合交通枢纽,以及特定的特大桥、特长隧道等的位置,应为路线基本走向的控制点。

4. D

【解析】《公路路线设计规范》(JTG D20—2017)5.0.2 条第 2 款规定:特大桥、大桥、特长隧道、长隧道、互通式立体交叉、铁路交叉等的位置,应为路线走向控制点,原则上应服从路线基本走向。

5. C

【解析】在路线基本走向选定的基础上,按地形、地质、水文等自然条件选定出一些细部控制点,连接这些控制点,即构成路线走廊带,也称为路线带或路线布局。

6. C

【解析】《公路路线设计规范》(JTG D20—2017)5.0.5 条第 4 款规定:二级公路、三级公路在遵循项目总体功能和走向的基础上,应尽量避免穿越城镇。

7. A

【解析】《公路路线设计规范》(JTG D20—2017)5.0.5 条第 6 款规定:应综合考虑与相关公路、铁路、输电线路、油气管道等的平行或交叉关系;有条件的路段,应考虑公路、铁路等管

线等共用线位,节省占地。

8. D

【解析】路线在垭口两侧均缩短了长度,应为$\frac{12}{0.05}\times 2=480m$。

9. A

【解析】《公路路线设计规范》(JTG D20—2017)5.0.6 条第 1 款规定:高速公路、一级公路采用纸上定线时,必须现场核定。

10. A

【解析】由等高距 h 和选用的平均纵坡 $i_{均}$(5.0% ~5.5%,视地形曲折程度和高差而定),按 $a=h/i_{均}$ 计算等高线间平距 $a=40m$,使两脚规的张开度等于 a(按地形图比例尺 1∶2000 为2cm)。

11. A

【解析】路线的总里程应为:路线总里程 = 终点桩里程 - 起点桩里程 + $\sum$长链 - $\sum$短链 =27394.58 -1380 +57.94 -43.36 =26029.16m。

二、多项选择题

1. AD

【解析】《公路路线设计规范》(JTG D20—2017)5.0.2 条规定:路线起、终点,必须连接的城镇、重要园区、工矿企业、综合交通枢纽,以及特定的特大桥、特长隧道等的位置,应为路线基本走向的控制点。特大桥、大桥、特长隧道、长隧道、互通式立体交叉、铁路交叉等的位置,应为路线走向控制点,原则上应服从路线基本走向。

2. ABD

【解析】《公路路线设计规范》(JTG D20—2017)5.0.4 条第 5 款规定:应尽可能避让不可移动文物、水源地和自然保护区。

3. AD

【解析】《公路路线设计规范》(JTG D20—2017)5.0.4 条第 6 款规定:应保持与易燃、易爆等危险源及污染源间的安全距离。

4. ACD

【解析】《公路路线设计规范》(JTG D20—2017)5.0.4 条第 3 款规定:应考虑同农田与水利建设、矿产资源开发和城市发展等规划的配合。

5. D

【解析】根据对《公路路线设计规范》(JTG D20—2017)5.0.4 条规定的理解,选项 ABC 均是正确的,选项 D 应考虑同城市发展等规划的配合,但应保持与城市远期规划的合适距离。

6. BCD

【解析】越岭线的展线方式主要有自然展线、回头展线、螺旋展线三种。因此,应选择 BCD。

7. AB

【解析】《公路路线设计规范》(JTG D20—2017)5.0.6 条规定:公路选线可采用纸上定

线或现场定线的方法。

8. ABD

【解析】《公路路线设计规范》(JTG D20—2017)5.0.6 条规定:公路选线可采用纸上定线或现场定线的方法。高速公路、一级公路采用纸上定线时,必须现场核定。二级公路、三级公路、四级公路可采用现场定线;有条件或地形条件受限制时,可采用纸上定线或纸上移线并现场核定的方法。

第八节　环境保护与景观设计

【考试纲要】

1. 了解道路各分项专业环保要求。
2. 了解公路环境保护技术。
3. 了解公路景观设计的内容。

【复习提示】

1. 复习要点

主要考点:

道路各分项专业环保要求、环境保护技术及环境影响评价的内容、景观设计的内容。

考试重点:

道路各分项专业环保要求。

2. 规范提示

《公路工程技术标准》(JTG B01—2014)中 1.0.6 条。

《公路工程环境保护设计规范》(JTGB04—2010)中“1 总则、3 总体设计、4 社会环境保护(4.1 一般规定)、5 生态环境保护(5.1 一般规定)、6 环境污染防治(6.1 一般规定)、7 绿化设计(7.1 一般规定)、8 水土保持(8.1 一般规定)、9 景观设计(9.1 一般规定)”。

《城市道路工程设计规范》(CJJ37—2012)中“16.3 景观”。

《城市道路绿化规划与设计规范》(CJJ 75—1997) 中“3.1 道路绿地率指标”。

◆ 习题精练 ◆

一、单项选择题

1. 公路环境保护应贯彻(　　)的原则。

A. 经济效益、社会效益与环境效益统一

B. 保护优先、以防为主、以治为辅、综合治理

C. 技术可行、经济合理、效益显著

D. 结合工程设计开发利用环境,尽可能地改善和提高公路环境质量

2. 下列关于公路工程项目建设的各个阶段环境保护设计,描述不正确的是(　　)。

A. 在可行性研究阶段应进行环境影响评价

B. 在初步设计阶段,应落实环境影响评价文件提出的环境保护措施和水土保持方案

C. 在施工图设计阶段应根据初步设计审定意见做出环境保护工程设计

D. 对施工与运营期阶段应进行环境保护工程养护管理

3. 下列(　　)不属于“公路环境保护总体设计要求”。

A. 公路选线应结合地形条件,与自然环境融为一体

B. 公路构造物应结合区域环境进行设计,与周围环境相协调

C. 减少对沿线农田水利设施的影响

D. 路线平、纵、横组合得当,线形均衡、行车安全,为用户提供良好的行车环境

4. 下列(　　)不属于“绕城公路或接城市出入口公路环境保护设计的重点”。

A. 方便当地居民的出行

B. 对农田水利排灌系统

C. 采取综合措施,减少交通噪声、废气、废水等对环境的污染

D. 公路与城市规划的协调

5. 下列(　　)不属于“平原地区公路环境保护设计的重点”。

A. 开挖与填筑路基对自然植被覆盖的影响

B. 减少路面汇水对养殖业水体的影响

C. 减少取土、弃土方式对农田水利排灌系统的影响

D. 降低路基高度,保护土地资源

6. 下列关于“路基路面设计中的环境保护设计要点”论述不正确的是(　　)。

A. 合理选择路基高度,路基边坡应顺应自然

B. 弃方应分散堆弃,重视弃方的位置、数量等对自然环境的影响

C. 重视路基及弃土场范围内的表土保护与利用

D. 路基路面综合排水工程设施应自成体系

7. 下列关于“沿线设施专业设计中的环境保护设计要点”论述不正确的是(　　)。

A. 对生活废水、废弃物等进行综合治理

B. 防污染设施应论证并确定实施年限,一次实施

C. 污染防治措施应进行多方案比选

D. 应结合区域路网、地形、景观和地域文化等环境进行景观设计

8. 公路中心线距省级(含)以上自然保护区缓冲区的边缘不宜小于(　　)。

A. 100m　　B. 200m　　C. 150m　　D. 50m

9. 关于“公路建设项目应主要防治环境污染的内容”,描述不正确的是(　　)。

A. 施工车辆噪声、施工作业噪声对声环境的污染

B. 公路搅拌站(场)的烟尘和施工扬尘、沿线设施内锅炉排污对环境空气的污染

C. 公路沿线设施内的生活污水、施工废水和工程废渣等对水环境的污染

D. 施工中的废弃物对景观环境的污染

10. 公路环境污染防治中“环境敏感点”不包括(　　)。

A. 声环境敏感点　　B. 光环境敏感点

C. 环境空气敏感点　　D. 水环境敏感点

11. 红线宽度在 40～50m 的城市道路，绿地率要求不得小于(　　)。

A. 40%　　B. 30%　　C. 25%　　D. 20%

12. 红线宽度小于 40m 的城市道路，绿地率要求不得小于(　　)。

A. 40%　　B. 30%　　C. 25%　　D. 20%

二、多项选择题

1. 公路建设必须执行国家环境保护和资源节约的法律法规，应作环境影响评价和水土保持方案评价的包括(　　)。

A. 高速公路　　B. 一级、二级公路

C. 三级公路　　D. 有特殊要求的公路建设项目

2. 公路建设必须执行国家环境保护和资源节约的法律法规，除高速公路，一级、二级公路外，有特殊要求的公路建设项目也应作环境影响评价和水土保持方案评价。有特殊要求的地区是指(　　)。

A. 环境脆弱地区　　B. 农田保护区

C. 生态敏感地区　　D. 容易造成严重水土流失的地区

3. 下列(　　)属于"地形条件复杂的山区公路环境保护设计的重点"。

A. 重视桥隧方案对自然景观、植被及地质条件的影响

B. 重视路基开挖、取弃土对水土保持的影响

C. 路线走向与环境的协调

D. 注意隧道工程对当地原有水资源的影响

4. 公路交叉环境保护设计应根据公路网规划和相交公路状况，针对自然地形、地质条件以及社会环境等特点，结合公路交叉主体工程，综合考虑确定方案，并符合(　　)规定。

A. 互通式立交设计应在满足公路交叉使用功能的同时，考虑交叉形式、布局的美观

B. 互通式立交主线桥和匝道桥应进行上跨与下穿的方案比选，上跨主线结构物的跨径应合理布置、主线两侧宜设置边孔；合理确定桥上纵坡及桥头路基高度

C. 分离式立交桥的结构形式应考虑行车视距和视觉效果，与周围环境相一协调

D. 立交区综合排水系统应与路线综合排水系统统一考虑

5. 桥隧环境保护设计应结合地质、水文、气象、地震等情况，考虑施工和运营环境进行多方案论证，并符合(　　)要求。

A. 通过施工和环境监测进行信息反馈及预测预报，优化施工组织设计，指导现场施工，确保隧道施工的安全与质量和工程项目的社会、经济、环境效益

B. 桥隧位置的选择应综合考虑接线设计，与周围山川、沟谷等自然景观协调

C. 隧道洞口总体布置应贴近自然，洞门不宜过分进行人工化修饰

D. 隧址应避开或保护储水结构层和蓄水层，保护地下水径流和地表植被

6. 关于公路景观设计，论述正确的是(　　)。

A. 公路景观总体设计应考虑公路景观的动态视觉效果

B. 公路景观设计应协调路内景观与路外景观

C. 可利用各种人造景观改善公路景观

D. 道路沿线各种人工构造物的造型与色彩应考虑景观效果和使用者视觉感受

7. 城市道路绿化和景观设计应符合(　　)要求。

A. 交通安全　　B. 环境保护　　C. 城市美化　　D. 与规划协调

8. 道路绿地率满足规定的有(　　)。

A. 园林景观路绿地率不得小于50%

B. 红线宽度大于50m的道路绿地率不得小于30%

C. 红线宽度在40～50m的道路绿地率不得小于25%

D. 红线宽度小于40m的道路绿地率不得小于20%

习题参考答案及解析

一、单项选择题

1. B

【解析】《公路工程技术标准》(JTG B01—2014)1.0.6条第1款规定:公路环境保护应贯彻“保护优先、以防为主、以治为辅、综合治理”的原则。

2. D

【解析】《公路工程环境保护设计规范》(JTG B04—2010)1.0.5条规定:公路工程项目设计的各个阶段均应重视环境保护设计。在可行性研究阶段,应进行环境影响分析评价;在初步设计阶段,应落实环境影响评价文件提出的环境保护措施和水土保持方案;在施工图设计阶段,应根据初步设计审定意见做出环境保护工程设计。

3. C

【解析】《公路工程环境保护设计规范》(JTG B04—2010)3.1.4条规定:公路环境保护总体设计应符合下列要求:①公路选线应结合地形条件,与自然环境融为一体;②公路构造物应结合区域环境进行设计,与周围环境相协调;③路线平、纵、横组合得当,线形均衡、行车安全,为用户提供良好的行车环境;④公路主体及沿线设施用地规模适当,保护土地资源,有利于社会环境协调发展;⑤防护措施合理、有效,防治水土流失,减少地质灾害对工程的影响;⑥落实环境影响评价文件中提出的各项措施,对施工与运营期可能产生声、气、水各种污染进行综合治理。

4. B

【解析】《公路工程环境保护设计规范》(JTG B04—2010)3.2.2条第3款规定:绕城公路或接城市出入口公路环境保护设计的重点在于:①公路与城市规划的协调;②减小拆迁工程数量;③方便当地居民的出行;④选择、利用、创造、改善环境景观;⑤采取综合措施,减少交通噪声、废气、废水等对环境的污染。

5. A

【解析】《公路工程环境保护设计规范》(JTG B04—2010)3.2.2条第1款规定:在平原地区,公路环境保护设计的重点在于:降低路基高度,保护土地资源;合理设置通道,减小公路对当地居民出行及景观的影响;减少取土、弃土方式对土地利用方式、土壤耕作条件和农田水利排灌系统的影响;减少路面汇水对养殖业水体的影响。

6. B

【解析】《公路工程环境保护设计规范》(JTG B04—2010)3.2.4条规定:路基路面设计应结合工程地质条件,因地制宜,就地取材,综合考虑下列因素:①合理选择路基高度,有条件时宜采用低路堤和浅路堑方案,路基边坡应顺应自然;②重视路基及弃土场范围内的表土保护与利用;③充分利用现有料场、新设料场应考虑其位置、开采方式、数量等对坡面植被、河水流向和水土保持等的影响;④弃方应集中堆弃,重视弃方的位置、数量等对自然环境的影响;⑤路基路面综合排水工程设施应自成体系,不得与当地排灌系统相互干扰;⑥路基防护形式应根据当地的自然条件合理选用,有条件时宜采用植物防护;水土流失严重或边坡稳定条件较差时,宜采用工程防护与植物防护相结合的方法,并重视表面植被防护。

7. B

【解析】《公路工程环境保护设计规范》(JTG B04—2010)3.2.7条第1款规定:沿线设施专业设计中的环境保护设计要点在于:①服务设施、管理设施的位置应避让饮用水源二级以上保护区。②服务区、停车区应合理布设,充分考虑驾乘人员的需求。③对生活废水、废弃物等应进行综合治理。④污染防治措施应进行多方案比选。⑤拟分期实施的防污染设施应综合论证,并注意近期和远期有机结合。⑥应结合区域路网、地形、景观和地域文化等环境进行景观设计。

8. A

【解析】《公路工程环境保护设计规范》(JTG B04—2010)5.2.1条规定:公路中心线距省级(含)以上自然保护区缓冲区的边缘不宜小于100m。

9. A

【解析】《公路工程环境保护设计规范》(JTG B04—2010)6.1.1条规定:公路建设项目应主要防治下列环境污染:①公路交通噪声、施工作业噪声对声环境的污染;②公路搅拌站(场)的烟尘和施工扬尘、沿线设施内锅炉排污对环境空气的污染;③公路沿线设施内的生活污水、施工废水和工程废渣等对水环境的污染;④施工中的废弃物对景观环境的污染。

10. B

【解析】《公路工程环境保护设计规范》(JTG B04—2010)6.1.2条规定:公路环境污染防治主要针对以下环境敏感点:①声环境敏感点:学校、医院、疗养院、城乡居民集聚区和有特殊要求的地区。②环境空气敏感点:学校、医院、疗养院、城乡居民集聚区和有特殊要求的地区。③水环境敏感点:饮用水源保护区和有特殊要求的水体。

11. C

【解析】《城市道路绿化规划与设计规范)(CJJ 75—1997)3.1.2条规定:道路绿地率应符合下列规定:园林景观路绿地率不得小于40%;红线宽度大于50m的道路绿地率不得小于30%;红线宽度在40~50m的道路绿地率不得小于25%;红线宽度小于40m的道路绿地率不得小于20%。

12. D

【解析】《城市道路绿化规划与设计规范)(CJJ 75—1997)3.1.2条规定:道路绿地率应符合下列规定:园林景观路绿地率不得小于40%;红线宽度大于50m的道路绿地率不得小

于30%;红线宽度在40~50m的道路绿地率不得小于25%;红线宽度小于40m的道路绿地率不得小于20%。

二、多项选择题

1. ABD

【解析】《公路工程技术标准》(JTG B01—2014)1.0.6条第3款规定:高速公路,一级、二级公路和有特殊要求的公路建设项目应作环境影响评价和水土保持方案评价。

2. ACD

【解析】《公路工程技术标准》(JTG B01—2014)1.0.6条第3款条文说明:特殊要求的地区是指环境脆弱地区、生态敏感地区和容易造成严重水土流失的地区。

3. BCD

【解析】《公路工程环境保护设计规范》(JTG B04—2010) 3.2.2条第2款规定:在地形条件复杂的山区,公路环境保护设计的重点在于:①重视桥隧方案的选用,减少高路堤和深路堑对自然景观、植被及地质条件的影响;②减小公路对珍稀动植物的影响;③重视路基开挖、取弃土对水土保持的影响;④严禁大爆破作业及乱挖、乱弃,预防诱发地质灾害;⑤注意路基开挖对受国家保护、不可移动文物等的影响;⑥注意隧道工程对当地原有水资源的影响。

4. ABCD

【解析】《公路工程环境保护设计规范》(JTG B04—2010) 3.2.5条规定:公路交叉环境保护设计应根据公路网规划和相交公路状况,针对自然地形、地质条件以及社会环境等特点,结合公路交叉主体工程,综合考虑确定方案,并符合下列规定:①互通式立交设计应在满足公路交叉使用功能的同时,考虑交叉形式、布局的美观;立交区综合排水系统应与路线综合排水系统统一考虑。②互通式立交的匝道边坡宜放缓,设土质边沟或不设边沟,贴近自然,充分与环境协调。③互通式立交主线桥和匝道桥应进行上跨与下穿的方案比选,上跨主线结构物的跨径应合理布置、主线两侧宜设置边孔;合理确定桥上纵坡及桥头路基高度。④分离式立交桥的结构形式应考虑行车视距和视觉效果,与周围环境相一协调。

5. BCD

【解析】《公路工程环境保护设计规范》(JTG B04—2010) 3.2.6条规定:桥隧环境保护设计应结合地质、水文、气象、地震等情况,考虑施工和运营环境进行多方案论证,并符合下列要求:①桥隧位置的选择应综合考虑接线设计,与周围山川、沟谷等自然景观协调;桥梁的导流设施应自然平顺;②隧址应避开或保护储水结构层和蓄水层,保护地下水径流和地表植被。

6. ABD

【解析】根据《公路工程环境保护设计规范》(JTG B04—2010)9.1节规定可知选项ABD是正确的。有条件时,可利用各种人工构造物和绿化改善公路景观。选项C是错误的。

7. ABC

【解析】《城市道路工程设计规范》(CJJ 37—2012)16.1.1条规定:绿化和景观设计应符合交通安全、环境保护、城市美化等要求,量力而行,并应与沿线城市风貌协调一致。

8. BCD

【解析】《城市道路绿化规划与设计规范)(CJJ 75—1997)3.1.2条规定:道路绿地率应

符合下列规定：园林景观路绿地率不得小于40%；红线宽度大于50m的道路绿地率不得小于30%；红线宽度在40～50m的道路绿地率不得小于25%；红线宽度小于40m的道路绿地率不得小于20%。

第九节　城市管线综合

【考试纲要】

1. 掌握城市地上、下管线的类型、覆土厚度要求。

2. 了解城市排水对道路工程的要求。

3. 了解城市地上、下管线布置原则、管线间及管线与其他构筑物之间的最小水平距离及垂直净距。

【复习提示】

1. 复习要点

主要考点：

城市地上、下管线的类型、覆土厚度要求、布置原则、管线间及管线与其他构筑物之间的最小水平距离及垂直净距。

考试重点：

管线覆土深度；城市地上、下管线布置原则。

案例考点：

管线间及管线与其他构筑物之间的最小水平距离及垂直净距。

2. 规范提示

《城市工程管线综合规划规范》(GB 50289—2016)。

◆◆ 习题精练 ◆◆

一、单项选择题

1. 城市工程管线综合规划的主要内容不包括(　　)。

A. 确定工程管线敷设的排列顺序和位置，确定相邻工程管线的水平间距、交叉工程管线的垂直间距

B. 确定地下敷设的工程管线控制高程和覆土深度

C. 协调各工程管线布局

D. 视近期建设规划，并应考虑远景发展的需要

2. 不易弯曲管线与易弯曲管线在道路交叉口处发生交叉时，宜按(　　)规定处理。

A. 不易弯曲管线与易弯曲管线保持一定竖向间距

B. 易弯曲管线与不易弯曲管线保持一定水平间距

C. 不易弯曲管线避让易弯曲管线

D. 易弯曲管线宜避让不易弯曲管线

3. 主干管线与分支管线在道路交叉口处发生交叉时,宜按(　　)规定处理。

A. 分支管线宜避让主干管线

B. 主干管线避让分支管线

C. 分支管线与主干管线保持一定竖向间距

D. 分支管线与主干管线保持一定水平间距

4. 非直埋电力、通信、热力及干燃气等工程管线以及严寒或寒冷地区以外地区的工程管线应根据(　　)确定管线的覆土深度。

A. 土壤性质和外界温度

B. 土壤性质和地面承受荷载的大小

C. 外界温度和地面承受荷载的大小

D. 地面承受荷载的大小和热力、电信、电力电缆等工程管线的承载能力

5. 10kV 以下机动车道下直埋电力电缆管线的最小覆土深度(　　)。

A. 不应小于 2.0m　　B. 不应大于 1.5m

C. 应小于 1.0m　　D. 不应小于 1.0m

6. 道路红线宽度超过 40m 的城市干道宜(　　)布置配水、配气、通信、电力和排水管线。

A. 两侧双排　　B. 单侧双排　　C. 两侧单排　　D. 单侧单排

7. 道路红线宽度超过(　　)的城镇干道,宜在道路两侧布置排水管线。

A. 30m　　B. 40m　　C. 50m　　D. 60m

8. 城市地下敷设工程管线时,在垂直方向上(　　)。

A. 不应重叠直埋敷设　　B. 不宜重叠直埋敷设

C. 应该重叠直埋敷设　　D. 可以重叠直埋敷设

9. 对城市工程管线与建(构)筑物之间的最小水平净距要求最大的是(　　)。

A. 污水管线　　B. $d>200$mm 给水管线

C. 直埋热力管线　　D. 次高压 A 类燃气管线

10. 沿城市道路架空敷设的工程管线,其位置应根据(　　)确定,并应保障交通畅通、居民的安全以及工程管线的正常运行。

A. 规划道路的纵断面　　B. 规划道路的平面线形

C. 规划道路的横断面　　D. 管线布设的便捷

11. 架空线线杆宜设置在人行道上距路缘石(　　)的位置。

A. 不大于 1m　　B. 大于 1m　　C. 大于 1.5m　　D. 不大于 1.5m

12. 工程管线跨越河流时,宜采用(　　)进行设置。

A. 水中穿过　　B. 地下敷设

C. 管道桥或利用交通桥梁　　D. 以上三项均可

二、多项选择题

1. 城市工程管线综合规划的主要内容包括(　　)。

A. 确定工程管线的敷设方式

B. 确定地下敷设的工程管线控制高程和覆土深度

C. 协调各工程管线布局

D. 城市工程管线综合规划的前提是要有较准确、完善的城市基础设施现状资料

2. 直埋敷设确定地下工程管线覆土深度一般考虑(   )因素。

A. 保证工程管线在荷载作用下不损坏,正常运行

B. 在严寒、寒冷地区,保证管道内介质不冻结

C. 满足竖向规划要求

D. 满足水平布置规划要求

3. 影响确定非直埋电力、通信、热力及干燃气等工程管线敷设覆土深度的因素包括(   )。

A. 土壤性质　　B. 冰冻深度

C. 地面承受荷载的大小　　D. 管道材料

4. 当工程管线竖向位置发生矛盾时,宜按下列(   )规定处理。

A. 压力管线宜避让重力流管线　　B. 易弯曲管线宜避让不易弯曲管线

C. 分支管线宜避让主干管线　　D. 大管径管线宜避让小管径管线

5. 下列说法正确的是(   )。

A. 工程管线在道路下面的规划位置宜相对固定

B. 从道路红线向道路中心线方向平行布置的次序,应根据工程管线的性质、埋设深度等确定

C. 分支线少、埋设深、检修周期短和损坏时对建筑物基础安全有影响的工程管线应远离建筑物

D. 排水管必须设置在路侧带下面

6. 当在河道下面敷设工程管线时,应符合(   )规定。

A. 满足在通航河道净空要求

B. 在Ⅰ级~Ⅴ级航道下面敷设,其顶部高程应在远期规划航道底高程 2.0m 以下

C. 在Ⅵ级、Ⅶ级航道下面敷设,其顶部高程应在远期规划航道底高程 1.0m 以下

D. 当在灌溉渠道下面敷设,其顶部高程应在河道底设计高程 0.5m 以下

7. 当遇下列情况之一时,工程管线宜采用综合管廊敷设的有(   )。

A. 交通流量大或地下管线密集的城市道路以及配合地铁、地下道路、城市地下综合体等工程建设地段

B. 不宜开挖路面的路段

C. 道路与铁路或河流的交叉处

D. 道路宽度难以满足直埋或架空敷设多种管线的路段

8. 综合管廊内可敷设的工程管线有(   )。

A. 低压配电电缆管线　　B. 给水管线

C. 热力管线　　D. 污雨水排水管线

9. 关于架空电力线及通信线同杆架设,下列说法正确的有(   )。

A. 同一性质的工程管线不宜同杆架设

B. 高压电力线可采用多回线间杆架设

C. 中、低压配电线可同杆架设

D. 高压与中、低压配电线同杆架设时,应进行绝缘配合的论证

三、案例题

1. 城市工程污水管线敷设深度为6m,污水管线管径为1.5m,污水管线开挖管沟宽度为2m,相邻建筑物基础底砌置深度为4m。在不考虑其他因素情况下,污水管线中心与建筑物基础之间的最小水平距离应为(　　)(土壤内摩擦角 α, $\tan\alpha = 0.45$)。

A. 2.5m　　B. 3.5m　　C. 4.4m　　D. 5.4m

2. 某污水排水管线工程,基础埋深5m,管沟边的人行天桥基础埋深3m,管沟开挖宽度1m,土壤内摩擦角30°,管线中心距天桥基础水平距离应大于(　　)。

A. 2.5m　　B. 3.18m　　C. 3.96m　　D. 4.62m

习题参考答案及解析

一、单项选择题

1. D

【解析】《城市工程管线综合规划规范》(GB 50289—2016)3.0.1条规定:城市工程管线综合规划的主要内容应包括:协调各工程管线布局;确定工程管线的敷设方式;确定工程管线敷设的排列顺序和位置,确定相邻工程管线的水平间距、交叉工程管线的垂直间距;确定地下敷设的工程管线控制高程和覆土深度等。

2. D

【解析】《城市工程管线综合规划规范》(GB 50289—2016)3.0.7条规定:编制工程管线综合规划设计时,应减少管线在道路交叉口处交叉。当工程管线竖向位置发生矛盾时,宜按"易弯曲管线宜避让不易弯曲管线"处理。

3. A

【解析】《城市工程管线综合规划规范》(GB 50289—2016)3.0.7条规定:编制工程管线综合规划设计时,应减少管线在道路交叉口处交叉。当工程管线竖向位置发生矛盾时,宜按"分支管线宜避让主干管线"处理。主干管径较大,调整工程管线弯曲度较难,另外过多的调整主干管线的弯曲度将增加系统阻力,降低输送压力,增加运行费用。

4. B

【解析】《城市工程管线综合规划规范》(GB 50289—2016)4.1.1条规定:严寒或寒冷地区给水、排水、再生水、直埋电力及湿燃气等工程管线应根据土壤冰冻深度确定管线覆土深度;非直埋电力、通信、热力及干燃气等工程管线以及严寒或寒冷地区以外地区的工程管线应根据土壤性质和地面承受荷载的大小确定管线的覆土深度。

5. D

【解析】《城市工程管线综合规划规范》(GB 50289—2016)4.1.1条表4.1.1规定:10kV以下机动车道下直埋电力电缆管线的最小覆土深度不应小于1.0m。

6. A

【解析】《城市工程管线综合规划规范》(GB 50289—2016)4.1.5 条规定:道路红线宽度超过40m 的城市干道宜两侧布置配水、配气、通信、电力和排水管线。

7. B

【解析】《城市工程管线综合规划规范》(GB 50289—2016)4.1.5 条规定:道路红线宽度超过40m 的城市干道宜两侧布置配水、配气、通信、电力和排水管线。

8. A

【解析】《城市工程管线综合规划规范》(GB 50289—2016)4.1.6 条规定:各种工程管线不应在垂直方向上重叠敷设。

9. D

【解析】根据《城市工程管线综合规划规范》(GB 50289—2016)4.1.9 条表 4.1.9 规定:城市工程管线与建(构)筑物之间的最小水平净距分别为:污水管线 2.5m;$d>200$mm 给水管线 3.0m;直埋热力管线 3.0m;次高压 A 类燃气管线 13.5m。选项 D 最大。

10. C

【解析】《城市工程管线综合规划规范》(GB 50289—2016)5.0.1 条规定:沿城市道路架空敷设的工程管线,其线位应根据规划道路的横断面确定,并不应影响道路交通、居民安全以及工程管线的正常运行。

11. A

【解析】《城市工程管线综合规划规范》(GB 50289—2016)5.0.3 条规定:架空线线杆宜设置在人行道上距路缘石不大于1.0m 的位置,有分隔带的道路,架空线线杆可布置在分隔带内,并应满足道路建筑限界要求。

12. C

【解析】《城市工程管线综合规划规范》(GB 50289—2016)5.0.7 条规定:工程管线跨越河流时,宜采用管道桥或利用交通桥梁进行架设,并应符合下列规定:①利用交通桥梁跨越河流的燃气管线压力不应大于0.4MPa;②工程管线利用桥梁跨越河流时,其规划设计应与桥梁设计相结合。

二、多项选择题

1. ABC

【解析】《城市工程管线综合规划规范》(GB 50289—2016)3.0.1 条规定:城市工程管线综合规划的主要内容应包括:协调各工程管线布局;确定工程管线的敷设方式;确定工程管线敷设的排列顺序和位置,确定相邻工程管线的水平间距、交叉工程管线的垂直间距;确定地下敷设的工程管线控制高程和覆土深度等。

2. ABC

【解析】《城市工程管线综合规划规范》(GB 50289—2016)4.1.1 条规定:严寒或寒冷地区给水、排水、再生水、直埋电力及湿燃气等工程管线应根据土壤冰冻深度确定管线覆土深度;非直埋电力、通信、热力及干燃气等工程管线以及严寒或寒冷地区以外地区的工程管线应根据土壤性质和地面承受荷载的大小确定管线的覆土深度。

3. AC

【解析】《城市工程管线综合规划规范》(GB 50289—2016)4.1.1条规定:严寒或寒冷地区给水、排水、再生水、直埋电力及湿燃气等工程管线应根据土壤冰冻深度确定管线覆土深度;非直埋电力、通信、热力及干燃气等工程管线以及严寒或寒冷地区以外地区的工程管线应根据土壤性质和地面承受荷载的大小确定管线的覆土深度。

4. ABC

【解析】《城市工程管线综合规划规范》(GB 50289—2016)3.0.7条规定:当工程管线竖向位置发生矛盾时,宜按下列规定处理:①压力管线宜避让重力流管线;②易弯曲管线宜避让不易弯曲管线;③分支管线宜避让主干管线;④小管径管线宜避让大管径管线;⑤临时管线宜避让永久管线。

5. ABC

【解析】《城市工程管线综合规划规范》(GB 50289—2016)4.1.3条规定:工程管线在道路下面的规划位置宜相对固定,分支线少、埋深大、检修周期短和损坏时对建筑物基础安全有影响的工程管线应远离建筑物。工程管线从道路红线向道路中心线方向平行布置的次序宜为:电力、通信、给水(配水)、燃气(配气)、热力、燃气(输气)、给水(输水)、再生水、污水、雨水。

6. BCD

【解析】《城市工程管线综合规划规范》(GB 50289—2016)4.1.8条规定:河底敷设的工程管线应选择在稳定河段,埋设深度应按不妨碍河道的整治和管线安全的原则确定。①在Ⅰ级~Ⅴ级航道下面敷设,其顶部高程应在远期规划航道底高程2.0m以下;②在Ⅵ级、Ⅶ级航道下面敷设,其顶部高程应在远期规划航道底高程1.0m以下;③在其他河道下面敷设,其顶部高程应在河道底设计高程0.5m以下。

7. ABCD

【解析】《城市工程管线综合规划规范》(GB 50289—2016)4.2.1条规定:当遇下列情况之一时,工程管线宜采用综合管廊敷设。①交通流量大或地下管线密集的城市道路以及配合地铁、地下道路、城市地下综合体等工程建设地段;② 高强度集中开发区域、重要的公共空间;③道路宽度难以满足直埋或架空敷设多种管线的路段;④道路与铁路或河流的交叉处或管线复杂的道路交叉口;⑤不宜开挖路面的地段。

8. ABCD

【解析】《城市工程管线综合规划规范》(GB 50289—2016)4.2.2条规定:综合管廊内可敷设电力、通信、给水、热力、再生水、天然气、污水、雨水管线等城市工程管线。

9. BCD

【解析】《城市工程管线综合规划规范》(GB 50289—2016) 5.0.5条规定:架空电力线及通信线同杆架设应符合下列规定:①高压电力线可采用多回线同杆架设;②中、低压配电线可同杆架设;③高压与中、低压配电线同杆架设时,应进行绝缘配合的论证;④中、低压电力线与通信线同杆架设应采取绝缘、屏蔽等安全措施。

三、案例题

1. D

解:根据《城市工程管线综合规划规范》(GB 50289—2016)4.1.11 条式(4.1.11)计算:

$$L=\frac{(H-h)}{\tan\alpha}+\frac{B}{2}=\frac{6-4}{0.45}+\frac{2}{2}=5.4(\text{m})$$

根据《城市工程管线综合规划规范》(GB 50289—2016) 4.1.9 条规定,污水管线中心与建筑物之间的最小水平净距为 2.5m。5.4m 大于 3.5m(2.5m + 1m),最小水平距离取 5.4m。

选项 D 正确。

2. C

解:根据《城市工程管线综合规划规范》(GB 50289—2016)4.1.11 条式(4.1.11)计算:

$$L=\frac{(H-h)}{\tan\alpha}+\frac{B}{2}=\frac{5-3}{0.577}+\frac{1}{2}=3.96(\text{m})$$

根据《城市工程管线综合规划规范》(GB 50289—2016) 4.1.9 条规定,污水管线中心与建筑物之间的最小水平净距为 2.5m。

综合上述两点,3.96m 大于 3.00m(2.5m +0.5m),最小水平距离取 3.96m。

选项 C 正确。

第二章　路 基 工 程

第一节　总　　论

【考试纲要】

1. 掌握路基设计的基本内容,路基土的工程性质。

2. 熟悉路基干湿类型的划分与确定方法,公路自然区划,路基设计指标,承载比(CBR),回弹模量(动态和静态)及压应变。

3. 了解路基的破坏形式与原因。

【复习提示】

1. 复习要点

路基的概念、路基设计的内容、路基的组成、路基结构和路基设施的概念、路基土分类依据与类型、公路自然区划指标与方法、潮湿系数、路基干湿类型及确定方法、路基工作区、承载比(CBR)概念及测试方法、路基动态回弹模量概念及测试方法、路基的主要病害及其原因。

重点:

路基干湿类型、路基设计指标。

难点:

路基干湿类型判断、CBR 和压实度的计算、路基土的分类。

2. 规范提示

干湿类型划分采用饱和度来表征路基土的干湿类型,分析地下水毛细浸润面与路基工作区的关系来确定干湿类型。以 CBR 为路基施工控制指标,以路床顶面回弹模量为路基设计指标,以路床顶面竖向压应变为验算指标。

习题精练

一、单项选择题

1. 低路堤是填土高度小于(　　)的路堤。

A. 路床厚度　B. 1.2m　C. 0.8m　D. 路基工作区深度

2. 路基由路基结构和(　　)组成。

A. 路床　B. 路堤　C. 路基设施　D. 支挡结构

3. 新建公路路床不能处于(　　)状态。

A. 干燥　B. 中湿　C. 潮湿　D. 过湿

4. 兼受地下水和气候因素影响的路基的平衡湿度状态为(　　)。

A. 干燥　B. 中湿　C. 潮湿　D. 过湿

5. 路基干湿类型的划分依据是(　　)。

A. 平衡湿度　B. 含水率　C. 临界高度　D. 饱和度

6. 表征路基填料的水稳定性和抵抗局部压入变形能力的指标是(　　)。

A. 压实度　B. 回弹模量　C. 库伦强度参数　D. CBR

7. 测定路基土动态回弹模量的试验方法是(　　)。

A. 三轴试验　B. FWD 试验　C. 轻型 FWD 试验　D. 动三轴试验

8. 公路路基填料的细粒土分类依据是(　　)。

A. 液限　B. 塑限　C. 塑性指数　D. 塑性图

9. 以下内容不属于一般路基设计的内容是(　　)。

A. 确定路基宽度和路基高度　B. 选择路堤填料和压实标准

C. 确定边坡形状与坡度　D. 稳定性验算

10. 重庆为 V2 区,在该区域内新建一条一级公路,该项目的路基路面设计中最可能重点考虑下列哪个因素(　　)。

A. 路面的翻浆和冻胀问题　B. 路基的保温问题

C. 不良的地质,路基稳定性问题　D. 沥青路面老化问题

11. 根据《公路路基设计规范》(JTG D30—2015),高速公路特重、极重交通荷载等级路床设计厚度应采用(　　)。

A. 0.8m　B. 1.2m　C. 1.5m　D. 1.9m

12. 采用塑限含水率 18% 的粉质黏土作填土土料修建公路路基,分层铺土碾压时,下列哪一种含水率相对比较合适(　　)。

A. 12%　B. 17%　C. 22%　D. 25%

二、多项选择题

1. 公路路基设计时,应保证路基具有足够的(　　)。

A. 经济性　B. 稳定性　C. 耐久性　D. 强度

2. 路基的干湿状态有(　　)。

A. 干燥　B. 中湿　C. 潮湿　D. 过湿

3. 我国公路路基用土类型的划分依据是(　　)。

A. 颗粒组成　B. 塑性指标　C. 有机质含量　D. 含水率

4. 公路路基路床厚度的确定依据是(　　)。

A. 公路的等级　B. 轴载组成　C. 路面的厚度　D. 交通量

5. 标准状态下路基回弹模量的确定方法有(　　)。

A. 动态回弹模量试验　B. 根据土组别和粒料类型查经验表

C. 根据填料的 CBR 值估算　D. 承载板试验

6.《公路路基设计规范》(JTG D30—2015)规定,根据路基平衡湿度状况,结合路基的温度来源,将路基湿度状况划分为(　　)。

A. 干燥状态　B. 中湿状态　C. 潮湿状态　D. 过湿状态

7. 路基由(　　)组成。

A. 路床　B. 路基结构　C. 路基设施　D. 排水系统

8. (　　)的高路堤陡坡路堤和深路堑等均应采用动态设计。

A. 高速公路　B. 一级公路　C. 二级公路　D. 三级公路

9. 路堤的变形破坏形式有(　　)。

A. 沉陷　B. 滑坡　C. 沿地基滑动　D. 崩塌

10. 路基沉降由(　　)构成。

A. 路堤沉降　B. 地基沉降　C. 边坡沉降　D. 边坡滑塌

11. 我国公路自然一级区划的指标有(　　)。

A. 全年均温 -2℃等值线　B. 1 月均温 0℃等值线

C. 1000m 等高线　D. 3000m 等高线

三、案例题

1. 某特重交通的二级公路,粉质土地基,地下水位埋深 1.0m,低填路堤高 1.5m,填料为细砂土,路基不受洪水影响,沥青路面厚度 0.6m。毛细水上升最大高度为 0.5m,该路床所处的湿度状态是(　　)。

A. 干燥状态　B. 中湿状态　C. 潮湿状态　D. 过湿状态

2. 某Ⅱ4 区、TMI 为 -10,路基工作区厚度为 0.8m,粉质土地基,地下水位埋深 1.0m,低填路堤高 1.5m,填料为砂土,砂土的 D_{60} 为 1.8mm,路基不受洪水影响,沥青路面厚度为0.6m。毛细水上升最大高度为 0.5m,该路基回弹模量湿度调整系数为(　　)。

A. 1.5　B. 1.02　C. 0.93　D. 0.7

习题参考答案及解析

一、单项选择题

1. D

【解析】《公路路基设计规范》(JTG D30—2015)2.1.6 条,低路堤是填土高度小于路基工作区深度的路堤。

2. C

【解析】《公路路基设计规范》(JTG D30—2015)1.0.3 条,路基由路基结构和路基设施组成。

3. D

【解析】《公路路基设计规范》(JTG D30—2015)3.2.7 条,新建公路路床应处于干燥或中湿状态;无过湿类型的划分。

4. B

【解析】《公路路基设计规范》(JTG D30—2015)C.0.1,中湿类路基的湿度兼受地下水和气候因素影响。

5. D

【解析】依据《公路路基设计规范》(JTG D30—2015),路基干湿类型的划分指标为饱和度。

6. D

【解析】CBR 的定义。

7. D

【解析】依据《公路路基设计规范》(JTG D30—2015)A.0.1 条文说明,利用动三轴试验仪在规定的加载条件下测定路基土与粒料的动态回弹模量。

8. C

【解析】依据《公路土工试验规程》(JTG E40—2007)细粒土的分类依据。

9. D

【解析】一般路基是按照规范值或者标准图进行设计,无须进行稳定性验算。高填方、陡坡路堤等特殊路基需要进行稳定性验算、单独设计。

10. C

【解析】依据《公路自然区划标准》(JTJ 003—86)各个一级区划的筑路特征。

11. B

【解析】依据《公路路基设计规范》(JTG D30—2015) 3.2.2 条文说明,特重、极重交通路面底面以下深度为 1.2m。

12. A

【解析】路基填筑一般在最佳含水率下进行,而塑限一般高于最佳含水率很多。施工过程中,一般在最佳含水率 ±2% 波动,如果含水率是 17%,只要增加 1% 即为 18%,就不能压实了;选项中只有 A 满足要求。

二、多项选择题

1. BCD

【解析】依据《公路路基设计规范》(JTG D30—2015) 1.0.3。

2. ABC

【解析】依据《公路路基设计规范》(JTG D30—2015) C.0.1 条文说明,干湿状态没有过湿的类型。

3. ABC

【解析】我国公路路基用土类型划分的依据是:颗粒组成、塑性指标、有机质含量。

4. BD

【解析】依据《公路路基设计规范》(JTG D30—2015)3.2.1 条规定:路床厚度应根据交通量及其轴载组成。

5. ABC

【解析】依据《公路路基设计规范》(JTG D30—2015)3.2.6,标准状态下路基回弹模量的确定方法有:动态回弹模量试验、根据土组别和粒料类型查经验表、根据填料的 CBR 值估算。

6. ABC

【解析】新建公路路床应处于干燥或者中湿状态;《公路路基设计规范》(JTG D30—2015)附录C无过湿类型的划分。

7. BC

【解析】依据《公路路基设计规范》(JTG D30—2015)2.2.1条文说明,路基由路基结构和路基设施组成。

8. AB

【解析】依据《公路路基设计规范》(JTG D30—2015),高速公路、一级公路的高路堤陡坡路堤和深路堑等均应采用动态设计。

9. ABC

【解析】路堤的变形破坏形式有:沉陷、滑坡、沿地基滑动。崩塌为路堑病害。

10. AB

【解析】路基沉降由路堤沉降和地基沉降变形两者组成。

11. ABCD

【解析】依据《公路自然区划标准》(JTJ 003—86)公路一级区划指标。

三、案例题

1. A

解:地下水埋深1.0m,毛细水上升0.5m,因此浸润面位置在地下0.5m(即-0.5m,以地面为零高程)。

路堤高度1.5m,路面厚度0.6m,因此工作区的顶面高度为1.5-0.6=0.9m。

特重交通荷载的路床厚度为1.2m,路床厚度可看作路基工作区深度,因此路基工作区底面的高度为0.9-1.2=-0.3m。

因此路基工作区的整个厚度范围都在浸润面以上,路基为干燥类型。故选A。

注:路基干湿类型可以通过饱和度来确定,或者通过地下水的毛细浸润面与路基工作区的相互关系来确定。答题时最好根据题目条件,画出地面线、路基工作区范围、路面结构厚度、毛细浸润面的简图,分析毛细浸润面与路基工作区底面和顶面的关系,从而确定路基的干湿类型。

2. B

解:根据《公路路基设计规范》(JTG D30—2015)附录C判断题目的路基处于干燥状态,根据填料为砂土,TMI为-10,查表D.0.2可得湿度调整系数为1.02。

第二节　一般路基设计

【考试纲要】

1. 掌握路基、高路堤、一般路堤及深路堑和一般路堑的设计原则及要点;路床(路基结构)

设计要点。

2. 熟悉路基填料选择的原则及最小强度和最大粒径要求;路基最小填土高度要求及原因。

3. 了解路基边坡坡度的确定依据;填石路基、砌石路基、护肩、护脚的构造与使用条件;轻质材料路堤的用途、适用条件及常用轻质材料种类;工业废渣路堤的使用条件;路基压实的影响因素、压实度测定方法与压实标准。

4. 了解路基拓宽改建时的主要工程问题、拓宽形式及适用条件。

【复习提示】

1. 复习要点

路堤、路堑、填挖结合路基的设计原则及要点;路基的基本构造、路基的附属设施组成;路床(路基结构)设计要点;路基填料选择的原则及最小强度和最大粒径要求;路基最小填土高度要求及原因;路基边坡坡度的确定依据;填石路基、砌石路基、护肩、护脚的构造与使用条件;轻质材料路堤的用途、适用条件及常用轻质材料种类;工业废渣路堤的使用条件;路基压实的影响因素、压实度测定方法与压实标准;路基拓宽改建时的主要工程问题、拓宽形式及适用条件;路基工后沉降要求。

重点:

路床设计指标的计算、高路堤、一般路堤及深路堑和一般路堑的设计原则及要点;路基填料选择的原则及最小承载比和最大粒径要求;基底处理、路基压实的影响因素。

难点:

路堤最小填土高度要求及计算、路基回填模量的计算、路床设计。

2. 规范提示

《公路路基设计规范》(JTG D30—2015)对路床厚度、干湿类型和路基高度的确定等方面做了较大的修订,提出和强化了路床设计内容。路床厚度根据交通等级确定路床厚度;路基压实度应根据公路技术等级、填挖深度、交通荷载等级和填料特点等因素确定;确定路基高度时要综合考虑设计洪水位、中湿状态的临界高度、路基工作区深度、路基冻结深度等因素;路堤边坡形式和坡率应根据填料的物理力学性质、边坡高度和工程地质条件确定。路基最小高度的影响元素及计算方法也是一个重点。另外,在《公路路基设计规范》(JTG D30—2015)释义手册中的路床设计流程和内容也值得重视。

习题精练

一、单项选择题

1.《公路路基设计规范》(JTG D30—2015)的路基设计指标为(　　)。

A. 压实度　　B. CBR

C. 路床顶面回弹模量　　D. 路床顶面竖向压应变

2. 二级公路路基的下路床的最小承载比应不小于(　　)。

A. 4%　　B. 3%　　C. 4　　D. 3

3. 高速公路路基设计洪水频率应采用(　　)。

A. 1/25　　B. 11/50　　C. 1/100　　D. 1/200

4. 路堤填筑时,当路堤基底横坡陡于(　　)时,基底坡面应挖成台阶。

A. 1∶0.5～1∶1.5　　B. 1∶1.5～1∶2.5

C. 1∶2.5　　D. 1∶3.5

5. 下列土质中,可直接作为公路路堤填料的是(　　)。

A. 泥炭土

B. 强膨胀土

C. 液限大于50%、塑性指数大于26的细粒土

D. 液限小于50%、塑性指数小于26的细粒土

6.《公路路基设计规范》(JTG D30—2015)规定,路基设计验算指标为(　　)。

A. 压实度　　B. CBR

C. 路床顶面回填模量　　D. 路床顶面竖向应变

7. 对于原地基处理,下列说法不正确的是(　　)。

A. 路基用地范围内的树木、灌木丛等均应在施工前砍伐或移植清理

B. 原地面的坑、洞、墓穴等应用原地土或砂性土回填

C. 当路堤填土高度小于路床厚度(80cm)时,路床压实度不宜小于基底压实度标准

D. 路堤原地基横坡陡于1∶5时,原地基应挖成台阶

8. 高路堤断面形式宜采用台阶式,降水量较大的地区,平台上应加设(　　)。

A. 排水沟　　B. 截水沟　　C. 边沟　　D. 盲沟

9. 路基土动态回弹模量标准试验时,荷载加载的频率是(　　)。

A. 5Hz　　B. 10Hz

C. 15Hz　　D. 根据路基交通荷载确定

10. 低路堤是指填土高度小于(　　)的路堤。

A. 路基工作区　　B. 路床

C. 0.8m　　D. 1.2m

11. 某一级公路重交通荷载等级,与桥台连接处设置的路基过渡段的上路堤压实度为(　　)。

A. 93%　　B. 96%　　C. 94%　　D. 92%

12. 填石路堤压实质量控制宜用(　　)作为控制指标。

A. 压实度　　B. 空隙率　　C. 压实沉降差　　D. 弯沉

13. 土工泡沫塑料路堤设计应进行材料(　　)的验算。

A. 抗拉强度　　B. 抗压强度　　C. 抗剪强度　　D. 抗折强度

14. 某二级公路路堤高度为5m,与该路堤相接的桥台过渡段的长度不宜小于(　　)。

A. 12m　　B. 13m　　C. 14m　　D. 15m

15. 当一条四级公路铺筑沥青混凝土路面时,其路基土的压实度应该满足(　　)公路的压实度要求。

A. 一级　　B. 二级　　C. 三级　　D. 四级

16. 利用公路沿线天然砂石料或开挖路基的废石方填筑路堤时,不得用于公路路堤填筑的

是(　　)。

A. 硬质岩石　　B. 中硬岩石　　C. 软质岩石　　D. 盐化岩石

17. (　　)路面路床顶面竖向压应变可不作控制。

A. 沥青混凝土　　B. 沥青表处　　C. 水泥混凝土　　D. 沥青灌入式

二、多项选择题

1. 下列材料可直接用于路堤填料的有(　　)。

A. 有机质土　　B. 碎石土　　C. 细砂质粉土　　D. 冻土

2. 确定公路路基设计高度时，需综合考虑(　　)。

A. 设计洪水位　　B. 地下水位　　C. 地表积水深度　　D. 边坡坡率

3. 当路基的路床回弹模量不能满足要求时,对路床可采取的措施有(　　)。

A. 采用粗粒土换填

B. 对细粒土采用无机结合料进行稳定处理

C. 退潮湿状态填方路基,设置排水垫层

D. 设置防冻垫层

4. 关于采用不同性质的填料填筑路堤,下列说法正确的有(　　)。

A. 应水平分层填筑,不得混填

B. 应将不同性质的填料进行拌和,在同水平层路基全宽范围混合填筑

C. 不易受潮湿或冻融影响而改变体积的优良土应填在上层

D. 以透水性较小的土填筑路堤下层时,应做成4%的双向横坡

5. 粉煤灰路堤的组成除路堤主体部分外,还包括(　　)。

A. 边坡盲沟　　B. 包边土　　C. 封顶层　　D. 隔离层

6. 岩质路堑边坡形式及坡率的确定依据有(　　)。

A. 工程地质条件　　B. 边坡高度

C. 排水防护措施　　D. 施工方法

7. 公路路堤边坡形式和坡率的设计依据是(　　)。

A. 当地自然条件　　B. 工程地质条件

C. 路基高度　　D. 填料性质

8. 对于填石路堤填料,下列说法正确的是(　　)。

A. 膨胀岩石、易溶性岩石不宜直接用于路堤填筑

B. 强风化石料、崩解性岩石和盐化岩石不得直接用于路堤填筑

C. 路堤填料粒径应不大于500mm,并不宜超过层厚的2/3,不均匀系数宜为15~20

D. 路床底面以下500mm 范围内,填料粒径应小于150mm

9. 关于土质路堤地基表层处理要求,下列说法正确的有(　　)。

A. 取土坑范围内的树根应全部挖除

B. 原地面的坑、洞、穴等,应在清除沉积物后,用合格填料分层回填分层压实

C. 泉眼或露头地下水,应按设计要求,采取有效导排措施后方可填筑路堤

D. 二级及二级以上公路路堤基底的压实度应不小于85%

10. 当地面横坡为 1 : 5 ~1 : 2.5 时,下面说法错误的是(　　)。

A. 原地面应挖台阶处理

B. 可直接在天然地面上填筑路堤

C. 台阶宽度不应小于 2m

D. 当覆盖层较厚且稳定时,宜先清除覆盖层再挖台阶

11. 路基高度应满足(　　)条件。

A. 设计洪水位　　B. 不宜小于中湿状态的临界高度

C. 不宜小于当地冻深　　D. 路基工作区厚度

12. 以下哪些情况需要进行路基动态设计(　　)。

A. 高速公路的高路堤　　B. 高速公路的陡坡路堤

C. 一级公路的高路堤　　D. 一级公路的深路堑

13. 当轻质土路基抗浮稳定系数小于抗浮安全系数时,应采取(　　)等措施。

A. 调整轻质材料填筑区厚度　　B. 增加填土荷重

C. 采用锚固的方式　　D. 降低地下水位

14. 路基填料应满足(　　)的要求。

A. 路基强度　　B. 回弹模量　　C. 强度指标　　D. 密度

15. 减少高路堤工后沉降的措施有(　　)。

A. 增强补压　　B. 铺设土工合成材料

C. 预留一个雨季的沉降期　　D. 采用填石路基

16. 确定路基高度时,要综合考虑 (　　)等因素。

A. 设计洪水位　　B. 中湿状态的临界高度

C. 路基工作区深度　　D. 路基冻结深度

17. 高填深挖路基需要与(　　)方案进行比选。

A. 路线调整方案　　B. 桥梁方案　　C. 隧道方案　　D. 分离式路基方案

三、案例题

1. 某沿河二级公路,受水浸淹,水文计算得知,300 年一遇的洪水位为 29.8m,100 年一遇的洪水位 28.6m,50 年一遇的洪水位 26.8m,25 年一遇的洪水位 24.0m。假定壅水高 0.6m,波浪侵袭高 1.2m。根据《公路工程技术标准》(JTG B01—2014),路基边缘高程是(　　)。

A. 26.3m　　B. 28.6m　　C. 29.1m　　D. 30.9m

2. 某新建一级公路路基填料为砂土,D2 较大。路基高度为 2.4m,路面结构层厚 0.8m,路基工作区在路面之下 1.9m,路基填料 $CBR = 12\%$,场地地下水位与地面齐平,地下毛细水上升高度为 1.6m, 该公路路床顶面的回弹模量设计值最接近下列哪个选项的数值(　　)。(折减系数取大值)

A. 54MPa　　B. 62MPa　　C. 68MPa　　D. 73MPa

3. 对某公路路基填料(最大粒径为 12mm)进行动三轴试验,试样直径 100mm,高 200mm,最后 5 次加载循环试验数据如下表,位移传感器的量测间距为 4.5mm,试问该填料在标准状态下的回弹模量最接近下列何值(　　)。

序次	1	2	3	4	5
轴向荷找幅值 p(N)	161	165	157	186	167
可恢复轴向变形幅 Δ_i(mm)	0.0021	0.0022	0.0015	0.0031	0.0024

A. 4.35MPa　　B. 42MPa　　C. 56MPa　　D. 65MPa

4. 某公路干燥类路基,位于季节性冻土地区,路基土质为砂,TMI 值为 10,填料 CBR 值为 18%,如果施工现场的压实度为 96%,试计解路基回弹模量设计值(　　)。(提示:调整系数取小值)

A. 72MPa　　B. 80MPa　　C. 96MPa　　D. 108MPa

习题参考答案及解析

一、单项选择题

1. C

【解析】《公路路基设计规范》(JTG D30—2015)3.2.4,路基应以路床顶面回弹模量为设计指标;注意区别验算指标。

2. C

【解析】《公路路基设计规范》(JTG D30—2015)3.2.2,二级公路路基的下路床的最小承载比应不小于4。

3. C

【解析】《公路路基设计规范》(JTG D30—2015)3.1.3,高速公路路基设计洪水频率应采用 1/100。

4. B

【解析】《公路路基设计规范》(JTG D30—2015)3.3.6,路堤填筑时,当路堤基底横坡陡于 1∶1.5 时,基底坡面应挖成台阶。

5. D

【解析】依据《公路路基设计规范》(JTG D30—2015)3.3.3 对路堤填料的要求。

6. D

【解析】《公路路基设计规范》(JTG D30—2015)3.2.4,路基设计验算指标为路床顶面竖向应变。

7. C

【解析】《公路路基设计规范》(JTG D30—2015)3.3.6,基底应在填筑前进行压实。高速公路、一级公路、二级公路路堤基底的压实度应不小于90%,当路堤填土高度小于路床厚度(0.8m)时,基底的压实度不宜小于路床的压实度标准。

8. B

【解析】《公路路基设计规范》(JTG D30—2015)4.2.5,高路堤断面形式宜采用台阶式,降水量较大的地区,平台上应加设截水沟。

9. B

【解析】《公路路基设计规范》(JTG D30—2015)A.0.4。

10. A

【解析】《公路路基设计规范》(JTG D30—2015)2.1.6,依据规范,路堤填土是指高度小于路基工作区深度的路堤。

11. B

【解析】《公路路基设计规范》(JTG D30—2015)3.3.7,过渡段的压实度要求均为96%。

12. B

【解析】《公路路基设计规范》(JTG D30—2015)3.8.3,填石路堤压实质量控制标准宜用空隙率作为控制指标。

13. B

【解析】《公路路基设计规范》(JTG D30—2015)3.9.3,土工泡沫塑料路堤设计应进行材料抗压强度的验算。

14. B

【解析】《公路路基设计规范》(JTG D30—2015)要求,过渡段长度要求 $L=(2\sim3)H+(3\sim5)$ m。

15. B

【解析】《公路路基设计规范》(JTG D30—2015)要求,三级、四级公路如果采用水泥混凝土路面或沥青混凝土路面,则其的压实度应满足二级公路压实度标准。

16. D

【解析】《公路路基设计规范》(JTG D30—2015)3.8.1 的第 1 款。

17. C

【解析】《公路路基设计规范》(JTG D30—2015)3.2.4,水泥混凝土路面路床顶面竖向压应变可不作控制。

二、多项选择题

1. BC

【解析】《公路路基设计规范》(JTG D30—2015)3.8.1,有机质土、冻土不能直接用于路堤填料。

2. ABC

【解析】《公路路基设计规范》(JTG D30—2015)3.3.1 和 3.3.2。

3. ABCD

【解析】《公路路基设计规范》(JTG D30—2015)3.2.8,当路基的路床回弹模量不能满足要求时的措施:①采用粗粒土换填;②对细粒土采用无机结合料进行稳定处理;③退潮湿状态填方路基,设置排水垫层;④设置防冻垫层。

4. ACD

【解析】不同性质的填料填筑路堤:不同土质混合填筑路堤,以透水性较小的土填筑路堤下层时,应做成4%的双向横坡,水平分层填筑,不得混填;不易受潮湿或冻融影响而改变体积的优良土应填在上层,强度较小的土应填在下层。

5. ABCD

【解析】《公路路基设计规范》(JTG D30—2015)3.9.7,粉煤灰路堤组成包括:主体部分、包边土、边坡盲沟、封顶层、隔离层、护坡、排水系统。

6. ABCD

【解析】《公路路基设计规范》(JTG D30—2015)3.4.2。

7. BCD

【解析】《公路路基设计规范》(JTG D30—2015)3.3.5。

8. ABC

【解析】《公路路基设计规范》(JTG D30—2015)3.8.2,膨胀岩石、易溶性岩石不宜直接用于路堤填筑。强风化石料、崩解性岩石和盐化岩石不得直接用于路堤填筑。路堤填料粒径应不大于500mm,并不宜超过层厚的2/3,不均匀系数宜为15~20。路床底面以下400mm范围内,填料粒径应小于150mm。路床填料粒径应小于100mm。

9. ABC

【解析】《公路路基设计规范》(JTG D30—2015)3.3.6;在一般土质地段,高速公路、一级公路和二级公路基底的压实度(重型)不应小于90%;三级、四级公路不应小于85%。

10. BD

【解析】《公路路基设计规范》(JTG D30—2015)3.3.6,地面横坡为1∶5~1∶2.5时,原地面应挖台阶,台阶宽度不应小于2m。当基岩面上的覆盖层较薄时,宜先清除覆盖层再挖台阶;当覆盖层较厚且稳定时,可予保留。

11. ABC

【解析】《公路路基设计规范》(JTG D30—2015)3.3.1对路堤高度进行了修订,路堤高度应满足:设计洪水位、不宜小于中湿状态的临界高度、不宜小于当地冻深。

12. ABC

【解析】《公路路基设计规范》(JTG D30—2015)3.1.8,高速公路和一级公路的高路堤、陡坡路堤和深路堑等均应采用动态设计。动态设计必须以完整的施工设计图为基础,适用于路基施工阶段。

13. ABD

【解析】《公路路基设计规范》(JTG D30—2015)3.9.4第4款,当轻质土路基抗浮稳定系数小于抗浮安全系数时,应采取调整轻质材料填筑区厚度、增加填土荷重、降低地下水位等措施。

14. AB

【解析】《公路路基设计规范》(JTG D30—2015)3.1.5,路基填料应满足路基强度和回弹模量的要求。

15. ABC

【解析】《公路路基设计规范》(JTG D30—2015)3.6.13条文说明,减少高路堤工后沉降的措施有增强补压、铺设土工合成材料、预留一个雨季的沉降期等。

16. ABCD

【解析】《公路路基设计规范》(JTG D30—2015)3.3.2。

17. ABCD

【解析】《公路路基设计规范》(JTG D30—2015)3.1.2。

三、案例题

1. C

解:《公路路基设计规范》(JTG D30—2015)3.1.3 二级公路的设计洪水频率取 1/50,因此其对应的设计洪水位为 26.8m。

路基设计最小高程 = 设计洪水位 + 壅水高度 + 波浪高度 + 安全距离 = 26.8 + 0.6 + 1.2 + 0.5 = 29.1m,故选 C。

2. B

解:根据《公路路基设计规范》(JTG D30—2015)第 3.2.5、3.2.6 条及附录 D,2.4 − 0.8 = 1.6m,毛细水刚好达到路基工作区顶面,判断为潮湿类路基。

查表 D.0.1,顶部 $K_{s1}=0.9$,$K_{s2}=0.6$,$K_s=\dfrac{0.9+0.6}{2}=0.75$。

$M_R=17.6CBR^{0.64}=17.6\times12^{0.64}=86.3\text{MPa}$,$K_\eta=0.95$,$E_0=K_sK_\eta K_R=0.75\times0.95\times86.3=61.5\text{MPa}$

答案:B

3. B

解:根据《公路路基设计规范》(JTG D30—2015)附录 A,有:

$$P_i=\frac{161+165+157+186+167}{5}=167.2\text{N}$$

$$\sigma_0=\frac{P_i}{A}=\frac{167.2}{3.14\times50^2}=0.021\text{MPa}$$

$$\Delta_i=\frac{0.0021+0.0022+0.0015+0.0031+0.0024}{5}=0.00226\text{mm}$$

$$\varepsilon_0=\frac{\Delta_i}{l_0}=\frac{0.00226}{4.5}=5.02\times10^{-4}\text{mm/mm}$$

$$M_R=\frac{\sigma_0}{\varepsilon_0}=\frac{0.021}{5.02\times10^{-4}}=41.8\text{MPa}$$

答案:B

4. C

解:根据《公路路基设计规范》(JTG D30—2015)D.0.2,砂土,$TMI=10$,得 $K_s=0.93$,根据 3.2.5 条,季节性冻土地区,K_η取大值:$K_\eta=0.95$,$12<CBR=18<80$,故 $M_R=22.1CBR^{0.55}=22.1\times18^{0.55}=108.3$。

根据式(3.2.5-1):

$E_0=K_s\cdot K_\eta\cdot K_R=0.93\times0.95\times108.3=95.7\text{MPa}$

选 C。

第三节　路基边坡稳定性设计

【考试纲要】

1. 掌握边坡稳定性验算所需土体的参数及确定原则。

2. 了解边坡稳定性分析的三种工况及使用条件，工程地质比拟法、简化 Bishop 法及不平衡推力法的适用条件。

【复习提示】

1. 复习要点

边坡稳定性验算所需土性参数及确定原则，边坡稳定性分析的三种工况及使用条件，工程地质比拟法、简化 Bishop 法及不平衡推力法的适用条件。

重点：

边坡稳定性分析的三种工况及选择、土性参数的确定方法、边坡稳定性分析方法的适用范围。

难点：

土体参数确定原则、简化 Bishop 法及不平衡推力法的应用。

2. 规范提示

《公路路基设计规范》（JTG D30—2015）主要对边坡稳定性评价方法与控制标准、计算工况、岩土体参数确定方法等方面进行了修订。边坡稳定性评价要遵循以定性分析为基础、以定量计算为重要辅助手段的综合评价原则。边坡稳定性分析应考虑正常工况、非正常工况Ⅰ和非正常工况Ⅱ等三种工况。路堤堤身稳定性、路堤和地基整体稳定性分析采用简化 Bishop 法，路堤沿斜坡地基或软弱带滑动的稳定性分析采用不平衡推力法；计算路堑边坡稳定性时，应根据边坡类型和可能的破坏形式，采用简化 Bishop 法、平面滑动解析法、不平衡推力法、赤平投影法和实体比例投影法、数值分析法等。

习题精练

一、单项选择题

1. 边坡稳定性计算时，应考虑的正常工况为（　　）。

A. 边坡处于天然状态下的工况　　B. 边坡处于暴雨下的工况

C. 边坡处于连续降雨状态下的工况　　D. 考虑边坡冻融的工况

2. 无黏性土边坡的稳定性（　　）。

A. 与坡高无关，与坡角无关　　B. 与坡高无关，与坡角有关

C. 与坡高有关，与坡角有关　　D. 与坡高有关，与坡角无关

3. 某无黏性土坡坡角 $\beta = 24°$，内摩擦角 $\varphi = 36°$，则稳定安全系数为（　　）。

A. $K = 1.46$　　B. $K = 1.50$　　C. $K = 1.63$　　D. $K = 1.70$

4. 分析砂性土边坡稳定时，一般假定滑动面为（　　）。

A. 斜平面 B. 中点圆 C. 坡面圆 D. 坡角圆

5. ( )边坡在自然稳定状态下的极限坡角,称为自然休止角。

A. 黏性土 B. 无黏性土 C. 饱和黏性土 D. 黄土

6. 滑坡的稳定性分析一般采用( )方法。

A. Bishop 法 B. 简化 Bishop 法

C. 不平衡推力法 D. 赤平投影法

7. 分析黏性土坡稳定时,假定滑动面为( )。

A. 斜平面 B. 水平面 C. 圆弧面 D. 曲面

8. 路堤和地基的整体稳定性分析,宜采用的方法为( )。

A. Bishop 法 B. 简化 Bishop 法

C. 不平衡推力法 D. 赤平投影法

9. 影响无黏性土坡稳定性的主要因素为( )。

A. 土坡高度 B. 土坡坡角 C. 土的重度 D. 土的黏聚力

10. 高路堤稳定性分析时,对应地基土的强度参数,采用的试验方法为( )。

A. 直剪不排水试验 B. 三轴固结不排水试验

C. 三轴固结排水试验 D. 直剪排水试验

11. 黏性土坡的稳定性与土体的( )等指标有关。

A. 抗剪强度指标,土的重度,坡高,土坡坡角

B. 抗剪强度指标,土的重度,安全系数,土坡坡角

C. 土的含水率,土体饱和度,坡高,土坡坡角

D. 土的含水率,土体重度,安全系数,坡高

12. 土质边坡按水土分算原则计算时,地下水以下的土宜采用土的( )指标。

A. 固结不排水抗剪强度 B. 有效抗剪强度

C. 固结排水抗剪强度 D. 抗剪强度

13. 简化 Bishop 公式忽略了( )。

A. 土条间的作用力 B. 土条间的剪应力

C. 土条间的法向作用力 D. 土条间的切向作用力

14. 不平衡推力传递系数法适用于( )。

A. 非圆弧滑动面 B. 圆弧滑动面 C. 折线滑动面 D. 转动破坏面

15. 边坡稳定性评价应遵循( )的原则。

A. 以定性分析为基础、定量计算为手段

B. 以定量分析为基础、定性计算为手段

C. 以地质类比为基础、理论计算为手段

D. 以理论为基础、数值分析为手段

16. 根据《公路路基设计规范》(JTG D30—2015),分析高路堤堤身稳定性、路堤和地基的整体稳定性时,宜采用( )。

A. 瑞典法 B. 简化 Bishop 法

C. 不平衡推力法 D. 工程地质比拟法

17. 分析已建高速公路高路堤在降雨工况下稳定性时,路堤填土强度参数试验的试样制备要求采用(　　)。

A. 路基原状土

B. 路基原状土,且预先饱和

C. 填筑含水率和填筑密度

D. 填筑含水率和填筑密度,且预先饱和

二、多项选择题

1. 影响路基边坡稳定性的因素有(　　)。

A. 边坡土质、水的活动　　B. 地震及其他振动荷载

C. 边坡的几何形状　　D. 活荷载的增加

2. 对于无黏性土边坡稳定性分析,下列说法正确的有(　　)。

A. 由于无黏性土土粒之间缺少黏聚力,只要位于坡面上的土体单元保持稳定,则整个边坡就是稳定的

B. 无黏性土滑动力比上抗滑力的比值称为稳定系数

C. 无黏性土边坡的稳定度与坡高无关,与坡角有关

D. 无黏性土边坡的稳定度与坡高有关,与坡角无关

3. 对于黏性土边坡稳定性分析,下列说法正确的有(　　)。

A. 黏性土实际滑动面位置总是发生在受力情况最不利的地方

B. 滑动面常常是一曲面,通常近似于圆柱面

C. 黏性土常用的稳定分析方法有直线法、圆弧法、条分法和不平衡推力传递系数法

D. 对于黏性土边坡,当土的内摩擦角 $\varphi=0$ 时,其最危险滑动面常通过坡角

4. 高路堤的沉降控制措施,可以选择的有(　　)。

A. 对路堤填土进行增强补压　　B. 铺设土工合成材料

C. 预留一个雨季的沉降期　　D. 对边坡进行防护

5. 路基稳定安全系数的取值与(　　)因素相匹配。

A. 公路等级　　B. 稳定性分析方法

C. 工况条件　　D. 岩土参数

6. 浸水路堤稳定性影响因素有(　　)。

A. 稳定性受水位降落的影响　　B. 稳定性与路堤填料透水性有关

C. 稳定性与路堤压实度有关　　D. 稳定性与地质条件有关

7. 高路堤稳定性验算时,路基填土的强度参数,可采用(　　)获得。

A. 直剪快剪　　B. 固结试验

C. 三轴排水剪切试验　　D. 三轴不排水剪切试验

8. 陡坡路堤稳定性计算时,应考虑的工况为(　　)。

A. 路基投入运营后经常发生或持续时间长的工况

B. 路基处于暴雨或连续降雨状态下的工况

C. 路基遭遇地震等荷载作用的工况

D. 路基土饱和状态的工况

9. 对于结构复杂的岩质边坡,稳定性分析可采用(　　)。

A. 简化 Bishop 法　　B. 赤平投影法

C. 实体比例投影法　　D. 数值分析法

10. (　　)的挖方边坡应进行施工监测。

A. 高速公路深路堑　　B. 一级公路深路堑

C. 不良地质路段　　D. 特殊岩土地段

11. 边坡土体的力学参数的确定可采用(　　)。

A. 原位剪切试验　　B. 原状土室内剪切试验

C. 反算分析　　D. 原状土三轴试验

12. 高路堤与陡坡路堤稳定性分析时,地基土的强度参数 c、φ 值宜采用(　　)试验获得。

A. 直剪固结快剪　　B. 三轴不固结不排水剪

C. 三轴固结不排水剪　　D. 三轴固结排水剪

13. 高路堤设计稳定性计算时,应考虑的工况为(　　)。

A. 路基投入运营后经常发生或持续时间长的工况

B. 路基处于暴雨或连续降雨状态下的工况

C. 路基遭遇地震等荷载作用的工况

D. 路基土饱和状态的工况

14. 公路路边坡稳定性计算时,采用简化 Bishop 法的适用对象为(　　)。

A. 土质边坡　　B. 折线形破坏的边坡

C. 规模较大的破碎结构岩质边坡　　D. 结构复杂的岩质边坡

15. 增加路堤边坡稳定性,可采取的有效措施有(　　)。

A. 路堤加筋　　B. 设置支挡结构物

C. 边坡中部增设平台并放缓边坡坡率　　D. 设防落石网

16. 高路堤边坡形式和坡率的确定依据为(　　)。

A. 地形与工程地质条件　　B. 路基边坡高度

C. 填料性质　　D. 公路等级

17. 高路堤的稳定性较差时,可采取的措施有(　　)。

A. 改善基底条件　　B. 设置支挡结构

C. 加筋　　D. 更换轻质填料

三、案例题

1. 图示的边坡坡高 12m,坡面 AB 坡率为 1∶0.5。坡顶 BC 水平,土体重度 $\gamma=23\text{kN/m}^3$。已查出坡体内软弱夹层形成的滑面 AC 的倾角为 $\beta=42°$,测得滑面材料饱水时的内摩擦角为 18°。试计算当边坡的滑动安全系数为 1.0 时,相应土体的黏聚力为(　　)。

A. 14kPa　　B. 15kPa　　C. 16kPa　　D. 17kPa

2. 某挖方边坡,已知 $\varphi=25°$,$c=14.7\text{kPa}$,$\gamma=17.64\text{kN/m}^3$,$H=6.0\text{m}$。现拟采用 1∶0.5 的边坡,则其稳定性系数为(　　)。

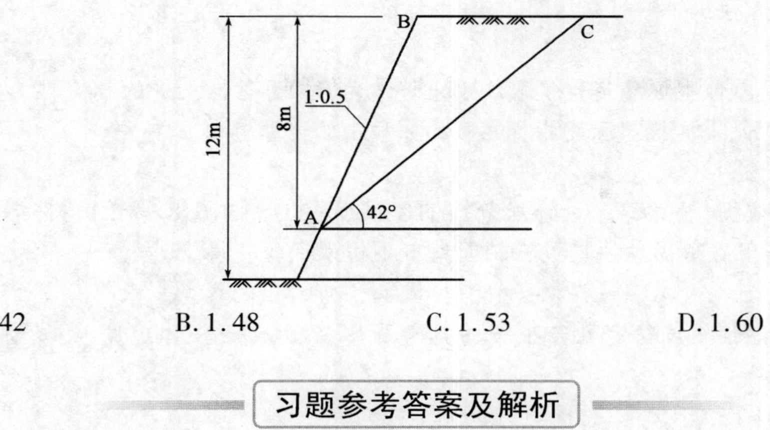

A. 1.42　　B. 1.48　　C. 1.53　　D. 1.60

习题参考答案及解析

一、单项选择题

1. A

【解析】依据《公路路基设计规范》(JTG D30—2015)3.6.7,边坡稳定性分析应考虑正常工况、非正常工况Ⅰ和非正常工况Ⅱ等三种工况。其中,边坡处于天然状态下的工况属于正常工况。

2. B

【解析】对于均质无黏性土坡,理论上土坡的稳定性与坡高无关,只要坡角小于土的内摩擦角,并且 $K>1$,土坡就是稳定的。

3. C

【解析】无黏性土的边坡稳定系数 $K=\frac{T_f}{T}=\frac{\tan\varphi}{\tan\beta}$,通过此公式可计算出稳定系数应为1.63。

4. A

【解析】砂性土坡进行稳定性分析时,假定滑动面为斜平面。

5. B

【解析】自然休止角的概念是无黏性土边坡处于极限平衡状态,相应的坡角就等于土的内摩擦角。

6. C

【解析】依据《公路路基设计规范》(JTG D30—2015)3.6.10,路堤沿斜坡地基或软弱层带滑动的稳定性分析可采用不平衡推力法。

7. C

【解析】黏性土坡的滑动面为曲面,为简化计算,黏性土坡进行稳定分析时,假定滑动面为圆弧面(圆筒面)。

8. B

【解析】依据《公路路基设计规范》(JTG D30—2015)3.6.9,路堤和地基的整体稳定性宜采用简化 Bishop 法。

9. B

【解析】无黏性土坡稳定性仅取决于土坡坡角 β。而黏性土坡的稳定性与土坡坡角 β、坡高 H、土的重度 γ、土的抗剪强度指标黏聚力 c 和土的内摩擦角 φ 有关。

10. B

【解析】依据《公路路基设计规范》(JTG D30—2015)3.6.8 第 2 款,路基填土的强度参数 c、φ 值,可采用直剪固结快剪或三轴固结剪不排水试验获得。

11. A

【解析】黏性土坡稳定性与土坡的抗剪强度指标 c、φ,土体重度 γ,坡高 H 及坡角 β 有关。

12. B

【解析】《公路路基设计规范》(JTG D30—2015)3.7.3 第 6 款,土质边坡按水土分算原则计算时,地下水以下的土宜采用土的有效抗剪强度指标;采用水土合算时,地下水以下的土宜采用固结不排水抗剪强度指标。

13. D

【解析】依据《公路路基设计规范》(JTG D30—2015)3.6.9 条文说明,简化 Bishop 公式只考虑了土条间的法向作用力而忽略切向作用力。

14. C

【解析】山区一些土坡往往覆盖在起伏变化的岩基面上,土坡失稳多数沿这些界面发生,形成折线滑动面。对于岩质边坡,坡面沿断层或裂隙发生,一般为折线滑动面。对这类边坡的稳定性分析可采用不平衡推力传递系数法。

15. A

【解析】依据《公路路基设计规范》(JTG D30—2015) 3.7.4,边坡稳定性评价应遵循“以定性分析为基础、定量计算为手段”的原则。进行边坡稳定性计算时,应根据边坡工程地质条件或已经出现的变形破坏迹象,定性判断边坡可能的破坏形式和边坡稳定性状态。

16. B

【解析】依据《公路路基设计规范》(JTG D30—2015)3.6.9,路堤和地基的整体稳定性宜采用简化 Bishop 法。

17. B

【解析】参见《公路路基设计规范》(JTG D30—2015)表 3.6.8。

二、多项选择题

1. ABCD

【解析】根据土力学原理,路基边坡滑坍是由于边坡土体中的剪应力超过其抗剪强度所产生的剪切破坏。因此凡是使土体剪应力增加或抗剪强度降低的因素,都可能会引起边坡的滑坍。选项 A、B、C、D 都是影响路基边坡稳定性的因素。

2. AC

【解析】无黏性土抗滑力比上滑动力的比值 K 称为稳定系数，其中 $K=\frac{T_f}{T}=\frac{\tan\varphi}{\tan\beta}$，故选项 B 错误。理论上，土坡稳定性与坡高无关，只要坡角小于土的内摩擦角，$K>1$，那么土坡就是稳定的。因此选项 D 错误。

3. ABD

【解析】黏性土常用的稳定性分析方法有整体圆弧滑动法、条分法（包括瑞典条分法、Bishop 条分法和杨布条分法）和不平衡推力传递系数法。直线法适用于砂性土、以摩阻力为主、滑动面为平面的路堤或路堑边坡，以及原地面为单一倾斜的陡坡路堤的稳定性验算。A、B、D 的说法都是正确的。

4. ABC

【解析】依据《公路路基设计规范》（JTG D30—2015）3.6.13，应加强高路堤与陡坡路堤的沉降控制。必要时，可采取增强补压、铺设土工合成材料等综合措施，并宜预留一个雨季的沉降期，减少工后沉降。

5. ABC

【解析】参见《公路路基设计规范》（JTG D30—2015）表 3.6.11 条文说明。

6. AB

【解析】影响涉水路堤稳定性的因素主要为受水位降落的影响和路堤填料透水性的影响。所以 AB 选项正确。

7. AD

【解析】依据规范，高路堤稳定性验算时，路基填土的强度参数可采用直剪快剪、三轴不排水剪切试验获得。

8. ABC

【解析】《公路路基设计规范》（JTG D30—2015）对路基稳定性设计工况进行了修订，路基稳定性设计工况为：路基投入运营后经常发生或持续时间长的工况、路基处于暴雨或连续降雨状态下的工况、路基遭遇地震等荷载作用的工况。

9. BCD

【解析】依据《公路路基设计规范》（JTG D30—2015），对于结构复杂的岩质边坡，稳定性分析可采用赤平投影法、实体比例投影法和楔形滑动面法；对于破坏机理复杂的边坡，可采用数值分析法。

10. ABCD

【解析】依据《公路路基设计规范》（JTG D30—2015），对高速公路深路堑、一级公路深路堑、不良地质路段、特殊岩土地段的边坡应进行施工监测。

11. ABCD

【解析】边坡土体参数的确定强度要采用原状土，而不能是重塑土。依据《公路路基设计规范》（JTG D30—2015），边坡土体力学参数的确定可采用原位剪切试验、原状土室内剪切试验、反算分析。另外，从土力学试验可知，原状土三轴试验也可以获得强度参数。

12. AC

【解析】参见《公路路基设计规范》（JTG D30—2015）3.6.8 第 2 款。

13. ABC

【解析】参见《公路路基设计规范》(JTG D30—2015) 3.6.7。

14. AC

【解析】依据《公路路基设计规范》(JTG D30—2015)3.7.5 中的边坡稳定性计算方法,规模较大的碎裂结构岩质边坡和土质边坡宜采用简化 Bishop 法计算。

15. ABC

【解析】选项 D 不是针对路堤稳定性的措施,为落石防治措施。

16. ABC

【解析】依据《公路路基设计规范》(JTG D30—2015)3.6.5,高路堤与陡坡路堤边坡形式和坡率应根据地形与工程地质条件、路基边坡高度、填料性质等,结合经济与环保因素、经稳定分析计算确定。断面形式宜采用台阶式。

17. ABC

【解析】依据《公路路基设计规范》(JTG D30—2015)3.6.12,当路基稳定系数小于表3.6.11 稳定安全系数时,应采取改善基底条件、设置支挡结构物、加筋等加固措施,保证路基稳定。

三、案例题

1. C

解:$\alpha = \arctan(1/0.5) = 63.43°$

$BC = 8/\tan 42° - 8 \times \tan(90° - 63.43°) = 4.88\text{m}$

滑体自重:

$W = 1/2 \times 4.88 \times 8 \times 23 = 448.96\text{kN/m}$

$K = (W \times \cos\beta \times \tan\psi + c \times l)/ W \times \sin\beta = 1$

解得:$c = 16\text{kPa}$,故选 C。

2. C

解:由 $\cot\alpha = 0.5$ 可得 $\alpha = 63°26'$,$\csc\alpha = 1.1181$

$f = \tan 25° = 0.4663$,$a = \dfrac{2c}{\gamma H} = 0.2778$

代入公式 $K_{\min} = (2a + f) \cdot \cot\alpha + 2\sqrt{a(f + a)} \cdot \csc\alpha$

得 $K_{\min} = 1.53$。

第四节　路基排水设计

【考试纲要】

1. 掌握边沟、截水沟、排水沟的构造以及加固类型;渗沟的类型、构造及适用条件。
2. 熟悉路基地面排水设施和地下排水设施的使用条件;排水系统综合设计的内容与要求。
3. 了解路基排水设计的目的与一般原则;排水明沟的水力计算方法。

【复习提示】

1. 复习要点

边沟、截水沟、排水沟的构造以及加固类型;渗沟的类型、构造及适用条件;路基地面排水设施和地下排水设施的使用条件;排水系统综合设计的内容与要求;路基排水设计的目的与一般原则;排水明沟的水力计算方法。

重点:

各类地面、地下排水设施的构造以及适用条件,排水明沟的水力计算。

难点:

排水明沟的水力计算。

2. 规范提示

公路路基排水设计包括地表排水和地下排水两个部分。《公路路基设计规范》(JTG D30—2015)新增了各类明沟最大允许流速、挖方边沟盖板、季节性冻土区暗埋管的埋设深度规定;增加了下挖式通道排水、立交区路基排水及中央分隔带排水要求;增加了渗井、排水隧洞的设计要求。注意《公路排水设计规范》(JTG/T D33—2012)有关路基排水的内容。

习题精练

一、单项选择题

1. 高速公路、一级公路路基地表排水设施设计降雨的重现期,应采用(　　)。

A. 5 年　　B. 10 年　　C. 15 年　　D. 20 年

2. 如路基地表排水设施水力计算结果得出,沟中的水流深度为 0.3m,则该设施的沟深至少为(　　)。

A. 0.3m　　B. 0.4m　　C. 0.5m　　D. 不确定

3. 截水沟的纵坡坡度不宜小于(　　)。

A. 0.1%　　B. 0.2%　　C. 0.3%　　D. 0.4%

4. 在选用边沟冲刷加固措施时,既要考虑加固措施的耐久性,也要考虑与环境的协调性;在边沟水流的最大允许流速范围内,优先选用下列哪种方式加固(　　)。

A. 植物防护　　B. 换填砂砾　　C. 加设挡土埂　　D. 浆砌石

5. 当山坡覆盖层较薄而又松散时,截水沟的沟底应设置在(　　)上。

A. 松散土壤　　B. 弱风化岩层　　C. 基岩　　D. 都可以

6. 在路基排水中,在土质地段的边沟纵坡大于(　　)时,应采取加固措施。

A. 1%　　B. 2%　　C. 3%　　D. 5%

7. 设置在挖方路基路肩外侧或低路堤坡脚外侧的排水设施是(　　)。

A. 排水沟　　B. 截水沟　　C. 边沟　　D. 急流槽

8. 汇集路基下含水层的水并将它引至更下一层含水层,用于疏干路基的地下排水设施是(　　)。

A. 暗沟　　B. 渗沟　　C. 盲沟　　D. 渗井

9. 常用于陡坡地段排水的路基地面排水设施是( )。

A. 急流槽　　B. 边沟　　C. 排水沟　　D. 渡水槽

10. 路基汇水无法自流排出时,可设置排水泵站,在下挖的两端,应设置泄水口、( )等排水设施。

A. 排水沟　　B. 边沟　　C. 截水沟　　D. 下挖通道

11. 矩形边沟用于( )。

A. 人工施工的坚硬岩石路堑地段

B. 机械化施工的土质边坡

C. 沙漠灾害地区

D. 机械化施工的弱风化岩层地区

12. 地表排水设施的沟顶应高出沟内设计水面( )以上。

A. 0.1m　　B. 0.2m　　C. 0.3m　　D. 0.4m

13. 边沟沟底纵坡宜与路线纵坡一致,不宜小于( )。

A. 0.1%　　B. 0.2%　　C. 0.3%　　D. 0.4%

14. 挖方路基的堑顶截水沟应设置在坡口的( )开外。

A. 3m　　B. 4m　　C. 5m　　D. 6m

15. 将取土场和路基附近低洼的水引向路基以外时,应设置( )。

A. 边沟　　B. 截水沟　　C. 盲沟　　D. 排水沟

16. 有地下水出露的挖方路基、斜坡路堤、路基填挖交界结合部,以及地下水位埋深小于0.5m的低路堤路段,应设置( )。

A. 渗沟　　B. 渗井　　C. 暗沟　　D. 渡水槽

17. 下列选项中不属于综合排水设计要求的是( )。

A. 流向路基的地面水和地下水需要在路基范围以外的地点,设置截水沟和排水沟进行拦截

B. 对于明显的天然沟槽,一般应依沟设置涵洞,不必勉强改沟与合并

C. 各种排水设施必须地基稳固,不渗漏或滞留,并具有适当纵坡,以控制保持适当的流速

D. 为了提高截留效果,减少工程量,地面沟渠宜大体沿等高线布置,尽可能使沟渠平行于流水方向

二、多项选择题

1. 路基防排水设计中,当地下水埋深较深或为固定含水层时,可采用( )。

A. 排水隧洞　　B. 排水槽　　C. 渗水暗沟　　D. 渗井

2. 下列属于地下路基排水设施的有( )。

A. 蒸发池　　B. 渗沟　　C. 排水泵　　D. 渗井

3. 根据材料和结构形式,可将渗沟分成( )。

A. 填石渗沟　　B. 管式渗沟　　C. 洞式渗沟　　D. 有压力渗沟

4. 公路排水中,地表排水主要是排除路基范围内的( )。

A. 地表径流　　B. 边坡雨水　　C. 地表积水　　D. 地下水

5. 下挖式通道排水方式主要有(　　)。

A. 自流排水式　　B. 泵站排水式　　C. 渗井排水式　　D. 蒸发池排水式

6. 边沟可以设置在挖方路基的(　　)。

A. 路肩外侧　　B. 路肩内侧

C. 低路堤坡脚外侧　　D. 低路堤坡脚内侧

7. 当地下水埋藏浅或无固定含水层时,可采用(　　)排水设施。

A. 隔离层　　B. 排水垫层　　C. 暗沟　　D. 渗沟

8. 沟渠的水力计算的内容包括(　　)。

A. 确定沟渠尺寸　　B. 确定沟渠的加固形式

C. 验算沟渠的最小流速　　D. 验算沟渠的最大流速

9. 公路排水设计的内容包括(　　)。

A. 排水系统总体设计　　B. 水文调查

C. 水力计算　　D. 排水设施结构设计

10. 路基排水设计的原则有(　　)。

A. 路基排水设计应遵循总体规划、合理布局、少占农田、环境保护的原则

B. 路界地表水不宜流入桥面、隧道及其排水系统

C. 低填浅挖路基及排水困难路段,应采取防、排、截相结合措施,保证路基处于干燥或者中湿状态

D. 沿河路基防排水措施应依据河流水文特性、设计洪水位、流量以及河道地形地质条件,合理布置排水设施

11. 当路基边坡高度不大,汇水面积较小时,优先采用(　　)边沟。

A. 三角形　　B. U 形　　C. 梯形　　D. 浅碟形

12. 截水沟根据所处的位置,可分为(　　)。

A. 路堤截水沟　　B. 路堑截水沟

C. 平台截水沟　　D. 环形截水沟

13. 关于排水沟,下列说法正确的是(　　)。

A. 尽可能远离路基

B. 尽量保持顺直

C. 一般是排除路基横断面上流向路基的地表水

D. 转弯处应为圆滑的弧形

14. 在布置跌水和急流槽时,应注意(　　)。

A. 急流槽槽底的纵坡应与地形相结合

B. 进水口应采取消能措施,出水口应采取防护加固

C. 为防止基底滑动,急流槽可设置防滑平台

D. 急流槽通常设置在陡坡涵洞的进出水口、截水沟和边沟的出水口处

15. 确定路基渗沟的埋深时,考虑的因素有(　　)。

A. 地下水位高度　　B. 需要降低的水位高度

C. 渗沟流量　　　　D. 地下含水介质情况

16. 公路挖方路基路顶上设置截水沟时,应综合考虑的因素有(　　)。

A. 堑顶的地形条件　　　　B. 堑顶的汇水面积

C. 挖方路基边坡坡率　　　　D. 边坡高度

17. 公路排水设施的设计应满足(　　)。

A. 排水的功能　　　　B. 结构安全

C. 便于施工和养护　　　　D. 有利于行车安全

18 边沟断面形式及尺寸确定的依据为(　　)。

A. 降雨强度　　　　B. 汇水面积

C. 地形地质条件　　　　D. 对环境景观的影响

三、案例题

1. 已知某设计管段的设计径流量 $Q=0.368\text{m}^3/\text{s}$,管底纵坡 $i=0.002$,$n=0.013$(满流),试问管道直径 D 和设计流速 v 与(　　)最为接近。

A. $D=0.350\text{m}$,$v=0.678\text{m/s}$　　　　B. $D=0.350\text{m}$,$v=1.076\text{m/s}$

C. $D=0.70\text{m}$,$v=0.678\text{m/s}$　　　　D. $D=0.70\text{m}$,$v=1.076\text{m/s}$

2. 某地区修建高速公路,选用沥青混凝土路面。如图所示,单侧路面和路肩横向排水的宽度为11.25m,坡度为2%,路线纵向坡度为1%。拟在路肩外边缘设置拦水带,路肩宽度为2.5m,路肩的横向坡度 $i=3\%$。初拟定出水口间距 $l=50\text{m}$,经计算,拦水带泄水口间距为50m时的设计流量为 $0.0312\text{m}^3/\text{s}$。取水力坡度等于路线纵向坡度。试问为排泄此设计流量,拦水带内侧过水断面的水面宽度和水深分别为(　　)。

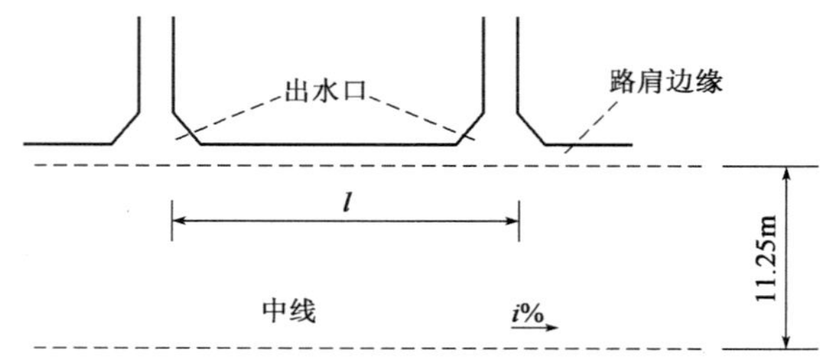

A. $h=0.069\text{m}$,$B=2.3\text{m}$　　　　B. $h=0.049\text{m}$,$B=2.3\text{m}$

C. $h=0.049\text{m}$,$B=1.63\text{m}$　　　　D. $h=0.069\text{m}$,$B=1.63\text{m}$

习题参考答案及解析

一、单项选择题

1. C

【解析】 依据《公路路基设计规范》(JTG D30—2015)4.2.1,路基地表排水设施设计降雨的重现期:高速公路、一级公路应采用15年,其他等级公路应采用10年。

2. C

【解析】依据《公路路基设计规范》(JTG D30—2015)4.2.1,各类地表排水设施的断面尺寸应满足设计排水流量的要求,沟顶应高出沟内设计水面0.2m以上。

3. C

【解析】依据《公路路基设计规范》(JTG D30—2015)4.2.5,截水沟的沟底纵坡坡度不宜小于0.3%。

4. A

【解析】依据《公路路基设计规范》(JTG D30—2015)4.2.4,题目表述的情况下通常采用植物防护。

5. C

【解析】当山坡覆盖层较薄而又松散时,截水沟的沟底应设置在基岩或稳定土层上,以防止水冲刷沟底。

6. C

【解析】在路基排水中,纵坡小于1%时,一般不加固;纵坡坡度在1% ~3%时,土质不好的应采取加固措施。

7. C

【解析】边沟设置在挖方路基路肩外侧或低路堤坡脚外侧,走向与路中线平行,用于汇集和排除路基范围内和流向路基的少量地面水。

8. D

【解析】依据《公路路基设计规范》(JTG D30—2015)4.3.7第1款,渗井可用于拦截、引排有固定含水层的深层地下水,以及排除下挖式通道的地表水。

9. A

【解析】急流槽是路基路面排水沟渠的特殊形式,用于陡坡段排水,沟底纵坡坡度可达到45°。

10. A

【解析】依据《公路路基设计规范》(JTG D30—2015)4.2.11第3款,在下挖段两端应设置泄水口和排水沟。

11. A

【解析】矩形边沟主要用于人工施工的坚硬岩石路堑地段,三角形边沟主要用于机械化施工的土质边沟,流线型边沟用于沙漠、雪害地区。

12. B

【解析】依据《公路路基设计规范》(JTG D30—2015)4.2.1,各类地表排水设施的断面尺寸应满足设计排水量的要求,沟顶应高出沟底设计水面0.2m以上。

13. C

【解析】依据《公路路基设计规范》(JTG D30—2015)4.2.4,边沟的布置应符合下列要求:边沟沟底纵坡宜与路线纵坡一致,不宜小于0.3%,困难情况下可减小至0.1%。

14. C

【解析】依据《公路路基设计规范》(JTG D30—2015)4.2.5第1款,挖方路基上的堑顶截水沟应布置在坡口5m开外。设计时考虑边坡的土质情况及边坡坍塌后对公路运营的危害程度,所以将截水沟布置在坡口5m开外。

15. D

【解析】依据《公路路基设计规范》(JTG D30—2015)4.2.6,将边沟、截水沟、取土场以及路基附近低洼处的水引向路基以外时,应设置排水沟。

16. A

【解析】参见《公路路基设计规范》(JTG D30—2015)4.3.5。

17. D

【解析】地面沟渠大体沿等高线布置,尽可能使沟渠垂直于水流方向。

二、多项选择题

1. AD

【解析】依据《公路路基设计规范》(JTG D30—2015)4.3.7,渗井可以用于引排有固定含水层的深层地下水;4.3.8,排水隧洞可以用于截断和引排深层地下水。

2. BD

【解析】依据《公路路基设计规范》(JTG D30—2015)4.3.2,常见的地下路基排水设施有暗沟、渗井、渗沟。依据4.2.2,蒸发池和排水泵属于地面排水设施。

3. ABC

【解析】依据《公路路基设计规范》(JTG D30—2015)4.3.5,渗沟按材料和结构形式可分为填石渗沟、无砂混凝土渗沟、管式渗沟、洞式渗沟、边坡渗沟、支撑渗沟。

4. ABC

【解析】依据《公路路基设计规范》(JTG D30—2015)4.2.1,地表排水主要是排除路基范围内的地表径流、地表积水、边坡雨水,而地下排水用于排除流向地基的地下水。

5. ABCD

【解析】依据《公路路基设计规范》(JTG D30—2015)表4.2.10,下挖式通道排水通道有自流排水式、泵站排水式、渗井排水式、蒸发池排水式四种方式。

6. AC

【解析】依据《公路路基设计规范》(JTG D30—2015)4.2.4,边沟可设置在挖方路基的路肩外侧或者低路堤坡脚外侧,走向与路中线平行,用以汇集排除路基范围内流向路基的少量地面水。

7. ABCD

【解析】依据《公路路基设计规范》(JTG D30—2015)4.3.2第1款,当地下水埋藏浅或无固定含水层时,可采用隔离层、排水垫层、暗沟、渗沟等排水设施。

8. ABCD

【解析】依据《公路排水设计规范》(JTG/T D33—2012)9.2.1,加固形式由最大流速确定。

9. ABCD

【解析】依据《公路排水设计规范》(JTG/T D33—2012)3.0.2,公路排水设计应包括排水系统总体设计、水文调查与计算、排水设施结构形式和材料选择、水力计算等内容。

10. ABCD

【解析】参见《公路路基设计规范》(JTG D30—2015)4.1.1、4.1.2、4.1.3、4.1.4 的要求。

11. AD

【解析】依据《公路路基设计规范》(JTG D30—2015),当路基边坡高度不大,汇水面积较小时,优先采用三角形、浅碟形边沟。

12. ABC

【解析】依据《公路路基设计规范》(JTG D30—2015)4.2.5 条文说明,截水沟根据所处的位置,可分为路堤截水沟、路堑截水沟、平台截水沟。

13. ABD

【解析】C 选项是截水沟的作用。

14. ACD

【解析】依据《公路路基设计规范》(JTG D30—2015)4.2.7 第 3 款,出水口应采取消能措施,故 B 选项错。

15. ABD

【解析】依据《公路路基设计规范》(JTG D30—2015)4.3.5 第 3 款,渗沟埋置深度应根据地下水位、需降低的水位高度及含水层介质的渗透系数等确定。截水渗沟的基底埋入隔水层内不宜小于 0.5m。边坡渗沟、支撑渗沟的基底,宜设置在含水层以下较坚实的土层上。

16. AB

【解析】依据《公路路基设计规范》(JTG D30—2015)4.2.5,截水沟应根据地形条件及汇水面积等进行设置。

17. ABC

【解析】依据《公路路基设计规范》(JTG D30—2015)4.1.5,各类排水设施的设计应满足使用功能要求,结构安全可靠,便于施工、检查和养护维修。排水设施所用材料的强度应不低于《公路路基设计规范》(JTG D30—2015)中附录 G 表 G-1 的要求。

18. ABCD

【解析】依据《公路路基设计规范》(JTG D30—2015)4.2.4,边沟设计应符合下列要求:边沟断面形式及尺寸应根据降雨强度、汇水面积、地形地质条件以及对路侧安全与环境景观的影响程度等确定。条件许可时,宜采用三角形或浅碟形边沟。

三、案例题

1. D

解:管道满流时

$$A = \frac{\pi}{4}D^2$$

水力半径 R

$$R=\frac{A}{\rho}=\frac{\frac{\pi}{4}D^2}{\pi D}=\frac{D}{4}$$

根据《公路排水设计规范》式(9.2.2)、(9.2.3)

$$Q_c=vA=\frac{1}{n}R^{\frac{2}{3}}I^{\frac{1}{2}}\cdot\left(\frac{\pi}{4}D^2\right)=\frac{1}{n}\left(\frac{D}{4}\right)^{\frac{2}{3}}I^{\frac{1}{2}}\cdot\left(\frac{\pi}{4}D^2\right)$$

$$0.368=\frac{\pi}{4}\times\frac{1}{0.013}\times(0.002)^{\frac{1}{2}}\left(\frac{D}{4}\right)^{\frac{2}{3}}D^2$$

解得 $D=0.670\text{m}$。根据题中选项，取 $D=0.70\text{m}$，得

$$v=\frac{1}{n}R^{\frac{2}{3}}I^{\frac{1}{2}}=\frac{1}{0.013}\times(0.002)^{\frac{1}{2}}\left(\frac{D}{4}\right)^{\frac{2}{3}}=1.076\text{m/s}$$

选 D。

2. D

解：查《公路排水设计规范》表 9.2.3，沥青路面（光滑）的粗糙系数 $n=0.013$ 根据式(9.2.4-1)得：

$$0.0312=0.377\times\frac{1}{0.03\times0.013}h^{\frac{8}{3}}\times0.01^{0.5}$$

水深 $h=0.049\text{m}$，水面宽度 $B=h/i_h=0.049/0.03=1.63\text{m}$。

选 C。

注：$B=1.63\text{m}<2.5\text{m}$，设计降雨时拦水带内过水断面的水面不会侵入行车道。

第五节　路基防护、加固与支挡结构设计

【考试纲要】

1. 掌握植物防护与工程防护的作用；重力式挡墙的构造要求和稳定性验算。

2. 熟悉路基坡面主要防护与支挡工程的类型与适用条件；各种挡墙的使用条件与场合；重力式挡土墙土压力计算方法。

3. 了解加筋土挡墙和钢筋混凝土轻型挡墙的构造；路基冲刷防护工程的类型与适用条件。

【复习提示】

1. 复习要点

植物防护与工程防护的作用；重力式挡墙的构造要求和稳定性验算；路基坡面主要防护与支挡工程的类型与适用条件；各种挡墙的使用条件与场合；重力式挡土墙土压力计算方法；加筋土挡墙和钢筋混凝土轻型挡墙的构造；路基冲刷防护工程的类型与适用条件。

重点：

重力式挡墙的构造要求、基础埋深；路基坡面主要防护与支挡工程的类型与适用条件；各种挡墙的使用条件与场合。

难点：

挡土墙的土压力特点及计算，重力式挡墙的稳定性验算。

2.规范提示

路基防护可分为坡面防护和沿河路基冲刷防护。挡土墙设计应采用极限状态设计的分项系数为主的设计方法，车辆荷载计算采用附加荷载强度法。挡土墙应进行极限状态计算和正常使用极限状态验算，以及挡土墙抗滑稳定、抗倾覆稳定性和整体稳定性验算。

习题精练

一、单项选择题

1. 重力式挡土墙墙顶宽度设计应符合(　　)要求。

A. 当墙身为浆砌片石时，不应小于0.4m

B. 当墙身为混凝土浇筑时，不应小于0.4m

C. 当墙身为干砌片石时，不应小于0.5m

D. 当墙身为浆砌片石时，不应小于0.6m

2. 某二级公路土质路堤边坡稳定，坡面只有雨水的轻微冲刷，最适合于此处的坡面防护措施是(　　)。

A. 石砌护坡　　B. 种草防护　　C. 植树防护　　D. 抹面防护

3. 易受水流侵蚀的土质边坡、严重剥落的软质岩石边坡、周期性浸水及受水流冲刷较轻(流速小于2～4m/s)的河岸或水库岸坡的坡面防护宜采用(　　)。

A. 石笼　　B. 抛石

C. 干砌片石　　D. 锚杆铁丝网喷浆

4. 锚杆总长度由(　　)组成。

A. 锚固段长度　　B. 自由段长度

C. 外露段长度　　D. 选项A+C

5. 路基坡面防护应设置在(　　)。

A. 土质边坡上　　B. 岩质边坡上

C. 稳定边坡上　　D. 不稳定的边坡上

6. 当土层类别为硬质岩石时，斜坡地面的挡土墙基础墙趾最小埋入深度为(　　)。

A. 0.6m　　B. 1.0m　　C. 1.2m　　D. 0.5m

7. 设置在受水冲刷影响的土质地基上的挡墙，基底埋置深度一般应在冲刷线以下至少(　　)。

A. 0.5m　　B. 0.8m　　C. 1.0m　　D. 1.5m

8. 挡土墙稳定性验算不应包括(　　)。

A. 抗倾覆验算　　B. 地基承载力验算

C. 地基变形验算　　D. 整体滑动验算

9. 重力式挡土墙上应设置泄水孔及反滤层，设置目的不包括(　　)。

A. 使泄水孔不被堵塞　　B. 墙后土的细颗粒不被带走
C. 防止墙后产生静水压力　　D. 防止墙后产生动水压力

10. 挡土墙的排水措施通常由(　　)组成。
A. 墙身排水和墙趾排水　　B. 墙身排水和地表排水
C. 墙趾排水和地表排水　　D. 墙底排水和地表排水

11. 公路路基挡土墙的设计方法是(　　)。
A. 工程地质类比法　　B. 永久值系数法
C. 安全系数法　　D. 极限状态设计的分项系数法

12. 进行挡土墙设计时,(　　)不是计算土压力的必要参数。
A. 填土高度　　B. 填土的内摩擦角
C. 填土对挡土墙背的摩擦角　　D. 填土的含水率

13. 下列(　　)条件适用于半重力式挡土墙。
A. 地下水较多的土质、风化破碎岩石路段
B. 石料缺乏、地基承载力较低的填方路段
C. 不宜采用重力式挡土墙的,地下水位较高或较软弱的地基上,墙高不宜超过 8m 时
D. 表土及强风化层较薄的均质岩石地基

14. 挡土墙设计应采用(　　)为主的设计方法。
A. 容许应力法　　B. 破坏阶段法
C. 概率设计法　　D. 极限状态设计的分项系数法

15. 挡土墙构造设计时,墙身应设置倾向墙外,且坡度不小于(　　)的排水孔。
A. 0.3%　　B. 1%　　C. 2%　　D. 4%

16. 冲刷防护工程中,(　　)可用于允许流速为 5 ~ 8m/s 的峡谷急流和水流冲刷严重的河段。
A. 植物防护　　B. 土工模袋　　C. 石笼防护　　D. 浸水挡墙

17. 悬臂式支护结构适用于(　　)的基坑工程。
A. 土质较好、开挖深度较深　　B. 土质一般、开挖深度较深
C. 土质一般、开挖深度较浅　　D. 土质较好、开挖深度较浅

18. 某岩石边坡,岩石风化严重,地下水丰富,该边坡采用锚固边坡措施,则该边坡锚固的坡面结构形式宜采用(　　)。
A. 地梁　　B. 单锚墩
C. 框架梁　　D. 挂网喷射混凝土

19. 直立挡土墙向前移动,当墙后填土处于极限平衡状态时,作用于挡土墙上的土压力属于(　　)。
A. 主动土压力　　B. 被动土压力
C. 库仑土压力　　D. 静止土压力

20. 挡土墙后有三层不同的砂土,其主动土压力的分布形式如下图所示。由土层 1 与土层 2 交界面处的土压变化可知(　　)。
A. $\gamma_1 > \gamma_2$　　B. $\gamma_1 < \gamma_2$　　C. $\varphi_1 > \varphi_2$　　D. $\varphi_1 < \varphi_2$

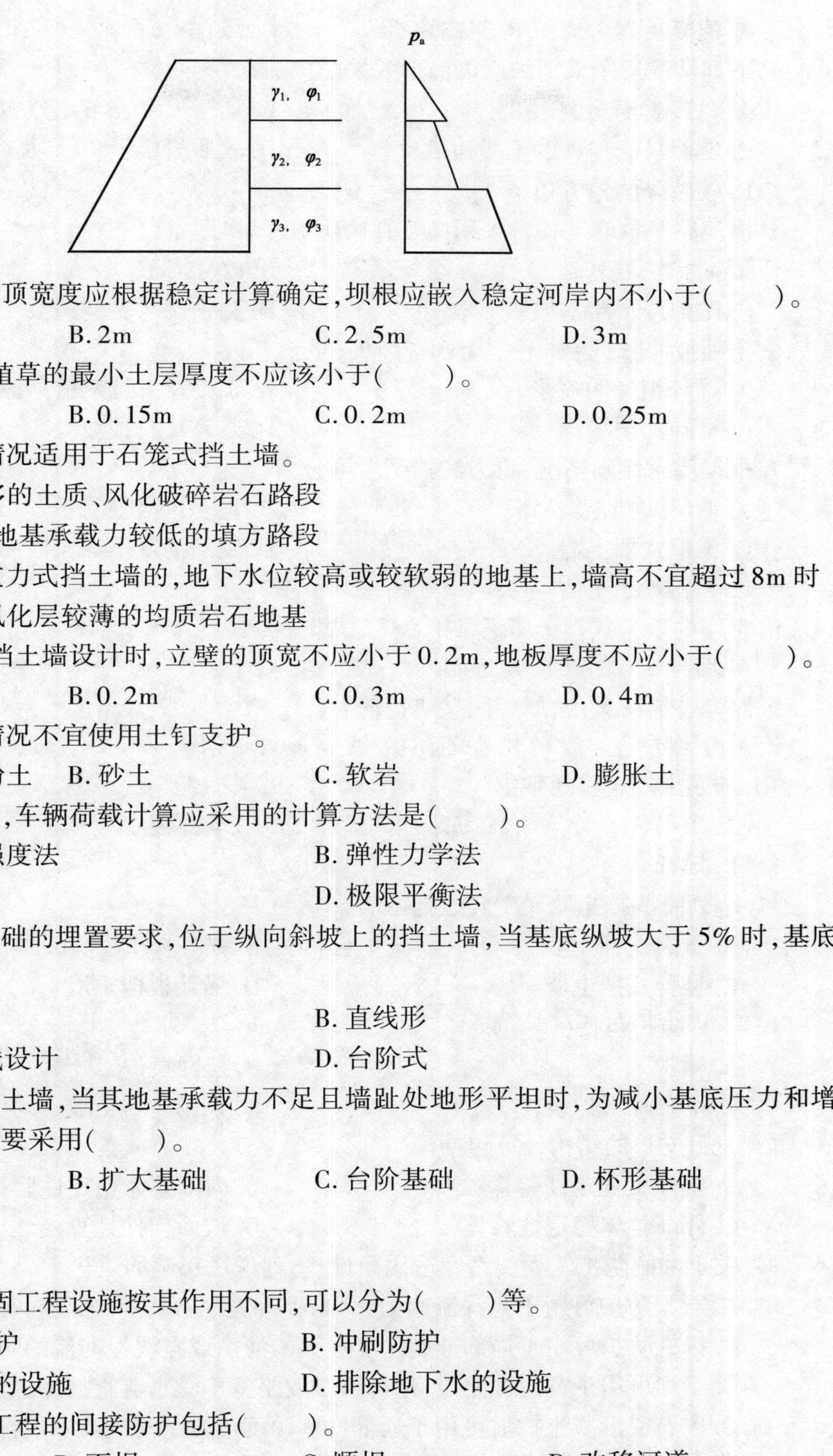

21. 顺坝设计中坝顶宽度应根据稳定计算确定，坝根应嵌入稳定河岸内不小于(　　)。

A. 1.5m　　B. 2m　　C. 2.5m　　D. 3m

22. 植物防护中，植草的最小土层厚度不应该小于(　　)。

A. 0.1m　　B. 0.15m　　C. 0.2m　　D. 0.25m

23. 下列(　　)情况适用于石笼式挡土墙。

A. 地下水较多的土质、风化破碎岩石路段

B. 石料缺乏、地基承载力较低的填方路段

C. 不宜采用重力式挡土墙的，地下水位较高或较软弱的地基上，墙高不宜超过 8m 时

D. 表土及强风化层较薄的均质岩石地基

24. 悬臂、扶壁式挡土墙设计时，立壁的顶宽不应小于 0.2m，地板厚度不应小于(　　)。

A. 0.1m　　B. 0.2m　　C. 0.3m　　D. 0.4m

25. 下列(　　)情况不宜使用土钉支护。

A. 弱胶结的粉土　　B. 砂土　　C. 软岩　　D. 膨胀土

26. 挡土墙设计中，车辆荷载计算应采用的计算方法是(　　)。

A. 附加荷载强度法　　B. 弹性力学法

C. 经验法　　D. 极限平衡法

27. 根据挡土墙基础的埋置要求，位于纵向斜坡上的挡土墙，当基底纵坡大于 5% 时，基底应设计为(　　)。

A. 弧形　　B. 直线形

C. 按原地面线设计　　D. 台阶式

28. 对于重力式挡土墙，当其地基承载力不足且墙趾处地形平坦时，为减小基底压力和增加抗倾覆稳定性，一般要采用(　　)。

A. 拱形基础　　B. 扩大基础　　C. 台阶基础　　D. 杯形基础

二、多项选择题

1. 路基防护与加固工程设施按其作用不同，可以分为(　　)等。

A. 边坡坡面防护　　B. 冲刷防护

C. 排除地表水的设施　　D. 排除地下水的设施

2. 路基冲刷防护工程的间接防护包括(　　)。

A. 石笼　　B. 丁坝　　C. 顺坝　　D. 改移河道

3. 框格防护适用于对土质或风化岩石边坡进行防护，它可采用(　　)等做骨架。

A. 混凝土　B. 浆砌块石　C. 卵石　D. 砾石

4. 下列情况适于采用护面墙的形式来防护的是(　　)。

A. 易产生滑动的边坡　B. 陡于 1∶0.5 的挖方边坡
C. 坡面易受侵蚀的土质边坡　D. 软质岩层
E. 较破碎的挖方边坡

5. 沿河路基抢修工程常采用抛石直接防护,其作用是(　　)。

A. 防护护坡基础　B. 改移河道
C. 防护浸水路基坡脚　D. 防护浸水路基边坡

6. 下列坡面防护形式中,属于圬工防护的有(　　)。

A. 锚杆钢丝网喷浆　B. 浆砌片石骨架植草护坡
C. 干砌片护坡　D. 浆砌片石护坡

7. 根据墙背倾斜情况,重力式挡土墙可分为(　　)等。

A. 俯斜式挡土墙　B. 直立式挡土墙
C. 衡重式挡土墙　D. 钢筋混凝土挡土墙
E. 仰斜式挡土墙

8. 常用的重力式挡土墙通常由(　　)部分构成。

A. 墙身　B. 基础　C. 挡板　D. 排水设施

9. 路基冲刷防护中,属于间接防护的有(　　)。

A. 丁坝　B. 抛石防护　C. 顺坝　D. 格坝

10. 加筋土挡土墙通常由(　　)组成。

A. 填料　B. 筋带　C. 墙面板　D. 基础
E. 锚杆

11. 下列哪些挡土墙属于轻型挡土墙(　　)。

A. 重力式挡土墙　B. 锚杆挡土墙
C. 悬臂式挡土墙　D. 锚碇板挡土墙

12. 工程防护包括(　　)。

A. 喷护　B. 挂网喷护
C. 干砌片石护坡　D. 浆砌片石护坡

13. 土钉支护的结构计算包括(　　)。

A. 抗倾覆稳定性验算　B. 内部整体稳定性验算
C. 外部整体稳定性验算　D. 坡面构件计算

14. 关于冲刷防护工程类型及适用条件,下列说法正确的是(　　)。

A. 石笼防护可用于允许流速为 5 ~ 8m/s 的峡谷急流和水流冲刷严重的河段
B. 排桩防护可用于局部冲刷深度过大的河湾或宽浅性河流的防护
C. 丁坝可用于宽浅性河段,保护河岸或路基不受水流直接冲蚀而产生破坏
D. 砌石或混凝土护坡可用于局部冲刷深度过大的河湾或宽浅性河流的防护

15. 挡土墙的稳定性验算项目包括(　　)。

A. 滑动稳定性　B. 倾覆稳定性　C. 基地应力　D. 偏心距

E. 墙身截面强度

16. 下列荷载属于可变荷载的是(　　)。

A. 车辆荷载引起的土侧压力　　B. 流水压力

C. 温度影响力　　D. 填土侧压力

17. 公路路基坡面防护的作用有(　　)。

A. 改善路域环境　　B. 防止坡面风化

C. 防止冲刷　　D. 加固路基边坡

三、案例题

1. 东北地区某高速公路,冻结深度 2.3m。重力式挡土墙,黏质土地基,挡土墙前趾地基受水流冲刷,局部冲刷深度为 1.5m。该挡土墙前趾基础埋置深度不应小于(　　)。

A. 1.0m　　B. 1.25m　　C. 2.3m　　D. 2.5m

2. 某一级公路设置路基挡土墙,挡土墙墙高 6m,挡土墙地面线为 1∶1 的一个横坡,地基岩石强度为 20MPa,则该挡土墙基础的埋置深度,应不小于(　　)。

A. 1.0m　　B. 1.5m　　C. 2.0m　　D. 2.5m

3. 某一级公路,路基宽度为 22m,设置矩形边沟,边沟尺寸为 60cm×60cm,边沟采用 M7.5 浆砌片石,沟壁厚度为 30cm 和沟底厚度为 35cm;不考虑冲刷和冻结。则该挡土墙的基地埋深(采用基底到路肩的深度表示)不宜小于(　　)。

A. 1.0m　　B. 1.15m　　C. 1.25m　　D. 1.35m

4. 某一挡土墙,填土分两层,如图所示。A 点的深度为 0.75m。请问按水土分算法计算挡土墙的主动土压力为(　　)。

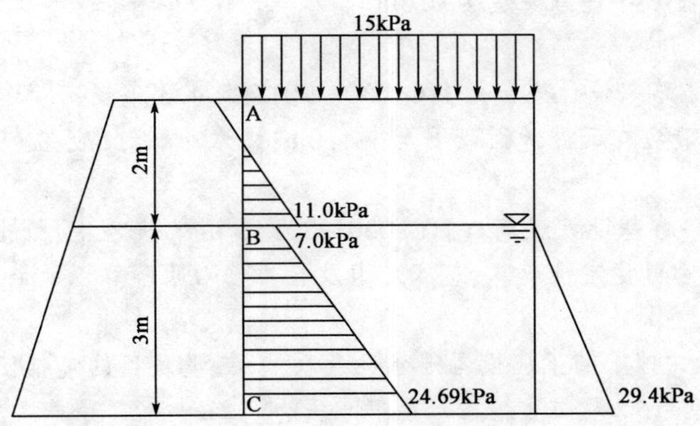

A. 27.21kN/m　　B. 54.41kN/m　　C. 108.82kN/m　　D. 163.23kN/m

5. 某公路设置了一段挡墙,墙高为 12m,墙背填土的重度 $\gamma = 18.0\text{kN/m}^3$,换算成等代均布土层厚度为(　　)。

A. 0.667m　　B. 1.333m　　C. 0.556m　　D. 1.111m

6. 某一级公路,作用于基底形心的弯矩组合设计值为 100MPa,作用于基底上的垂直力组合设计值为 60kN/m。其基底合力的偏心距 e_0 为(　　)。

A. 0.6m　　B. 0.3m　　C. 0.1m　　D. 0.2m

习题参考答案及解析

一、单项选择题

1. B

【解析】重力式挡土墙当墙身为混凝土浇筑时,墙顶宽度不应小于0.4m。

2. B

【解析】植物防护适用于边坡稳定,坡面只有雨水的轻微冲刷,且易于草类生长的路堤与路基和边坡。

3. C

【解析】干砌片石适用于易受水流侵蚀的二质边坡、严重剥落的软质岩石边坡、周期性浸水及受水流冲刷较轻(流速小于2~4m/s)的河岸或水库岸坡的坡面防护。

4. D

【解析】《公路路基设计规范》(JTG D30—2015)规定:锚杆总长度由锚固长度及外露段长度组成。

5. D

【解析】《公路路基设计规范》(JTG D30—2015)5.1.2条规定:坡面防护工程应设置在稳定的边坡上。

6. B

【解析】《公路路基设计规范》(JTG D30—2015)表5.4.3规定:当土层类别为硬质岩石时,斜坡地面基础墙趾最小埋入深度为0.6m。

7. C

【解析】《公路路基设计规范》(JTG D30—2015)5.4.3条规定:设置在土质地基上的挡墙,基底埋置深度一般应在天然地面以下至少1.0m;受水冲刷时,应在冲刷线以下至少1.0m。

8. C

【解析】《公路路基设计规范》(JTG D30—2015)附录H规定:挡土墙稳定性验算包括:抗滑稳定性验算、抗倾覆稳定性验算、基底应力及合力偏心距验算以及墙身截面强度验算。

9. D

【解析】重力式挡土墙上应设置泄水孔及反滤层,设置目的包括使泄水孔不被堵塞、墙后土的细颗粒不被带走,以及防止墙后产生静水压力。

10. B

【解析】《公路路基设计规范》(JTG D30—2015)规定:挡土墙的排水措施通常由墙身排水和地表排水组成。

11. D

【解析】《公路路基设计规范》(JTG D30—2015)H.0.1规定:荷载应符合下列规定:挡土墙设计计算应采用以极限状态设计的分项系数法为主的设计方法。

12. D

【解析】进行挡土墙设计时，计算土压力的必要参数包括填土高度、填土的内摩擦角、填土对挡土墙墙背的摩擦角，不包括填土的含水率。

13. C

【解析】《公路路基设计规范》（JTG D30—2015）规定：在不宜采用重力式挡土墙，地下水位较高或较软弱的地基上，墙高不宜超过8m时，宜适用半重力式挡土墙。

14. D

【解析】《公路路基设计规范》（JTG D30—2015）规定：挡土墙设计应采用以极限状态设计的分项系数法为主的设计方法，车辆荷载计算应采用附加荷载强度法。

15. D

【解析】《公路路基设计规范》（JTG D30—2015）规定：挡土墙构造设计时，墙身应设置倾向墙外，且坡度不小于4%的排水孔，墙背应设置反滤层。

16. D

【解析】《公路路基设计规范》（JTG D30—2015）规定：在冲刷防护工程中，浸水挡墙可用于允许流速为5～8m/s的峡谷急流和水流冲刷严重的河段。

17. D

【解析】悬臂式支护结构适用于土质较好、开挖深度较浅的基坑工程。

18. C

【解析】参见《公路路基设计规范》（JTG D30—2015）表5.5.10。

19. A

【解析】直立挡土墙向前移动，当墙后填土处于极限平衡状态时，作用于挡土墙上的土压力属于主动土压力。

20. D

【解析】根据图中主动土压力的分布形式，可以判断土压力变化处 $\varphi_1 < \varphi_2$。

21. C

【解析】顺坝设计中坝顶宽度应根据稳定计算确定，坝根应嵌入稳定河岸内不小于2.5m。

22. B

【解析】植物防护中，植草的最小土层厚度不应该小于0.15m。

23. A

【解析】地下水较多的土质、风化破碎石路段适用于石笼式挡土墙。

24. C

【解析】悬臂、扶壁式挡土墙设计中立壁的顶宽不应小于0.2m，底板厚度不应小于0.3m。

25. D

【解析】《公路路基设计规范》（JTG D30—2015）规定：在腐蚀性地层、膨胀土、软黏土、土质松散、地下水较发育及存在不利结构面的边坡，不宜采用土钉支护。

26. A

【解析】《公路路基设计规范》（JTG D30—2015）规定：挡土墙设计应采用以极限状态

设计的分项系数法为主的设计方法,车辆荷载计算应采用附加荷载强度法。

27. D

【解析】挡土墙基础的埋置要求位于纵向斜坡上的挡土墙,当基底纵坡大于5%时,基底应设计为台阶式。

28. B

【解析】同时能减少减小基底压力和增加抗倾覆稳定性的措施为扩大基础。

二、多项选择题

1. AB

【解析】路基防护与加固工程设施按其作用不同,可以分为边坡坡面防护、冲刷防护、支挡建筑物及湿软地基加固四大类。

2. BCD

【解析】石笼属于直接防护。

3. ABCD

【解析】框格防护适用于对土质或风化岩石边坡进行防护,它可采用混凝土、浆砌片(块)石、卵(砾)石等做骨架。

4. CDE

【解析】护面墙可用于封闭各种软质岩层、较破碎的挖方边坡,以及坡面易受侵蚀的土质边坡。

5. ACD

【解析】抛石可用于经常浸水且水深较大的路基边坡或坡脚,以及挡土墙、边坡的基础防护。

6. ACD

【解析】圬工防护包括喷浆和喷射混凝土防护、干砌片石护坡、浆砌片(卵)石护坡、护面墙防护、锚杆钢丝网喷浆或喷射混凝土护坡、抹面防护。

7. ABCE

【解析】根据墙背倾斜情况,重力式挡土墙可分为俯斜式挡土墙、直立式挡土墙、衡重式挡土墙和仰斜式挡土墙等,不包括钢筋混凝土挡土墙。

8. ABD

【解析】常用的重力式挡土墙,一般由墙身、基础、排水设施和伸缩缝等几部分构成。

9. ACD

【解析】间接防护一般可分为丁坝、顺坝和格坝。

10. ABCD

【解析】加筋土挡土墙由填料、筋带、墙面板和基础构成。

11. BCD

【解析】轻型挡土墙常用钢筋混凝土构件组成,主要包括:锚杆挡土墙、悬臂式挡土墙和锚碇板挡土墙。

12. ABCD

【解析】工程防护包括喷护、挂网喷护、干砌片石护坡和浆砌片石护坡等。

13. BCD

【解析】《公路路基设计规范》(JTG D30—2015)规定:土钉支护的结构计算包括:支护的内部整体稳定性验算、外部整体稳定性验算、坡面构件以及坡面构件与土钉的连接计算。

14. BC

【解析】依据《公路路基设计规范》(JTG D30—2015)规定:浸水挡墙可用于允许流速为5~8m/s的峡谷急流和水流冲刷严重的河段;排桩防护可用于局部冲刷深度过大的河湾或宽浅性河流的防护;丁坝可用于宽浅性河段,保护河岸或路基不受水流直接冲蚀而产生破坏;砌石或混凝土护坡可用于允许流速为2~8m/s的路堤边坡防护。

15. ABCDE

【解析】挡土墙稳定性验算包括抗滑稳定性验算、抗倾覆稳定性验算、基底应力及合力偏心距验算,以及墙身截面强度验算。

16. ABC

【解析】《公路路基设计规范》(JTG D30—2015)规定:可变荷载包括车辆荷载引起的土侧压力、流水压力和温度影响力。

17. ABC

【解析】《公路路基设计规范》(JTG D30—2015)5.1.2条规定:坡面防护的作用是保护路基边坡坡面免受雨水冲刷、风化剥落,减缓温差及湿度变化的影响,防止和延缓岩土表面的风化、破碎、剥蚀演变过程,保证路基边坡稳定,并改善路域环境。设计时,一般不考虑承受斜坡地层的侧压力,要求边坡具有足够的稳定性。

三、案例题

1. D

解:根据《公路路基设计规范》(JTG D30—2015)5.4.3条:

(1)冲刷:挡土墙的基础应在局部冲刷线下1m,因此埋深为1.5+1=2.5m;

(2)冻结:冻结深度大于1.0m时,基础最小埋置深度不应小于1.25m,故本题取1.25m;

(3)最小埋深不小于1m。

综上取最大值,故本题的基础埋深取2.5m,选D。

2. C

解:《公路路基设计规范》(JTG D30—2015)5.4.3条第5款规定:基础位于稳定斜坡地面上时,前趾埋入深度和距地表的水平距离应满足表5.4.3的规定。

题目的岩石强度为20MPa,查表3.8.2其地基为软岩;查表5.4.3可得墙趾的最小埋深为1.0m;同时对于斜坡地面,距离水平地面的距离不小于2.0m,本题1:1的坡度,保证不小于2.0m的水平距离的埋深为2.0m。综上取大值,埋深取2.0m。选C。

3. B

解:《公路路基设计规范》(JTG D30—2015)5.4.3条第4款规定:路堑挡土墙基底在路肩以下不应小于1.0m,并低于边沟砌体底面不小于0.2m。

本题的边沟沟底深度为0.6+0.35=0.95m,根据沟底深度确定的基础深度为0.95+0.2=

1.15m;同时挡土墙的基础埋深在路肩以下不小于1m。综上,取最大值1.15m,故选B。

4. B

解:主动土压力值按分布面积计算如下:

$$E_a = \frac{1}{2} \times 11.0 \times (2-0.75) + \frac{1}{2} \times (7.00 + 24.69) \times 3 = 54.41\text{kN/m}$$

5. C

解:《公路路基设计规范》(JTG D30—2015)规定:车辆荷载作用在挡土墙墙背填土上所引起的附加土体侧压力,可换算成等代均布土层厚度计算:

$$h_0 = \frac{q}{\gamma}$$

式中:h_0——换算土层厚度(m);

q——车辆荷载附加荷载强度,墙高小于2m,取20kN/m^2;墙高大于10m,取10kN/m^2;墙高在2~10m之内时,附加荷载强度用直线内插法计算;作用于墙顶或墙后填土上的人群荷载强度规定为3kN/m^2;作用于挡墙栏杆顶的水平推力采用0.75kN/m,作用于栏杆扶手上的竖向力采用1kN/m;

γ——墙背填土的重度(kN/m^3)。

本题中,$h_0 = \frac{10}{18} = 0.556$m,故选C。

6. A

解:基底合力的偏心距e_0的计算公式为:

$$e_0 = \frac{M_d}{N_d}$$

式中:N_d——作用于基底上的垂直力组合设计值(kN/m);

M_d——作用于基底形心的弯矩组合设计值(MPa)。

第六节　特殊路基工程

【考试纲要】

1. 熟悉软土路基设计;滑坡防治措施和综合治理。

2. 了解红黏土与高液限土、黄土、膨胀土、盐渍土、季节冻土、崩塌、泥石流、岩溶、风沙、雪害等地段路基工程问题。

【复习提示】

1. 复习要点

软土路基设计;滑坡防治措施和综合治理;红黏土与高液限土、黄土、膨胀土、盐渍土、季节冻土、崩塌、泥石流、岩溶、风沙、雪害等地段路基工程问题。

重点:

软土路基设计;滑坡防治措施和综合治理。

难点：

软土地基沉降计算、滑坡稳定性计算。

2.规范提示

滑坡稳定性分析应考虑三种工况；滑坡的处理方法有排水、减载、抗滑桩、预应力锚索等措施。软土地基应针对稳定性和沉降进行设计和对地基进行处理。软基处理包括浅层处理、排水固结、粒料桩、加固土桩和CFG桩等措施。《公路路基设计规范》（JTG D30—2015）补充了滑坡稳定性分析的工况，修订了滑坡稳定安全系数；对软土地确路基，补充了CFG桩、强夯置换处理、刚性桩复合地基等设计要求；补充了膨胀土地基变形预估方法及地基分类、膨胀土填料分类、膨胀土边坡柔性支护、膨胀土路基排水设计；补充了湿陷性黄土地基湿陷量的计算方法、各类湿陷性黄土地基常用处理措施的适用条件与范围、湿陷性黄土的处理深度。

习题精练

一、单项选择题

1.对于规模较大、性质复杂的滑坡，设计采用的主要方案为（　　）。

A.预应力锚索　　B.预应力锚索抗滑桩

C.排水系统　　D.路线绕避

2.某滑坡为推移式滑坡，其治理采用的减载、反压的部位是（　　）。

A.滑坡后缘减载、前缘反压措施　　B.滑坡前缘减载、后缘反压措施

C.滑坡后缘反压、前缘减载措施　　D.滑坡前缘反压、后缘减载措施

3.软土路基钻孔深度一般根据压缩层厚度确定，即按附加应力与自重应力的比值小于（　　）来控制。

A.0.1　　B.0.2　　C.0.3　　D.0.4

4.下列属于加固法的是（　　）。

A.落石平台　　B.排水　　C.疏导沟　　D.拦石墙

5.计算沉降的经验法是把一维计算结果乘以经验系数，该经验系数的可能取值为（　　）。

A.大于1　　B.小于1　　C.等于1　　D.以上均有可能

6.特殊路基设计应遵循（　　）的原则。

A.预防为主，力图根治　　B.预防为主，防治结合

C.预防为主，防治结合，力图根治　　D.因地制宜，综合考虑

7.抗滑挡土墙是整治滑坡的有效措施之一，一般采用（　　）。

A.重力式挡土墙　　B.锚定式挡土墙

C.加筋土挡土墙　　D.薄壁式挡土墙

8.真空联合堆载预压在水平方向产生负压，从而能够抵消堆载引起的（　　）。

A.向外挤压　　B.向内收缩

C.向下沉降　　D.向上隆起

9. 用塑料排水板加固地基时,在地面上铺筑砂砾垫层主要是为了(　　)。

A. 提高地基承载力　　B. 排水

C. 施工需要　　D. 扩散路基应力

10. 根据软土地基的沉降规律,拟合曲线可选用(　　)。

A. 双曲线　　B. 抛物线　　C. 指数曲线　　D. 选项 A 和 C

11. 刚性桩复合地基设计应符合的要求为(　　)。

A. 刚性桩桩帽可采用圆柱体、台体或倒锥台体,桩帽平面尺寸宜为 1.0 ~ 1.5m

B. 刚性桩处理地基的最终沉降量计算,需要考虑桩间土压缩变形对沉降的影响

C. 采用不平衡推力法对刚性桩处理地基的稳定性进行验算

D. 桩体抗剪强度可取 14d 无侧限抗压强度的 1/2

12. 软土路基设计应符合(　　)要求。

A. 直接快剪指标不考虑固结时稳定安全系数容许值为 1.2

B. 直接快剪指标考虑固结时稳定安全系数容许值为 1.2

C. 对于一级公路在一般路段处路基工后沉降要小于或等于 0.5m

D. 对于高速公路在一般路段处路基工后沉降要小于或等于 0.2m

13. 在软土地基处理施工技术中,砂垫层的主要作用是(　　)。

A. 提高路基强度　　B. 减小路基沉降

C. 路基竖向排水　　D. 路基浅层水平排水

14. 为保证湿陷性黄土路基的稳定,宜采取的加固措施是(　　)。

A. 强夯法　　B. 换填法

C. 排水固结法　　D. 堆载预压法

15. 关于抛石挤淤的软土处理方法,下列说法错误的是(　　)。

A. 该法主要用于常年积水且不易抽干的地方

B. 抛填的片石不小于 30cm

C. 自中线向两侧展开抛填,横坡陡于 1 : 10 时,自低向高展开

D. 片石抛出水面后应用小块石填塞垫平

二、多项选择题

1. 膨胀土地区路基设计应符合的原则有(　　)。

A. 膨胀土地区路基宜采用低路堤

B. 膨胀土地基设计应以防水、控湿、防风化为主

C. 膨胀土路基不应连续施工,用作路基填料时需要通过室内试验确定处理方案

D. 膨胀土地区路基避免高路堤和浅路堑

2. 以下属于特殊路基的是(　　)。

A. 软土路基　　B. 采空区路基

C. 水库地段路基　　D. 杂填土地段路基

3. 软土地基上路堤横断面设计时,应考虑的因素有(　　)。

A. 地基沉降　　B. 路堤顶面凹陷

C. 顶底和底边收缩　　D. 边坡放缓

4. 抗滑挡土墙防滑设计应符合下列要求(　　)。

A. 抗滑挡土墙应设置在滑坡前缘,可与排水、减载、锚固等措施联合使用

B. 抗滑挡土墙应根据滑坡剩余下滑力值设计

C. 抗滑挡土墙基础埋深较大、土体稳定性较差时,应采取临时支挡措施

D. 以上都不对

5. 关于软土地区地基沉降计算,下列说法错误的有(　　)。

A. 对用于计算沉降压缩层,其底面应在附加应力与有效自重应力之比不大于 0.5 处

B. 行车荷载对沉降的影响,对于高路堤不能忽略不计

C. 主固结沉降应采用分层总和计算法

D. 行车荷载对沉降的影响,对于高路堤可以忽略不计

6. 关于滑坡地段路基施工要求,下列说法正确的有(　　)。

A. 滑坡体未处理之前,严禁在滑坡体上增加荷载,严禁在滑坡前缘减载

B. 采用加填压脚方案整治滑坡时,只能在抗滑段加重反压

C. 滑坡整治宜在春季施工

D. 采用削坡减载方案整治滑坡时,减载应自上而下进行

7. 滑坡防治监测包括(　　)。

A. 施工安全监测　　B. 施工管理监测

C. 防治效果监测　　D. 营运期监测

8. 排水固结法处理可以采用的方法有(　　)。

A. 砂垫层预压　　B. 塑料排水板预压

C. 粉喷桩　　D. 真空预压

9. 滑坡深层地下水的排水设施为(　　)。

A. 渗沟　　B. 仰斜式排水孔

C. 截水渗沟　　D. 排水隧洞

10. 料粒桩处理地基设计应符合的要求有(　　)。

A. 振冲料粒桩可用于加固十字板抗剪强度大于 15kPa 的地基土

B. 沉管粒料桩可以用于加固十字板抗剪强度大于 20kPa 的地基土

C. 振冲料粒桩可用于加固十字板抗剪强度大于 20kPa 的地基土

D. 沉管粒料桩可以用于加固十字板抗剪强度大于 15kPa 的地基土

11. 软土路基营运期稳定性计算时,考虑的荷载包括(　　)。

A. 路堤自重　　B. 路面增重　　C. 行车荷载　　D. 人群荷载

12. 软土地基处理的排水固结法中,竖向排水体如袋装砂井的长度由(　　)确定。

A. 路堤稳定性　　B. 沉降

C. 路基施工速度　　D. 路基高度

13. 对路基有危害的危岩体,应采取的措施有(　　)。

A. 清除　　B. 绕避

C. 采取支撑　　D. 预应力锚固

14. 岩堆路基遇到下列(　　)情况时,需设置支挡措施。

A. 当岩堆地基表面或岩堆床存在斜坡,路堤填筑引起基底失稳

B. 岩堆床坡度较陡,路基开挖深度大尤其是切穿岩堆时可能引起岩堆整体失稳

C. 岩堆地基处于地震频发地段,可能引起岩堆失稳

D. 沿河岩堆路基受水流冲刷,可能诱发路基或岩堆失稳

15. 路线通过泥石流堆积区时,可设置(　　)等排导工程来约束泥石流。

A. 排导沟　　B. 导流堤　　C. 急流槽　　D. 缓流槽

16. 公路滑坡防治工程措施包括(　　)。

A. 反压　　B. 小跨径桥梁

C. 排水　　D. 支挡工程

17. 软土地基处理的排水固结法中,预压期和预压高度,应根据(　　)来确定。

A. 路堤稳定性　　B. 工后沉降量

C. 地基固结度　　D. 路基高度

三、案例题

1. 某软基厚度10m,设计采用一般预压处理,地基处理类型系数取0.9,公路路堤中心填高4m,路基填料重度18kN/m^3,加载速率修正系数 $v=0.025$,地质因素修正系数 $y=-0.1$,计算的主固结沉降50cm。根据《公路路基设计规范》(JTG D30—2015)确定的固结度达到75%时的沉降量最接近的值是(　　)。

A. 38cm　　B. 42cm　　C. 46cm　　D. 48cm

2. 某滑动边坡如下图所示,折线角 $\alpha_1=30°$,$\alpha_2=10°$,滑动面上的黏聚力、内摩擦角不变,$c=10\text{kPa}$,$\psi=15°$,滑块1重力 $G_1=500\text{kN/m}$,$L_1=12\text{m}$,滑块2重力 $G_2=800\text{kN/m}$,$L_2=10\text{m}$,取安全系数1.25,用不平衡推力法确定滑块2的下滑力为(　　)。

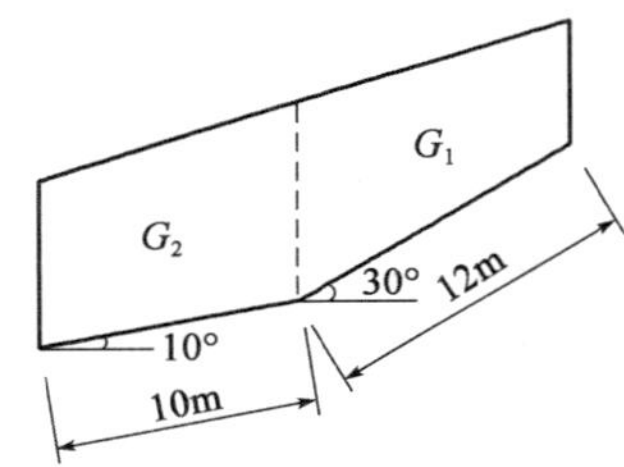

A. 56.7kN　　B. −56.7kN　　C. 0kN/mm　　D. 80kN/m

习题参考答案及解析

一、单项选择题

1. D

【解析】 依据《公路路基设计规范》(JTG D30—2015)7.1.2,应做好工程地质选线工作,路线应绕避规模大、性质复杂、处理困难的不良地质和特殊土(岩)地段,并避免高填深挖路基。

2. A

【解析】依据《公路路基设计规范》(JTG D30—2015)7.2.5,推移式滑坡或由错落转化的滑坡,宜采用滑坡后缘减载、前缘反压措施。故本题选A。

3. A

【解析】依据《公路路基设计规范》(JTG D30—2015)7.7.2,软土路基钻孔深度一般根据压缩层厚度确定,即按附加应力与自重应力的比值小于0.1来控制。

4. B

【解析】加固法包括:危岩锚固、坡面固网、锚喷、支撑、嵌补、排水等。

5. A

【解析】计算沉降的经验法是把一维计算结果乘以经验系数,该经验系数的可能取值大于1。

6. B

【解析】参见《公路路基设计规范》(JTG D30—2015)7.1.3。

7. A

【解析】抗滑挡土墙是整治滑坡的有效措施之一,一般采用重力式挡土墙。

8. B

【解析】《公路路基设计规范》(JTG D30—2015)中提及排水固结法中的常用措施,详见规范第7.7.6条。

9. B

【解析】塑料排水板法加固软土地基是指将塑料排水板用机械插入不同深度的软土层中,形成排水通道,以增加土体的有效排水途径,缩短排水距离,然后通过预压荷载的作用,使软土地基内孔隙水沿塑料板向上渗入地面砂垫层中,达到加固软土地基,从而增大地基整体承载力的一种工艺、技术。

10. D

【解析】根据软土地基的沉降规律,拟合曲线可选用双曲线和指数曲线。

11. A

【解析】刚性桩桩帽可采用圆柱体、台体或倒锥台体,桩帽平面尺寸宜为1.0~1.5m;刚性桩处理地基的最终沉降量计算,不需要考虑桩间土压缩变形对沉降的影响;采用圆弧滑动面法验算刚性桩处理地基的稳定性;桩体抗剪强度可取28d无侧限抗压强度的1/2。

12. B

【解析】根据《公路路基设计规范》(JTG D30—2015)表7.7.1-1和表7.7.1-2,直接快剪指标考虑固结时,稳定安全系数容许值为1.2,对于一级公路在一般路段处路基工后沉降要小于或等于0.3m。

13. D

【解析】砂垫层主要起路基浅层水平排水作用,使软土中的水分在路堤自重的压力作用下,加速沉降发展,缩短固结时间。其形式有排水砂垫层、换土砂垫层、砂垫层和土工布混合使用等形式。

14. A

【解析】在保障湿陷性黄土路基的稳定前提下,宜采取的加固措施是强夯法。

15. C

【解析】自中线向两侧展开抛填,横坡陡于1∶10时,自高向低展开,才能将挤出淤泥。

二、多项选择题

1. AB

【解析】依据《公路路基设计规范》(JTG D30—2015)7.9.1,膨胀土地区路基应避免高路堤和深长路堑,宜采用低路堤或浅路堑;膨胀土地基设计应以防水、控湿、防风化为主;膨胀土路基应连续施工,用作路基填料时需要通过室内试验确定处理方案。

2. ABC

【解析】A属于特殊岩土路基,B属于不良地质路基,C属于特殊条件下路基,故ABC正确。

3. ABCD

【解析】依据《公路路基设计规范》(JTG D30—2015)7.7.12。

4. AC

【解析】依据《公路路基设计规范》(JTG D30—2015)7.2.6,抗滑挡土墙应设置在滑坡前缘,可与排水、减载、锚固等措施联合使用;抗滑挡土墙应根据滑坡剩余下滑力和库仑土压力两者之中的最大值设计;抗滑挡土墙基础埋深较大、土体稳定性较差时,应采取临时支挡措施。

5. AB

【解析】依据《公路路基设计规范》(JTG D30—2015)7.7.2,对用于计算沉降压缩层,其底面应在附加应力与有效自重应力之比不大于0.15处;行车荷载对沉降的影响,对于高路堤可以忽略不计;主固结沉降应采用分层总和计算法。

6. ABD

【解析】滑坡整治宜在旱季施工,选项C错误。选项ABD均对滑坡的受力有利。

7. ACD

【解析】依据《公路路基设计规范》(JTG D30—2015)7.2.10。

8. ABD

【解析】依据《公路路基设计规范》(JTG D30—2015)7.7.6,排水固结法处理可采用砂垫层预压、袋装砂井或塑料排水板预压、真空预压或联合堆载预压。

9. BD

【解析】依据《公路路基设计规范》(JTG D30—2015)7.2.4条文说明,滑坡地表排水工程对其稳定作用大,地表排水布设时要避免地表水流入滑体,并迅速排除滑体范围地表水。地下排水分浅层和深层。对浅层地下水,常用各种形式的渗沟;对深层地下水,常用仰斜排水孔、排水隧洞。埋深较大的截水渗沟、排水隧洞一般施工较困难,造价比较高。

10. AB

【解析】依据《公路路基设计规范》(JTG D30—2015)7.7.7,振冲料粒桩可用于加固十字板抗剪强度大于15kPa的地基土;沉管粒料桩可以用于加固十字板抗剪强度大于20kPa的地基土。

11. ABC

【解析】依据《公路路基设计规范》(JTG D30—2015)7.7.3 第 2 款,验算时应按施工期和营运期的荷载分别计算稳定系数。施工期的荷载只考虑路堤自重,营运期的荷载应包括路堤自重、路面增重及行车荷载。

12. AB

【解析】依据《公路路基设计规范》(JTG D30—2015)7.7.6 第 2 款,根据软土性质、筑路材料与施工工艺,可选用袋装砂井或塑料排水板或其他材料作为竖向排水体。竖向排水体宜按等边三角形布置,其长度由路堤稳定性和沉降要求确定;软土层较薄时,宜贯穿软土层。预压期不宜小于 6 个月。

13. ACD

【解析】《公路路基设计规范》(JTG D30—2015)7.3.4。

14. ABD

【解析】《公路路基设计规范》(JTG D30—2015)7.4.6。

15. ABC

【解析】《公路路基设计规范》(JTG D30—2015)7.5.3。

16. ACD

【解析】依据《公路路基设计规范》(JTG D30—2015)7.2.1 第 3 款,滑坡防治应根据滑坡区工程地质条件、类型、规模、稳定性及对公路危害程度,以及公路的重要性和施工条件等,采取排水、减载、反压与支挡工程的综合治理措施。

17. BC

【解析】依据《公路路基设计规范》(JTG D30—2015)7.2.1 第 3 款,预压期和预压高度应根据要求的工后沉降量或地基固结度确定。预压期内地基应完成的沉降量不得小于路面设计使用年限末的沉降量与容许工后沉降之差;必要时,预压期末地基的固结度尚应满足路堤稳定性的要求。

三、案例题

1. B

解:根据《公路路基设计规范》(JTG D30—2015)7.7.2,有:

$$m_s = 0.123r^{0.7}(\theta \times H^{0.2} + VH) + Y$$
$$= 0.123 \times 18^{0.70} \times (0.9 \times 4^{0.2} + 0.025 \times 4) + (-0.1)$$
$$= 1.098$$

$$S_t = (m_s - 1 + V_t) \times S_c$$
$$= (1.098 - 1 + 0.75) \times 50$$
$$= 42.4$$

故选择 B。

2. C

解:根据《公路路基设计规范》(JTG D30—2015)有:

$$E_1 = W_1 \times \sin\alpha_1 - \frac{1}{F_s}(c \times L_1 + W_1 \times \cos\alpha_1 \times \tan\varphi)$$

$$= 500 \times \sin30° - \frac{1}{1.25} \times (10 \times 12 + 500 \times \cos30° \times \tan15°) = 61.18$$

$$\psi_1 = \cos(\alpha_1 - \alpha_2) - \frac{\tan\varphi}{F_s} \times \sin(\alpha_1 - \alpha_2)$$

$$= \cos(30° - 10°) - \frac{\tan15°}{1.25} \times \sin(30° - 10°) = 0.87$$

$$E_2 = W_2 \times \sin\alpha_2 - \frac{1}{F_s} \times (c \times L_2 + W_2 \times \cos\alpha_2 \times \tan\varphi) + \psi \times E_1$$

$$= 800 \times \sin10° - \frac{1}{1.25} \times (10 \times 10 + 800 \times \cos10° \times \tan15°) + 0.87 \times 61.18$$

$$= -56.75\text{kN}$$

计算的剩余下滑力小于0,取0,故选择C。

第三章　路 面 工 程

第一节　总　　论

【考试纲要】

1. 掌握路面基本性能要求及其影响因素;路面的结构层次与功能;路面的分级与分类。

2. 熟悉汽车荷载以及环境影响因素对路面性能的影响;熟悉路面排水要求。

【复习提示】

1. 复习要点

路面的功能,路面的使用性能,对路面的基本要求,路面各结构层的分类、作用及特点,路面的分级和分类以及划分依据,运动车辆对路面的作用,标准轴载、湿度及温度对路面的影响,行车荷载,当量轴载,标准轴载,路面排水系统等。

重点:

路面的功能、路面的使用性能、对路面的基本要求、路面各结构层的作用、各种结构层材料性质及要求、路面的分级和分类标准。

难点:

运动车辆对路面的作用、环境影响因素对路面的影响、粒料类及无机结合料类结构层性质。

2. 规范提示

《公路工程技术标准》(JTG B01—2014),对路面结构设计荷载做了新的调整,路面结构设计标准轴载仍为双轮组单轴轴载100kN,轮胎压力0.7MPa;但重载交通条件下可根据实际调查的轴载谱,灵活选择路面设计轴载标准,采用分向、分道方式进行路面结构设计。高速公路路面不应分期修建,位于软土、高填方等工后沉降较大的局部路段,面层可一次设计、分期实施。路面类型应根据公路功能、技术等级、交通量、环境保护、工程造价等因素进行综合论证后选用,取消根据公路等级选用路面面层的规定。按照"以防为主、防排结合"的原则,增加关于路面结构设计应进行防水设计的要求。

◆◆ 习题精练 ◆◆

一、单项选择题

1. 使用中间段法单轴压缩试验测定无机结合料稳定类材料的弯拉强度和弹性模量,使用的水泥稳定类材料试件的龄期应为(　　)。

A. 60d　　B. 90d　　C. 120d　　D. 180d

2. 级配碎石中通过0.075mm筛孔的颗粒含量不宜大于5%。工程中配制级配碎石混合料时0.075mm以下颗粒含量难以保证时,可掺入一定量的(　　)替代部分石屑。

A. 天然砂　　B. 矿粉　　C. 尾矿砂　　D. 以上均可

3. 水泥稳定土用于高速公路和一级公路的基层,压碎值不大于(　　)。

A. 30%　　B. 35%　　C. 40%　　D. 45%

4. 高级路面平整度和水稳定性好,透水性小,一般采用(　　)的路拱横坡度。

A. 较小　　B. 纵坡大时较小　　C. 较大　　D. 固定

5. 提高无机结合料稳定类结构层抗裂性能的方法是(　　)。

A. 增加石灰剂量　　B. 加入一定量的粗粒料

C. 采用塑性指数较大的土　　D. 加水、加强碾压

6. 行车荷载和自然因素对路面结构的影响程度随深度的增加而(　　)。

A. 逐渐减弱　　B. 不变化

C. 逐渐增大　　D. 先减小后增大

7. 通常按路面的使用品质、材料组成类型及结构强度和稳定性,将路面分为(　　)等级。

A. 两个　　B. 三个　　C. 四个　　D. 五个

8. 行驶中的汽车对路面施加的荷载有瞬时性,不同车速下沥青路面和水泥混凝土路面的变形量不同。车速越快,路面的变形量(　　)。

A. 越小　　B. 越大　　C. 先大后小　　D. 先小后大

9. 刚性路面传递给地基上的单位压力较柔性路面(　　)。

A. 小得多　　B. 大得多　　C. 一样大　　D. 没有可比性

10. 对路面材料的强度、抗变形能力的要求随深度的增加而(　　)。

A. 逐渐降低　　B. 逐渐增加　　C. 不变化　　D. 与深度无关

11. 相对于静荷载,动荷载作用于路面上时引起的路面变形量会(　　)。

A. 减小　　B. 增大　　C. 同样　　D. 无可比性

12. 高级路面的路拱形式及横坡度通常选择(　　)。

A. 较小路拱横坡度和直线形路拱

B. 较小路拱横坡度和抛物线形路拱

C. 较小路拱横坡度和圆曲线形路拱

D. 较大路拱横坡度和直线形路拱

13. 水泥稳定土材料用作路面基层时,应具有较好的级配,集料最大粒径不应超过(　　)。

A. 31.5mm　　B. 37.5mm　　C. 53mm　　D. 63mm

14. 影响路面行驶质量最主要的因素是(　　)。

A. 路面表面的平整度特性

B. 车辆悬挂系统的振动性

C. 人对振动的反应能力

D. 人对振动的接受能力

15. 车辆在路面上行驶的安全性主要指路面表面的(　　)。

A. 平整度特性　B. 抗滑能力　C. 耐久性　D. 承载能力

16. 水泥稳定土材料用作高速公路和一级公路的基层时,压实度应达到(　　)。

A. 95%　B. 96%　C. 97%　D. 98%

17. 填隙碎石材料用于沥青路面基层时,集料公称最大粒径不应超过(　　)。

A. 26.5mm　B. 31.5mm　C. 53.0mm　D. 63.0mm

18. 水泥稳定碎石用于高速公路、一级公路基层时,粒料公称最大粒径不宜大于(　　)。

A. 31.5mm　B. 37.5mm　C. 53.0mm　D. 63.0mm

二、多项选择题

1. 路面结构层一般分为(　　)。

A. 面层　B. 垫层　C. 磨耗层　D. 基层

2. 以下路面结构,适合做一级公路路面面层的是(　　)。

A. SMA 路面　B. 沥青表面处治

C. 沥青混凝土　D. 水泥混凝土

3. 路面的基本性能包括(　　)。

A. 强度及稳定性　B. 不透水性

C. 表面平整度　D. 表面抗滑性

4. 以下路面结构层材料应用于路面面层时,属于次高级路面的是(　　)。

A. 沥青表面处治　B. 沥青贯入式

C. 石灰稳定土　D. 路拌沥青碎石

5. 以下因素中,与路面的行驶质量有关的是(　　)。

A. 路面表面的平整度特性　B. 人对振动的反应和接受能力

C. 车辆悬挂系统的振动性　D. 路面结构的承载能力

6. 路肩的作用是(　　)。

A. 供车辆临时或紧急停靠　B. 作为临时车道供车辆行驶

C. 加强排水　D. 节约路面材料,降低成本

7. 路面排水系统主要由(　　)组成。

A. 路面表面排水　B. 中央分隔带排水

C. 路面结构内部排水　D. 路基地下排水

8. 城市道路的排水一般采用管渠形式,主要由(　　)构成,设计时应根据当地材料和道路类别选择。

A. 偏沟　B. 拦水坝　C. 连接管　D. 雨水口

9. 路面内部排水系统主要由(　　)组成。

A. 边缘排水系统　B. 中央分隔带排水系统

C. 排水基层排水系统　D. 路面表面排水系统

10. 按照路面结构的力学特性和设计方法的相似性,路面通常划分为(　　)。

A. 半柔性路面 B. 刚性路面 C. 柔性路面 D. 半刚性路面

11. 以下路面结构,属于刚性路面的是( )。

A. 块石路面 B. 水泥混凝土路面

C. 沥青玛蹄脂碎石路面 D. 水泥混凝土做基层的沥青路面

12. 以下几种路面基层材料中,属于半刚性材料的是( )。

A. 石灰粉煤灰碎石 B. 级配碎石

C. 泥结碎石 D. 水泥稳定碎石

13. 垫层位于土基和基层之间,下列( )情况需要设置垫层。

A. 地下水位较高的路基上 B. 可能发生冻胀的路基上

C. 土质不良或冻深较大的路基上 D. 路面厚度较大的道路

14. 垫层材料应符合以下要求( )。

A. 高强 B. 水稳定性好 C. 隔温性好 D. 刚度高

15. 路拱的形式选择,应满足以下( )要求。

A. 美观 B. 造价低 C. 利于路面排水 D. 保证行车平稳

16. 根据道路等级,路面横断面可以选择不同的形式。通常路面横断面形式有( )。

A. 槽式 B. 设中间带式 C. 不设中间带式 D. 全铺式

17. 以下结构层用于路面面层时,属于中级路面的是( )。

A. 半整齐石块路面 B. 级配碎石

C. 未筛分碎石 D. 水泥稳定碎石

18. 以下路面结构,属于柔性路面的是( )。

A. 水泥稳定粒料基层和沥青面层组成的路面结构

B. 级配碎石基层和沥青混合料面层组成的路面结构

C. 填隙碎石、级配碎石基层和沥青混合料面层组成的路面结构

D. 石灰稳定碎石、工业废渣基层和沥青混凝土面层组成的路面结构

19. 车辆轮迹横向分布情况与以下( )因素有关。

A. 交通组织类型 B. 车道宽度 C. 交通组成 D. 车道数

20. 影响路面结构内温度状况的因素有( )。

A. 气温 B. 太阳辐射

C. 路面材料的导热系数 D. 路表面的粗糙度

习题参考答案及解析

一、单项选择题

1. B

【解析】无机结合料稳定类材料的强度和模量值随龄期增长,结合料不同,混合料中发生的物理化学反应不同,达到相应强度和模量值对应的龄期亦不同。水泥结合料稳定类、水泥粉煤灰稳定类材料试件的龄期为 90 天,石灰稳定类、石灰粉煤灰稳定类材料试件的龄期为

180 天。

2. A

【解析】粒料类基层除具有足够的承载能力外,还需要具有一定的疏水能力,以发挥其排水功能,故需控制碎石混合料中 0.075mm 以下颗粒含量。通常碎石场的 0.075mm 以下颗粒含量高且波动大,若 0.075mm 以下颗粒含量难以保证时,可掺入一定量的天然砂替代部分石屑,以降低 0.075mm 以下颗粒含量。

3. A

【解析】水泥稳定土的材料组成影响其强度及刚度。用于高速公路和一级公路基层的水泥稳定土,压碎值不大于 30%。

4. A

【解析】选择路拱横坡度,应充分考虑有利于行车平稳和有利于横向排水两方面的要求。高级路面平整度和水稳定性好,透水性小,一般采用较小的路拱横坡度。

5. B

【解析】无机结合料稳定类结构层易出现干缩或温缩进而产生裂缝,其收缩程度与环境、结构层材料组成及性质有关。掺入或加大粗集料含量,会减少或减弱其收缩程度,从而起到防裂作用。

6. A

【解析】行车荷载和自然因素对路面的影响程度,随路面深度的增加而逐渐减弱。因此,对路面材料的强度、抗变形能力和稳定性的要求也随深度的增加而逐渐降低。

7. C

【解析】通常按路面的使用品质、材料组成类型及结构强度和稳定性,将路面分为四个等级,即:高级、次高级、中级、低级。

8. A

【解析】行驶的汽车对路面施加的荷载有瞬时性,车轮通过路面上任一点,路面承受荷载的时间是很短的,大约只有 0.01 ~0.10s。由于路面结构中应力传递是通过相邻的颗粒来完成的,若应力出现的时间很短,则来不及传递分布,动荷载作用下路面变形量将减小。

9. A

【解析】刚性路面主要指用水泥混凝土作面层或基层的路面结构。在车辆荷载作用下,水泥混凝土结构层处于板体工作状态,竖向弯沉较小,路面结构主要靠水泥混凝土板的抗弯拉强度承受车辆荷载,通过板体的扩散分布作用,传递给基础上的单位压力较柔性路面小得多。

10. A

【解析】行车荷载和自然因素对路面的影响,随深度的增加而逐渐减弱。因此,对路面材料的强度、抗变形能力和稳定性的要求也随深度的增加而逐渐降低。为了适应这一特点,路面结构通常是分层铺筑的。

11. A

【解析】行驶的汽车对路面施加的荷载有瞬时性,车轮通过路面上任一点,路面承受荷载的时间是很短的,大约只有 0.01 ~0.10s。在路面下一定深度处,应力作用的持续时间略长一点,但仍很短。由于路面结构中应力传递是通过相邻的颗粒来完成的,若应力出现的时间很短,则来不及传递分布,其变形便不能像静载作用时呈现得那样完全。所以动荷载作用下路面变形量会相应减小。

12. A

【解析】为了保证路面上的雨水及时排除,减少雨水对路面的浸湿和渗透,应设置合理的路拱形式及路拱横坡。高级路面平整度和水稳性好,透水性小,一般采用较小路拱横坡度和直线形路拱。

13. B

【解析】水泥稳定土的混合料组成影响结构层强度。用作基层的水泥稳定土,集料的最大粒径不应超过37.5mm,并且应有较好的级配。

14. A

【解析】路面的行驶质量同路面表面的平整度特性、车辆悬挂系统的振动性、人对振动的反应和接受能力三方面因素有关。其中,平整度是影响路面行驶质量最主要的因素。

15. B

【解析】功能性能要求路面表面平整、抗滑,能迅速排水,且尽可能将车辆与路面表面产生的噪声降低到要求限度。安全性主要指路面表面的抗滑能力。

16. D

【解析】水泥稳定土的压实度应根据公路等级和所在路面结构中的层位确定,用作高速公路和一级公路基层的水泥稳定土,压实度应达到98%。

17. C

【解析】填隙碎石公称最大粒径宜为层厚度的1/2~2/3。当用于基层时,粒料最大公称粒径不宜超过53.0mm。以保证粒料相互之间的嵌挤锁结。

18. A

【解析】为保证混合料均质,对无机结合料稳定类基层材料的最大公称粒径进行控制。无机结合料稳定类材料用于高速公路、一级公路基层时,公称最大粒径不宜大于31.5mm。

二、多项选择题

1. ABD

【解析】按照使用要求、受力状况、土基支承条件和自然因素影响程度的不同,可将路面分成若干层次。通常按照各个层位功能的不同,划分为三个层次,即面层、基层和垫层。

2. ACD

【解析】高级路面的特点是强度高,刚度大,稳定性好,使用寿命长,能适应较繁重的交通量,路面平整,无尘埃,能保证高速行车。高级路面养护费用少,运输成本低,但初期建设投资高,需要用质量高的材料来修筑。通常一级公路采用高级路面,主要有水泥混凝土路面、沥青混凝土路面,SMA路面。

3. ABCD

【解析】为了保证道路最大限度地满足车辆运行的要求,提高行车速度,增强安全性和舒适性,降低运输成本和延长道路使用年限,路面应有足够的强度、一定的刚度、良好的平整度、耐久性、不透水性、抗滑性等要求。

4. ABD

【解析】次高级路面与高级路面相比,强度和刚度较差,使用寿命较短,所适应的交通量较小,行车速度也较低,常用的有沥青表面处治、沥青贯入式、路拌沥青碎石路面等。

5. ABC

【解析】路面的行驶质量同路面表面的平整度特性、车辆悬挂系统的振动性、人对振动的反应和接受能力三方面因素有关。

6. AB

【解析】路肩设在行车道两侧,供车辆临时或紧急停靠,或者在路面大、中修期间,作为临时车道供车辆行驶。

7. ABC

【解析】为使渗入路面的表面水降至最低程度及迅速排除路面结构内的水分,所采用的路面排水系统主要由路面表面排水、中央分隔带排水、路面结构内部排水三部分组成。

8. ACD

【解析】城市道路的排水一般采用管渠形式,主要由偏沟、连接管、雨水口构成,设计时应根据当地材料和道路类别选择。

9. AC

【解析】路面内部排水系统主要由边缘排水系统和排水基层的排水系统组成。

10. BCD

【解析】从路面结构的力学特性和设计方法的相似性出发,可将路面划分为柔性路面、刚性路面和半刚性路面三类。

11. BD

【解析】刚性路面主要指用水泥混凝土作面层或基层的路面结构。

12. AD

【解析】半刚性基层是指用水泥、石灰等无机结合料处治的土或碎(砾)石及含有水硬性结合料的工业废渣修筑的基层,在前期具有柔性路面的力学性质,后期的强度和刚度均有较大幅度的增长,但是最终的强度和刚度仍远小于水泥混凝土。由于这种材料的刚性处于柔性路面与刚性路面之间,因此把这种基层和铺筑在它上面的沥青面层统称为半刚性路面。

13. ABC

【解析】垫层设置于土基与基层之间,用来改善土基的湿度和温度状况,保证面层和基层的强度、刚度和稳定性不受土基的影响。同时垫层还起到将基层传递下来的车辆荷载应力进一步加以扩散,从而减小土基顶面压应力和竖向变形的作用。在地下水位较高的路基上、可能发生冻胀的路基上、土质不良或冻深较大的路基上都应该设置。

14. BC

【解析】垫层的功能要求其不一定要高强,但必须水稳定性好、隔温性好。

15. CD

【解析】路拱设置的主要目的是及时排除路面水,并且能满足行车稳定性要求。

16. AD

【解析】根据道路等级,路面横断面可以选择不同的形式。通常路面横断面形式有槽式、全铺式两种。

17. ABCD

【解析】中级路面强度、刚度相对较低,稳定性差,使用寿命短,平整度差,容易扬尘。半整齐石块路面、级配碎石、未筛分碎石、水泥稳定碎石均属于中级路面。

18. BC

【解析】柔性路面结构整体刚度小,在行车荷载作用下产生的弯沉变形较大,路面结构层抗弯拉强度较低。结构主要靠抗压及抗剪强度承受行车荷载的作用。柔性路面主要是指各种未经处治的粒料基层和各类沥青面层、碎石面层或块石面层组成的路面结构。

19. ABCD

【解析】轮迹横向分布的情况取决于交通的渠化程度,与交通组织类型、车道宽度、车道数、交通组成、车速、驾驶员驾驶习惯等有关。

20. ABCD

【解析】影响路面结构内温度状况的因素,可分为外部因素和内部因素两大类。选项中,气温、太阳辐射为外部因素,路面材料导热系数、路表面粗糙度为内部因素。

第二节 沥青路面

【考试纲要】

1. 掌握沥青路面的种类、特点及选择依据;沥青路面的设计内容;沥青路面结构组合设计;沥青路面的破坏状态、设计标准及设计指标;沥青路面厚度要求。

2. 熟悉沥青路面改建设计。

3. 了解沥青路面设计理论与方法。

【复习提示】

1. 复习要点

沥青路面的概念、类型、特点及使用情况;双圆均布荷载弹性层状体系设计理论;沥青路面破坏状态与设计标准;沥青路面结构组合设计;不同结构类型沥青路面的设计指标及计算图式;各设计指标对应的力学响应和竖向位置;结构层材料疲劳破坏及疲劳寿命;结构层最小施工厚度及推荐厚度;新建及改建沥青路面设计内容及步骤。

重点:

沥青路面的概念、类型、特点及使用情况,沥青路面结构组合设计,不同结构组合的沥青路面设计指标及计算图式,新建及改建沥青路面设计内容及步骤。

难点:

弹性层状体系设计理论、沥青路面破坏状态与设计标准,不同结构组合路面的设计指标及各指标的力学响应。

2. 规范提示

《公路沥青路面设计规范》(JTG D50—2017)提出了沥青路面为多指标控制设计。沥青路面结构类型按基层材料性质不同共分为四类:无机结合料稳定类基层沥青路面、粒料类基层沥青路面、沥青结合料类基层沥青路面和水泥混凝土基层沥青路面。不同结构类型的沥青路面设计指标不同。路面结构组合设计、沥青路面交通量等级确定、路面结构层材料性质及参数确定、不同结构组合沥青路面的设计指标、路面竣工验收实测代表性弯沉值计算等为重点考核内容。

习题精练

一、单项选择题

1. 我国沥青路面设计采用的路面结构力学模型是(　　)。

A. 单圆均布荷载作用下的弹性层状体系

B. 双圆均布荷载作用下的弹性三层体系

C. 双圆均布荷载作用下的弹性层状体系

D. 矩形均布荷载作用下的弹性多层体系

2. 重交通沥青路面路基顶面回弹模量值应不小于(　　)。

A. 40MPa　B. 50MPa　C. 60MPa　D. 70MPa

3. 目前,我国高速公路、一级公路沥青路面施工图设计中,水泥稳定类材料弯拉强度和弹性模量的测定使用(　　)。

A. 中间段法单轴压缩试验　B. 动态压缩回弹模量试验

C. 动态弯拉模量试验　D. 欧洲标准压缩回弹模量试验

4. 年平均降雨量在500~1000mm的地区,高速公路、一级公路沥青路面在交工验收时,横向力系数SFC60应大于或等于(　　)。

A. 45　B. 50　C. 54　D. 55

5. 沥青路面施工时,应在沥青结合料类材料层间设置(　　)。

A. 黏层　B. 透层　C. 封层　D. 应力吸收层

6. 沥青玛蹄脂碎石混合料通常用作(　　)。

A. 下面层　B. 上面层　C. 联结层　D. 下封层

7. 嵌挤类沥青路面的强度和稳定性主要依靠(　　)来提供。

A. 沥青的黏结力　B. 颗粒之间的黏聚力

C. 集料颗粒之间的内摩阻力　D. 以上都不正确

8. 沥青混凝土路面施工使用(　　)。

A. 层铺法　B. 路拌法　C. 厂拌法　D. 灌浆法

9. 组成沥青混合料的粗集料要求其颗粒应接近(　　)。

A. 立方体　B. 扁平状　C. 长方体　D. 针片状

10. 沥青混合料的高温稳定性用(　　)来评定。

A. 流值　B. 稳定度　C. 动稳定度　D. 软化点

11. 沥青表面处治结构层的厚度一般为(　　)。

A. 1.0 ~ 1.5cm　B. 1.0 ~ 3.0cm　C. 3.0 ~ 4.0cm　D. 4.0 ~ 5.0cm

12. 我国沥青路面结构设计采用的标准轴载轴轮型为(　　)。

A. 单轴单轮组　B. 双轴双轮组　C. 单轴双轮组　D. 单轴三轮组

13. 公路沥青路面结构设计采用双圆均布荷载,荷载集度为(　　)。

A. 0.35MPa　B. 0.45MPa　C. 0.6MPa　D. 0.7MPa

14. 重交通荷载等级高速公路沥青路面,水泥稳定类材料基层 7d 无侧限抗压强度应为(　　)。

A. 2.0 ~ 4.0MPa　B. 3.0 ~ 5.0MPa　C. 4.0 ~ 6.0MPa　D. 5.0 ~ 7.0MPa

15. 沥青路面结构验算时,沥青混合料面层采用(　　)条件下的动态压缩模量。

A. 15℃、10Hz　B. 20℃、10Hz　C. 25℃、10Hz　D. 25℃、5Hz

16. 高速公路沥青路面施工图设计阶段,粒料类结构层回弹模量应采用(　　)。

A. 直接拉伸试验测定　B. 间接拉伸试验测定

C. 马歇尔试验确定　D. 重复加载三轴压缩试验测定

17. 为了提高沥青混合料的高温稳定性,可采用(　　)。

A. 增加沥青最佳用量　B. 降低沥青最佳用量

C. 增加结构层厚度　D. 增加矿粉

18. 确定沥青混合料中沥青最佳用量的试验是(　　)。

A. 承载板试验　B. 击实试验　C. 灌砂法试验　D. 马歇尔试验

19. 高速公路和一级公路施工图设计阶段,沥青路面结构层材料设计参数的确定宜采用(　　)。

A. 水平一　B. 水平二　C. 水平三　D. 水平二或水平三

20. 中粒式密级配沥青混凝土 AC-16 的最小压实厚度是(　　)。

A. 4.0cm　B. 4.5cm　C. 5cm　D. 6cm

21. 我国现行公路沥青路面设计方法中,采用的设计标准轴载的单轮接地当量圆直径为(　　)。

A. 155mm　B. 165mm　C. 213mm　D. 300mm

22. 沥青玛蹄脂碎石混合料的结构层厚度不宜小于集料公称最大粒径的(　　)。

A. 1.5 倍　B. 2 倍　C. 2.5 倍　D. 3 倍

23. 对沥青混合料的贯入强度的规定要求旨在控制沥青路面(　　)。

A. 水损坏　B. 车辙　C. 疲劳开裂　D. 坑槽

24. 我国公路沥青路面的设计交通荷载等级分为(　　)。

A. 三个等级　B. 四个等级　C. 五个等级　D. 六个等级

25. 沥青路面改建设计,车道系数的确定采用(　　)。

A. 水平一　B. 水平二　C. 水平三　D. 水平二或水平三

26. 高速公路沥青路面结构的目标可靠度不应低于(　　)。

A. 80%　B. 85%　C. 90%　D. 95%

27. 我国沥青路面结构设计所采用的设计轴载是( )。

A. 轴重 50kN 的单轴—单轮组轴载　B. 轴重 70kN 的单轴—双轮组轴载
C. 轴重 100kN 的单轴—双轮组轴载　D. 轴重 130kN 的单轴—单轮组轴载

28. 对于重交通荷载等级的高速公路、一级公路沥青路面,用作基层的级配碎石 CBR 值应( )。

A. ≥80　B. ≥120　C. ≥160　D. ≥180

29. 沥青路面设计指标中,沥青混合料层永久变形量对应的力学响应为( )。

A. 沿行车方向的水平拉应变　B. 沿行车方向的水平拉应力
C. 竖向压应变　D. 竖向压应力

30. 对于七月平均最高气温小于 20℃的夏凉区,高速公路和一级公路普通沥青 SMA 混合料动稳定度不小于( )。

A. 1500 次/mm　B. 2000 次/mm　C. 2400 次/mm　D. 3000 次/mm

31. 集料最大公称粒径 53.0mm 的未筛分碎石用作沥青路面基层时,结构层厚度应不小于( )。

A. 100mm　B. 120mm　C. 150mm　D. 180mm

二、多项选择题

1. 以下沥青路面结构,能适用于各种交通荷载等级的是( )。

A. 无机结合料稳定类基层沥青路面　B. 粒料类基层沥青路面
C. 沥青结合料类基层沥青路面　D. 水泥混凝土基层沥青路面

2. 以下选项属于沥青路面损坏状况评价指标的有( )。

A. 横向裂缝间距　B. 纵向裂缝率　C. 断板率　D. 修补面积率

3. 按嵌挤原则形成强度的沥青路面,具备以下特点( )。

A. 热稳定性较好　B. 空隙率较大　C. 易渗水　D. 耐久性较差

4. 季节性冻土地区,水泥混凝土基层沥青路面结构的设计指标有( )。

A. 沥青面层低温开裂验算和路面防冻厚度验算
B. 沥青混合料层永久变形量
C. 沥青混合料层层底拉应变
D. 路基顶面竖向压应变

5. 以下沥青混合料结构层主要由嵌挤原理构成其强度的是( )。

A. 沥青碎石　B. 细粒式沥青混凝土
C. 粗粒式沥青混凝土　D. 贯入式沥青路面

6. 按密实原理构成强度的沥青混合料,具有以下特点( )。

A. 高温稳定性较差　B. 空隙率较小
C. 抗冻性好　D. 不透水性好

7. 沥青路面施工方法有( )。

A. 层铺法　B. 灌浆法　C. 厂拌法　D. 路拌法

8. 沥青混合料水稳定性不满足要求时,可采用的措施有( )。

A. 掺入消石灰
B. 掺入水泥
C. 掺入抗剥落剂
D. 采用饱和石灰水处理集料

9. 以下路面结构层材料属于高级路面的是(　　)。
A. 沥青玛蹄脂碎石路面
B. 乳化沥青碎石混合料路面
C. 沥青混凝土路面
D. 沥青表面处治路面

10. 以下选项可以减少或延缓反射裂缝的是(　　)。
A. 选用抗裂性能好的无机结合料稳定材料
B. 增加沥青混合料层厚度
C. 设置应力吸收层
D. 增加无机结合料剂量

11. 以下结构层材料用于沥青路面结构中,应控制其层底拉应力的是(　　)。
A. 石灰粉煤灰碎石
B. 沥青碎石
C. 石灰稳定土
D. 水泥稳定土

12. 沥青路面设计交通荷载等级确定时,对于新建路面,车道系数可采用(　　)。
A. 水平一　B. 水平二　C. 水平三　D. 水平一或水平二

13. 季节性冻土地区,粒料类基层及底基层沥青路面,设计指标为(　　)。
A. 沥青混合料层层底拉应变
B. 沥青混合料层永久变形量
C. 路基顶面竖向压应变
D. 沥青面层低温开裂验算和防冻厚度验算

14. 关于沥青表面处治,以下说法正确的是(　　)。
A. 表面处治可用作磨耗层
B. 表面处治的厚度需要通过计算确定
C. 表面处治是次高级路面
D. 表面处治的厚度不需要通过力学计算确定

15. 用马歇尔试验确定沥青混合料的最佳沥青用量时,需要测试的指标参数有(　　)。
A. 沥青的针入度
B. 混合料的饱和度
C. 混合料的稳定度
D. 混合料的流值

16. 非季节性冻土地区,无机结合料稳定类基层及底基层沥青路面,路面结构设计指标为(　　)。
A. 无机结合料稳定层层底拉应力
B. 沥青混合料层永久变形量
C. 沥青混合料层层底拉应变
D. 路基顶面竖向压应变

17. 水泥混凝土基层沥青路面适用于(　　)。
A. 轻交通荷载等级道路
B. 重交通荷载等级道路
C. 中等交通荷载等级道路
D. 特重交通荷载等级道路

18. 新建沥青路面交工时,路段内实测路表弯沉值应考虑(　　)。
A. 季节影响系数　B. 温度修正系数　C. 湿度影响系数　D. 以上都考虑

19. 沥青路面面层抗滑性能以(　　)为主要指标来评定。
A. 粗糙度　B. 横向力系数　C. 国际平整度指数　D. 构造深度

20. 密级配热拌沥青混合料的水稳定性评价指标为(　　)。
A. 浸水马歇尔试验稳定度
B. 冻融劈裂试验劈裂强度
C. 冻融劈裂试验劈裂强度比
D. 浸水马歇尔试验残留稳定度

三、案例题

1. 某高速公路，路基为干燥状态，路面结构组合如下：

沥青玛蹄脂碎石混合料
开级配沥青混合料
水泥稳定碎石
石灰煤渣碎石土

请问该沥青路面结构的设计指标是(　　)。

A. 无机结合料稳定层层底拉应力、沥青混合料层永久变形量

B. 沥青混合料层层底拉应变、沥青混合料层永久变形量、路基顶面竖向压应变

C. 沥青混合料层永久变形量、沥青混合料层层底拉应变、无机结合料稳定层层底拉应力

D. 路基顶面竖向压应变、沥青混合料层层底拉应变、沥青混合料层永久变形量、无机结合料稳定层层底拉应力

2. 某地拟新建一条一级公路，根据交通量要求，决定采用高级沥青路面。当地年内最高气温 40℃，最低气温 6℃，路基有干燥和中湿两种类型，公路附近有电厂，沿线有石灰、碎石、煤渣等可以利用。请判断以下路面结构组合中哪一个适合该道路(　　)。

A.

粗粒式沥青混凝土
中粒式沥青混凝土
水泥稳定土
石灰煤渣土

B.

中粒式沥青混凝土
粗粒式沥青混凝土
水泥稳定碎石
石灰煤渣碎石土

C.

沥青贯入式
石灰土
水泥稳定碎石

D.

沥青表面处治
沥青碎石
水泥稳定碎石

3. 某地一级公路，路面采用沥青路面，基层使用水泥稳定粒料，采用中间段法单轴压缩试验测得水泥稳定粒料的弹性模量均值为 24000MPa。请问：该沥青路面结构设计验算时，水泥稳定粒料结构层的弹性模量取值应为(　　)。

A. 10000MPa　　B. 12000MPa　　C. 20000MPa　　D. 24000MPa

4. 公路自然区划Ⅴ区某一级公路，交通荷载等级为重交通，路面结构组合方案如下：

SMA-16　700mm
AM-25　120mm
水泥稳定碎石　200mm
水泥稳定土　220mm

请分析该路面结构主要损坏类型是(　　)。

A. 车辙、水泥稳定碎石疲劳开裂

B. 面层反射裂缝、水泥稳定碎石疲劳开裂

C. 车辙、面层反射裂缝

D. 车辙、水泥稳定碎石疲劳开裂、面层反射裂缝

5. 非季节性冰冻地区某一级公路,上面层使用中粒式密级配沥青混凝土,下面层为粗粒式沥青混凝土,基层使用级配碎石,底基层使用填隙碎石。请问该路面结构需要验算的内容是(　　)。

A. 沥青混凝土层疲劳开裂寿命、沥青混凝土层永久变形量和路基顶面竖向压应变

B. 沥青混凝土层疲劳开裂寿命、级配碎石层顶面竖向压应变

C. 沥青混凝土层永久变形、路基顶面竖向压应变、级配碎石层顶面竖向压应变

D. 沥青混凝土层疲劳开裂寿命、级配碎石层顶面竖向压应变、沥青混凝土层永久变形

6. 某新建高速公路,双向六车道,路面为沥青路面,设计使用年限 15 年,设计初始年大型客车和货车双向年平均日交通量 7000 辆/日,交通量年平均增长率 4%。请确定该道路的交通荷载等级为(　　)。

A. 极重交通　　B. 特重交通　　C. 重交通　　D. 中等交通

7. 公路自然区划 I_1 区,某一级公路,路基为黏土,路面为沥青路面。连续 10 年年最低气温平均值 -26℃。路面低温设计温度提高 10℃的试验条件下,表面层沥青弯曲梁流变试验加载 180s 时蠕变劲度为 280MPa,沥青结合料类材料层厚 220mm。请问该沥青路面面层低温开裂指数 CI 是多少?是否满足要求?(　　)

A. CI = 2.26,满足要求　　B. CI = 3.35,不满足要求

C. CI = 2.96,满足要求　　D. CI = 4.05,不满足要求

8. 某营运期一级公路,路面为沥青路面,设计使用年限 15 年,已使用 8 年,现对其进行结构补强,并计划通过改建将路面的使用年限延长 4 年,请问该改建路面结构的设计使用年限为(　　)。

A. 19 年　　B. 15 年　　C. 11 年　　D. 10 年

9. 以下为高速公路采用的路面结构组合:

连续级配沥青混合料
半开级配沥青碎石
水泥稳定级配碎石
水泥稳定未筛分碎石

该路面沥青混合料层永久变形量的控制为(　　)。

A. 不应大于 10mm　　B. 不应大于 15mm

C. 不应大于 20mm　　D. 不应大于 25mm

习题参考答案及解析

一、单项选择题

1. C

【解析】我国沥青路面结构设计力学模型是双圆均布荷载作用下的弹性多层体系。路面结构视为弹性半空间地基上由若干个具有一定厚度材料组成的弹性层状体系,标准轴的双轮组轮胎以双圆形均布荷载作用于路面上,荷载集度为 0.7MPa。

2. B

【解析】沥青路面的使用性能在很大程度上受路基的影响,路基必须密实、均匀、稳定;处于中湿或干燥状态。不同荷载等级的沥青路面对路基顶面回弹模量值要求不同,重交通荷载等级沥青路面要求路基顶面回弹模量值不小于 50MPa。见《公路沥青路面设计规范》(JTG D50—2017)表 5.2.2。

3. A

【解析】中间段法单轴压缩试验、动态压缩回弹模量试验、动态弯拉模量试验、欧洲标准压缩回弹模量试验,相对于原规范所采用的顶面法回弹模量试验,这四种方法的测试结果接近,能更好地反映无机结合料稳定类材料的力学特性。相对而言中间段法单轴压缩试验操作相对简单,因此我国《公路沥青路面设计规范》(JTG D50—2017)将该方法作为无机结合料稳定类材料弹性模量测定标准方法。

4. B

【解析】我国《公路沥青路面设计规范》(JTG D50—2017)中规定,高速公路、一级公路以及山岭重丘区二级和三级公路,其抗滑技术指标应满足表 3.0.7 的技术要求。

5. A

【解析】沥青路面各结构层间应紧密结合,不因层间滑动或松散而丧失结构的整体效应。在沥青混合料层间应设置黏层,加强层与层间的结合。

6. B

【解析】沥青玛蹄脂碎石混合料是以间断级配为骨架,用改性沥青、矿粉及木质纤维素组成的沥青玛蹄脂为结合料,经拌和、摊铺、压实而形成的一种构造深度较大抗滑面层。它具有抗滑、耐磨、抗疲劳、高温抗车辙、低温抗开裂的优点,属于高级路面,适用于高速公路、一级公路和其他重要公路的上面层。

7. C

【解析】嵌挤类沥青路面要求采用颗粒尺寸较为均一的矿料,路面的强度和稳定性主要依靠集料颗粒之间相互嵌挤所产生的内摩阻力,而黏聚力则起着次要的作用。

8. C

【解析】沥青混凝土是用一定量的沥青黏结具有一定级配的矿料,用厂拌法进行拌和,形成混合料,具有较高的强度及良好的稳定性,常用作高等级公路的面层。

9. A

【解析】沥青混合料的原材料对强度影响很大。矿料颗粒形状以正方体为最好,相互之间的摩擦锁结作用会较强。

10. C

【解析】我国沥青混合料高温稳定性用动稳定度来评定。高速公路和一级公路的沥青混合料应在规定的条件下进行车辙试验,动稳定度符合《公路沥青路面设计规范》(JTG D50—2017)表5.5.7的规定。

11. B

【解析】沥青表面处治的厚度一般为1.0~3.0cm。

12. C

【解析】沥青路面结构设计以双轮组单轴载100kN作为标准轴载,以BZZ-100表示。

13. D

【解析】沥青路面结构设计标准轴载为单轴双轮组轴载100kN,轮胎压力0.7MPa。

14. C

【解析】无机结合料稳定类材料强度应根据公路等级、交通荷载等级和结构层位及厚度综合确定。若无机结合料稳定层较薄时,路面发生疲劳开裂破坏的风险显著提高。因此,当路面结构中只有1~2层无机结合料稳定层时,需采用强度较高的无机结合料稳定类材料。但也应避免无侧限抗压强度太高,产生过多收缩裂缝导致路面反射裂缝增加。

15. B

【解析】沥青路面结构验算时,沥青混合料结构层位不同,模量值测设条件不同。沥青面层采用20℃、10Hz条件下的动态压缩模量。基层采用20℃、5Hz条件下的动态压缩模量。

16. D

【解析】我国现行《公路沥青路面设计规范》(JTG D50—2017)规定,高速公路和一级公路施工图设计阶段,路面结构层材料设计参数宜采用水平一,粒料类结构层回弹模量应取用最佳含水率和与压实度要求相应的干密度条件下的试验值,采用重复加载三轴试验测定。

17. B

【解析】沥青对温度比较敏感,温度越高,黏结能力越差,沥青混合料强度会因此下降。所以,在工程中,为了提高沥青混合料的高温稳定性,可采用降低沥青的最佳用量。

18. D

【解析】确定沥青混合料中沥青最佳用量的试验是马歇尔试验。

19. A

【解析】我国现行《公路沥青路面设计规范》(JTG D50—2017)规定,高速公路和一级公路施工图设计阶段,路面结构层材料设计参数宜采用水平一,即通过室内试验实测确定。

20. A

【解析】各沥青层的厚度应与混合料的公称最大粒径相匹配,一般沥青层的最小压实厚度宜为混合料公称最大粒径的2~3倍,以利于碾压密实,提高其耐久性、水稳定性。中粒式沥青混凝土的最小压实厚度是4.0cm。

21. C

【解析】我国现行公路沥青路面设计方法中,设计标准轴载的单轮接地当量圆直径为213mm。见《公路沥青路面设计规范》(JTG D50—2017)表3.0.3。

22. C

【解析】不同粒径沥青混合料层厚要求见《公路沥青路面设计规范》(JTG D50—2017)表4.5.4,沥青马蹄脂碎石混合料的结构层厚不宜小于集料公称最大粒径的2.5倍。

23. B

【解析】规定沥青混合料的贯入强度要求旨在控制沥青路面车辙。沥青混合料层永久变形与混合料贯入强度、交通条件、气候条件以及路面结构状况有关。

24. C

【解析】《公路沥青路面设计规范》(JTG D50—2017)规定,沥青路面结构所承受的交通荷载应按设计使用年限内设计车道累计大型客车和货车交通量分为极重、特重、重、中等、轻五个等级。

25. A

【解析】车道系数为设计车道上大型客车和货车数量占该方向上大型客车和货车交通量的比例。改建沥青路面车道系数应采用水平一,即根据现场交通量观测资料统计设计方向不同车道上车辆的数量,确定车道系数。

26. D

【解析】《公路沥青路面设计规范》(JTG D50—2017)规定,高速公路沥青路面结构的目标可靠度不应低于95%。详见表3.0.1的规定。

27. C

【解析】《公路沥青路面设计规范》(JTG D50—2017)规定,沥青路面结构的设计轴载为单轴双轮组轴重100kN。

28. D

【解析】粒料类基层应具有足够的承载能力。对于重交通荷载等级的高速公路、一级公路沥青路面,用作基层的级配碎石的CBR值不应小于180。

29. D

【解析】沥青混合料永久变形量对应的力学响应为竖向压应力。

30. A

【解析】高速公路和一级公路沥青混合料应在规定的试验条件下进行车辙试验,不同气候条件下,各种沥青混合料应满足相应的动稳定度技术要求。见《公路沥青路面设计规范》(JTG D50—2017)表5.5.7沥青混合料车辙试验动稳定度技术要求。对于七月平均最高气温小于20℃的夏凉区,高速公路和一级公路普通沥青SMA混合料动稳定度不小于1500次/mm。

31. B

【解析】粒料类结构层的强度及稳定性与材料组成及结构层厚度有关。为保证结构层的强度及稳定性满足要求,结构层必须满足最小施工厚度要求,不同粒径的结构层,施工最小厚度不同。对于最大公称粒径53.0mm的未筛分碎石,结构层厚度应不小于120mm。

二、多项选择题

1. AC

【解析】无机结合料稳定类基层沥青路面和沥青结合料类基层沥青路面承载能力高,适用于各种交通荷载等级;水泥混凝土基层沥青路面刚度大,具有较高承载能力,适用于重及以上交通荷载等级。粒料类基层沥青路面面层承受较大的弯拉作用,结构整体承载能力较差,面层、粒料层和路基都可能产生永久变形,适用于重及以下交通荷载等级。

2. ABD

【解析】沥青路面改建设计中,对既有路面损坏状况评价,除《公路技术状况评定标准》(JTG 5210—2018)等标准中的路况评价指标外,还需根据既有路面主要病害类型等因素,补充针对性的评价指标,如路面裂缝间距、纵向裂缝率、网裂面积率和修补面积率等。断板率为旧水泥混凝土路面评价指标。

3. ABCD

【解析】按嵌挤原则形成强度的沥青路面,因其集料间空隙大,所以热稳定性较好,但也因此易渗水,因而耐久性较差,寿命短。

4. AB

【解析】沥青路面为多指标设计。不同路面结构组合,设计指标不同。水泥混凝土基层刚度大,承载能力强,抵抗变形能力强。该类基层的沥青路面设计指标为沥青混合料层永久变形量。对于季节性冰冻地区,应增加沥青面层低温开裂验算和路面防冻厚度验算。

5. AD

【解析】嵌挤原理构成的沥青路面强度主要是靠矿料相互之间的挤压、摩擦和锁结作用,沥青的黏结力占次要地位。选项中,沥青碎石、沥青贯入式路面结构均由矿料的挤压锁结来提供强度。

6. ABD

【解析】按密实原理构成强度的沥青混合料结构层,由于空隙率小,散热透气能力差,从而高温稳定性较差,但正是因为空隙率小,所以也具有不易渗水等特点。

7. ACD

【解析】按施工工艺的不同,沥青路面分为层铺法、路拌法、厂拌法三种类型。

8. ABCD

【解析】水损坏是沥青路面早期病害的主要损坏类型之一。通过改善沥青和集料的黏附性来提高沥青混合料的抗水损坏能力。在沥青混合料中掺入消石灰、水泥、抗剥落剂,或采用饱和石灰水处理集料,都可以提高沥青混合料的抗水损坏能力。

9. AC

【解析】高级沥青路面强度高、稳定性好、耐久性强、表面平整、行车舒适。有沥青玛蹄脂碎石路面、沥青混凝土路面。

10. ABC

【解析】无机结合料收缩开裂会引起沥青面层出现反射裂缝。为了减少或延缓反射裂缝的出现,可以通过降低无机结合料层的收缩程度或减少其收缩裂缝来控制,也可以通过提高沥青面层结构的抗拉性能来控制,或设置应力吸收层来防治反射裂缝的出现。若增加无机结合料的剂量,会加强无机结合料稳定层的收缩程度,适得其反。

11. ACD

【解析】对于沥青路面,不同的路面结构组合,损坏类型不同。对于无机结合料稳定类材料层,其整体性较好,会出现疲劳开裂,因此应控制此类结构层层底拉应力。

12. BC

【解析】确定设计交通荷载等级时,车道系数为设计车道上大型客车和货车数量占该方向上大型客车和货车交通量的比例。新建沥青路面车道系数可采用水平二或三,即采用当地经验值或根据《公路沥青路面设计规范》(JTG D50—2017)表A.2.5确定。

13. ABCD

【解析】基层及底基层为粒料类材料的沥青路面,其主要损坏类型为车辙、沥青混合料层疲劳开裂、沥青混合料层永久变形,因此控制指标有:沥青混合料层层底拉应变、沥青混合料层永久变形量、路基顶面竖向压应变,对于季节性冰冻地区,还应控制面层低温开裂,应增加沥青面层低温开裂验算和防冻厚度验算。

14. ACD

【解析】沥青表面处治是用沥青黏结矿料形成厚度1.0~3.0cm的薄层沥青结构层,属于次高级路面,主要用来提高路面的耐磨耗性,防水性及平整度,其厚度不需要通过计算确定,也不作为主要受力结构层使用。

15. BCD

【解析】用马歇尔试验确定沥青最佳用量,需要测设的指标有:稳定度、流值、空隙率等。

16. AB

【解析】沥青路面为多指标设计。不同路面结构组合,设计指标不同。在非季节性冻土地区,基层及底基层均为无机结合料稳定类的沥青路面的主要病害为车辙、无机结合料层疲劳开裂及面层反射裂缝,因此设计指标为无机结合料稳定层层底拉应力、沥青混合料层永久变形量。

17. BD

【解析】不同基层材料性质的沥青路面结构组合,适应的交通荷载等级不同,水泥混凝土基层刚度大,承载能力强,因此该种基层沥青路面适用于重及以上交通荷载等级的道路。

18. AB

【解析】新建沥青路面交工时,路段内实测路表弯沉值应考虑季节影响系数以及温度修正系数。

19. BD

【解析】沥青面层抗滑性能以横向力系数和构造深度为主要指标来评定。

20. CD

【解析】水损坏是沥青路面早期病害的主要损坏类型之一。沥青混合料应测试浸水马歇尔试验残留稳定度和冻融劈裂试验劈裂强度比来检验其水稳定性。

三、案例题

1. A

解:我国公路沥青路面结构设计为多指标设计。不同结构组合的沥青路面设计指标不同。该道路路基为干燥状态,路面基层、底基层均为无机结合料稳定类,根据《公路沥青路面设计规范》(JTG D50—2017)表6.2.1,路面设计指标为:无机结合料稳定层层底拉应力、沥青混合料层永久变形量两个指标。

2. B

解:路面采用高级路面,沥青贯入式及沥青表面处治为次高级路面,且路面结构层强度组合应由上至下强度逐渐减小,所以C、D均不符合要求。高温地区,应考虑路面结构层的高温稳定性,应采用中粒式及粗粒式沥青混凝土,同时应满足面层不透水性,中粒式混凝土在上,粗粒式混凝土在下,且沥青路面基层应有足够的强度,而石灰煤渣土和水泥稳定土强度均较低,因此答案A也不符合要求。

3. B

解:对于无机结合料稳定类材料,室内试验测试的弹性模量值是采用落锤式弯沉仪FWD弯沉盆反算的结构层模量的2倍,故沥青路面结构验算时,需引入模量调整系数,将室内弹性模量调整为路面结构层模量。因此,该题中水泥稳定粒料的结构层弹性模量值,应为将中间段法单轴压缩试验测得的弹性模量值24000MPa乘以模量调整系数0.5,得到其在路面结构层中的模量值12000MPa。

4. D

解:路面结构组合的选择需要充分考虑各结构层的结构特性、材料特性和及其性能衰变规律。该路面结构的水泥稳定类结构层主要损坏是疲劳开裂,面层因此也易出现反射裂缝。同时由于沥青面层厚度大于150mm,所以面层主要病害还有车辙。

5. A

解:该路面为粒料类基层及底基层沥青路面,沥青面层承受很大的弯拉作用,沥青面层疲劳是主要破坏形式。而且,沥青面层、粒料层和路基都可能产生永久变形,出现车辙。因此,该路面需要验算沥青混凝土层疲劳开裂寿命、沥青混凝土层永久变形量和路基顶面竖向压应变。

6. C

解:交通量预测:

高速公路方向系数μ取0.5~0.6,对于双向六车道道路,车道系数ε取0.45~0.6,设计使用年限内设计车道累计大型客车和货车交通量为:

$$N_e = \frac{[(1+\gamma)^t - 1]\times 365}{\gamma} N_1 \mu \varepsilon = \frac{[(1+4\%)^{15} - 1]\times 365}{4\%} \times 7000 \times (0.5 \sim 0.6) \times (0.45 \sim 0.6)$$

$$\approx (11.5 \sim 18.4) \times 10^6$$

根据《公路沥青路面设计规范》(JTG D50—2017),设计使用年限内设计车道累计大型客车和货车交通量$(8.0\sim19.0)\times10^6$辆,为重交通荷载等级。

7. A

解：自然区划 I_1 区属于季节性冻土地区，沥青路面面层低温开裂指数 CI 计算如下：

$$CI = 1.95 \times 10^{-3} S_t \log b - 0.075(T + 0.07h_a)\log S_t + 0.15$$

$$= 1.95 \times 10^{-3} \times 280 \times \log 2 - 0.075 \times (-26 + 0.07 \times 220)\log 280 + 0.15 = 2.26$$

根据我国《公路沥青路面设计规范》（JTG D50—2017），季节性冻土地区一级公路沥青面层低温开裂指数不大于 3，该路面沥青面层满足低温开裂要求。答案为 A。

8. C

解：根据《公路沥青路面设计规范》（JTG D50—2017），对营运期进行结构补强的改建项目，若通过改建延长既有路面结构设计使用年限，此时改建路面结构的设计使用年限为既有路面剩余使用年限加上延长使用年限。该题答案为 C，11 年。

9. B

解：该高速公路沥青路面使用了无机结合料稳定基层及底基层，根据《公路沥青路面设计规范》（JTG D50—2017）表 3.0.6-1，沥青混合料层永久变形量不应大于 15mm。答案为 B。

第三节 水泥混凝土路面

【考试纲要】

1. 掌握水泥混凝土路面的种类、特点；水泥混凝土路面设计的内容；水泥混凝土路面结构组合设计。

2. 熟悉水泥混凝土路面平面布置与接缝设计；水泥混凝土路面厚度设计；水泥混凝土路面加铺层设计。

3. 了解水泥混凝土路面设计理论与方法。

【复习提示】

1. 复习要点

水泥混凝土路面类型及特点，接缝类型及构造，拉杆、传力杆的作用及设置，混凝土路面基层的作用，普通水泥混凝土路面板的构造；弹性地基板理论，单层板模型、双层板模型、复合板模型；温度疲劳应力、荷载疲劳应力；水泥混凝土路面破坏形式及设计标准，设计参数，可靠度设计标准，设计基准期，水泥路面交通等级划分，钢筋混凝土路面配筋量计算，水泥混凝土路面加铺层要求，水泥混凝土路面结构组合要求。

重点：

水泥混凝土路面类型及特点，基层的作用，接缝的类型和构造，普通水泥混凝土路面板的构造，水泥混凝土路面加铺层设计，单层板模型、双层板模型。

难点：

接缝的构造与布置，特殊部位混凝土路面的处理，运动车辆对路面的作用，弹性地基翘曲应力，弹性地基板荷载应力。

2. 规范提示

《公路水泥混凝土路面设计规范》（JTG D40—2011）对传力杆和拉杆的尺寸及间距，混凝土路面与桥涵、通道及隧道等固定构造物相衔接时的端部处理，混凝土路面与沥青路面相接段的构造,都做了新的规定;水泥混凝土路面结构设计按基层与面层类型与组合的不同,路面结构分析可分别采用三种力学模型:弹性地基单层板模型、弹性地基双层板模型及复合板模型。板厚设计应以面层板在设计基准期内,在行车荷载和温度梯度综合作用下,不产生疲劳断裂作为设计标准;并以最重轴载和最大温度梯度综合作用下,不产生极限断裂作为验算标准。

习题精练

一、单项选择题

1. 水泥混凝土路面承受荷载的结构层主要是(　　)。

A. 基层　　B. 土基　　C. 垫层　　D. 面层

2. 在水泥混凝土路面的各种接缝中,可以做成假缝的是(　　)。

A. 缩缝　　B. 横向施工缝　　C. 纵向施工缝　　D. 胀缝

3. 我国现行公路水泥混凝土路面设计方法中所采用的设计轴载为(　　)。

A. 100kN　　B. 120kN　　C. 130kN　　D. 150kN

4. 在普通水泥混凝土路面板中,角隅处设置钢筋的主要作用是(　　)。

A. 传递荷载应力　　B. 将混凝土板拉在一起

C. 补强　　D. 控制温度应力

5. 水泥混凝土路面板中设置的拉杆采用(　　)。

A. 光圆钢筋　　B. 螺纹钢筋

C. 螺纹或光圆钢筋均可　　D. 以上都不对

6. 水泥混凝土路面板厚设计的临界荷位是(　　)。

A. 板的中央　　B. 板的横缝中部

C. 板的纵缝边缘中部　　D. 板角

7. 在水泥混凝土路面板中,传力杆的主要作用是(　　)。

A. 角隅补强　　B. 提高混凝土板的强度

C. 控制温度应力　　D. 传递车辆荷载

8. 水泥混凝土路面的设计指标是(　　)。

A. 混凝土的抗压模量　　B. 设计弯沉

C. 混凝土的抗压强度　　D. 混凝土的弯拉强度

9. 横向缩缝顶部应锯切槽口,设置传力杆时槽口深度宜为面层厚度的(　　)。

A. 1/6 ~ 1/5　　B. 1/5 ~ 1/4　　C. 1/4 ~ 1/3　　D. 1/3 ~ 1/2

10. 水泥混凝土路面属于(　　)。

A. 柔性路面　　B. 刚性路面　　C. 半刚性路面　　D. 半柔性路面

11. 水泥混凝土路面基层的主要作用是(　　)。

A. 减小路基顶面的压力　　B. 减小路面板的弯拉应力

C. 减薄路面板的厚度　　D. 防水和防唧泥

12. 我国水泥混凝土路面的设计理论是(　　)。

A. 弹性层状体系　　B. 弹性地基板理论

C. 弹性多层半空间体系　　D. 弹性半无限体系

13. 中等和轻交通荷载公路邻近胀缝或自由端部的(　　)横向缩缝,应采用设传力杆假缝形式。

A. 1 条　　B. 2 条　　C. 3 条　　D. 4 条

14. 普通水泥混凝土路面板胀缝是路面接缝中(　　)。

A. 最窄的缝　　B. 最宽的缝　　C. 假缝　　D. 锯缝

15. 水泥混凝土路面一次铺筑宽度大于 4.5m 时,应设置(　　)。

A. 纵向缩缝　　B. 纵向施工缝

C. 纵向胀缝　　D. 以上都不对

16. 水泥混凝土路面,路肩若使用混凝土材料,则路肩混凝土面层与行车道连接方式为(　　)。

A. 设拉杆相连　　B. 设传力杆相连

C. 不设置任何钢筋　　D. 以上都不对

17. 水泥混凝土路面板接缝中使用的传力杆采用(　　)。

A. 光圆钢筋　　B. 螺纹钢筋　　C. 钢筋束　　D. 角钢

18. 水泥混凝土的设计强度应采用(　　)龄期的弯拉强度。

A. 15d　　B. 28d　　C. 35d　　D. 60d

19. 水泥混凝土路面行车道的路面横坡坡度宜为(　　)。

A. 0.5% ~1.0%　　B. 1.0% ~2.0%　　C. 2.0% ~3.0%　　D. 1.0% ~3.0%

20. 水泥混凝土路面的交通荷载等级,按设计车道在设计基准期内所承受的设计轴载分为(　　)。

A. 3 级　　B. 4 级　　C. 5 级　　D. 6 级

21. 对于特重或极重交通荷载等级的水泥混凝土路面,路床顶面的综合回弹模量值不得低于(　　)。

A. 40MPa　　B. 60MPa　　C. 80MPa　　D. 100MPa

22. 水泥混凝土路面若设置垫层,要求垫层应与路基同宽,厚度不得小于(　　)。

A. 100mm　　B. 150mm　　C. 200mm　　D. 250mm

23. 水泥混凝土路面一次铺筑宽度(　　)路面宽度时,应设置纵向施工缝。

A. 大于　　B. 小于　　C. 等于　　D. 以上都不对

二、多项选择题

1. 在特重交通的普通混凝土路面接缝中,需要设置传力杆的接缝有(　　)。

A. 纵向缩缝　　B. 横向缩缝　　C. 胀缝　　D. 横向施工缝

2. 在双车道重交通普通水泥混凝土路面接缝中,需要设置拉杆的接缝是(　　)。

A. 横向缩缝　　B. 纵向缩缝　　C. 纵向施工缝　　D. 横向施工缝

3. 普通水泥混凝土路面板设置的接缝有(　　)。

A. 裂缝　　B. 缩缝　　C. 胀缝　　D. 施工缝

4. 水泥混凝土路面板的设计应力由(　　)几部分组成。

A. 荷载弯拉应力　　B. 荷载压应力

C. 温度梯度引起的翘曲应力　　D. 荷载疲劳应力

5. 水泥混凝土路面结构分析可采用下述(　　)力学模型。

A. 复合板　　B. 弹性地基单层板

C. 弹性地基双层板　　D. 弹性地基三层板

6. 以下(　　)等级的公路,面层使用水泥混凝土,则路肩铺面应采用与行车道路面相同的结构层组合和组成材料类型。

A. 高速公路　　B. 一级公路　　C. 二级公路　　D. 三、四级公路

7. 以下(　　)情况下,水泥混凝土路面可不设底基层。

A. 极重交通荷载　　B. 特重、重交通荷载

C. 中等交通荷载　　D. 轻交通荷载

8. 水泥混凝土路面对基层、底基层的要求是(　　)。

A. 足够的热稳定性　　B. 足够的抗冲刷能力

C. 适当的刚度　　D. 良好的耐久性

9. 在水泥混凝土路面的各种接缝中,(　　)可以是假缝。

A. 纵向缩缝　　B. 横向缩缝

C. 胀缝　　D. 横向施工缝

E. 纵向施工缝

10. 普通水泥混凝土路面板的长度可采用(　　)。

A. 4m　　B. 4.5m　　C. 5m　　D. 6m

11. 普通水泥混凝土路面板的宽度可采用(　　)。

A. 3.5m　　B. 4m　　C. 4.5m　　D. 6m

12. 水泥混凝土路面结构的设计标准是:以面层板在设计基准期内,(　　)。

A. 在行车荷载和温度梯度综合作用下,不产生疲劳断裂作为设计标准

B. 在最重轴载和最大温度梯度综合作用下,不产生极限断裂作为验算标准

C. 在行车荷载作用下,不产生疲劳断裂作为设计标准

D. 在温度梯度作用下,不产生疲劳断裂作为设计标准

13. 纵向施工缝可采用(　　)。

A. 假缝加拉杆形式　　B. 平缝加拉杆形式

C. 平缝不设拉杆形式　　D. 企口缝加拉杆形式

14. 水泥混凝土路面一次铺筑宽度大于 4.5m 时,应设置纵向缩缝。此类纵向缩缝可采用(　　)。

A. 假缝加拉杆形式　　B. 假缝不设拉杆形式

C. 平缝不设拉杆形式　　D. 平缝设拉杆形式

15. 水泥混凝土路面横向缩缝应采用(　　)。

A. 假缝设传力杆形式　　B. 假缝不设传力杆形式

C. 平缝不设拉杆形式　　D. 平缝设拉杆形式

三、案例题

1.公路自然区划Ⅴ区新建一条一级公路,双向六车道,路面拟采用水泥混凝土,基层选用水泥稳定碎石。经交通调查分析得知,设计车道使用初期标准轴载作用次数为7800次/日,交通量年平均增长率为5%。请分析该道路交通等级属以下哪一选项( )。

A.轻交通 B.中等交通 C.重交通 D.特重交通

2.公路自然区划Ⅳ区新建一条二级公路,双向两车道,路面拟采用普通水泥混凝土面层,弯拉强度要求5.0MPa,泊松比0.15,厚0.25m;基层选用级配碎石,弹性模量300MPa,厚0.20m。路床顶面综合回弹模量为60MPa。试求混凝土板底地基当量回弹模量与以下哪一项接近( )。

A.110MPa B.120MPa C.130MPa D.140MPa

3.公路自然区划Ⅱ区新建一条二级公路,双向两车道,设计基准期内设计车道设计轴载累计作用次数158万次,路面宽7m,拟采用普通水泥混凝土面层,弯拉强度要求4.5MPa,泊松比0.15,厚0.24m;基层选用级配碎石,弹性模量300MPa,厚0.20m。路肩面层与行车道面层等厚并设拉杆相连。板底地基当量回弹模量为120MPa,设计荷载100kN。确定路面板的荷载疲劳应力与以下哪一项接近( )。

A.3.40MPa B.3.50MPa C.3.60MPa D.3.70MPa

4.公路自然区划Ⅱ区新建一条二级公路,拟采用普通水泥混凝土路面,当地的粗集料以花岗岩为主。经交通调查属中等交通荷载等级。路面宽7m,面层弯拉强度标准值为4.5MPa,弯拉弹性模量29GPa,泊松比0.15,初拟路面厚度0.23m;基层选用级配碎石,弹性模量300MPa,厚0.20m。板底地基当量回弹模量为120MPa。混凝土面板平面尺寸4.5m×3.5m,纵缝为设拉杆平缝,横缝为不设传力杆的假缝;设计荷载100kN。试求面板最大温度应力与以下哪一项接近( )。

A.0.49MPa B.1.49MPa C.1.09MPa D.1.29MPa

5.公路自然区划Ⅳ区新建一条一级公路,拟采用普通水泥混凝土路面,面层弯拉强度标准值为5.0MPa,当地的粗集料以砾石为主。经计算面层最大温度应力为1.79MPa。试求面板最大温度疲劳应力与以下哪一项接近( )。

A.0.59MPa B.0.69MPa C.0.79MPa D.0.89MPa

6.公路自然区划Ⅳ区新建一条一级公路,路面拟采用普通水泥混凝土面层,弯拉强度要求5.0MPa,泊松比0.15,厚0.26m;基层选用水泥稳定砂砾,厚0.20m,弹性模量2000MPa,底基层选用级配砾石,弹性模量250MPa,厚0.18m。路床顶面综合回弹模量为80MPa。试求该混凝土路面地基当量回弹模量与以下哪一项接近( )。

A.100MPa B.110MPa C.120MPa D.125MPa

7.某高速公路,地处公路自然区划Ⅲ区,设计轴载$P_s=100\text{kN}$,最重轴载$P_m=250\text{kN}$。路面拟采用普通水泥混凝土面层,弯拉弹性模量为31GPa、泊松比为0.15,厚0.30m;基层使用碾压混凝土,厚0.18cm,弯拉弹性模量为27GPa、泊松比为0.15,面层与基层之间设置40mm厚的沥青混凝土夹层,底基层选用级配碎石,厚0.20m。路肩面层与行车道面层等厚并设拉杆相连。板底地基综合当量回弹模量为130MPa。试求混凝土面层最大荷载应力与以下哪一项接近(　　)。

A. 2.50MPa　　B. 2.60MPa　　C. 2.70MPa　　D. 2.80MPa

8. 已知某地拟修建一条二级公路,拟采用水泥混凝土路面。经调查属重交通荷载等级。根据现场调查,路基有中湿和干燥两种类型,路基开挖土为砂性土,气候四季分明,夏季高温达40℃,冬季最低气温 -5℃,沿线建筑材料有人工碎石、天然砂砾、水泥、石灰。试根据交通量、路基水温状况和筑路材料来源,判定以下哪一选项适用于该路的路面结构(　　)。

A.

水泥混凝土面层
水泥稳定碎石
石灰粉煤灰碎石
天然砂砾
土基

B.

水泥混凝土面层
工业废渣
天然砂砾
土基

C.

水泥混凝土面层
泥结碎石
石灰土
天然砂砾
土基

D.

水泥混凝土面层
石灰土
天然砂砾
级配碎石
土基

9. 某地拟新建一条一级公路,经交通分析,属于重交通荷载等级。拟定路面结构组合如下:面层使用水泥混凝土路面,基层采用水泥稳定碎石,底基层采用级配碎石,垫层使用天然砂砾。请分析该路面结构属于以下哪一种力学模型(　　)。

A. 弹性地基单层板模型　　B. 弹性地基双层板模型

C. 复合板模型　　D. 以上都不对

10. 某二级公路,路面使用水泥混凝土。其中有局部路段,路面结构下埋有地下设施,拟使用接缝设置传力杆的钢筋混凝土面层。钢筋混凝土面板横缝间距7m,面层厚220mm,基层使用水泥稳定砂砾。使用 HPB235,直径15mm 的钢筋。请问钢筋混凝土面层的纵向钢筋配筋量较合理的是(　　)。

A. $120mm^2$　　B. $200mm^2$　　C. $300mm^2$　　D. $800mm^2$

11. 某旧水泥混凝土路面拟实行加铺层设计。现用弯沉测试法调查评定旧混凝土路面面板的接缝传荷能力。以下表列数据为测试结果。w_u 为未受荷板接缝边缘处的弯沉值,w_l 为受荷板接缝边缘处的弯沉值。请判断该水泥混凝土路面的接缝传荷能力属于哪一等级(　　)。

w_u(mm)	w_l(mm)
0.681	3.166
0.724	3.178
0.818	3.205
0.976	3.254

A. 优良　　B. 中　　C. 次　　D. 差

习题参考答案及解析

一、单选题

1. D

【解析】水泥混凝土路面刚度大,抗弯拉强度较高,扩散荷载能力较强,因此,车辆荷载作用在路面上时,主要靠面层来承受。

2. A

【解析】缩缝为防止混凝土路面因为收缩而产生不规则裂缝,造成板破坏,在其易出现缩裂位置进行预先设置接缝,可做成假缝形式。

3. A

【解析】《公路水泥混凝土路面设计规范》(JTG D40—2011)规定,水泥混凝土路面设计轴载为100kN。

4. C

【解析】普通混凝土路面板,在荷载作用下,板边及角隅处的疲劳损坏要比其他部位大,因此,通常需要设置钢筋来加强板边及角隅处的受荷能力,防止这些位置出现破坏。

5. B

【解析】水泥混凝土面板设置纵缝,为了使纵缝两侧的混凝土面板能拉在一起,在纵缝处设置拉杆,拉杆使用螺纹钢筋。

6. C

【解析】水泥混凝土路面板厚设计计算的临界荷位为板的纵缝边缘中部。

7. D

【解析】由于接缝的设置,使得混凝土板传递及扩散荷载的能力受到影响,因此,在横向接缝处设置传力杆来传递车辆荷载。

8. D

【解析】水泥混凝土路面以面板的抗弯拉强度作为设计指标。

9. C

【解析】横向缩缝顶部应锯切槽口,设置传力杆时槽口深度宜为面层厚度的1/4~1/3。

10. B

【解析】水泥混凝土路面刚度大,抵抗变形的能力高,属于刚性路面。

11. D

【解析】水泥混凝土路面设置了较多接缝,水由接缝及路肩进入路面结构内部,对结构层及土基中的细料有一定的冲刷性,容易引起唧泥现象,设置基层主要是用来防冲刷和唧泥现象,以免板底脱空造成板断裂。

12. B

【解析】水泥混凝土路面采用弹性地基板理论进行板厚设计。

13. C

【解析】中等和轻交通荷载公路邻近胀缝或自由端部的3条横向缩缝,应采用设传力杆假缝形式。

14. B

【解析】胀缝为水泥混凝土路面板伸张时提供空间,是接缝中最宽的缝。

15. A

【解析】水泥混凝土路面一次铺筑宽度大于4.5m时,应设置纵向缩缝。

16. A

【解析】路肩混凝土面层与行车道面层应设置拉杆相连,二者的横向缩缝应连通。

17. A

【解析】传力杆设置在横缝中,用来传递车辆荷载,使用光圆钢筋。

18. B

【解析】水泥混凝土的设计强度应采用28d龄期的弯拉强度。

19. B

【解析】水泥混凝土路面行车道路面横坡坡度宜为1%~2%。

20. C

【解析】水泥混凝土路面的交通荷载等级,按设计基准期内设计车道临界荷位处所承受的设计轴载累计作用次数分为5级。

21. C

【解析】路床顶面的综合回弹模量值,特重或极重交通荷载等级时不得低于80MPa。

22. B

【解析】垫层应与路基同宽,厚度不得小于150mm。

23. B

【解析】水泥混凝土路面一次铺筑宽度小于路面宽度时,应设置纵向施工缝。

二、多选题

1. BCD

【解析】极重、特重和重交通荷载公路的横向接缝,应设传力杆。

2. BC

【解析】混凝土路面纵向施工缝及假缝均应设置拉杆。缩缝可做成假缝。

3. BCD

【解析】水泥混凝土路面为了防止热胀冷缩、湿胀干缩而引起的破坏,在面板的纵向及横向设置了许多接缝,按作用划分,有缩缝、胀缝、施工缝。

4. CD

【解析】水泥混凝土面板设计应力由荷载疲劳应力及温度疲劳应力组成。

5. ABC

【解析】水泥混凝土路面结构设计模型按基层和面层类型和组合的不同,可分为单层板、双层板、复合板三种模型。

6. AB

【解析】高速公路和一级公路以及承受极重、特重和重交通荷载等级的公路,路肩铺面应采用与行车道路面相同的结构层组合和组成材料类型。

7. CD

【解析】为了缓减由于基层与路床之间刚度比过大产生的问题,在基层下应设置底基层。但对于承受中等或轻交通荷载的水泥混凝土路面,可不设底基层。

8. BC

【解析】对水泥混凝土面层下基层的首要要求是抗冲刷能力。不耐冲刷的基层表面,在渗入水和荷载的共同作用下,会产生冲刷、唧泥、板底脱空和错台等病害,导致路面不平整,并加速和加剧面层板的断裂。另外提高基层的刚度,有利于改善接缝的传荷能力。因此水泥路面基层和底基层应具有足够的抗冲刷能力和适当的刚度。

9. AB

【解析】缩缝是为了防止混凝土面板在温度或湿度下降时产生收缩而出现不规则裂缝及断裂,预先设置的接缝,通常可以做成假缝形式。

10. ABCD

【解析】普通水泥混凝土面板板长宜为4~6m。

11. ABC

【解析】普通水泥混凝土面板板宽宜为3.0~4.5m。

12. AB

【解析】水泥混凝土路面结构设计应以面层板在设计基准期内,在行车荷载和温度梯度综合作用下,不产生疲劳断裂作为设计标准;并以最重轴载和最大温度梯度综合作用下,不产生极限断裂作为验算标准。

13. BCD

【解析】一次铺筑宽度小于路面宽度时,应设置纵向施工缝。纵向施工缝应采用设拉杆平缝形式,也可以根据交通荷载情况,设置为不加拉杆的平缝形式或企口缝加拉杆或不加拉杆形式。

14. AB

【解析】一次铺筑宽度大于4.5m时,应设置纵向缩缝。纵向缩缝应采用设拉杆假缝形式,也可以根据交通荷载情况设置为不加拉杆假缝形式。

15. AB

【解析】横向缩缝应采用假缝形式。极重、特重和重交通荷载公路的横向缩缝,中等和轻交通荷载公路邻近胀缝或自由端部的3条横向缩缝,收费广场的横向缩缝,应采用设传力杆假缝形式,其他情况可采用不设传力杆假缝形式。

三、案例题

1. D

解:根据《公路水泥混凝土路面设计规范》(JTG D40—2011)表3.0.1,一级公路的设计基准期为30年,由规范附录表A.2.4,临界荷位处的车辆轮迹横向分布系数取0.17~0.22,按式(A.2.4)计算,设计基准期内设计车道设计荷载累计作用次数为:

$$N_e = \frac{N_s \times [(1+g_r)^t - 1] \times 365}{g_r} \times \eta$$

$$= \frac{7800 \times [(1+0.05)^{30} - 1] \times 365}{0.05} \times (0.17 \sim 0.22)$$

$$= 3.22 \times 10^7 \sim 4.12 \times 10^7 (次)$$

由规范表3.0.7可知,属特重交通。

2. B

解:属弹性地基单层板。

根据《公路水泥混凝土路面设计规范》(JTG D40—2011),按式(B.2.4-1)~式(B.2.4-4)板底地基综合回弹模量计算如下:

$$E_x = \frac{\sum_{i=1}^{n}(h_i^2 E_i)}{\sum_{i=1}^{n} h_i^2} = \frac{h_1^2 E_1}{h_1^2} = 300\text{MPa}$$

$$h_x = \sum_{i=1}^{n} h_i = h_1 = 0.20\text{m}$$

$$\alpha = 0.26\ln(h_x) + 0.86 = 0.26 \times \ln(0.20) + 0.86 = 0.442$$

$$E_t = \left(\frac{E_x}{E_0}\right)^{\alpha} E_0 = \left(\frac{300}{60}\right)^{0.442} \times 60 = 122.2\text{MPa}$$

则板底地基回弹模量取120MPa。

3. A

解:根据《公路水泥混凝土路面设计规范》(JTG D40—2011)表E.0.3-1,面层混凝土的弯拉弹性模量为29GPa,普通水泥混凝土面层的弯曲刚度按《公路水泥混凝土路面设计规范》(JTG D40—2011)式(B.2.2-3)计算,相对刚度半径 r 按式(B.2.2-2)计算:

$$D_c = \frac{E_c h_c^3}{12(1-v_c^2)} = \frac{29000 \times 0.24^3}{12 \times (1-0.15^2)} = 34.2\text{MN} \cdot \text{m}$$

$$r = 1.21\left(\frac{D_c}{E_t}\right)^{1/3} = 1.21 \times \left(\frac{34.2}{120}\right)^{1/3} = 0.796\text{m}$$

按式(B.2.2-1)计算设计轴载在临界荷位处产生的荷载应力:

$$\sigma_{ps} = 1.47 \times 10^{-3} r^{0.70} h_c^{-2} P_s^{0.94} = 1.47 \times 10^{-3} \times 0.796^{0.70} \times 0.24^{-2} \times 100^{0.94} = 1.650\text{MPa}$$

按式(B.2.1)计算荷载疲劳应力:

$$\sigma_{pr} = k_r k_f k_c \sigma_{ps}$$

其中,考虑接缝传荷能力的应力折减系数 k_r,因为路肩采用混凝土,且厚度与路面面层等厚,取0.87。

综合系数 k_c,根据表B.2.1,取1.05。

疲劳应力系数,由式(B.2.3-1)计算。

其中,材料疲劳指数 λ,根据B.2.3条,普通水泥混凝土 $\lambda=0.057$,则:

$$k_f=N_e^{\lambda}=(158\times10^4)^{0.057}=2.256$$

荷载疲劳应力:$\sigma_{pr}=k_r k_f k_c \sigma_{ps}=0.87\times2.256\times1.05\times1.650=3.40\text{MPa}$

4. B

解:根据《公路水泥混凝土路面设计规范》(JTG D40—2011)式(B.2.2-3)计算混凝土面层的弯曲刚度:

$$D_c=\frac{E_c h_c^3}{12(1-v_c^2)}=\frac{29000\times0.23^3}{12\times(1-0.15^2)}=30.1\text{MN}\cdot\text{m}$$

相对刚度半径 r 按式(B.2.2-2)计算:

$$r=1.21\left(\frac{D_c}{E_t}\right)^{1/3}=1.21\times\left(\frac{30.1}{120}\right)^{1/3}=0.763\text{m}$$

根据《公路水泥混凝土路面设计规范》(JTG D40—2011)表3.0.10,最大温度梯度取88℃/m,查附录表E.0.3-2,粗集料为花岗岩的混凝土线膨胀系数 $\alpha_c=10\times10^{-6}$/℃。

按式(B.3.3-1)~式(B.3.3-3)计算综合温度翘曲应力和内应力的温度应力系数 B_L:

$$t=\frac{L}{3r}=\frac{4.5}{3\times0.763}=1.97$$

$$C_L=1-\frac{\sinh(1.97)\cos(1.97)+\cosh(1.97)\sin(1.97)}{\cos(1.97)\sin(1.97)+\sinh(1.97)\cosh(1.97)}=1-0.162=0.838$$

$$B_L=1.77e^{-4.48h_c}\times C_L-0.131(1-C_L)$$

$$=1.77e^{-4.48\times0.23}\times0.838-0.131\times(1-0.838)=0.508$$

按式(B.3.2)计算最大温度应力:

$$\sigma_{t,max}=\frac{\alpha_c E_c h_c T_g}{2}B_L=\frac{10\times10^{-6}\times29000\times0.23\times88}{2}\times0.508=1.491\text{MPa}$$

5. C

解:根据已知条件,最大温度应力 $\sigma_{t,max}=1.79\text{MPa}$。

温度疲劳应力系数 k_t 按《公路水泥混凝土路面设计规范》(JTG D40—2011)式(B.3.4)计算:

$$k_t=\frac{f_r}{\sigma_{t,max}}\left[a_t\left(\frac{\sigma_{t,max}}{f_r}\right)^{b_t}-c_t\right]$$

其中,回归系数 a_t、b_t、c_t 由表B.3.4查得:$a_t=0.841$,$b_t=1.323$,$c_t=0.058$。则:

$$k_t=\frac{f_r}{\sigma_{t,max}}\left[a_t\left(\frac{\sigma_{t,max}}{f_r}\right)^{b_t}-c_t\right]=\frac{5.0}{1.79}\times\left[0.841\times\left(\frac{1.79}{5.0}\right)^{1.323}-0.058\right]=0.442$$

再由式(B.3.1)计算温度疲劳应力:

$$\sigma_{tr}=k_t\sigma_{t,max}=0.442\times1.79=0.79\text{MPa}$$

6. D

解:属弹性地基双层板模型。根据《公路水泥混凝土路面设计规范》(JTG D40—2011),按式(B.2.4-1)~式(B.2.4-4)计算板底地基综合回弹模量:

$$E_x=\sum_{i=1}^{n}(h_i^2E_i)/\sum_{i=1}^{n}h_i^2=\frac{h_1^2E_1}{h_1^2}=250\text{MPa}$$

$$h_x=\sum_{i=1}^{n}h_i=h_1=0.18\text{m}$$

$$\alpha=0.26\ln(h_x)+0.86=0.26\times\ln(0.18)+0.86=0.414$$

$$E_t=\left(\frac{E_x}{E_0}\right)^{\alpha}E_0=\left(\frac{250}{80}\right)^{0.414}\times80=128.2\text{MPa}$$

综上,板底地基回弹模量取 125MPa。

7. A

解:根据《公路水泥混凝土路面设计规范》(JTG D40—2011)式(B.2.2-3)计算混凝土面层板的弯曲刚度 D_c,按式(B.4.1-2)计算碾压混凝土基层的弯曲刚度 D_b,按式(B.4.1-3)计算路面结构总相对刚度半径 r_g,具体如下:

$$D_c=\frac{E_ch_c^3}{12(1-v_c^2)}=\frac{31000\times0.30^3}{12(1-0.15^2)}=71.4\text{MN}\cdot\text{m}$$

$$D_b=\frac{E_bh_b^3}{12(1-v_b^2)}=\frac{27000\times0.18^3}{12(1-0.15^2)}=13.4\text{MN}\cdot\text{m}$$

$$r_g=1.21\left(\frac{D_c+D_b}{E_t}\right)^{1/3}=1.21\times\left(\frac{71.4+13.4}{130}\right)^{1/3}=1.049\text{m}$$

按《公路水泥混凝土路面设计规范》(JTG D40—2011)式(B.4.1),计算最重轴载在临界荷位处产生的荷载应力:

$$\sigma_{pm}=\frac{1.45\times10^{-3}}{1+\dfrac{D_b}{D_c}}r_g^{0.65}h_c^{-2}P_m^{0.94}=\frac{1.45\times10^{-3}}{1+\dfrac{13.4}{71.4}}\times1.049^{0.65}\times0.30^{-2}\times250^{0.94}=2.512\text{MPa}$$

按式(B.2.6)计算面层最大荷载应力:

$$\sigma_{p,\max}=k_rk_c\sigma_{pm}$$

其中,考虑接缝传荷能力的应力折减系数 k_r,因为路肩采用混凝土,且厚度与路面面层等厚,取 0.87。

综合系数 k_c,根据表 B.2.1,高速公路对应取 1.15。

则 $\sigma_{p,\max}=k_rk_c\sigma_{pm}=0.87\times1.15\times2.512=2.51\text{MPa}$。

8. A

解:水泥混凝土路面属于刚性路面,面板刚度大,扩散荷载能力强,变形能力弱,需要基层提供均匀稳定的支撑,因此基层通常应有一定的刚度,选用半刚性基层能提供一定刚度,给面板提供均匀稳定的支撑,防止板底脱空而断裂。同时,随深度逐渐增大,结构层强度逐渐减小以达到经济的效果,中湿路基应设置垫层。符合以上条件的是 A。

9. B

解:水泥混凝土路面结构分析应采用弹性地基板理论。除粒料类基层外,其他各类基层与混凝土面层应按分离式双层板模型进行结构分析。粒料类基层及各类底基层和垫层,应同路基一起视作多层弹性地基。

10. D

解:钢筋混凝土面层配筋量按《公路水泥混凝土路面设计规范》(JTG D40—2011)式(6.2.1)确定:

$$A_s = \frac{16L_s h\mu}{f_{sy}}$$

其中,混凝土面层与基层之间摩阻系数经验参考值由附录表E.0.3-3查得:$\mu = 3.5 \sim 13$。

钢筋强度由附录表E.0.4查得:$f_{sy} = 235\text{MPa}$。

根据已知条件,计算钢筋混凝土面层纵向钢筋配筋量:

$$A_s = \frac{16L_s h\mu}{f_{sy}} = \frac{16 \times 7 \times 220 \times (3.5 \sim 13)}{235} = 367.0 \sim 1363.1\text{mm}^2$$

11. D

解:旧混凝土路面接缝传荷系数按《公路水泥混凝土路面设计规范》(JTG D40—2011)式(8.3.2)计算:

$$k_j = \frac{w_u}{w_l} \times 100$$

其中,

$$w_u = \frac{0.681 + 0.724 + 0.818 + 0.976}{4} = 80.0(0.01\text{mm})$$

$$w_l = \frac{3.166 + 3.178 + 3.205 + 3.254}{4} = 320.1(0.01\text{mm})$$

则 $k_j = \frac{w_u}{w_l} \times 100 = \frac{80.0}{320.1} \times 100 = 25$

根据《公路水泥混凝土路面设计规范》(JTG D40—2011)表8.3.3,接缝传荷能力等级为“差”。

第四章　桥 梁 工 程

第一节　一 般 要 求

【考试纲要】

1. 掌握桥梁的设计原则;桥梁设计荷载种类及其组合。

2. 熟悉桥梁的组成与分类;桥梁纵、横断面设计及平面布置;桥梁勘测、设计内容。

【复习提示】

1. 复习要点

桥梁的基本组成与分类,桥梁设计的基本原则,桥梁勘测、设计的主要内容,桥梁设计的程序,桥梁纵、横断面设计的基本内容,桥梁设计荷载种类及其组合。

重点:

桥梁的分类,桥梁纵、横断面设计的基本内容,桥梁设计荷载种类及其组合。

难点:

桥梁设计荷载种类及其组合。

2. 规范提示

《公路工程技术标准》(JTG B01—2014)和《公路桥涵设计通用规范》(JTG D60—2015)对桥梁的设计原则,桥梁勘测、设计的主要内容、桥梁设计荷载种类及其组合,桥梁的组成与分类,桥梁纵、横断面设计及平面布置等有明确的规定。

习题精练

一、单项选择题

1. 高速公路特大桥主体结构的设计使用年限不应低于(　　)。

A. 50 年　　B. 60 年　　C. 80 年　　D. 100 年

2. 根据设计洪水频率计算所得的年最高洪水位称之为(　　)。

A. 标准水位　　B. 枯水位　　C. 最高水位　　D. 设计洪水位

3. 对于梁式桥,设计洪水位上相邻两个桥墩之间的净距是(　　)。

A. 净跨径　　B. 计算跨径　　C. 标准跨径　　D. 总跨径

4. 梁式桥的两个相邻桥墩中线之间的水平距离,或桥墩中线到桥台台背前缘之间的水平距离,称为(　　)。

A. 净跨径　　B. 标准跨径　　C. 总跨径　　D. 计算跨径

5. 对具有支座的桥，桥跨结构两端支座中心之间的水平距离，称为(   )。
A. 净跨径 B. 标准跨径 C. 总跨径 D. 计算跨径

6. 桥梁全长是指(   )。
A. 桥梁两桥台台背前缘间的距离 B. 桥梁结构两支点间的距离
C. 桥梁两个桥台侧墙尾端间的距离 D. 各孔净跨径的总和

7. 桥梁高度是指(   )。
A. 桥面与高水位之间的高差 B. 桥面与设计洪水位之间的高差
C. 桥面与低水位之间的高差 D. 桥面与基础底面之间的高差

8. 桥梁建筑高度是指(   )。
A. 桥面与基础底面之间的高差 B. 桥面与桥墩底面之间的高差
C. 桥面与地面线之间的高差 D. 桥面与桥跨结构最下缘的高差

9. 桥下净空高度是指(   )。
A. 常水位至桥跨结构最下缘之间的距离
B. 最大洪水位至桥跨结构最下缘之间的距离
C. 设计洪水位至桥跨结构最下缘之间的距离
D. 测时水位至桥跨结构最下缘之间的距离

10. 桥梁按基本结构体系划分可分为(   )。
A. 梁式桥、拱式桥、刚构桥、缆索承重桥以及组合体系桥
B. 简支梁桥、悬臂梁桥、连续梁桥
C. 木桥、钢桥、圬工桥、钢筋混凝土桥和预应力混凝土桥
D. 公路桥、铁路桥、人行桥和农用桥

11. 下列选项中按主要承重结构所用的材料划分的桥梁类型有(   )。
A. 圬工桥 B. 斜拉桥 C. 梁式桥 D. 悬索桥

12. 下列选项中按用途来划分的桥梁类型有(   )。
A. 直桥 B. 斜拉桥 C. 公路桥 D. 钢桥

13. 下列选项中按跨越障碍物的性质划分的桥梁类型有(   )。
A. 梁式桥 B. 跨河桥 C. 拱桥 D. 钢桥

14. 某桥为多孔梁桥，跨径布置为 7×20m，该桥属于(   )。
A. 特大桥 B. 大桥 C. 中桥 D. 小桥

15. 桥梁设计和施工中，要进行强度、刚度和稳定性验算，其中强度是指(   )。
A. 使全部构件及其连接构造的材料抗力或承载能力具有足够的安全储备
B. 使桥梁在设计作用(荷载)下的变形不超过规范规定的容许值
C. 使桥梁结构在各种作用下具有能保持原来的形状和位置的能力
D. 保证桥梁结构在设计使用年限内的长期安全要求

16. 桥梁设计和施工中，要进行强度、刚度和稳定性验算，其中刚度是指(   )。
A. 使全部构件及其连接构造的材料抗力或承载能力具有足够的安全储备
B. 使桥梁在设计作用(荷载)下的变形不超过规范规定的容许值
C. 使桥梁结构在各种作用下具有能保持原来的形状和位置的能力

D. 保证桥梁结构在设计使用年限内的长期安全要求

17. 桥跨结构稳定性是要使其在各种作用下(　　)。

A. 变形不超过规定的容许值

B. 具有保持原来的形状和位置的能力

C. 具有足够的材料抗力和承载能力

D. 承重结构宽度要小,建筑高度小

18. 高速公路上特大桥的设计洪水频率标准是(　　)。

A. 1/300　B. 1/100　C. 1/50　D. 1/25

19. 无铰拱的拱脚允许被洪水淹没,但不宜超过拱圈高度的 2/3,且拱顶底面至计算水位的净高不得小于(　　)。

A. 0.25m　B. 0.5m　C. 0.75m　D. 1.0m

20. 在不通航和无流筏的水库区域内,梁底面或无铰拱拱顶底面离开水面的高度不应小于计算浪高的 0.75 倍加上(　　)。

A. 0.25m　B. 0.5m　C. 0.75m　D. 1.0m

21. 通常,桥梁设计应包括下列阶段,即(　　)。

A. 上部结构设计、下部结构设计和基础设计

B. 平面设计、立面设计和横断面设计

C. 桥型设计、截面设计和施工图设计

D. 工程可行性研究、初步设计、技术设计和施工图设计

22. 对于技术上复杂的特大桥、互通式立交桥或新型桥梁结构,需进行(　　)。

A. 施工图设计　B. 初步设计　C. 技术设计　D. 施工组织设计

23. 下列不属于桥梁纵断面设计内容的是(　　)。

A. 确定桥梁的总跨径　B. 确定桥面宽度

C. 确定桥梁的分孔　D. 确定基础的埋置深度

24. 位于城镇混合交通繁忙处的桥梁,桥上纵坡不宜大于(　　)。

A. 2%　B. 3%　C. 4%　D. 5%

25. 应进行承载能力极限状态和正常使用极限状态设计的设计状况是(　　)。

A. 持久状况　B. 短暂状况　C. 偶然状况　D. 地震状况

26. 下列不属于永久作用的是(　　)。

A. 预加力　B. 土侧压力　C. 基础变位作用　D. 温度作用

27. 在以下作用中,属于可变作用的是(　　)。

A. 结构自重　B. 水浮力　C. 疲劳荷载　D. 基础变位作用

28. 汽车外侧车轮的中线离人行道或安全带边缘的距离不得小于(　　)。

A. 1.0m　B. 0.7m　C. 0.5m　D. 0.25m

29. 用于桥梁结构整体计算的汽车荷载类型是(　　)。

A. 集中荷载　B. 均布荷载　C. 车辆荷载　D. 车道荷载

30. 汽车荷载的冲击力标准值为汽车荷载标准值乘以相应系数,其系数为(　　)。

A. 荷载增大系数　B. 冲击系数　C. 折减系数　D. 横向分布系数

31. 拱桥、涵洞及重力式墩台可不计冲击力,其填料厚度(包括路面厚度)应等于或大于(　　)。

A. 0.3m　　B. 0.5m　　C. 0.6m　　D. 0.7m

32. 横桥向布置多车道汽车荷载时,应考虑汽车荷载的折减;布置一条车道汽车荷载时,其横向车道布载系数为(　　)。

A. 1.2　　B. 1.0　　C. 0.78　　D. 0.67

33. 同向行驶三车道的汽车荷载制动力标准值应为一个设计车道制动力标准值的(　　)倍。

A. 3　　B. 2.68　　C. 2.34　　D. 1.8

34. 永久作用的代表值为其(　　)。

A. 标准值　　B. 组合值　　C. 频遇值　　D. 准永久值

35. 下列选项中不应与流水压力同时参与组合的是(　　)。

A. 冰压力　　B. 水浮力　　C. 风荷载　　D. 汽车撞击作用

36. 公路桥涵结构按承载能力极限状态设计时,对持久设计状况和短暂设计状况应采用作用的(　　)。

A. 基本组合　　B. 偶然组合　　C. 频遇组合　　D. 准永久组合

37. 对于各等级公路上的特大桥、大桥和中桥,其结构设计安全等级是(　　)。

A. 一级　　B. 二级　　C. 三级　　D. 四级

38. 混凝土上部结构和带混凝土桥面板的钢结构的竖向日照反温差为正温差乘以(　　)。

A. −0.25　　B. −0.5　　C. −0.75　　D. −1.2

39. 计算采用水泥混凝土铺装的桥梁结构由于竖向温度梯度引起的效应时,其桥面板表面的最高温度 T_1 应取为(　　)。

A. 6.7℃　　B. 14℃　　C. 20℃　　D. 25℃

40. 公路桥涵设计中,关于车辆荷载,下列选项中正确的是(　　)。

A. 公路—Ⅰ级车辆荷载车辆重力标准值为1200kN

B. 公路—Ⅱ级车辆荷载车辆重力标准值为1000kN

C. 公路—Ⅱ级车辆荷载车辆重力标准值为800kN

D. 公路—Ⅰ级和公路—Ⅱ汽车荷载采用相同的车辆荷载标准值

二、多项选择题

1. 公路桥涵设计时应遵循的原则是(　　)。

A. 安全　　B. 适用　　C. 耐久　　D. 环保

2. 桥涵跨径小于或等于50m时,宜采用(　　)。

A. 标准化跨径　　B. 装配式结构　　C. 机械化施工　　D. 工厂化施工

3. 桥梁的基本组成部分包括(　　)。

A. 伸缩缝　　B. 桥跨结构　　C. 下部结构　　D. 墩台基础

4. 桥梁按其基本结构体系分类可分为(　　)。

A. 梁式桥　　B. 拱式桥　　C. 缆索承重桥　　D. 刚架桥

5. 为确保桥梁的安全性,应保证桥梁结构在施工过程(制造、运输、安装)和成桥状态具有足够的(　　)。

A. 强度　　B. 刚度　　C. 稳定性　　D. 耐久性

6. 在初步设计的技术文件中,需要提供的资料有(　　)。

A. 估算工程数量　　B. 施工图纸　　C. 施工预算　　D. 最优桥型方案

7. 桥梁纵断面设计的主要内容是确定(　　)。

A. 桥面高程　　B. 桥面宽度　　C. 桥孔设计长度　　D. 桥梁分孔

8. 桥梁横断面设计的主要内容是确定(　　)。

A. 桥面高程　　B. 桥面宽度

C. 桥梁分孔　　D. 桥跨结构横截面布置

9. 桥梁设计方案比较的主要步骤有(　　)。

A. 拟定桥梁图式　　B. 编制方案

C. 最优方案选定　　D. 技术经济比较

10. 公路桥涵进行极限状态设计时,根据不同种类的作用及其对桥涵的影响、桥涵所处的环境条件,应考虑的设计状况有(　　)。

A. 持久状况　　B. 短暂状况　　C. 偶然状况　　D. 地震状况

11. 公路桥涵设计采用的作用分为(　　)。

A. 地震作用　　B. 偶然作用　　C. 永久作用　　D. 可变作用

12. 偶然作用包括(　　)。

A. 地震作用　　B. 船舶的撞击作用

C. 汽车撞击作用　　D. 漂流物的撞击作用

13. 下列选项正确的是(　　)。

A. 疲劳荷载计算模型Ⅱ采用双车模型,两辆模型车轴距与轴重相同。计算加载时,两模型车的中心距不得小于40m

B. 桥面系构件的疲劳验算应采用疲劳荷载计算模型Ⅲ

C. 疲劳荷载计算模型Ⅲ采用单车模型

D. 当构件和连接不满足疲劳荷载计算模型Ⅰ验算要求时,应按模型Ⅲ验算

14. 可变作用的代表值包括(　　)。

A. 标准值　　B. 组合值　　C. 频遇值　　D. 准永久值

15. 不与制动力同时参与组合的作用有(　　)。

A. 流水压力　　B. 冰压力　　C. 支座摩阻力　　D. 波浪力

16. 公路桥涵设计时,需要采用标准车辆荷载进行设计的有(　　)。

A. 涵洞　　B. 桥台　　C. 引道　　D. 挡土墙土压力

17. 通航水域公路桥的桥位选择,符合规定的有(　　)。

A. 航道不稳定时,应考虑河道变迁的影响

B. 桥轴法线与通航主流的夹角不宜大于15°

C. 桥位应避开既有水工设施、港口作业区和船舶锚地等

D. 桥位应选在航道稳定、顺直且具有足够通航水深的河段

三、案例题

1. 某公路上有一计算跨径 $l_0=5\text{m}$ 的简支梁桥，计算其在公路—Ⅰ级汽车荷载作用下主梁产生的剪力时，应采用的集中荷载标准值最接近下列哪一项（　　）。

A. 180kN　　B. 270kN　　C. 324kN　　D. 360kN

2. 某公路上有一计算跨径 $l_0=20\text{m}$ 的梁式桥，计算其在公路—Ⅰ级汽车荷载作用下主梁产生的弯矩效应时，其集中荷载标准值最接近下列哪一项（　　）。

A. 180kN　　B. 270kN　　C. 300kN　　D. 360kN

3. 某公路上有一计算跨径 $l_0=55\text{m}$ 的梁式桥，计算其在公路—Ⅱ级汽车荷载作用下主梁产生的剪力效应时，其均布荷载标准值最接近下列哪一项（　　）。

A. 7.875kN/m　　B. 10.5kN/m　　C. 12.5kN/m　　D. 15.5kN/m

4. 某简支T形梁桥的计算跨径为 $l=29.12\text{m}$，主梁采用C50混凝土，已知其每延米的重力集度为 $G=32.11\text{kN/m}$，抗弯惯性矩为 $I_c=7.492\times10^{11}\text{mm}^4$，弹性模量为 $E=3.45\times10^4\text{MPa}$，该结构的基频 f 最接近下列哪一项（　　）。

注：简支梁桥的结构基频 $f=\dfrac{\pi}{2l^2}\sqrt{\dfrac{EI_c}{m_c}}$，$m_c=\dfrac{G}{g}$。

A. 4.35Hz　　B. 5.203Hz　　C. 6.5Hz　　D. 7.33Hz

5. 某简支T形梁桥的计算跨径为 $l=12.6\text{m}$，已知结构的基频 $f=7.33\text{Hz}$，则计算汽车荷载冲击力时应计入的冲击系数 μ 最接近下列哪一项（　　）。

A. 0.05　　B. 0.276　　C. 0.336　　D. 0.45

习题参考答案及解析

一、单项选择题

1. D

【解析】《公路桥涵设计通用规范》（JTG D60—2015）第1.0.4条规定：公路桥涵主体结构的设计使用年限不应低于100年。

2. D

【解析】设计洪水位系指根据设计洪水频率计算所得的年最高洪水位。

3. A

【解析】对梁式桥，净跨径是指设计洪水位上相邻两桥墩（或桥台）之间的净距。

4. B

【解析】对梁式桥，标准跨径是指两相邻桥墩中线之间的水平距离，或桥墩中线到桥台台背前缘之间的水平距离。

5. D

【解析】对具有支座的桥，计算跨径是指桥跨结构两端支座中心之间的水平距离。

6. C

【解析】桥梁全长简称桥长,对于有桥台的桥梁为两个桥台侧墙或八字墙尾端间的距离,对于无桥台的桥梁为桥面系行车道长度。

7. C

【解析】桥梁高度(简称桥高)是指桥面与低水位之间的高差,或桥面与桥下道路路面之间的距离。

8. D

【解析】桥梁建筑高度指桥上行车路面(或轨顶)高程到桥跨结构最下缘的垂直距离。

9. C

【解析】设计洪水位、设计通航水位、桥下道路路面至桥跨结构最下缘之间的距离称为桥下净空高度。

10. A

【解析】按桥梁基本结构体系分类可分为:梁式桥、拱式桥、刚构桥、缆索承重桥以及组合体系桥。选项 B 为梁式桥的分类,选项 C 是按承重结构所用的材料分类,选项 D 是按用途分类。

11. A

【解析】按承重结构所用的材料划分,有木桥、钢桥、圬工桥、钢筋混凝土桥和预应力混凝土桥和钢混组合桥。

12. C

【解析】按用途来划分,有公路桥、铁路桥、公铁两用桥、农用桥、人行桥、渡槽桥及其他专用桥梁。

13. B

【解析】按跨越障碍的性质,可分为跨河桥、跨线桥、高架桥等。

14. B

【解析】根据《公路桥涵设计通用规范》(JTG D60—2015)第 1.0.5 条,单孔跨径 20m 的桥为中桥,多孔跨径总长为 140m 的桥属于大桥。根据“就高不就低”的原则,跨径布置为 7 × 20m 的桥梁属于大桥。

15. A

【解析】桥梁结构的强度应使全部构件及其连接构造的材料抗力或承载能力具有足够的安全储备。

16. B

【解析】桥梁结构的刚度应使桥梁在设计作用(荷载)下的变形不超过规范规定的容许值。

17. B

【解析】桥跨结构稳定性是要使其在各种作用下具有保持原来的形状和位置的能力。

18. A

【解析】《公路桥涵设计通用规范》(JTG D60—2015)第 3.2.9 条规定:高速公路上特大桥的设计洪水频率标准是 1/300。

19. D

【解析】《公路桥涵设计通用规范》(JTG D60—2015)第3.4.3条规定:无铰拱的拱脚允许被洪水淹没,但不宜超过拱圈高度的2/3,且拱顶底面至计算水位的净高不得小于1.0m。

20. A

【解析】《公路桥涵设计通用规范》(JTG D60—2015)第3.4.3条规定:在不通航和无流筏的水库区域内,梁底面或无铰拱拱顶底面离开水面的高度不应小于计算浪高的0.75倍加上0.25m。

21. D

【解析】 通常,桥梁设计包括工程可行性研究、初步设计、技术设计和施工图设计等四个阶段。

22. C

【解析】 桥梁技术设计是针对新型、特大型桥梁,技术复杂桥梁而言。技术设计应根据初步设计批复意见,对重大、复杂的技术问题通过科学试验、专题研究,进一步勘探、分析比较,解决初步设计中未解决的问题,落实技术方案,提出修正施工方案等。

23. B

【解析】 桥梁纵断面设计主要包括:确定桥梁的桥孔设计长度、桥梁分孔、桥面高程与桥下净空、桥梁纵坡布置以及基础的埋置深度等。

24. B

【解析】 依据《公路桥涵设计通用规范》(JTG D60—2015)第3.5.1条,桥梁纵坡设计应符合下列规定:桥上纵坡不宜大于4%,桥头引道纵坡不宜大于5%;位于城镇混合交通繁忙处的桥梁,桥上纵坡均不得大于3%。

25. A

【解析】《公路桥涵设计通用规范》(JTG D60—2015)第3.1.4条规定:持久状况应进行承载能力极限状态和正常使用极限状态设计。

26. D

【解析】 依据《公路桥涵设计通用规范》(JTG D60—2015)第4.1.1条规定:永久作用包括结构重力(包括结构附加重力)、预加力、土的重力、土侧压力、混凝土收缩及徐变作用、水浮力和基础变位作用等,不包括温度作用。

27. C

【解析】 依据《公路桥涵设计通用规范》(JTG D60—2015)第4.1.1条,可变作用包括:汽车荷载,汽车冲击力、汽车离心力、汽车引起的土侧压力、汽车制动力、人群荷载,疲劳荷载、风荷载,流水压力,冰压力,波浪力、温度作用和支座摩阻力等。

28. C

【解析】《公路桥涵设计通用规范》(JTG D60—2015)第4.3.1条规定:对于汽车荷载,汽车横向轮距为1.8m,两列汽车车轮的横向最小间距为1.3m,汽车外侧车轮的中线离人行道或安全带边缘的距离不得小于0.5m。

29. D

【解析】《公路桥涵设计通用规范》(JTG D60—2015)第4.3.1条规定:桥梁结构的整体计算采用车道荷载,桥梁结构的局部加载、涵洞、桥台和挡土墙土压力等的计算采用车辆荷载。

30. B

【解析】《公路桥涵设计通用规范》(JTG D60—2015)第4.3.2条规定:汽车荷载的冲击力基准值为汽车荷载标准值乘以冲击系数μ。

31. B

【解析】填料厚度(包括路面厚度)等于或大于0.5m的拱桥、涵洞以及重力式墩台不计冲击力。

32. A

【解析】《公路桥涵设计通用规范》(JTG D60—2015)第4.3.1条规定:横桥向布置多车道汽车荷载时,应考虑汽车荷载的折减;布置一条车道汽车荷载时应考虑汽车荷载的提高,其横向车道布载系数为1.2。

33. C

【解析】《公路桥涵设计通用规范》(JTG D60—2015)第4.3.5条规定:同向行驶双车道的汽车荷载制动力标准值应为一个设计车道制动力标准值的2倍,同向行驶三车道应为一个设计车道的2.34倍,同向行驶四车道应为一个设计车道的2.68倍。

34. A

【解析】《公路桥涵设计通用规范》(JTG D60—2015)第4.1.2条规定:永久作用的代表值为其标准值。永久作用标准值可根据统计、计算,并结合工程经验综合分析确定。

35. A

【解析】《公路桥涵设计通用规范》(JTG D60—2015)第4.1.4条规定:实际不可能同时出现的作用或同时参与组合概率很小的作用,按规定不考虑其参与组合。

36. A

【解析】《公路桥涵设计通用规范》(JTG D60—2015)第4.1.5条规定:公路桥涵结构按承载能力极限状态设计时,对持久设计状况和短暂设计状况应采用作用的基本组合。

37. A

【解析】《公路桥涵设计通用规范》(JTG D60—2015)表4.1.5-1规定:对于各等级公路上的特大桥、大桥和中桥,其结构设计安全等级是一级。

38. B

【解析】《公路桥涵设计通用规范》(JTG D60—2015)第4.3.12条规定:混凝土上部结构和带混凝土桥面板的钢结构的竖向日照反温差为正温差乘以-0.5。

39. D

【解析】《公路桥涵设计通用规范》(JTG D60—2015)第4.3.12条规定:计算桥梁结构由于竖向温度梯度引起的效应时,其桥面板表面的最高温T_1应规定见表4.3.12-3。

结构类型	T_1(℃)	T_2(℃)
水泥混凝土铺装	25	6.7
50mm沥青混凝土铺装层	20	6.7
100mm沥青混凝土铺装层	14	5.5

40. D

【解析】《公路桥涵设计通用规范》(JTG D60—2015)第4.3.1条规定:公路—Ⅰ级和公路—Ⅱ汽车荷载采用相同的车辆荷载标准值。

二、多项选择题

1. ABCD

【解析】《公路工程技术标准》(JTG B01—2014)第6.0.1条规定:桥涵应按照安全、耐久、适用、环保、经济和美观的原则,考虑因地制宜、就地取材、便于施工和养护等因素,进行全寿命设计。

2. ABCD

【解析】《公路工程技术标准》(JTG B01—2014)第6.0.1条规定:桥涵跨径小于或等于50m时,宜采用标准化跨径、装配式结构、机械化和工厂化施工。

3. BCD

【解析】桥梁是由桥跨结构、下部结构和墩台基础三个主要部分组成的人工构筑物。下部结构包括桥墩和桥台。

4. ABCD

【解析】桥梁按其基本结构体系,可分为:梁式桥、拱式桥、刚架桥、缆索承重桥和组合体系桥等。

5. ABCD

【解析】桥梁设计应确保安全性,保证桥梁结构在施工过程(制造、运输、安装)和成桥状态具有足够的强度、刚度、稳定性和耐久性。

6. AD

【解析】初步设计的目的是确定设计方案,通过桥型方案比选,推荐最优方案,报上级审批。在编制各个桥型方案时,应提供平、纵、横布置图,标明主要尺寸,并估算工程数量和主要材料数量,提出施工方案的意见,编制设计概算,提供文字说明和图表资料。

7. ACD

【解析】桥梁纵断面设计主要包括:确定桥梁的桥孔设计长度、桥梁分孔、桥面高程、桥梁纵坡布置以及基础的埋置深度等。

8. BD

【解析】桥梁横断面设计主要包括:确定桥面宽度和桥跨结构横截面的布置。

9. ABCD

【解析】桥梁设计方案比较的主要步骤有拟定桥梁图式、方案初选、编制方案、技术经济比较和最优方案选定等。

10. ABCD

【解析】《公路桥涵设计通用规范》(JTG D60—2015)第3.1.4条规定:公路桥涵根据不同种类的作用及其对桥涵的影响、桥涵所处的环境条件,考虑以下四种设计状况,进行极限状态设计:持久状况、短暂状况、偶然状况和地震状况。

11. ABCD

【解析】《公路桥涵设计通用规范》(JTG D60—2015)第4.1.1条规定:公路桥涵设计采用的作用分为永久作用、可变作用、偶然作用和地震作用。

12. BCD

【解析】《公路桥涵设计通用规范》(JTG D60—2015)第4.1.1条规定:偶然作用包括船舶的撞击作用、漂流物的撞击作用和汽车撞击作用。

13. ABC

【解析】《公路桥涵设计通用规范》(JTG D60—2015)第4.3.7条规定:疲劳荷载计算模型Ⅱ采用双车模型,两辆模型车轴距与轴重相同。计算加载时,两模型车的中心距不得小于40m。疲劳荷载计算模型Ⅲ采用单车模型。当构件和连接不满足疲劳荷载计算模型Ⅰ的验算要求时,应按模型Ⅱ验算。桥面系构件的疲劳验算应采用疲劳荷载计算模型Ⅲ。

14. ABCD

【解析】《公路桥涵设计通用规范》(JTG D60—2015)第4.1.2条规定:公路桥涵设计时,对不同的作用应按下列规定采用不同的代表值:可变作用的代表值包括标准值、组合值、频遇值和准永久值。

15. ABCD

【解析】《公路桥涵设计通用规范》(JTG D60—2015)第4.1.4条规定:当可变作用的出现对结构或结构构件产生有利影响时,该作用不应参与组合。实际不可能同时出现的作用或同时参与组合概率很小的作用,按表4.1.4规定不考虑其参与组合。

16. ABD

【解析】《公路桥涵设计通用规范》(JTG D60—2015)第4.3.1条规定:桥梁结构的局部加载、涵洞、桥台和挡土墙土压力等的计算采用车辆荷载。

17. ACD

【解析】《公路工程水文勘测设计规范》(JTG C30—2015)第4.1.4条规定:通航水域公路桥的桥位选择,应符合下列规定:桥位应选在航道稳定、顺直且具有足够通航水深的河段上,航道不稳定时,应考虑河道变迁的影响;桥轴法线与通航主流的夹角不宜大于5°,大于5°时应增大通航孔的跨径;桥位应避开既有水工设施、港口作业区和船舶锚地等。

三、案例题

1. C

解:《公路桥涵设计通用规范》(JTG D60—2015)第4.3.1条规定:公路—Ⅰ级车道荷载集中荷载标准值P_k取值见表4.3.1-2。计算剪力效应时,上述集中荷载标准值应乘以系数1.2。由表可知,当$l_0=5m$时,$P_k=270kN$。计算剪力效应时,应乘以系数1.2,故应采用的集中荷载标准值$P_k=270\times1.2=324.0kN$。

计算跨径 l_0(m)	$l_0\leq5$	$5<l_0<50$	$l_0\geq50$
P_k(kN)	270	$2(l_0+130)$	360

2. C

解:由上题中表可知,当$l_0=20m$时,$P_k=2\times(l_0+130)$。故计算公路—Ⅰ级汽车荷载

作用下主梁产生的弯矩效应时,应采用的集中荷载标准值 $P_k=2\times(20+130)=300.0\text{kN}$。

3. A

解:《公路桥涵设计通用规范》(JTG D60—2015)第4.3.1条规定:公路—Ⅰ级车道荷载均布荷载标准值 $q_k=10.5\text{kN/m}$。公路—Ⅱ级车道荷载的均布荷载标准值和集中荷载标准值按公路—Ⅰ级车道荷载的0.75倍采用。故计算公路—Ⅱ级汽车荷载作用下主梁产生的弯矩效应时,应采用的均布荷载标准值 $q_k=0.75\times10.5=7.875\text{kN/m}$。

4. B

解:《公路桥涵设计通用规范》(JTG D60—2015)第4.3.2条规定:冲击系数与结构基频有关。根据简支梁桥的结构基频:$f=\frac{\pi}{2l^2}\sqrt{\frac{EI_c}{m_c}}$,$m_c=\frac{G}{g}$的公式计算得:$f=5.203\text{Hz}$。

5. C

解:《公路桥涵设计通用规范》(JTG D60—2015)第4.3.2条规定:冲击系数与结构基频有关。根据简支梁桥的结构基频,$f=7.33\text{Hz}$。由于 $1.5\text{Hz}\leqslant f\leqslant14\text{Hz}$,则冲击系数 $\mu=0.1767\ln f-0.0157=0.336$。

第二节 桥面构造

【考试纲要】

1. 熟悉桥面组成与布置;桥面铺装与桥面防排水设施作用、布设;桥面伸缩缝构造与选型。
2. 了解人行道、栏杆(防撞护栏)与照明设施设计。

【复习提示】

1. 复习要点

桥面部分的组成、桥面布置、桥面铺装、桥面防水和排水设施、桥面伸缩缝、人行道、栏杆、防撞护栏和照明设施。

重点:

桥面部分的组成、桥面铺装、桥面防水和排水设施、桥面伸缩缝。

2. 规范提示

《公路桥涵设计通用规范》(JTG D60—2015)对桥面铺装、防水和排水及其他附属设施有明确的规定。

习题精练

一、单项选择题

1. 属于桥面构造的是( )。

A. 主梁　　B. 桥墩　　C. 支座　　D. 桥面铺装

2. 不属于桥梁的桥面部分构造的是( )。

A. 桥面铺装　B. 桥面板　C. 伸缩缝　D. 栏杆和灯柱

3. 适用于道路等级较低、车流量较小、桥面较窄的公路桥梁的桥面布置形式是(　　)。

A. 双向车道布置　B. 分车道布置　C. 双层桥面布置　D. 分幅布置

4. 适用于高速公路桥梁采用的桥面布置形式是(　　)。

A. 双向车道布置　B. 分车道布置　C. 双层桥面布置　D. 分幅布置

5. 在钢桥上已普遍采用的桥面布置形式是(　　)。

A. 双向车道布置　B. 分车道布置　C. 双层桥面布置　D. 分幅布置

6. 桥面铺装的作用是除保护主梁部分行车道板不受车轮直接磨耗,防止主梁遭受雨水侵蚀外,还能(　　)。

A. 使梁板连为整体　B. 保持桥面刚性

C. 形成桥面横坡　D. 分布车轮荷载

7. 为了迅速排除桥面雨水,通常使桥梁设有纵向坡度外,还应设置(　　)。

A. 桥面横坡　B. 伸缩缝　C. 桥面铺装　D. 栏杆

8. 下列不属于桥面横坡常用设置方法的是(　　)。

A. 三角垫层法　B. 在墩、台帽上设置

C. 设支承垫石　D. 设置横向倾斜的行车道板

9. 造价低,耐磨性能好,适合于重载交通,但养生期较长的桥面铺装类型是(　　)。

A. 沥青表面处治　B. 水泥混凝土桥面铺装

C. 沥青混凝土桥面铺装　D. 改性沥青混凝土桥面铺装

10. 具有质量轻、维修养护方便、铺筑后只需养生几个小时就可开放交通等优点的桥面铺装类型是(　　)。

A. 沥青表面处治　B. 水泥混凝土桥面铺装

C. 沥青混凝土桥面铺装　D. 改性沥青混凝土桥面铺装

11. 雨水可流至桥头从引道上排除,桥上不必设置专门的泄水孔道的情况是(　　)。

A. 纵坡大于2%,桥长大于50m　B. 纵坡大于2%,桥长小于50m

C. 纵坡小于2%,桥长大于50m　D. 纵坡小于2%,桥长小于50m

12. 目前不仅适用于不专门设置防水层而采用防水混凝土桥面铺装的桥梁,也适用于具有贴式防水层的铺装结构桥梁,且采用最广泛的泄水管形式是(　　)。

A. 金属泄水管　B. 钢筋混凝土泄水管

C. 横向排水管道　D. 封闭式排水系统

13. 对于城市桥梁,公路跨线桥和跨越鱼塘、水库以及水源保护区的公路桥梁,为保持桥梁外形美观及利于桥下行车、行人、环境保护,应采用的泄水管形式是(　　)。

A. 金属泄水管　B. 钢筋混凝土泄水管

C. 横向排水管道　D. 封闭式排水系统

14. 不仅能满足变形要求,还具有良好的吸振作用,能显著减小活载的动力作用,行驶性能好的伸缩缝构造是(　　)。

A. U 形锌铁皮式伸缩缝　B. 橡胶伸缩缝

C. 跨搭钢板式伸缩缝　D. 组合伸缩缝

15. 在具有行人需求的桥梁上，为了避免人车混行，桥上均应设置(　　)。
A. 防撞护栏　B. 栏杆　C. 分隔带　D. 人行道
16. 人行道缘石高度满足行人和行车安全需要。一般应至少高出行车道面(　　)。
A. 20cm　B. 25cm　C. 30cm　D. 35cm
17. 对于具有2%以上纵坡且设计车速较高的桥梁，路缘石宜高出行车道至少(　　)。
A. 20cm　B. 25cm　C. 30cm　D. 35cm
18. 在行人稀少地区的桥梁可不设人行道，但应设(　　)。
A. 安全带　B. 栏杆　C. 分隔带　D. 缘石
19. 可在桥面任意设置，造价经济，在弯桥上有良好的视觉效果；但不宜用在大型立交桥上，以免给人造成视觉混乱的照明方式是(　　)。
A. 灯杆照明　B. 高杆照明
C. 栏杆照明　D. 集中照明与分散照明混合

二、多项选择题

1. 桥面部分通常包括(　　)。
A. 桥面铺装　B. 支座
C. 桥面排水设施　D. 栏杆或防撞护栏
2. 桥面布置应根据道路的等级、桥梁的宽度、行车要求等条件确定，主要有(　　)。
A. 双向车道布置　B. 分车道布置
C. 分幅布置　D. 双层桥面布置
3. 桥面铺装又称行车道铺装，其功能主要表现在(　　)。
A. 保护主梁行车道板部分不受车辆轮胎(或履带)的直接磨耗
B. 分布车辆轮重等集中荷载，使主梁受力均匀
C. 保证桥跨结构在荷载作用下按其静力图式自由变形
D. 防止主梁遭受雨水的侵蚀
4. 为迅速排除桥面雨水，要设置桥面横坡。其主要的设置方法有(　　)。
A. 三角垫层法　B. 设支承垫石
C. 在墩台顶部形成　D. 设置横向倾斜的行车道板
5. 桥梁伸缩缝的设置位置是(　　)。
A. 梁底与桥墩之间　B. 两主梁端之间
C. 梁端与桥台台背之间　D. 桥台侧墙尾端与路堤之间
6. 桥梁伸缩缝的种类有(　　)。
A. U形锌铁皮式伸缩缝　B. 橡胶伸缩缝
C. 组合伸缩缝　D. 跨搭钢板式伸缩缝
7. 为防止车辆突破、下穿、翻越桥梁需设置防撞护栏，其常用的形式有(　　)。
A. 金属梁柱式护栏　B. 组合式护栏
C. 预应力混凝土墙式护栏　D. 钢筋混凝土墙式护栏
8. 在城市及城郊地区的桥梁，行人和车辆较多，应设置的照明设备布置方式有(　　)。

A. 车辆照明　　B. 分散照明

C. 集中照明　　D. 集中照明与分散照明混合

习题参考答案及解析

一、单项选择题

1. D

【解析】公路和城市桥梁的桥面部分主要由桥面铺装、桥面排水设施、桥面伸缩缝、人行道、栏杆或防撞护栏及照明设施等构成。

2. B

【解析】同上述第1小题解析。

3. A

【解析】双向车道布置是将行车道的上下行交通布置在同一桥面上。在桥面上,上下行交通有划线分隔,因此没有明显的界限。此种布置形式主要适用于道路等级较低、车流量较小、桥面较窄的公路桥梁。

4. B

【解析】通过中央分隔带或分离式主梁布置,将行车道的上下行交通在桥梁上进行分隔布置,从而上下行交通互不干扰,可提高行车速度,便于交通管理。高速公路桥梁均采用分车道布置。

5. C

【解析】双层桥面布置是桥梁结构在空间上设置两个不在同一平面上的桥面构造。双层桥面布置在钢桥上已普遍采用。

6. D

【解析】桥面铺装,又称行车道铺装,其功能主要表现在:①保护主梁行车道板部分不受车辆轮胎(或履带)的直接磨耗;②分布车辆轮重等集中荷载,使主梁受力均匀;③防止主梁遭受雨水的侵蚀。

7. A

【解析】桥面积水不仅对结构有侵蚀作用,对行车也非常不利,因此,除设置桥梁纵向坡度外,还应将桥面沿横向设置成双向横坡或单向横坡(分幅桥梁),以便迅速排除桥面雨水。

8. C

【解析】桥面横坡设置的常用方法主要有:横坡设置在墩台顶部,桥面板倾斜,在整个桥宽上采用等厚度的铺装层;通过不等厚的铺装层来形成横坡;将行车道板做成双向倾斜的横坡。

9. B

【解析】普通的水泥混凝土铺装的造价低、耐磨性能好,适用于重载交通,但养生期较长,且日后修补不便。

10. C

【解析】经合理选择级配组成的矿质混合料和适量沥青结合料拌制而成的沥青混凝土铺装,具有质量轻、维修养护方便、铺筑后只需养生几个小时就可开放交通等优点,虽造价比普通水泥混凝土铺装高,但仍是目前广泛采用的桥面铺装形式之一。

11. B

【解析】根据《公路排水设计规范》(JTG/T D33—2012)有关规定确定,桥长 $L \leq 50$m 时,当桥面纵坡 $i \geq 2\%$,则不必设置专门的泄水孔道,雨水可直接流至桥头从引道上排除。

12. A

【解析】目前桥面排水设施中采用最广泛的泄水管形式是"铸铁式"金属泄水管,它不仅适用于不专门设置防水层而采用防水混凝土桥面铺装的桥梁,也适用于具有贴式防水层的铺装结构桥梁。

13. D

【解析】对于城市桥梁,公路跨线桥和跨越鱼塘、水库以及水源保护区的公路桥梁,为保持桥梁外形美观及利于桥下行车、行人、环境保护,应采用封闭式排水系将排水管直接引向地面或积水槽,而不宜将泄水管挂在结构上直接将水排出桥外。

14. B

【解析】橡胶伸缩缝构造不仅能满足变形要求,还具有良好的吸振作用,能显著减小活载的动力作用,行驶性能好。

15. D

【解析】在具有行人需求的桥梁上均应设置人行道,应尽量避免人车混行。

16. B

【解析】人行道缘石高度满足行人和行车安全需要,一般应至少高出行车道面 25cm。

17. D

【解析】对具有 2% 以上纵坡且设计车速较高的桥梁,路缘石宜高出行车道 35cm 以上。

18. A

【解析】在行人稀少地区或全封闭高速公路上的桥梁可不设人行道,但为保障交通安全,须在行车道边缘设置高出行车道的带状构造物,即安全带。

19. A

【解析】灯杆照明方式的特点是:可在桥面任意预留灯杆位置,造价经济,在弯桥上有良好的视觉效果;但不宜用在大型立交桥上,以免给人造成视觉混乱的感觉。

二、多项选择题

1. ACD

【解析】公路和城市桥梁的桥面部分主要由桥面铺装、桥面排水设施、桥面伸缩缝、人行道、栏杆或防撞护栏及照明设施等构成。

2. ABD

【解析】桥面布置应在桥梁的总体设计中考虑,根据道路的等级、桥梁的宽度及行车要求等条件综合确定。目前,公路与城市桥梁的桥面布置主要有双向车道布置、分车道布置、双层桥面布置等几种形式。

3. ABD

【解析】桥面铺装又称行车道铺装,其功能主要表现在:①保护主梁行车道板部分不受车辆轮胎(或履带)的直接磨耗;②分布车辆轮重等集中荷载,使主梁受力均匀;③防止主梁遭受雨水的侵蚀。

4. ACD

【解析】桥面横坡设置的常用方法主要有:横坡设置在墩台顶部,桥面板倾斜,在整个桥宽上采用等厚度的铺装层;通过不等厚的铺装层来形成横坡;将行车道板做成双向倾斜的横坡。

5. BC

【解析】伸缩缝设置在两主梁端之间以及梁端与桥台台背之间。

6. ABCD

【解析】桥梁伸缩缝有U形锌铁皮式伸缩缝、跨搭钢板式伸缩缝、梳形齿式钢板伸缩缝、橡胶伸缩缝、组合伸缩缝等。目前主要采用橡胶伸缩缝和组合伸缩缝。

7. ABD

【解析】防撞护栏是为了防止车辆突破、下穿、翻越桥梁而设置的。目前采用的防撞桥梁护栏有金属梁柱式护栏、钢筋混凝土墙式护栏和组合式护栏等几种形式。

8. BCD

【解析】在城市及城郊地区的桥梁,行人和车辆较多,应设置照明设备。其布置方式有分散照明、集中照明、集中照明与分散照明混合三种。

第三节　梁桥的构造与设计

【考试纲要】

1. 熟悉简支梁桥受力特点、构造设计。

2. 熟悉连续梁桥、先简支后连续结构桥梁受力特点、构造设计。

3. 熟悉弯桥、斜桥、坡桥的受力特点与构造。

【复习提示】

1. 复习要点

混凝土梁桥的基本类型,简支梁桥受力特点与构造设计,连续梁桥的受力特点与构造设计,梁桥计算要点,装配式简支梁桥的内力计算,弯桥、斜桥、坡桥的受力特点与构造设计。

重点:

简支梁桥受力特点与构造,装配式简支梁桥的内力计算,连续梁桥受力特点与构造。

难点:

装配式简支梁桥的内力计算,斜桥的受力特点与构造。

2. 规范提示

《公路钢筋混凝土及预应力混凝土桥涵设计规范》(JTG 3362—2018)对简支梁桥、连续梁桥、先简支后连续结构桥梁、弯桥、斜桥、坡桥的受力和构造设计有明确的规定。

习题精练

一、单项选择题

1. 梁桥在垂直荷载作用下,支承处仅产生竖向反力。其主要承重结构是(　　)。

A. 桥面板　　B. 桥墩　　C. 主梁　　D. 桥面铺装

2. 属于静定结构,构造简单,便于设计为各种标准跨径的装配式结构是(　　)。

A. 简支梁桥　　B. 悬臂梁桥　　C. 连续梁桥　　D. 刚架桥

3. 承重结构不间断地连续跨越多个桥孔而形成超静定结构的桥梁是(　　)。

A. 简支梁桥　　B. 悬臂梁桥　　C. 连续梁桥　　D. 刚架桥

4. 将简支梁梁体加长,并越过支点就可成为(　　)。

A. 门式刚架桥　　B. 悬臂梁桥　　C. 连续梁桥　　D. T 形刚构桥

5. 在温度变化、支座不均匀沉降等情况下,会产生次内力的结构是(　　)。

A. 悬臂梁桥　　B. 连续梁桥　　C. 简支梁桥　　D. 三铰拱桥

6. 构造简单,施工方便,建筑高度小。当跨度较大时会显得笨重而不经济,仅适用于小跨径的桥梁是(　　)。

A. 板桥　　B. 箱形梁桥　　C. 肋板式梁桥　　D. 小箱梁桥

7. 主梁截面在一定的截面面积下能获得较大的抗弯惯矩,具有几乎同等的承受正、负弯矩的能力,特别适用于较大跨径的连续梁桥、连续刚构桥的桥梁是(　　)。

A. 板桥　　B. 箱形梁桥　　C. 肋板式梁桥　　D. 小箱梁桥

8. 整体式板桥的跨径通常与板宽相差不大,在车辆荷载作用下的受力状态为(　　)。

A. 纵向单向受力　　B. 横向单向受力　　C. 双向受力　　D. 三向受力

9. 预应力混凝土梁中通常不设(　　)。

A. 斜筋　　B. 水平分布钢筋　　C. 箍筋　　D. 架立钢筋

10. 在装配式简支 T 形梁桥中,为保证各片主梁能相互连接成整体,共同参与受力,需设置(　　)。

A. 钢板　　B. 横隔梁　　C. 内纵梁　　D. 腹板

11. 关于连续梁桥受力特点,下列说法错误的是(　　)。

A. 在自重作用下,由于支点负弯矩的卸载作用,跨中正弯矩显著减小

B. 连续梁桥受力后,一孔受载,多孔受力

C. 随着跨数增多,联长加大,受温度变化影响产生的纵向位移较小

D. 连续梁桥为超静定结构,支座变位将引起结构内力变化

12. 在跨径 L 和荷载集度 g 相同的情况下,简支体系梁桥与连续体系梁桥比较,下列说法错误的是(　　)。

A. 简支体系的跨中弯矩较大

B. 简支体系梁桥伸缩缝多,不利高速行车

C. 连续体系由于支点负弯矩的存在,使跨中正弯矩值显著减小

D. 简支体系梁桥的弯矩图面积(绝对值)比连续体系梁桥小很多

13. 公路桥梁预应力混凝土构件的混凝土强度等级不应低于(　　)。

A. C50　　B. C40　　C. C35　　D. C30

14. 预应力混凝土构件中的预应力钢筋应选用(　　)。

A. 钢绞线　　B. 螺纹钢筋　　C. HRB400 钢筋　　D. HRB500 钢筋

15. 预应力混凝土梁桥中,用以保证桥梁在恒、活载作用下纵向跨越能力的主要受力钢筋是(　　)。

A. 纵向预应力筋　　B. 横向预应力筋　　C. 竖向预应力筋　　D. 箍筋

16. 预应力混凝土箱梁中,竖向预应力筋通常布置在箱梁的(　　)。

A. 横隔板中　　B. 顶板中　　C. 腹板中　　D. 底板中

17. 对于简支梁桥预应力筋弯起的主要原因,下列说法错误的是(　　)。

A. 减小梁端负弯矩　　B. 减少预应力损失

C. 抵抗部分剪力　　D. 便于布置锚具

18. 简支 T 梁桥上部结构计算的项目不包括(　　)。

A. 主梁　　B. 盖梁　　C. 桥面板　　D. 横隔梁

19. 把横向结构(桥面板和横隔梁)视作在主梁上断开而简支在其上的简支梁或带悬臂的简支梁(对于边梁)。符合此假定的荷载横向分布计算方法是(　　)。

A. 杠杆原理法　　B. 偏心压力法　　C. 横向刚接梁法　　D. 横向铰接板(梁)法

20. 把横隔梁视作刚性,在荷载作用下,各主梁挠度呈线性变化。符合此假定的荷载横向分布计算方法是(　　)。

A. 杠杆原理法　　B. 偏心压力法　　C. 横向刚接梁法　　D. 横向铰接板(梁)法

21. 把相邻主梁之间视为刚性连接,即同时传递剪力和弯矩。符合此假定的荷载横向分布计算方法是(　　)。

A. 杠杆原理法　　B. 偏心压力法　　C. 横向刚接梁法　　D. 横向铰接板(梁)法

22. 将相邻板(梁)之间的连接视为铰接,只传递剪力。符合此假定的荷载横向分布计算方法是(　　)。

A. 杠杆原理法　　B. 偏心压力法　　C. 横向刚接梁法　　D. 横向铰接板(梁)法

23. 在计算荷载位于靠近主梁支点时的横向分布系数 m 时,可偏安全地采用(　　)。

A. 杠杆原理法　　B. 偏心压力法

C. 横向铰接板(梁)法　　D. 横向刚接梁法

24. 对于有中横隔梁的简支 T 梁桥,其宽跨比 B/L 小于或接近 0.5,在计算荷载位于跨中时的荷载横向分布系数时,可采用(　　)。

A. 杠杆法　　B. 偏心压力法　　C. 铰接板梁法　　D. 刚接梁法

25. 对于无中间横隔梁或仅有一根中横隔梁的情况,跨中部分采用不变的 m_c,从 m_c 变化至 m_0 呈直线形过渡,具体的变化位置是离支点(　　)。

A. $l/2$ 处　　B. $l/4$ 处　　C. $l/8$ 处　　D. 第一根内横隔梁

26. 关于斜板桥的受力特点,下列说法错误的是(　　)。

A. 简支斜板的纵向主弯矩比跨径为斜跨长 l_φ、宽度为 b 的矩形板要小

B. 斜板的荷载有向支承边的最短距离传递分配的趋势

C. 斜板的最大纵向弯矩和横向弯矩均比正板大得多

D. 斜板在支承边上的反力很不均匀,钝角角隅处的反力可能比正板大数倍

27. 四边支承的板,按双向板计算时,长边长度与短边长度之比小于(　　)。

A. 3.0　　B. 2.5　　C. 2.0　　D. 1.5

28. 设计使用年限为 100 年时,Ⅰ类一般环境下梁、板混凝土强度等级最低要求是(　　)。

A. C25　　B. C30　　C. C35　　D. C40

29. 桥涵构件的承载能力极限状态计算表达式 $\gamma_0 S \leqslant R$ 中的 S 为(　　)。

A. 作用组合(其中汽车荷载不计入冲击作用)的效应设计值

B. 作用组合(其中汽车荷载计入冲击作用)的效应设计值,对持久设计状况应按基本组合计算

C. 作用组合(其中汽车荷载计入冲击作用)的效应设计值,对持久设计状况应按准永久组合计算

D. 作用组合(其中汽车荷载计入冲击作用)的效应设计值,对持久设计状况应按频遇组合计算

30. 在作用频遇组合下控制的正截面受拉边缘不允许出现拉应力的构件为(　　)。

A. 钢筋混凝土构件　　B. A 类预应力混凝土构件

C. B 类预应力混凝土构件　　D. 全预应力混凝土构件

31. 预制的全预应力混凝土受弯构件进行抗裂验算时,其正截面混凝土拉应力应符合(　　)。

A. $\sigma_{st} - 0.85\sigma_{pc} \leqslant 0$　　B. $\sigma_{st} - 0.8\sigma_{pc} \leqslant 0$

C. $\sigma_{st} - \sigma_{pc} \leqslant 0.7f_{tk}$　　D. $\sigma_{lt} - \sigma_{pc} \leqslant 0$

32. 使用阶段未开裂预应力混凝土受弯构件受压区混凝土的最大压应力应符合(　　)。

A. $\sigma_{kc} + \sigma_{pt} \leqslant 0.5f_{ck}$　　B. $\sigma_{cc} \leqslant 0.5f_{ck}$

C. $\sigma_{pe} + \sigma_{p} \leqslant 0.65f_{pk}$　　D. $\sigma_{p0} + \sigma_{p} \leqslant 0.65f_{pk}$

33. Ⅰ类环境条件下,梁、板最外侧钢筋的混凝土保护层厚度应不小于(　　)。

A. 35mm　　B. 30mm　　C. 20mm　　D. 15mm

34. 行车道板内应设置垂直于主钢筋的分布钢筋。分布钢筋设在主钢筋的内侧,其直径不应小于(　　)。

A. 5mm　　B. 6mm　　C. 8mm　　D. 10mm

35. 预应力混凝土梁当设置竖向预应力钢筋时,其纵向间距宜为(　　)。

A. 200 ~ 300mm　　B. 300 ~ 400mm　　C. 400 ~ 500mm　　D. 500 ~ 1000mm

36. 后张法预应力混凝土构件,其预应力钢筋管道内径的截面面积不应小于预应力钢筋截面面积的(　　)。

A. 1.2 倍　　B. 1.5 倍　　C. 2.0 倍　　D. 2.5 倍

37. 桩基承台的厚度不宜小于桩直径的 1.5 倍,且不小于(　　)。

A. 0.5m　　B. 1.0m　　C. 1.5m　　D. 2.0m

二、多项选择题

1. 不适合梁桥建设采用的建筑材料为(　　)。
A. 木材　B. 钢筋混凝土　C. 预应力混凝土　D. 素混凝土
2. 混凝土梁桥按承重结构的静力体系划分,可分为(　　)。
A. 简支梁桥　B. 悬臂梁桥　C. T形刚构桥　D. 连续梁桥
3. 混凝土梁桥按承重结构的截面形式划分,可分为(　　)。
A. 板桥　B. 箱形梁桥　C. 串连梁桥　D. 小箱梁桥
4. 实心板桥应用广泛,但跨径通常不超过8m,常采用的标准跨径有(　　)。
A. 5m　B. 6m　C. 7m　D. 8m
5. 预应力混凝土简支T梁桥的梁肋下部通常加宽做成马蹄形,其主要目的是(　　)。
A. 满足局部承压需要　B. 增强稳定性
C. 便于布置预应力钢筋　D. 减薄梁肋
6. 除主要的纵向预应力筋外,预应力混凝土梁内布置的其他非预应力钢筋有(　　)。
A. 架立钢筋　B. 斜筋　C. 水平分布钢筋　D. 箍筋
7. 钢筋混凝土连续梁桥和预应力混凝土连续梁桥在立面上都可以做成(　　)。
A. 等跨　B. 等高　C. 不等跨　D. 不等高
8. 连续箱梁桥中,通常需要设置横隔板的位置是(　　)。
A. 支点　B. $l/8$处　C. $l/4$处　D. $l/2$处
9. 预应力混凝土连续梁桥中,纵向预应力筋主要用于抵抗纵向弯矩和部分剪力,通常布置在(　　)。
A. 顶板中　B. 横隔板中　C. 底板中　D. 腹板中
10. 预应力混凝土连续梁桥中,横向预应力筋是用以保证桥梁的横向整体性,桥面板及横隔板横向抗弯能力的主要受力钢筋,一般布置在(　　)。
A. 顶板中　B. 横隔板中　C. 底板中　D. 腹板中
11. 引起超静定体系的连续梁桥产生次内力的原因有(　　)。
A. 预加力　B. 温度变化
C. 混凝土收缩徐变　D. 墩台基础不均匀沉降
12. 对于梁式桥,持久状态承载能力极限状态验算主要包括(　　)。
A. 正截面抗弯承载力　B. 斜截面抗剪承载力
C. 正截面抗压承载力　D. 斜截面抗裂性验算
13. 对于梁式桥,持久状态正常使用极限状态验算主要包括(　　)。
A. 正截面抗裂性验算　B. 斜截面抗裂性验算
C. 混凝土受弯构件挠度验算　D. 混凝土构件裂缝宽度验算
14. 简支梁桥常用的荷载横向分布计算方法有(　　)。
A. 刚性横梁法　B. 杠杆原理法
C. 横向铰接板(梁)法　D. 等代简支梁法
15. 弯桥受力特点有(　　)。

A. 弯桥的变形比同样跨径直线桥要小

B. 弯桥梁间横梁与直线桥相比,其刚度一般较大

C. 弯桥即使截面在对称荷载作用下也会产生较大的扭转

D. 弯桥支点反力与直线桥相比,曲线外侧大、内侧变小,内侧甚至出现负反力

16. 影响弯桥受力的主要因素有(　　)。

A. 圆心角　　B. 弯扭刚度比　　C. 曲率半径　　D. 扇性惯性矩

17. 公路桥梁预应力混凝土构件设计,按持久状况正常使用极限状态计算时,以下说法正确的有(　　)。

A. 全预应力混凝土构件在作用频遇组合下正截面受拉边缘不允许出现拉应力

B. 部分预应力混凝土构件在作用频遇效应组合下正截面受拉边缘允许出现拉应力

C. 部分预应力混凝土构件,根据拉应力状态分为 A 类和 B 类预应力混凝土构件

D. 跨径大于 100m 的桥梁,不得按部分预应力混凝土构件设计

18. 对于后张法体内预应力混凝土构件,其传力锚固后的预应力损失包括(　　)。

A. 锚具变形损失

B. 混凝土的弹性压缩损失

C. 预应力钢筋的应力松弛损失

D. 混凝土的收缩和徐变损失

19. 公路桥梁钢筋混凝土构件,其计算的最大裂缝宽度不应超过的限值为(　　)。

A. Ⅰ类环境下,0.25mm　　B. Ⅱ类环境下,0.20mm

C. Ⅲ类环境下,0.15mm　　D. Ⅳ类环境下,0.10mm

20. 预应力混凝土受弯构件在进行持久状况预应力混凝土应力计算时,应计算其使用阶段的(　　)。

A. 正截面的混凝土法向应力　　B. 受拉区钢筋拉应力

C. 斜截面的混凝土主压应力　　D. 斜截面的混凝土主拉应力

21. 组合式受弯构件在现浇混凝土层达到强度标准值前的作用效应计算应考虑(　　)。

A. 预制构件自重　　B. 组合构件自重

C. 现浇混凝土层自重　　D. 施工时附加的其他作用

22. 伸缩装置安装以后的伸缩量计算,可考虑的因素有(　　)。

A. 由温度引起的伸缩量 Δl_t

B. 由混凝土收缩引起的梁体缩短量 Δl_s^-

C. 由混凝土徐变引起的梁体缩短量 Δl_c^-

D. 由制动力引起的板式橡胶支座剪切变形而导致的伸缩缝开口量 Δl_b^- 或闭口量 Δl_b^+

三、案例题

1. 铰接悬臂板如图中所示,桥面铺装为 80mm 厚 C50 混凝土配 $\phi 8@100$ 钢筋网;重度为 $25kN/m^3$;下设 40mm 厚素混凝土找平层;重度为 $23kN/m^3$,T 梁翼板材料重度为 $25kN/m^3$。其每延米板上的恒载 g 最接近(　　)。

A. 4.13kN/m　　B. 5.67kN/m　　C. 6.75kN/m　　D. 7.35kN/m

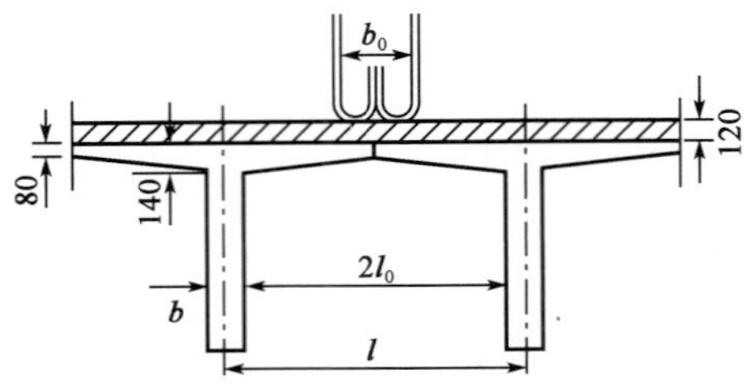

铰接悬臂行车道板(尺寸单位:mm)

2. 如图所示,一桥面宽度为净 -9 +2 ×1.5m 人行道的钢筋混凝土 T 形梁桥,共设 5 根主梁。其荷载位于支点处时 1 号主梁相应于汽车荷载的横向分布系数最接近(　　)。

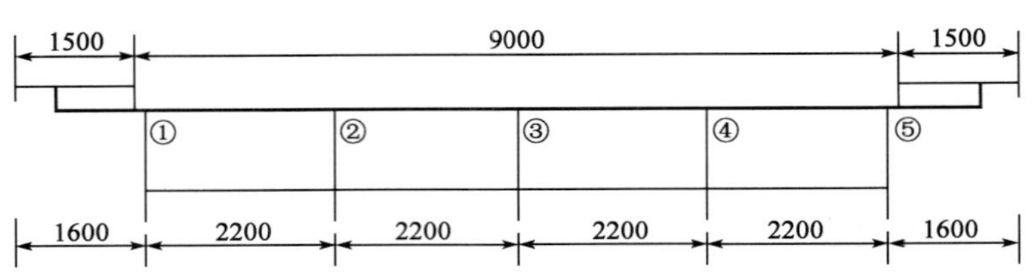

主梁横断面布置图(尺寸单位:mm)

A. 0.301　　B. 0.409　　C. 0.503　　D. 0.605

3. 计算跨径为 $l=29.12$m 的 T 形梁桥(横断面图同上述第 2 题)。桥面宽度为净 -9 +2 ×1.5m人行道,共设 5 根主梁,各主梁横截面均相等。跨度内设有多道横隔梁,若采用偏心压力法计算,则横向分布影响线竖标值 η_{15}最接近下列哪一项(　　)。

$$\left(注:\eta_{ik}=\frac{I_i}{\sum_{i=1}^{n}I_i}+\frac{a_k a_i I_i}{\sum_{i=1}^{n}a_i^2 I_i}\right)$$

A. -0.2　　B. 0.0　　C. 0.2　　D. 0.6

4. 计算跨径为 $l=29.12$m 的 T 形梁桥(横断面图同上述第 2 题)。桥面宽度为净 -9 +2 ×1.5m人行道,共设 5 根主梁,各主梁横截面均相等。跨度内设有多道横隔梁,按偏心压力法进行计算得横向分布影响线竖标值 $\eta_{11}=0.6$、$\eta_{14}=0$。则荷载位于跨中时,1 号主梁相应于汽车荷载的横向分布系数最接近下列哪一项(　　)。

A. 0.523　　B. 0.635　　C. 0.661　　D. 0.682

5. 某简支 T 形梁桥的计算跨径为 $l=29.12$m,跨度内从支点到第一根内横隔梁之间的距离 $a=4.96$m,冲击系数 $\mu=0.276$,跨中荷载横向分布系数 $m_{cq}=0.635$,支点荷载横向分布系数 $m_{0q}=0.409$,车道荷载标准值 $q_k=10.5$kN/m,$P_k=318.24$kN。则主梁在汽车荷载作用下的跨中最大弯矩最接近下列哪一项(　　)。

A. 1899kN · m　　B. 2084kN · m　　C. 2532kN · m　　D. 2779kN · m

6. 某简支 T 形梁桥的计算跨径为 $l=29.12$m,跨度内从支点到第一根内横隔梁之间的距离 $a=4.96$m,冲击系数 $\mu=0.276$,跨中荷载横向分布系数 $m_{cq}=0.635$,支点荷载横向分布系数 $m_{0q}=0.409$,车道荷载标准值 $q_k=10.5$kN/m,$P_k=1.2\times318.24$kN。则主梁在汽车荷载作用下的支点最大剪力最接近下列哪一项(　　)。

A. 316.09kN　　B. 289.94kN　　C. 237.07kN　　D. 217.46kN

7. 简支T梁桥各主梁中心距相等，从1号主梁至5号主梁的抗弯惯矩分别为$2I$、I、$2I$、I、$2I$。当单位荷载作用在3号梁位处时，1号边梁所分担的荷载值(各主梁的弹性模量E相同)最接近下列哪一项(　　)。

A. 0.125　　B. 0.25　　C. 0.375　　D. 0.5

8. 简支T梁桥共有7片主梁，中间横隔梁近似刚性，且各主梁中心距相等，各主梁的惯性矩I_i相等，若结构上仅作用有桥轴线中心荷载$P=1$时，1号主梁所承担的荷载最接近下列哪一项(　　)。

A. 0.125　　B. 0.143　　C. 0.25　　D. 0.35

习题参考答案及解析

一、单项选择题

1. C

【解析】梁桥的承重结构是主梁，其基本受力特征为弯曲，在垂直荷载作用下，支承处仅产生竖向反力。

2. A

【解析】简支梁桥属于静定结构，是目前中小跨径梁桥的主要形式之一。其优点在于：构造简单，便于设计为各种标准跨径的装配式结构。

3. C

【解析】连续梁桥是指主梁连续跨过两跨或两跨以上的桥梁。这种体系的主要特点是承重结构不间断地连续跨越多个桥孔而形成超静定结构。

4. B

【解析】将简支梁梁体加长，并越过支点就可成为悬臂梁桥。悬臂梁桥至少有三孔，或是一双悬臂梁结构的跨线桥，或是中孔采用简支挂梁的单悬臂梁桥。

5. B

【解析】连续梁桥除其中一个桥墩上设固定铰支座外，其余均设活动铰支座，属于超静定结构，因此，适用于地基条件良好的场合。否则，任何支座不均匀沉陷均会在桥跨结构中产生次内力。

6. A

【解析】板桥的主要特点是构造简单，施工方便，建筑高度小。从力学性能上分析，位于受拉区域的混凝土不但不能发挥作用，反而增大了结构的自重，当跨度较大时就显得笨重而不经济，所以，简支板桥仅适用于小跨径桥梁。

7. B

【解析】箱形梁桥横截面在一定的截面面积下能获得较大的抗弯惯性矩，具有几乎同等的承受正、负弯矩的能力。另外，闭合箱形梁具有比相应肋板式截面大得多的抗扭刚度，在偏心的活载作用下箱梁的受力比较均匀,因此,箱形截面梁特别适用于较大跨径的连续梁桥、连续刚构桥。

8. C

【解析】整体式板桥的跨径通常与板宽相差不大,在车辆荷载作用下处于双向受力状态,因此,除了配置纵向受力钢筋(直径不应小于10mm)外,还需在板内设置垂直于主钢筋的横向分布钢筋。

9. A

【解析】除主要的纵向预应力筋外,预应力混凝土主梁内还设有架立钢筋、箍筋、水平分布钢筋、承受局部应力的钢筋等其他非预应力钢筋。

10. B

【解析】在装配式简支T形梁桥中,横隔梁必须设置,以保证各片主梁能相互连接成整体,共同参与受力。

11. C

【解析】连续梁可以做成二跨或三跨一联,也可以做成多跨一联。每联跨数太多,联长就要加大,受温度变化及混凝土收缩等影响产生的纵向位移也就较大,使伸缩缝及活动支座的构造复杂化。

12. D

【解析】当跨径L和荷载集度g相同的情况下,简支体系的跨中弯矩最大,连续体系则由于支点负弯矩的存在,使跨中正弯矩值显著减小,就表征材料用量的弯矩图面积大小(绝对值)而言,连续体系也比简支体系小很多。

13. B

【解析】根据《公路钢筋混凝土及预应力混凝土桥涵设计规范》(JTG 3362—2018)第3.1.2条规定:预应力混凝土构件混凝土不低于C40。

14. A

【解析】根据《公路钢筋混凝土及预应力混凝土桥涵设计规范》(JTG 3362—2018)第3.2.1条规定:预应力混凝土构件中的预应力钢筋应选用钢绞线、钢丝;中、小型构件或竖、横向用预应力钢筋,可选用预应力螺纹钢筋。

15. A

【解析】预应力混凝土梁桥中,预应力筋是主要的受力钢筋。所以,保证桥梁在恒、活载作用下纵向跨越能力的主要受力钢筋是纵向预应力筋。

16. C

【解析】预应力混凝土箱梁中,竖向预应力筋主要抵抗竖向剪力,通常布置在箱梁的腹板中。

17. B

【解析】简支梁桥预应力筋弯起可以抵抗部分剪力、减小梁端负弯矩以及便于锚具分散均匀锚固,但预应力筋弯起会增大预应力损失。

18. B

【解析】梁桥上部结构计算包括桥面板、主梁、横隔梁和其他细部构造计算,必要时还需进行施工阶段验算或其他特殊项目的验算。

19. A

【解析】按杠杆原理法计算荷载横向分布的基本假定是忽略主梁之间横向结构的联系作用,即假设桥面板在主梁上断开,而视作沿横向支承在主梁上的简支板或单悬臂(对边主梁)简支板来考虑。

20. B

【解析】偏心压力法(也称刚性横梁法),把横隔梁视作刚性,即在荷载作用下,各主梁挠度呈线性变化;当计算考虑到主梁抗扭刚度影响时,此法又称为修正偏心压力法。

21. C

【解析】横向刚接梁法——把相邻主梁之间视为刚性连接,即同时传递剪力和弯矩。

22. D

【解析】横向铰接板(梁)法——把相邻板(梁)间的连接视为铰接,只传递剪力。

23. A

【解析】对于一般多梁式桥,不论桥跨内有无中间横隔梁,当桥上荷载作用在靠近支点处时,由于不考虑支座的弹性压缩和主梁本身的微小压缩变形,显然荷载将主要传至两个相邻的主梁支座。因此,在实践中偏于安全地用杠杆原理法来计算荷载位于靠近主梁支点时的横向分布系数。

24. B

【解析】偏心压力法的基本前提是:①汽车荷载作用下,可近似地将中间横隔梁看作一根刚度为无穷大的刚性梁,横隔梁仅发生刚体位移;②忽略主梁的抗扭刚度,即不计入主梁扭矩抵抗活载的影响。根据试验结果和理论分析,在具有可靠横向联系的桥上,且在桥的宽跨比 B/L 小于或接近于0.5时(一般称为窄桥),车辆荷载作用下中间横隔梁的弹性挠曲变形同主梁的变形相比微不足道。也就是说,中间横隔梁像一根刚度无穷大的刚性梁一样保持直线的形状,仅做刚体位移。

25. B

【解析】荷载横向分布系数 m 沿桥跨的变化如下:对于无中间横隔梁或仅有一根中横隔梁的情况,跨中部分须用不变的 m_c,从离支点处起至支点的 $l/4$ 区段内 m_x 呈直线形过渡至 m_0;对于有多根内横隔梁的情况,m_c 从第一根内横隔梁起向支点 m_0 直线形过渡。

26. C

【解析】斜板桥的受力特点是:简支斜板的纵向主弯矩比跨径为斜跨长 l_φ、宽度为 b 的矩形板要小,并随斜交角 φ 的增大而减小;斜板的荷载有向支承边的最短距离传递分配的趋势;斜板的最大纵向弯矩虽比相应的正板小,但横向弯矩却比正板大得多,跨中部分的横向弯矩尤其突出;斜板在支承边上的反力很不均匀。钝角角隅处的反力可能比正板大数倍,而锐角处的反力却有所减小,甚至出现负反力。

27. C

【解析】《公路钢筋混凝土及预应力混凝土桥涵设计规范》(JTG 3362—2018)第4.2.1条规定:四边支承的板,当长边长度与短边长度之比等于或大于2时,可按短边计算跨径的单向板计算;否则应按双向板计算。

28. C

【解析】《公路钢筋混凝土及预应力混凝土桥涵设计规范》(JTG 3362—2018)第4.5.3条规定:各类环境下混凝土强度等级最低要求应符合表4.5.3的规定。

构件类别	混凝土强度等级最低要求					
	梁、板、塔、拱圈、涵洞上部		墩台身、涵洞下部		承台、基础	
设计使用年限	100	50、30	100	50、30	100	50、30
Ⅰ类一般环境	C35	C30	C30	C25	C25	C25

29. B

【解析】《公路钢筋混凝土及预应力混凝土桥涵设计规范》(JTG 3362—2018)第5.1.2条规定:表达式 $\gamma_0 S \leq R$ 中的 S 为作用组合(其中汽车荷载计入冲击作用)的效应设计值,对持久设计状况应按基本组合计算。

30. D

【解析】《公路钢筋混凝土及预应力混凝土桥涵设计规范》(JTG 3362—2018)第6.1.2条规定:全预应力混凝土构件在作用频遇组合下控制的正截面受拉边缘不允许出现拉应力。

31. A

【解析】《公路钢筋混凝土及预应力混凝土桥涵设计规范》(JTG 3362—2018)第6.3.1条规定:预应力混凝土受弯构件应按下列规定进行正截面和斜截面抗裂验算:全预应力混凝土预制构件,其正截面混凝土拉应力应符合 $\sigma_{st} - 0.85\sigma_{pc} \leq 0$。

32. A

【解析】《公路钢筋混凝土及预应力混凝土桥涵设计规范》(JTG 3362—2018)第7.1.5条规定:使用阶段未开裂预应力混凝土受弯构件受压区混凝土最大压应力应符合 $\sigma_{kc} + \sigma_{pt} \leq 0.5 f_{ck}$。

33. C

【解析】《公路钢筋混凝土及预应力混凝土桥涵设计规范》(JTG 3362—2018)第9.1.1条规定:最外侧钢筋的混凝土保护层厚度应不小于表9.1.1的规定值。

构件类别	混凝土保护层最小厚度(mm)					
	梁、板、塔、拱圈、涵洞上部		墩台身、涵洞下部		承台、基础	
设计使用年限(年)	100	50、30	100	50、30	100	50、30
Ⅰ类——般环境	20	20	25	20	40	40

34. C

【解析】《公路钢筋混凝土及预应力混凝土桥涵设计规范》(JTG 3362—2018)第9.2.4条规定:行车道板内应设置垂直于主钢筋的分布钢筋。分布钢筋设在主钢筋的内侧,其直径不应小于8mm,间距不应大于200mm,截面面积不宜小于板的截面面积的0.1%。

35. D

【解析】《公路钢筋混凝土及预应力混凝土桥涵设计规范》(JTG 3362—2018)

第9.4.1条规定:预应力混凝土梁当设置竖向预应力钢筋时,其纵向间距宜为500~1000mm。

36. C

【解析】《公路钢筋混凝土及预应力混凝土桥涵设计规范》(JTG 3362—2018)第9.4.9条规定:后张法预应力混凝土构件,其预应力钢筋管道内径的截面面积不应小于2倍预应力钢筋截面面积。

37. C

【解析】《公路钢筋混凝土及预应力混凝土桥涵设计规范》(JTG 3362—2018)第9.6.10条规定:桩基承台的厚度不宜小于桩直径的1.5倍,且不小于1.5m。

二、多项选择题

1. AD

【解析】由于梁桥以受弯为主,所以,抗拉压强度以及弹性模量低的材料(如木材、石材、素混凝土等)均不适合梁桥建设。

2. ABCD

【解析】在钢筋混凝土与预应力混凝土梁式桥体系中,简支梁、悬臂梁和连续梁是三种古老的梁式结构体系。20世纪50年代末,在传统的钢桥悬臂拼装方法基础上,经改进和发展,使预应力混凝土梁式桥中的悬臂体系得到新的发展,形成了T形刚构桥。随后,又进一步将T形刚构粗厚桥墩减薄,形成柔性桥墩,使墩梁固结形成连续刚构桥。

3. ABD

【解析】混凝土梁桥按承重结构的截面形式划分,可分为板桥、肋板式梁桥、小箱梁桥和箱形梁桥。

4. ABD

【解析】实心板桥应用广泛,但跨径通常不超过8m(包括1.5m、2.0m、2.5m、3.0m、4.0m、5.0m、6.0m和8.0m),板高为0.16~0.36m。其中,7m不属于标准跨径。

5. ACD

【解析】预应力混凝土简支T梁的梁肋下部通常要加宽做成马蹄形,以便减薄梁肋、减轻自重,便于预应力钢束的布置和满足局部承压需要。

6. ACD

【解析】除主要的纵向预应力筋外,预应力混凝土主梁内还布置有其他非预应力钢筋:架立钢筋、箍筋、水平分布钢筋、承受局部应力的钢筋等其他非预应力钢筋。

7. ABCD

【解析】不论是钢筋混凝土连续梁桥,还是预应力混凝土连续梁桥,在立面上都可以做成等跨和不等跨、等高和不等高(变截面)。

8. AD

【解析】横隔板的主要作用是增加箱梁刚度,限制箱梁的畸变,跨中横隔板还可有效防止因箱梁二次预应力张拉产生的径向力引起的跨中区段底板崩裂破坏。所以,在支承处、跨中处通常需要设置横隔板。

9. ACD

【解析】纵向预应力筋采用钢绞线,按受力需要设置,用于抵抗纵向弯矩,纵向下弯预应力筋还可抵抗部分剪力。沿桥跨方向的纵向力筋又称为主筋,它是用以保证桥梁在恒、活载作用下纵向跨越能力的主要受力钢筋,可布置在顶板、底板和腹板中。

10. AB

【解析】横向预应力筋是用以保证桥梁的横向整体性、桥面板及横隔板横向抗弯能力的主要受力钢筋,一般布置在横隔板和顶板中。

11. ABCD

【解析】对于超静定体系的连续梁桥,预加力、墩台基础不均匀沉降、温度变化、混凝土收缩徐变等会引起结构产生次内力。

12. ABC

【解析】对于梁式桥,持久状态承载能力极限状态验算主要包括:正截面抗弯承载力、斜截面抗剪承载力、正截面抗压承载力、正截面抗拉承载力、抗扭承载力、局部抗压承载力等的验算。

13. ABCD

【解析】《公路钢筋混凝土及预应力混凝土桥涵设计规范》(JTG 3362—2018)第6.1.1条规定:公路桥涵的持久状况设计应按正常使用极限状态的要求,采用作用频遇组合、作用准永久组合或作用频遇组合并考虑作用长期效应的影响,对构件的抗裂、裂缝宽度和挠度进行验算,并使各项计算值不超过本规范规定的各相应限值。

14. ABC

【解析】简支梁桥常用的荷载横向分布计算方法有杠杆原理法、偏心压力法(也称刚性横梁法)、横向铰接板(梁)法、横向刚接梁法和比拟正交异性板法。

15. BCD

【解析】弯桥具有如下受力特点:弯桥的变形比同样跨径的直线桥要大;弯桥即使截面在对称荷载作用下也会产生较大的扭转;弯桥的支点反力与直线桥相比,曲线外侧大、内侧变小,内侧甚至出现负反力;弯桥梁间横梁除具有直线桥中横梁同样的作用外,还是保持全桥稳定的重要构件,与直线桥相比,其刚度一般较大;弯桥中空间预应力效应对支反力的分配有较大影响。

16. ABCD

【解析】影响弯桥受力的主要因素有圆心角、桥宽与曲率半径、扇性惯性矩和弯扭刚度比。

17. ABC

【解析】《公路钢筋混凝土及预应力混凝土桥涵设计规范》(JTG 3362—2018)第6.1.2条规定:全预应力混凝土构件在作用频遇组合下正截面受拉边缘不允许出现拉应力。部分预应力混凝土构件在作用频遇效应组合下正截面受拉边缘允许出现拉应力,当拉应力不超过规定限值时,为A类预应力混凝土构件;当拉应力超过规定限值时,为B类预应力混凝土构件。

18. CD

【解析】《公路钢筋混凝土及预应力混凝土桥涵设计规范》(JTG 3362—2018)

第6.2.8条规定：预应力混凝土构件各阶段的预应力损失值可按表6.2.8的规定进行组合。对于后张法体内预应力混凝土构件，其传力锚固后的预应力损失包括预应力钢筋的应力松弛损失和混凝土的收缩和徐变损失。

19. BC

【解析】《公路钢筋混凝土及预应力混凝土桥涵设计规范》（JTG 3362—2018）第6.4.2条规定：各类环境中，钢筋混凝土和B类预应力混凝土构件的最大裂缝宽度计算值不应超过表6.4.2规定的限值。

环境类别	最大裂缝宽度限值(mm)	
	钢筋混凝土构件、采用预应力螺纹钢筋的B类预应力混凝土构件	采用预应力螺纹钢筋的B类预应力混凝土构件
Ⅰ类-一般环境	0.20	0.10
Ⅱ类-冻融环境	0.20	0.10
Ⅲ类-近海或海洋氯化物环境	0.15	0.10
Ⅳ类-除冰盐等其他氯化物环境	0.15	0.10

20. ABC

【解析】《公路钢筋混凝土及预应力混凝土桥涵设计规范》（JTG 3362—2018）第7.1.1条规定：预应力混凝土受弯构件在进行持久状况设计时，应计算其使用阶段正截面的混凝土法向压应力、受拉区钢筋拉应力和斜截面的混凝土主压应力，并不得超过本节规定的限值。计算时作用取其标准值，汽车荷载应考虑冲击系数。

21. ACD

【解析】《公路钢筋混凝土及预应力混凝土桥涵设计规范》（JTG 3362—2018）第8.1.2条规定：组合式受弯构件的作用效应应按两个阶段进行计算。第一阶段，现浇混凝土层达到强度标准值前，作用应考虑预制构件自重、现浇混凝土层自重及施工时附加的其他作用。

22. ABCD

【解析】《公路钢筋混凝土及预应力混凝土桥涵设计规范》（JTG 3362—2018）第8.8.2条规定：伸缩装置安装以后的伸缩量，可考虑下列因素进行计算，由温度引起的伸缩量Δl_t，由混凝土收缩引起的梁体缩短量Δl_s^-，由混凝土徐变引起的梁体缩短量Δl_c^-，由制动力引起的板式橡胶支座剪切变形而导致的伸缩缝开口量Δl_b^-或闭口量Δl_b^+等。

三、案例题

1. B

解：钢筋混凝土面层g_1：$0.08\times1.0\times25=2.00$(kN/m)；素混凝土找平层$g_2$：$0.04\times1.0\times23=0.92$(kN/m)；T梁翼板自重$g_3$：$(0.08+0.14)/2\times1.0\times25=2.75$(kN/m)。

则每延米板上的恒载g为：

$$g=g_1+g_2+g_3=5.67\text{(kN/m)}$$

2. B

解：荷载位于支点处，应采用杠杆原理法进行计算。

在荷载横向影响线上确定荷载沿横向最不利的布置位置。《公路桥涵设计通用规范》(JTG D60)规定对于汽车荷载，车辆横向轮距为1.80m，两列汽车车轮的横向最小间距为1.30m，车轮离人行道缘石的最小距离为0.50m。求出相应于荷载位置的影响线竖标值后，就可得到1号梁的横向分布系数为：$m_0=\frac{1}{2}\times\frac{1.8}{2.2}=0.409$。

3. A

解：此桥跨度内设有多道横隔梁，具有强大的横向连接刚性，且承重结构的长宽比为：$\frac{l}{B}=\frac{29.12}{5\times2.2}=2.65>2$，可采用偏心压力法计算。

该桥有5根主梁，各主梁横截面均相等，主梁间距为2.2m，则：

$$\sum_{i=1}^{5}a_i^2=a_1^2+a_2^2+a_3^2+a_4^2+a_5^2=48.40\text{m}^2$$

1号主梁的横向影响线竖标值为：

$$\eta_{15}=\frac{1}{n}-\frac{a_1^2}{\sum\limits_{i=1}^{5}a_i^2}=\frac{1}{5}-\frac{(2\times2.2)^2}{48.4}=-0.2$$

4. D

解：由 $\eta_{11}=0.6$，$\eta_{14}=0$，绘制1号主梁的横向分布影响线，并确定荷载沿横向最不利的布置位置，求出相应于此荷载位置的影响线竖标值后，得到1号梁的横向分布系数为：

$$\begin{aligned}m_c&=\frac{1}{2}\sum\eta_{qi}=\frac{1}{2}(\eta_{q1}+\eta_{q2}+\eta_{q3}+\eta_{q4})\\&=\frac{1}{2}\times\frac{0.6}{6.6}\times(6.2+4.4+3.1+1.3)=0.682\end{aligned}$$

5. D

解：在内力计算时，对于横向分布系数的取值做如下考虑：计算弯矩时，均采用全跨统一的横向分布系数 m。

$$\begin{aligned}M_q&=(1+\mu)\cdot\xi\cdot m_{cq}\cdot(q_k\Omega+P_k y)\\&=1.276\times1\times0.635\times\left(10.5\times\frac{1}{8}\times29.12^2+318.24\times\frac{1}{4}\times29.12\right)\\&=2779\text{kN}\cdot\text{m}\end{aligned}$$

6. A

解：在内力计算时，对于横向分布系数的取值做如下考虑：求支点截面剪力时，由于主要荷载集中在支点附近而应考虑支撑条件的影响，考虑横向分布系数沿桥跨的变化影响(即从支点到第一根内横隔梁之间)。

$$\begin{aligned}V_q&=(1+\mu)\cdot\xi\cdot\left[m_{cq}q_k\Omega+m_{0q}P_k y_l+\frac{1}{2}q_k(m_{0q}-m_{cq})\cdot a\cdot y_c\right]\\&=1.276\times1\times\left[0.635\times10.5\times\frac{1}{2}\times29.12\times1+0.409\times1.2\times318.24\times1+\frac{1}{2}\times\right.\\&\quad\left.10.5\times(0.409-0.635)\times4.96\times0.943\right]\\&=316.09\text{kN}\end{aligned}$$

7. B

解:可采用偏心压力法进行计算:

$$\sum_{i=1}^{5} I_i = I_1 + I_2 + I_3 + I_4 + I_5 = 8I$$

$$R_{13} = \frac{I_1}{\sum_{i=1}^{5} I_i} + \frac{a_3 a_1 I_1}{\sum_{i=1}^{5} a_i^2} = \frac{2I}{8I} + 0 = 0.25$$

8. B

解:可采用偏心压力法进行计算:

$$\sum_{i=1}^{7} I_i = 7I, R_1 = \frac{I}{\sum_{i=1}^{7} I_i} = \frac{I}{7I} = 0.143$$

第四节　桥梁支座与墩台

【考试纲要】

掌握桥梁支座及墩台类型。

【复习提示】

1. 复习要点

支座的分类、墩台的分类。

2. 规范提示

《公路桥涵设计通用规范》(JTG D60—2015)和《公路钢筋混凝土及预应力混凝土桥涵设计规范》(JTG 3362—2018)对支座和墩台的构造有明确规定。

习题精练

一、单项选择题

1. 活动支座只传递(　　)。

A. 弯矩　B. 扭矩　C. 竖向力　D. 轴力

2. 对于坡桥,宜布置固定支座的墩台其高程(　　)。

A. 相对较高　B. 相对较低　C. 相对平均　D. 随便

3. 支座按其容许变形的可能性可分为(　　)。

A. 固定支座　B. 简易支座　C. 钢板支座　D. 橡胶支座

4. 具有承载能力大、水平位移量大、转动灵活等特点,适用于支座承载力为1000kN以上的大跨径桥梁的支座类型是(　　)。

A. 板式橡胶支座　B. 简易垫层支座　C. 钢支座　D. 盆式橡胶支座

5. 板式橡胶支座的平面尺寸,取决于(　　)。

A. 橡胶板的抗压强度　B. 加劲钢板的抗压强度

C. 墩台帽的尺寸　　D. 上部结构的跨径

6. 重力式墩台平衡外力保持稳定是依靠结构物的(　　)。

A. 材料强度　　B. 自身重量　　C. 整体刚度　　D. 基础

7. 墩、台刚度较小,受力后允许在一定的范围内发生弹性变形,以钢筋混凝土和少量配筋的混凝土为主。此类墩台称为(　　)。

A. 重力式墩台　　B. 刚性墩台　　C. 轻型墩台　　D. 柔性墩台

8. 符合重力式墩台主要特点的是(　　)。

A. 自重较大　　B. 抗撞击能力差

C. 阻水面积小　　D. 对地基承载力的要求低

9. 符合轻型墩台主要特点的是(　　)。

A. 以自身重力平衡外力保持稳定　　B. 抗撞击能力强

C. 自重大　　D. 刚度较小

10. 下列不属于梁桥轻型桥墩的是(　　)。

A. 钢筋混凝土薄壁桥墩　　B. 轻型实体桥墩

C. 刚性墩　　D. 柱式桥墩

11. 在结构功能方面,桥台不同于桥墩的地方是(　　)。

A. 传递荷载　　B. 抵御路堤的土压力

C. 调节水流　　D. 支承上部构造

二、多项选择题

1. 固定支座的作用有(　　)。

A. 传递弯矩　　B. 传递竖向力

C. 将主梁固定在墩、台上　　D. 传递水平力

2. 关于桥梁支座的布置方式,下列说法正确的有(　　)。

A. 简支梁一端设固定支座,一端设活动支座

B. 连续梁桥宜将固定(铰)支座设置在靠中间的支点处

C. 连续梁桥每联可设多个固定支座

D. 宽桥应设置沿纵、横向均能移动的全方位活动(铰)支座

3. 梁式桥的支座按所用材料及结构形式可分为(　　)。

A. 简易支座　　B. 固定支座　　C. 钢筋混凝土支座　　D. 橡胶支座

4. 桥梁支座按其变位的可能性可分为(　　)。

A. 简易垫层支座　　B. 钢支座　　C. 活动支座　　D. 固定支座

5. 梁桥轻型桥台包括(　　)。

A. 埋置式桥台　　B. 钢筋混凝土薄壁桥台

C. 设有支撑梁的轻型桥台　　D. 实体式桥台

6. 桥台的主要作用有(　　)。

A. 支承桥跨结构　　B. 衔接桥头引道路堤

C. 挡土护岸　　D. 抵御路堤的土压力

7. 正交直线桥梁的支座一般仅需计算纵向水平力，其纵向水平力包括(　　)。

A. 风力　　B. 离心力　　C. 汽车制动力　　D. 摩擦力

8. 公路桥梁根据结构要求宜选用的支座有(　　)。

A. 普通板式橡胶支座　　B. 四氟滑板式橡胶支座

C. 盆式橡胶支座　　D. 球型支座

习题参考答案及解析

一、单项选择题

1. C

【解析】梁式桥的支座分成固定(铰)支座和活动(铰)支座两种。活动(铰)支座仅传递竖向力，同时保证主梁在支承处既能自由转动，又能水平移动。

2. B

【解析】对于坡桥，宜将固定(铰)支座设置在高程较低的墩台上。

3. A

【解析】支座按其容许变形的可能性，可分为固定(铰)支座和活动(铰)支座两种。

4. D

【解析】盆式橡胶支座是钢构件与橡胶组合而成的新型桥梁支座，具有承载能力大、水平位移量大、转动灵活等特点，适用于支座承载力为1000kN以上的大跨径桥梁。

5. A

【解析】板式橡胶支座的平面尺寸$a \times b$(矩形)或直径D(圆形)由橡胶板的抗压强度和梁部或墩台(垫石)顶混凝土的局部承压强度来确定。

6. B

【解析】重力式桥墩的主要特点是靠自身的重量来平衡外力而保持其稳定，因此，墩、台身比较厚实，可采用天然石材或混凝土砌(浇)筑，适用于地基良好的大、中型桥梁，或流冰、漂浮物较多的河流上。

7. C

【解析】轻型墩、台刚度较小，受力后允许在一定的范围内发生弹性变形，以钢筋混凝土和少量配筋的混凝土为主。

8. A

【解析】重力式墩台的主要特点是靠自身的重量来平衡外力而保持其稳定，因此，墩、台身比较厚实，适用于地基良好的大、中型桥梁，或流冰、漂浮物较多的河流上。其主要缺点是圬工体积大，因而其自重和阻水面积也较大，对地基要求更高。

9. D

【解析】轻型墩、台刚度较小，受力后允许在一定的范围内发生弹性变形，以钢筋混凝土和少量配筋的混凝土为主。

10. C

【解析】梁桥轻型桥墩有钢筋混凝土薄壁桥墩、轻型实体桥墩、柱式桥墩等。

11. B

【解析】桥台设置在桥跨结构两端,除用于支承桥跨结构外,桥台还与路堤相衔接,以抵御路堤土压力,防止路堤填土的滑坡和坍塌。

二、多项选择题

1. BCD

【解析】固定(铰)支座既要将主梁固定在墩台上并传递竖向力和水平力,又要保证主梁发生挠曲时在支承处能自由转动。

2. ABD

【解析】简支梁一端设固定支座,一端设活动支座;对于坡桥,宜将固定(铰)支座设置在高程较低的墩台上;对于连续梁桥,为使全梁的纵向变形分散在梁的两端,宜将固定(铰)支座设置在靠中间的支点处,且每联只设一个固定支座;对于特别宽的梁桥,应设置沿纵向和横向均能移动的全方位活动(铰)支座。

3. ACD

【解析】梁式桥的支座按所用材料及结构形式,可分为简易垫层支座、钢筋混凝土支座、橡胶支座、钢支座等。

4. CD

【解析】桥梁支座按其变位的可能性,可分为固定(铰)支座和活动(铰)支座两种。

5. ABC

【解析】轻型桥台一般用于梁桥。梁桥轻型桥台包括埋置式桥台、设有支撑梁的轻型桥台、钢筋混凝土薄壁桥台等。常用的为埋置式桥台。

6. ABCD

【解析】桥台除了支承桥跨结构外,它又是衔接桥头引道路堤的构筑物;既要能挡土护岸,又要能承受台背填土及台后车辆作用所产生的附加土侧压力。

7. ACD

【解析】正交直线桥梁的支座一般仅需计算纵向水平力。其纵向水平力包括汽车制动力、风力、摩擦力或由温度变化引起的水平力以及其他原因(如桥梁纵坡)产生的水平力。

8. ABCD

【解析】《公路钢筋混凝土及预应力混凝土桥涵设计规范》(JTG 3362—2018)第9.7.1条规定:公路桥梁宜根据结构要求选用普通板式橡胶支座、四氟滑板式橡胶支座、盆式橡胶支座或球型支座。

第五节 涵 洞

【考试纲要】

1. 掌握涵洞布置原则、涵洞的结构设计。
2. 熟悉涵洞的类型、构造与选型。

【复习提示】

1.复习要点

涵洞的布置原则,涵洞的结构设计,涵洞的类型、构造与选型。

2.规范提示

《公路桥涵设计通用规范》(JTG D60—2015)和《公路涵洞设计细则》(JTG/T D65-04—2007)对涵洞的布置原则、结构设计,涵洞的类型、构造与选型有明确规定。

习题精练

一、单项选择题

1. 以下按填土高度分类的涵洞类型有(　　)。

A. 明涵　B. 箱涵　C. 管涵　D. 盖板涵

2. 当涵洞进口净高(或内径)$h>3m$时,矩形涵内顶点至洞内设计洪水频率标准水位的净高应符合(　　)。

A. ≥0.25m　B. ≥0.35m　C. ≥0.50m　D. ≥0.75m

3. 明涵适用于低填方和挖方路段,其涵洞顶填土应小于(　　)。

A. 0.75m　B. 0.50m　C. 0.35m　D. 0.25m

4. 当涵洞沿纵轴线方向和路线轴线方向不相互垂直时(所夹锐角α),称为涵洞与路线斜交,常用斜交角α有(　　)。

A. 5°　B. 25°　C. 45°　D. 70°

5. 石盖板涵常用的跨径L_0为(　　)。

A. 0.75m　B. 1.5m　C. 2.0m　D. 2.5m

6. 进、出洞口都被水流淹没,洞身涵长范围内全断面过水且洞内顶部承受水头压力的涵洞称为(　　)。

A. 无压力式涵洞　B. 倒虹吸涵洞　C. 压力式涵洞　D. 半压力式涵洞

7. 拱涵的拱圈宜按无铰拱计算,其矢跨比不宜小于(　　)。

A. 1/3　B. 1/4　C. 1/5　D. 1/6

二、多项选择题

1. 涵洞设计应参考《公路涵洞设计细则》(JTG/T D65-04—2007)的相关规定,并应符合的原则是(　　)。

A. 安全　B. 经济　C. 有利于环保　D. 适用

2. 涵洞按建筑材料分类,可分为(　　)。

A. 圬工涵　B. 钢筋混凝土涵　C. 钢波纹管涵　D. 钢管混凝土涵

3. 涵洞按洞身构造形式分类,可分为(　　)。

A. 管涵　B. 箱涵　C. 明涵　D. 盖板涵

4. 涵洞按水力性质分类,可分为(　　)。

A. 无压力式涵　　B. 倒虹吸管　　C. 压力式涵　　D. 半压力式涵

5. 拱涵洞身主要由拱圈和涵台(包括涵台基础)两部分组成,其横截面形式有(　　)。

A. 半圆拱　　B. 卵形拱　　C. 圆弧拱　　D. 抛物线拱

6. 水文计算的主要任务是确定流量,主要方法有(　　)。

A. 暴雨推理法　　B. 直接类比法　　C. 形态调查法　　D. 径流形成法

7. 涵洞结构计算考虑的作用包括(　　)。

A. 车辆荷载　　B. 流水压力

C. 土重及土侧压力　　D. 结构自重

习题参考答案及解析

一、单项选择题

1. A

【解析】涵洞按填土高度分类可分为明涵和暗涵。

2. C

【解析】根据《公路桥涵设计通用规范》(JTG D60—2015)第3.4.4条,无压力式涵洞内顶点至洞内设计洪水频率标准水位的净高应符合下表的规定。

无压力式涵洞内顶点至最高流水面的净高

涵洞进口净高(或内径)h	管涵	拱涵	矩形涵
$h \leqslant 3m$	$\geqslant h/4$	$\geqslant h/4$	$\geqslant h/6$
$h > 3m$	≥0.75m	≥0.75m	≥0.5m

3. B

【解析】明涵(涵洞顶填土小于50cm)适用于低填方和挖方路段。

4. C

【解析】当涵洞沿纵轴线方向和路线轴线方向不相互垂直时(所夹锐角α),称为涵洞与路线斜交,常用斜交角α有75°、60°、45°。

5. A

【解析】石盖板涵常用的跨径L_0为75cm、100cm、125cm,盖板厚度d随涵顶填土高度与跨径变化,一般在15～40cm之间。

6. C

【解析】《公路涵洞设计细则》(JTG/T D65-04—2007)第2.1.6条规定:压力式涵洞指进、出洞口都被水流淹没,洞身涵长范围内全断面过水且洞内顶部承受水头压力的涵洞。

7. B

【解析】《公路涵洞设计细则》(JTG/T D65-04—2007)第9.3.5条规定:拱涵的拱圈宜按无铰拱计算,其矢跨比不宜小于1/4。

二、多项选择题

1. ABCD

【解析】涵洞设计应符合"安全、适用、经济、耐久、有利于环保"的原则,并参考《公路涵洞设计细则》(JTG/T D65-04—2007)的相关规定。

2. ABC

【解析】涵洞按建筑材料分类可分为圬工涵、钢筋混凝土涵、钢波纹管涵和其他材料涵等(例如:洞陶瓷管或瓦管涵、缸瓦管涵、石灰三合土管涵、石灰三合土拱涵、铸铁管涵、波纹管涵等也在极少数情况下采用)。

3. ABD

【解析】涵洞按洞身构造形式分类可分为管涵、盖板涵、箱涵和拱涵。

4. ABCD

【解析】涵洞按水力性质可分为无压力式涵、半压力式涵、压力式涵、倒虹吸管。

5. ABC

【解析】拱涵洞身主要由拱圈和涵台(包括涵台基础)两部分组成。其横截面形式有半圆拱、圆弧拱、卵形拱。

6. ABCD

【解析】水文计算的主要任务是确定流量,主要方法有暴雨推理法、径流形成法、形态调查法及直接类比法。

7. ACD

【解析】涵洞结构计算考虑的作用包括:车辆荷载、土重及土侧压力、车辆荷载引起的土压力、温度及结构自重等。

第六节 桥涵水文

【考纲要求】

1. 掌握气象站、水文站的观测资料搜集和历史洪水痕迹调查。
2. 熟悉水位、流速、流量、设计洪水频率及设计水位、通航水位、设计流量计算。
3. 了解河流的特征、河段分类。

【复习提示】

1. 复习要点

河流的分段、河流的基本特征、山区河流与平原河流的特点、流域及流域特征、流域面积的确定方法、径流形成过程及主要影响因素、河川水文情势、径流的度量方法、水位与流量的观测方法、实测水文资料的收集、历史洪水调查方法、水位-流量关系曲线、河川水文现象的特性与分析方法、桥涵与路基的设计洪水频率、水文资料的"三性"审查、统计参数、经验频率曲线、理论频率曲线、特大值处理、适线法推求设计流量的主要工作、经验公式法与推理公式法推求设计流量、桥位断面设计流量与设计水位的确定。

重点：

统计参数、理论频率曲线、适线法推求设计流量。

难点：

特大值处理。

2.规范提示

《公路工程水文勘测设计规范》(JTG C30—2015)对水文调查、水文勘测、洪水观测等基础性工作有着明确的要求,对设计流量的推算也有明确的规定,有资料条件下设计流量推算是重点,对桥位断面设计流量、设计水位的确定也给出了具体的方法。

习题精练

一、单项选择题

1.河流长度是指从河源到河口沿(　　)所量测的距离。

A.水面线　B.中泓线　C.河底线　D.河岸线

2.河流的横断面是指(　　)。

A.与水流方向相垂直的断面　B.与水流方向相平行的断面

C.与河底相垂直的断面　D.与河岸相垂直的断面

3.对于给定的河流,其流量的大小取决于(　　)。

A.流域面积　B.降雨量　C.河流长度　D.河流比降

4.年最大流量是指一年中的(　　)。

A.最大日平均流量　B.最大一小时流量

C.最大一分钟流量　D.最大瞬时流量

5.洪水调查的目的是提高水文资料的(　　)。

A.可靠性　B.一致性　C.代表性　D.独立性

6.河流水位是指(　　)。

A.水面在河底以上的高度　B.水面在某基准面以上的高度

C.水面至河床最低点的高度　D.水尺所观测到的读数

7.洪峰流量是指一次洪水过程中的(　　)。

A.最大瞬时流量　B.最高水位所对应的流量

C.平均流量　D.水面波动最大时所对应的流量

8.高速公路上的特大桥的设计洪水频率是(　　)。

A.100年一遇　B.200年一遇　C.300年一遇　D.500年一遇

9.利用水文统计法推求设计流量时,实测的流量资料年数应(　　)。

A.不少于10年　B.不少于15年　C.不少于20年　D.不少于30年

10.在我国,水文随机变量的分布函数大多采用(　　)。

A.正态分布　B.指数分布　C.对数分布　D.皮尔逊Ⅲ型分布

11.50年一遇的洪水,对应的经验频率是(　　)。

A. 2%　　B. 5%　　C. 10%　　D. 20%

12. 在我国,确定年最大流量统计参数的方法是(　　)。

A. 矩公式法　　B. 试算法　　C. 适线法　　D. 经验公式法

13. 100 年一遇的洪水,连续 2 年出现的概率为(　　)。

A. 0　　B. 1%　　C. 0.1%　　D. 0.01%

14. 利用地区经验公式推求设计流量时,其适用的条件是(　　)。

A. 流域具有长期观测资料　　B. 流域具有短期观测资料

C. 流域无观测资料　　D. 工程下游无防洪要求

15. 利用推理公式推求设计流量时,其适用的流域条件一般是(　　)。

A. 小流域　　B. 闭合流域　　C. 羽状流域　　D. 支流流域

16. 流域汇流时间是指(　　)。

A. 水流沿主河道运动所需的时间

B. 流域内最远处水质点到达出口断面所需的时间

C. 水流沿坡面运动所需的时间

D. 流域内各处水质点到达出口断面的平均时间

17. 二级公路路基设计洪水频率应采用(　　)。

A. 1/300　　B. 1/100　　C. 1/50　　D. 1/25

18. 采用面积比拟法将水文站的流量转换为桥位计算断面的流量时,两者之间的汇水面积之差应小于水文站汇水面积的(　　)。

A. 5%　　B. 10%　　C. 20%　　D. 50%

二、多项选择题

1. 河流的基本特征包括(　　)。

A. 河流长度　　B. 河流断面　　C. 河流比降　　D. 河网密度

2. 流域的几何特征由(　　)所构成。

A. 地形地貌　　B. 流域面积　　C. 流域形状　　D. 地理位置

3. 确定流域面积的基本方法有(　　)。

A. 现场丈量法　　B. 近似多边形法　　C. 数方格法　　D. 求积仪法

4. 地面径流的形成过程可分为(　　)。

A. 降雨过程　　B. 流域蓄渗过程　　C. 坡面漫流过程　　D. 河网汇流过程

5. 水文资料的来源主要有(　　)。

A. 水资源公报　　B. 水文站观测资料　　C. 洪水调查资料　　D. 文献考证资料

6. 影响水位流量关系曲线的主要因素有(　　)。

A. 河床冲淤变化　　B. 回水顶托影响　　C. 洪水涨落影响　　D. 人类活动影响

7. 河流中各种水文要素的一般变化规律称为河川水文现象,归纳起来主要有以下特性(　　)。

A. 可靠性　　B. 周期性　　C. 地区性　　D 随机性

8. 目前,河川水文现象的分析研究方法主要有(　　)。

A. 成因分析法 B. 水文统计法 C. 地区归纳法 D. 模型试验法

9. 对于用来进行水文分析计算的洪水资料,必须对其( )进行审查。

A. 可靠性 B. 独立性 C. 一致性 D. 代表性

10. 水文计算中常用的统计参数有( )。

A. 均方差 B. 平均值 C. 变差系数 D. 偏态系数

11. 缺乏观测资料时推算设计流量可采用的方法有( )。

A. 水文统计法 B. 洪水调查法 C. 经验公式法 D. 推理公式法

12. 对水文情况复杂或需做水力模型试验的特殊桥梁,应进行洪水观测,包括但不限于( )。

A. 水位水深 B. . 流速流向 C. 洪水总量 D. 水文断面

三、案例题

1. 已知随机变量 X 的一组观测数据为:32、45、77、28、59,则该随机变量的变差系数为( )。

A. 0.38 B. 0.42 C. 0.48 D. 0.52

2. 某水文站具有1970—2008年的年最大流量资料,其中最大的两次洪水流量为8550m³/s和4160m³/s。又经洪水调查后得知8550m³/s是1810年以来排在第2位的特大洪水,而4160m³/s不是特大洪水。则这两次洪水的重现期 T_1、T_2 分别为( )。

A. T_1 = 100年、T_2 = 30年 B. T_1 = 200年、T_2 = 40年

C. T_1 = 100年、T_2 = 20年 D. T_1 = 200年、T_2 = 38年

3. 按成因相同的年最大值法选样,得到某站1984—2007年实测年最大流量的总和5340m³/s,其中有一特大流量 Q = 1200m³/s。通过调查考证得知1908年以来在实测系列外还有两年为特大洪水年,其年最大流量分别为1300m³/s、1100m³/s。试按矩法公式计算该站年最大流量的均值为( )。

A. 180m³/s B. 190m³/s C. 201m³/s D. 211m³/s

习题参考答案及解析

一、单项选择题

1. B

【解析】沿水流方向河流横断面最深点的连线称为中泓线,从河源到河口中泓线的长度即为河流长度。

2. A

【解析】与水流方向垂直的断面即为河流横断面,亦称过水断面。

3. B

【解析】我国绝大多数河流的补给靠降雨,通常降雨量越大河流的流量就越大。

4. D

【解析】全年各次洪水中最大的洪峰流量即为年最大流量,洪峰出现的时间通常很短,

在某时刻达到最大,是一种瞬时状态。

5. C

【解析】一般来说,水文资料的系列越长其代表性就越好,而洪水调查是延长水文系列的有效手段之一。

6. B

【解析】某时刻过水断面的水面相对于某基准面的高度即为水位,且随着时间而不断变化。

7. A

【解析】一次洪水过程中流量随着时间在不断变化,某瞬时最大的流量即为洪峰流量。

8. C

【解析】见《公路工程水文勘测设计规范》(JTG C30—2015)第1.0.8条。

9. D

【解析】见《公路工程水文勘测设计规范》(JTG C30—2015)第6.2.1条。

10. D

【解析】见《公路工程水文勘测设计规范》(JTG C30—2015)第6.2.4条。多年实践经验表明,皮尔逊Ⅲ型分布对我国绝大部分地区的洪水频率分布拟合良好,我国有关规范规定采用皮尔逊Ⅲ型分布推求设计流量。

11. A

【解析】对于设计洪水而言,频率与重现期是互为倒数的关系,50年一遇的洪水其频率为1/50,即2%。

12. C

【解析】水文统计参数的估计方法较多,各有优缺点,而适线法是目前为止最为成熟的方法,规范要求优先采用。

13. D

【解析】100年一遇的洪水是随机事件,每年发生的可能性为1%,且是相互独立的,因此连续两年出现的可能性为0.01%,可能性非常小,但不是不可能。

14. C

【解析】设计流量的推算要优先采用实测资料利用水文统计法进行,对无资料地区则可采用地区经验公式推算。

15. A

【解析】地区经验公式的一般适用无资料的大中流域,用于流域面积很小的小流域时,其效果比较差,对于小流域采用推理公式推求设计流量效果较好。

16. B

【解析】流域出口断面洪峰的形成与汇流时间密切相关,只有当流域内各处所有的水质点都到达出口断面时流量才会达到最大,必然要求流域最远处的水质点也到达了出口断面,因此将流域最远处的水质点到达出口断面所需的时间定义为汇流时间。

17. C

【解析】见《公路工程水文勘测设计规范》(JTG C30—2015)第1.0.8条。

18. C

【解析】见《公路工程水文勘测设计规范》(JTG C30—2015)第6.2.2条。

二、多项选择题

1. ABC

【解析】河流的基本特征是针对某一条河流而言的,而河网密度涉及多条河流,显然不能作为河流特征。

2. BC

【解析】流域的几何特征是指流域形状与流域面积。

3. CD

【解析】流域面积的计算方法常用的有数方格法和求积仪法。

4. ABCD

【解析】降雨、流域蓄渗、坡面漫流、河网汇流是径流形成的4个主要过程。

5. BCD

【解析】为了提高水文资料的代表性,应尽可能地多收集水文资料,主要途径有水文站观测资料、洪水调查资料和文献考证资料。

6. ABC

【解析】河床冲淤、回水顶托、洪水涨落都会造成水面比降与流速的变化,从而出现同一水位下对应着不同的流量。

7. BCD

【解析】河川水文要素具有很强的时空变化规律,主要体现在以年为周期的周期性变化、不同地区具有不同特性的地区性及发生的时间和取值具有很强的随机性。

8. ABC

【解析】根据资料条件及研究目的的不同,水文学的研究方法有成因分析法、水文统计法和地区归纳法。

9. ACD

【解析】《公路工程水文勘测设计规范》(JTG C30—2015)第6.1.2条规定,用于分析与计算的洪水资料,应审查其可靠性、一致性和系列代表性。对于年最大流量系列,其独立性通常是没有问题的,一般不用审查。

10. BCD

【解析】平均值、变差系数、偏态系数是反映水文随机变量不同统计特性的三个最重要最常用的统计参数,均方差与变差系数都反映随机变量取值的离散程度,属同一性质的统计参数,变差系数反映了相对离散程度,更准确更常用。

11. BCD

【解析】洪水调查法、经验公式法和等值线图法是无资料地区推算设计流量常用的三种方法,而水文统计法只能适用于有长期实测资料的地区。

12. ABD

【解析】见《公路工程水文勘测设计规范》(JTG C30—2015)第5.4.1条。洪水总量对于不具蓄水功能的桥梁来说没有意义，不用测量。

三、案例题

1. B

解：$n=5$，均值为 48.2，均方差为 20.2，变差系数为 0.42。

2. C

解：调查考证期 $N=2008-1810+1=199$ 年，实测期 $n=2008-1970+1=39$ 年。

8550m^3/s 的洪水在 199 年里排序第二，则其频率 $P_1=2/(199+1)=1\%$，其重现期 $T_1=1/P_1=100$ 年。

4160m^3/s 的洪水在 39 里排序第二，则其频率 $P_2=2/(39+1)=5\%$，其重现期 $T_2=1/P_2=20$ 年。

3. D

解：调查考证期 $N=2007-1908+1=100$ 年，实测期 $n=2007-1984+1=24$ 年，特大洪水个数 $a=3$ 年。

实测期一般洪水的均值 $E_Q=(5340-1200)/(24-1)=180\text{m}^3/\text{s}$。

则该站年最大流量的均值为 $(1300+1200+1100+97\times180)/100=211\text{m}^3/\text{s}$。

第七节 桥位选择与布置

【考纲要求】

1. 熟悉桥位的选择原则。

2. 综合考虑水文、地形、地质、通航、水利和环境等影响因素合理选择桥位。

【复习提示】

1. 复习要点

桥涵布置的一般规定，桥位对水文、地形、地质、通航方面的要求，各类河段桥位选择的要求和特点，特殊地区桥位选择的要求和特点。

2. 规范提示

桥梁勘测设计的首要工作就是选择一个好的桥位，相对于 2002 版的规范，《公路工程水文勘测设计规范》（JTG C30—2015）增加了桥位选择的内容，从水文设计的角度对桥位选择做出了原则性的规定，使得设计人员开展桥位选择工作时有据可依。

◆◆ 习题精练 ◆◆

一、单项选择题

1. 确定桥位时，桥轴线宜与中、高洪水位的流向（　　），斜交时应在孔径及墩台基础设计时考虑其影响。

A. 平行　B. 正交　C. 斜交　D. 平行或斜交

2. 公路特大桥、大中桥桥位,原则上应服从(　　),桥、路综合考虑。

A. 通航要求　B. 线路走向　C. 防洪要求　D. 环境保护

3. 桥位一般应选在航道比较稳定、顺直且具有足够(　　)的河段上。

A. 通航宽度　B. 通航流量　C. 通航水深　D. 通航水位

4. 桥位应选在河道顺直、稳定、滩地较高、较窄,且河槽能通过大部分(　　)的河段上。

A. 设计流量　B. 河流泥沙　C. 水面浮冰　D. 水面漂浮物

5. 桥位应尽量选在两岸有(　　)等河岸稳定的河段,平原河流的节点河段,两岸便于接线的较开阔的河段。

A. 茂密森林　B. 山咀或高地　C. 深厚土层　D. 风化岩石

6. 在水深流急的山区峡谷河段,桥位宜选在可以(　　),否则宜选在水深较浅、流速较缓的山区开阔河段上。

A. 多孔跨越处　B. 单孔跨越处　C. 拱桥跨越处　D. 梁桥跨越处

7. 在平原顺直微弯河段上,桥位宜选在河槽与河谷方向一致、(　　)较大处,桥轴线宜与河岸线正交。

A. 河槽流速　B. 河滩流速　C. 河槽流量　D. 河滩流量

二、多项选择题

1. 桥位应选在河道(　　),且河槽能通过大部分设计流量的河段上。

A. 顺直　B. 稳定　C. 较窄　D. 滩地较高

2. 桥位不宜选在(　　)等不良地质发育的河段。

A. 活动性断层　B. 滑坡　C. 泥石流　D. 强岩溶

3. 在水库上游(水库回水影响范围以内),桥位应选在(　　)的地段。

A. 流速较小　B. 库面较窄　C. 岸坡稳定　D. 泥沙沉积较少

4. 在潮汐河段建桥时,桥位选择的要求是(　　)。

A. 不应选在涌潮区段　B. 应避开滩岸和凹岸多变地段

C. 应离开既有挡潮闸　D. 应避开受海浪影响大的地段

5. 在通航河流上建桥时应满足的要求是(　　)。

A. 应选在顺直且具有足够通航水深的河段上

B. 应离开水工设施、港口作业和船舶锚地

C. 桥轴线的法线与主流交角不宜大于5°

D. 应选在水面宽阔的河段上

6. 小桥涵位置选择的基本原则是(　　)。

A. 应服从线路的走向　B. 应选在地质条件良好、河床稳定的河段

C. 要做到进口要顺、水流要稳　D. 要做到造价低、养护方便

7. 泥石流地区桥涵布设时应满足的要求是(　　)。

A. 只能设桥,不能设涵　B. 可设桥也可设涵

C. 宜采用单孔跨越　D. 宜采用多孔跨越

习题参考答案及解析

一、单项选择题

1. B

【解析】《公路工程水文勘测设计规范》(JTG C30—2015)第4.1.3条规定,"桥轴线宜与中、高洪水位的流向正交,斜交时应在孔径及墩台基础设计时考虑其影响。"要求桥轴线与水流流向正交的目的是提高泄洪能力、减轻基础冲刷和改善通航条件。

2. B

【解析】《公路工程水文勘测设计规范》(JTG C30—2015)第4.1.1条规定,"除控制性桥位外,桥位选择原则上应服从线路、走向。在适当的范围内,可根据河段的水文、地形、地质、地物等特征,路、桥综合考虑,比选确定。"公路路线走向,通常是根据国家和地方拟定的某些控制点来定线,桥位选择原则上应服从线路走向,具体到每个桥位,可在适当范围内加以比选,择优确定。

3. C

【解析】《公路工程水文勘测设计规范》(JTG C30—2015)第4.1.4条规定,"桥位应选在航道稳定、顺直且具有足够通航水深的河段上,航道不稳定时,应考虑河道变迁的影响。"

4. A

【解析】《公路工程水文勘测设计规范》(JTG C30—2015)第4.1.3条规定,"桥位应选在河道顺直、稳定、较窄的河段上。应考虑河道的自然演变以及建桥后对天然河道的影响。"选在较窄的河段上建桥,有利于节约桥长,降低造价。

5. C

【解析】《公路工程水文勘测设计规范》(JTG C30—2015)第4.2.8条规定,"平原宽滩河段,桥位宜选在河滩地势较高,河槽居中、稳定、顺直和滩槽流量比较小的河段上。"滩槽流量比可定量地描述宽滩河段流量的构成情况,该比值越小,说明河槽流量占比越大,河滩对泄洪的作用就越小,建桥时就可更多地压缩河滩,从而减小桥孔长度。

6. B

【解析】《公路工程水文勘测设计规范》(JTG C30—2015)第4.2.1条规定,"在水深、流急的山区峡谷河段,桥位宜选在可以一孔跨越处。"山区峡谷河段流速大,常伴有滚石运动,应避免在河床中设桥墩,以利于桥梁安全。

7. C

【解析】《公路工程水文勘测设计规范》(JTG C30—2015)第4.2.5条规定,"平原顺直、微弯河段上,桥位宜选在河槽与河床走向一致,槽流量较大处,桥轴线宜与河岸线正交。"

8. B

【解析】受大河洪水倒灌影响,当支流发生洪水而大河洪水有急剧下降时,桥前产生积水体积将使泄流加大,对桥高和冲刷均产生不利影响,所以应尽量避开大河倒灌的影响。

二、多项选择题

1. ABC

【解析】《公路工程水文勘测设计规范》(JTG C30—2015)第4.1.3条规定,“桥位应选在河道顺直、稳定、较窄的河段上。应考虑河道的自然演变以及建桥后对天然河道的影响。”在顺直河段上建桥,河床较稳定,河床演变对桥位的影响小。

2. BCD

【解析】《公路工程水文勘测设计规范》(JTG C30—2015)第4.2.2条规定,“山区开阔河段,桥位应选在河槽稳定、水深较浅、流速较缓处。”这样的桥位可降低冲刷对墩台基础的威胁。

3. BCD

【解析】《公路工程水文勘测设计规范》(JTG C30—2015)第4.3.1条规定,“在水库蓄水影响区内时,桥位宜选在库面较窄、岸坡稳定、泥沙沉积较少的地段。在冰封地区,不应选在回水末端、容易形成冰坝的地段。”

4. ABC

【解析】《公路工程水文勘测设计规范》(JTG C30—2015)第4.2.11条规定,“潮汐河段,桥位不宜选在涌潮区段,应避开凹岸和滩岸多变地段,不宜紧邻挡潮。”

5. ABC

【解析】《公路工程水文勘测设计规范》(JTG C30—2015)第4.1.4条规定,“通航水域的桥位选择应符合下列规定:①桥位应选在航道稳定、顺直且具有足够通航水深的河段上,航道不稳定时,应考虑河道变迁的影响。②桥轴法线与通航主流的夹角不宜大于5°,大于5°时应增大通航孔的跨径。③桥位应避开既有水工设施、港口作业区和船舶锚地。”

第八节　大中桥桥孔设计

【考纲要求】

1. 熟悉按设计洪水频率和桥位河段的特征,进行桥长设计与孔跨布置。

2. 了解结合桥位河段地形、地质、河段类型、桥梁上部结构、墩台基础形式、桥梁冲刷深度、调治构造物布置等综合经济比选确定桥位。

【复习提示】

1. 复习要点

桥孔设计的影响因素,各类河段上桥孔布设的要求,桥孔长度、桥面高程的计算方法。

2. 规范提示

《公路工程水文勘测设计规范》(JTG C30—2015)对各类河段上的桥孔布设规定了具体要求,对桥孔最小净长、桥面设计高程规定了宜采用的计算公式。

◆◆ 习题精练 ◆◆

一、单项选择题

1. 桥孔设计时，首先应满足的要求是(　　)。

A. 保证通航安全　　B. 保证设计洪水安全通过

C. 保证桥下河床不发生淤积　　D. 保证流冰、流木的安全通过

2. 在平原顺直河段建桥时，桥孔对河槽、河滩的影响是(　　)。

A. 河槽、河滩均不得压缩　　B. 河槽、河滩均可压缩

C. 河槽可压缩、河滩不得压缩　　D. 河滩可压缩、河槽不得压缩

3. 设计水位时，两桥台前缘之间的水面宽度称之为(　　)。

A. 桥梁长度　　B. 桥孔长度　　C. 桥孔净长　　D. 断面宽度

4. 在稳定、次稳定河段上建桥时，影响桥孔长度最重要的因素是(　　)。

A. 设计流量　　B. 设计水位　　C. 河槽宽度　　D. 水面宽度

5. 位于非通航河段的桥梁，影响桥面高程的决定性因素是(　　)。

A. 桥前壅水　　B. 设计洪水位　　C. 河床淤积　　D. 安全净空高度

二、多项选择题

1. 影响通航河段桥面设计高程的主要因素是(　　)。

A. 设计洪水位　　B. 设计最高通航水位

C. 通航净空高度　　D. 桥面铺装高度

2. 下列各类河段中，属于次稳定型的是(　　)。

A. 顺直微弯河段　　B. 分汊河段　　C. 弯曲河段　　D. 宽滩河段

3. 桥孔设计应考虑的因素有(　　)。

A. 设计流量及水位　　B. 通航要求

C. 流冰流木　　D. 河床冲刷

4. 进行非通航河段的桥孔设计时，应考虑(　　)等因素所引起的桥下水位升高。

A. 桥前壅水　　B. 波浪高度　　C. 河床淤积　　D. 河湾超高

5. 根据桥位河段的所属类型，计算桥孔最小净长时可采用与(　　)有关的公式。

A. 河槽宽度　　B. 单宽流量　　C. 基本河宽　　D. 河滩宽度

三、案例题

1. 某桥跨越次稳定性河段，设计流量 $Q_P = 8470m^3/s$，河槽流量 $Q_C = 8060m^3/s$，河槽宽度 $B_C = 300m$，按河槽宽度公式计算该桥的最小桥孔净长 L_j 为(　　)。

A. 258.2m　　B. 297.6m　　C. 305.9m　　D. 311.7m

2. 某桥位断面的设计洪水位为 68.45m，设计最高通航水位为 65.20m，通航净空高度为 8m，波浪高度为 0.36m，桥前壅水 0.28m，为简支梁桥，桥跨的结构高度为 1.72m，安全净空

0.5m,其他影响因素忽略不计,则该桥的桥面设计高程为(　　)。

A. 71.12m　　B. 72.35m　　C. 74.92m　　D. 76.28m

3. 某大桥跨越一宽滩河段,桥位断面设计流量 $Q_P = 12800m^3/s$,断面全宽 $B = 518m$,河槽宽度 $B_C = 315m$,河槽流量 $Q_C = 9600m^3/s$。按单宽流量公式计算该桥的最小桥孔净长 L_j 为(　　)。

A. 316m　　B. 301m　　C. 295m　　D. 286m

习题参考答案及解析

一、单项选择题

1. B

【解析】《公路工程水文勘测设计规范》(JTG C30—2015)第7.1.1条规定,"桥孔设计必须保证设计洪水以内的各级洪水和泥沙安全通过,并满足通航、流冰及其他漂浮物通过的要求。"无论桥位河段是否具有通航要求,保证设计洪水不对桥梁产生破坏是桥孔设计时必须首先满足的要求,也是最重要的一个原则,相对其他影响因素而言,洪水对桥梁安全的威胁是最大的。

2. D

【解析】《公路工程水文勘测设计规范》(JTG C30—2015)第7.3.1条规定,"桥孔布设应与天然河流断面流量分配相适应,在稳定性河段上,左右河滩桥孔长度之比应近似与左右河滩流量之比相当;在次稳定和不稳定河段上,桥孔布设必须考虑河床变形和流量分配变化趋势的影响。桥孔不宜压缩河槽,可适当压缩河滩。"

3. B

【解析】桥孔长度的实质是通过设计流量时桥下断面所需的最小水面宽度。桥孔布置完成后桥下实有的水面宽度只能大于或等于桥孔长度而不得小于桥孔长度。

4. C

【解析】《公路工程水文勘测设计规范》(JTG C30—2015)第7.2.1条规定了开阔、顺直微弯、分汊、弯曲河段及滩、槽可分的不稳定河段上桥孔最小净长度按式(7.2.1-1)计算,河槽宽度的影响是成正比的线性关系,作用最直接而重要。

5. B

【解析】《公路工程水文勘测设计规范》(JTG C30—2015)第7.4.1条规定,不通航河流桥面设计高程按式(7.4.1-1)计算,在该计算公式中,设计洪水位的作用最为显著,桥面高程必须高于而不得等于或低于设计洪水位。

二、多项选择题

1. BC

【解析】根据《公路工程水文勘测设计规范》(JTG C30—2015)第7.4.2条规定,通航河流桥面设计高程按式(7.4.2)计算,在该计算公式中,设计最高通航水位和通航净空高度的作用最为显著,桥面高程必须高于而不得等于或低于该两者之和。一般来说,满足通航水位和通航净空要求的桥面高程要高于满足通过设计洪水所需的桥面高程,即桥面高程如能满足通航要求,通常也能满足行洪要求,反之则不然。

2. BCD

【解析】根据《公路工程水文勘测设计规范》(JTG C30—2015)附录 A 河段分类表,次稳定河段包括平原区河流中的分汊河段、弯曲河段和宽滩河段。

3. ABC

【解析】桥孔设计包含桥孔长度与桥面高程两方面,设计洪水及泥沙、通航要求、流冰流木都对桥孔长度和桥面高程有影响。而河床冲刷影响的是基础埋深,对桥孔长度和桥面高程没影响。

4. ABCD

【解析】根据《公路工程水文勘测设计规范》(JTG C30—2015)第 7.4.1 条规定,不通航河流桥面设计高程按式(7.4.1-1)计算,在该计算式中,除了设计洪水位以外,还应考虑壅水、浪高、河湾超高、床面淤积、漂浮物高度等因素引起的水面超高。

5. ABC

【解析】《公路工程水文勘测设计规范》(JTG C30—2015)针对不同的河段类型规定了三个桥孔最小净长的计算公式,其中,式(7.2.1-1)习惯上称为河槽宽度公式,式(7.2.1-2)习惯上称为单宽流量公式,式(7.2.1-4)习惯上称为基本河宽公式。

三、案例题

1. B

解:根据《公路工程水文勘测设计规范》(JTG C30—2015)河槽宽度式(7.2.1-1):$L_j = K_q\left(\frac{Q_P}{Q_C}\right)^{n_3}B_c$,查该规范表 7.2.1,可知次稳定河段的 $K=0.95$,$n=0.87$。

因此,桥孔净长 $L_j=0.95\times300=297.6$m。

2. C

解:查《公路工程水文勘测设计规范》(JTG C30—2015),通过式(7.4.1-1)计算,按行洪条件考虑的桥面高程。

$$\begin{aligned}H_{\min} &= H_S + \sum\Delta h + \Delta h_j + \Delta h_0\\ &=68.45+0.36\times0.86+0.28\times0.5+0.5+1.72\\ &=71.12\text{m}\end{aligned}$$

按通航条件考虑的桥面高程计算公式(7.4.2):

$$\begin{aligned}H_{\min} &= H_{tn} + H_M + \Delta h_0\\ &=65.20+8+1.72\\ &=74.92\text{m}\end{aligned}$$

两种情况必须同时满足,则应取大值,即桥面高程为 74.92m。

3. A

解:查《公路工程水文勘测设计规范》(JTG C30—2015)单宽流量公式(7.2.1-2):

$$L_j = \frac{Q_P}{\beta_{Q_C}}$$

$$\beta = 1.19\left(\frac{Q_C}{Q_t}\right)^{0.10}$$

由给定条件可知,河滩流量 $Q_t = Q_P - Q_C = 12800 - 9600 = 3200\text{m}^3/\text{s}$

河槽平均单宽流量 $q_c = \dfrac{9600}{315} = 30.5\text{m}^3/(\text{s}\cdot\text{m})$

则

$$\beta = 1.19 \times \left(\frac{9600}{3200}\right)^{0.10} = 1.33$$

$$L_j = \frac{12800}{1.33 \times 30.5} = 316\text{m}$$

第九节　墩台冲刷计算及基础埋深

【考试纲要】

掌握天然冲刷、一般冲刷、局部冲刷的计算方法;确定墩台基底最小埋置深度。

【复习提示】

1.复习要点

桥下冲刷的分类,一般冲刷的影响因素、计算方法,局部冲刷的影响因素、计算方法,墩台基底最小埋置深度的确定方法。

2.规范提示

《公路工程水文勘测设计规范》(JTG C30—2015)对桥下的一般冲刷、墩台的局部冲刷规定了宜采用的计算公式,对墩台基底的最小埋置深度进行了具体规定。

习题精练

一、单项选择题

1.按64-1修正式计算桥下冲刷时适用的条件是(　　)。

A.黏性土河槽　　B.黏性土河滩　　C.非黏性土河滩　　D.非黏性土河槽

2.桥下一般冲刷产生的根本原因是(　　)。

A.桥墩的阻水作用　　B.桥孔对水流的压缩作用

C.桥前的壅水作用　　D.河流的自然演变作用

3.影响桥梁墩台局部冲刷深度的关键因素是(　　)。

A.泥沙粒径　　B.墩台形状　　C.桥下水深　　D.桥下流速

4.当水流速度从小到大逐步增加时,桥下一般冲刷与局部冲刷的关系是(　　)。

A.先发生一般冲刷后发生局部冲刷　　B.先发生局部冲刷后发生一般冲刷

C. 一般冲刷和局部冲刷同时发生　　D. 何种冲刷先发生是随机的

5. 计算墩台局部冲刷的65-2公式适用的河床条件为(　　)。

A. 黏性土河槽　　B. 黏性土河滩　　C. 非黏性土河槽　　D. 非黏性土河滩

二、多项选择题

1. 桥下河床因建桥而引起的冲刷有(　　)。

A. 自然演变冲刷　　B. 一般冲刷　　C. 局部冲刷　　D. 动床冲刷

2. 目前我国用于非黏性土河床桥墩局部冲刷的计算公式有(　　)。

A. 64-1修正式　　B. 64-2简化式　　C. 65-1修正式　　D. 65-2公式

3. 目前我国用于非黏性土河床桥下一般冲刷的计算公式有(　　)。

A. 64-1公式　　B. 64-2公式　　C. 64-1修正式　　D. 64-2简化式

三、案例题

1. 某桥位河段汛期含沙量$\rho=5.2\text{kg/m}^3$,河床泥沙平均粒径为2mm,桥梁下部结构为钢筋混凝土双柱式桥墩,钻孔灌注桩基础,桩径为1.2m,混凝土U形桥台,天然地基浅基础,按64-1修正式计算出一般冲刷深度$h_p=15.2\text{m}$,试按65-2公式计算桥墩局部冲刷深度h_b为(　　)。

A. 1.85m　　B. 2.31m　　C. 2.66m　　D. 2.95m

2. 某桥位的设计洪水位为122.65m,一般冲刷深度为15.30m,局部冲刷深度为2.80m,基础安全埋深3m,其他因素不计,则该桥的桥墩基础底部高程应为(　　)。

A. 104.55m　　B. 21.1m　　C. 101.55m　　D. 125.65m

习题参考答案及解析

一、单项选择题

1. D

【解析】《公路工程水文勘测设计规范》(JTG C30—2015)对不同类型的河床墩台冲刷均给出了相应的计算公式,在实际应用时不得混淆。

2. B

【解析】建桥后桥墩、桥台要挤占一部分过水断面,与天然断面相比过水面积受到压缩而减少,在通过同样的设计流量时断面流速必然增大,从而使得水流的挟沙能力增大,使得桥下河床产生普遍冲刷,此即一般冲刷。

3. D

【解析】桥墩阻挡水流,水流在桥墩两侧绕流,形成十分复杂的、以绕流漩涡体系为主的绕流结构,引起桥墩周围急剧的泥沙运动,形成桥墩周围局部冲刷坑。因此没有水流运动就没有泥沙运动,水流速度是桥梁墩台局部冲刷的关键因素。

4. B

【解析】桥下水流开始运动后,因绕流作用的影响,桥墩附近的流速要大于其他床面,故冲刷先从桥墩附近开始,即先产生局部冲刷,随着流速的不断增大,冲刷的范围将逐渐扩展到全断面,进而形成普遍冲刷,即为一般冲刷。

5. C

【解析】《公路工程水文勘测设计规范》(JTG C30—2015),对非黏性土河床桥墩局部冲刷推荐了两个计算公式,65-2 公式是其中之一,并未区分河槽河滩采用不同的计算公式,只要是非黏性土河床,河槽河滩均适用。

二、多项选择题

1. BC

【解析】一般冲刷是指建桥后由于桥孔压缩了过水断面而使得流速增加而导致的桥下河床的普遍冲刷;局部冲刷是指由于桥梁墩台的局部阻水作用而导致的绕流现象所引起的在墩台周围所发生的冲刷,这两种冲刷都是因建桥而引起的。自然冲刷和动床冲刷无论建桥与否在河流中都是存在的。

2. CD

【解析】《公路工程水文勘测设计规范》(JTG C30—2015),对非黏性土河床桥墩局部冲刷推荐了两个计算公式,即 65-2 公式与 65-1 修正式。

3. CD

【解析】《公路工程水文勘测设计规范》(JTG C30—2015),对非黏性土河槽一般冲刷推荐了两个计算公式,即 64-2 公式与 64-1 修正式。

三、案例题

1. B

解:根据《公路工程水文勘测设计规范》(JTG C30—2015)第 8.3.3 条,墩前行近流速 $v = E\bar{d}^{\frac{1}{6}}h_{\mathrm{P}}^{\frac{2}{3}}$。

查规范中表 8.3.1-2 得汛期含沙量系数 $E = 0.66$。

则 $v = E\bar{d}^{\frac{1}{6}}h_{\mathrm{P}}^{\frac{2}{3}} = 0.66 \times 2^{\frac{1}{6}} \times 15.2^{\frac{2}{3}} = 4.55\mathrm{m/s}$。

又根据第 8.4.1 条,河床泥沙起动流速 $v_0 = 0.28(\bar{d} + 0.7)^{0.5}$。

墩前泥沙始冲流速 $v_0' = 0.12(\bar{d} + 0.5)^{0.55}$。

则 $v_0 = 0.28(\bar{d} + 0.7)^{0.5} = 0.28 \times 2.7^{0.5} = 0.46\mathrm{m/s}$。

$v_0' = 0.12(\bar{d} + 0.5)^{0.55} = 0.12 \times 2.5^{0.55} = 0.20\mathrm{m/s}$。

因 $v > v_0'$,根据第 8.4.1 条,采用式(8.4.1-2)计算局部冲刷深度,即

$$h_{\mathrm{b}} = K_{\xi}K_{\eta 2}B_1^{0.6}h_{\mathrm{P}}^{0.15}\left(\frac{v - v_0'}{v_0}\right)^{n_2}$$

$$K_{\eta 2} = \frac{0.0023}{\bar{d}^{2.2}} + 0.375\bar{d}^{0.24}$$

$$n_2 = \left(\frac{v_0}{v}\right)^{0.23 + 0.19\lg\bar{d}}$$

则 $K_{\eta 2}=\frac{0.0023}{\bar{d}^{2.2}}+0.375\bar{d}^{0.24}=\frac{0.0023}{2^{2.2}}+0.375\times 2^{0.24}=0.44$

$$n_2=\left(\frac{v_0}{v}\right)^{0.23+0.19\lg\bar{d}}=\left(\frac{0.46}{4.55}\right)^{0.23+0.19\lg 2}=0.10^{0.29}=0.51$$

又查规范附录 C 得 $K_\xi=1.0, B_1=1.2\text{m}$

则 $h_b=K_\xi K_{\eta 2}B_1^{0.6}h_P^{0.15}\left(\frac{v-v_0'}{v_0}\right)^{n_2}=1.0\times 0.44\times 1.2^{0.6}\times 15.2^{0.15}\times\left(\frac{4.55-0.20}{0.46}\right)^{0.51}=2.31\text{m}$

2. C

解:最低冲刷线水深 h = 一般冲刷深度 + 局部冲刷深度

$=15.3+2.8=16.1\text{m}$

最低冲刷线高程 H_1 = 设计水位 − 最低冲刷线水深

$=122.65-16.1=104.55\text{m}$

则

桥墩基础底部高程 H_2 = 最低冲刷线高程 − 安全埋深

$=104.55-3=101.55\text{m}$

第五章　隧 道 工 程

第一节　概　　述

【考试纲要】

1. 熟悉公路隧道在道路建设中的作用和分类。

2. 了解盾构、顶管、沉管、明挖隧道的特点和用途；隧道勘测设计阶段的划分、工作内容及要求。

【复习提示】

1. 复习要点

公路隧道在道路建设中具有改善道路线形、缩短运营里程、避免不良地质灾害等作用。公路隧道按长度可分为四类；按修建隧道的施工方法可分为：钻爆法施工隧道、机械法开挖隧道、明挖隧道、顶管隧道、沉管隧道、盾构隧道。隧道的设计通常要经过可行性研究、初步设计、施工图设计三个阶段，隧道勘测与上述三个设计阶段对应的是可行性研究勘察（踏勘）、初步勘察（初勘）与详细勘察（详勘）三个阶段，其工作内容及要求各有不同。

难点：

隧道勘测设计三阶段的工作内容及要求。

2. 规范提示

《公路隧道设计规范　第一册　土建工程》（JTG 3370.1—2018）对隧道设计勘察三个阶段的地质调查的目标、内容和范围有要求，指出隧道工程测绘资料图纸内容和精度，并应满足现行《公路工程地质勘察规范》（JTG C20）和《公路勘测规范》（JTG C10）的要求。

习题精练

一、单项选择题

1. 某隧道单洞长 800m，按规范分类为（　　）。

A. 短隧道　　B. 长隧道　　C. 中隧道　　D. 特长隧道

2. 沉管法是修建（　　）常用的施工方法，所以用该方法施工的隧道称“沉管隧道”。

A. 山岭隧道　　B. 水底隧道　　C. 大断面隧道　　D. 小断面隧道

3. 沉管隧道的视比重（　　），对地层承载力的要求（　　）。

A. 小；高　　B. 大；高　　C. 小；不高　　D. 大；不高

4. 盾构法是使用（　　）在围岩中推进，一边防止土砂的崩坍，一边在其内部进行开挖、衬砌作业修造隧道的一种方法。

A. 旋挖钻　　B. 冲击钻　　C. 挖机　　D. 盾构机

5. 沉管法与其他水下隧道施工法相比,因能够设置在不妨碍通航的深度下,故沉管隧道长度(　　)。

A. 应该短些　　B. 应该长些

C. 与其他方法隧道一样长　　D. 比盾构隧道长些

6. 明挖法施工一般用于山区隧道的洞口地段和(　　)地段,因这些地段用暗挖施工,其地层不能形成稳定的自然拱。

A. 洞身覆盖过厚　　B. 洞身覆盖过薄　　C. Ⅱ级围岩　　D. Ⅲ级围岩

7. 隧道踏勘阶段的目标是(　　)。

A. 获取路线所需地形、地质、环境资料,为方案比选、概算编制及下阶段调查提供基础资料

B. 为布置线路走向可选方案提供基本资料

C. 获取技术设计、施工图设计、施工计划、预算编制等所需资料

D. 预报和确认施工中出现的工程地质、水文地质等问题

8. 设计中,确定隧道所处地区的地震动峰值加速度系数,除按现行《中国地震动参数区划图》(GB 18306)规定以外,还可经(　　)鉴定。

A. 国土部门　　B. 交通运输部门　　C. 地震部门　　D. 环保部门

9. 隧道工程测绘资料图纸内容和精度,应符合(　　)的要求。

A. 现行《公路工程地质勘察规范》(JTG C20)

B. 现行《公路隧道设计规范　第一册　土建工程》(JTG 3370.1)

C. 现行《公路勘测规范》(JTG C10)

D. 现行《公路工程地质勘察规范》(JTG C20)和《公路勘测规范》(JTG C10)

10. 明挖法多采用在埋深小于 40m 的场合。随着埋深的增加,明挖法的投资、工期都将(　　)。

A. 减小　　B. 增大　　C. 不变　　D. 不定

二、多项选择题

1. 隧道的设计通常要经过(　　)等几个阶段。

A. 可行性研究　　B. 初步设计　　C. 详细设计　　D. 施工图设计

2. 公路隧道勘察阶段一般分为踏勘、初勘与详勘三个阶段,其中,初勘的工作内容和要求是(　　)。

A. 在初步选定的路线内进行勘察

B. 对可能作为隧道线位的区间进行初勘,重点勘察不良地质地段

C. 提供编制初步设计所需全部工程地质资料

D. 为线位布设和编制施工图设计提供完整的工程地质资料

3. 公路隧道勘察阶段一般分为踏勘、初勘与详勘三个阶段,其中,详勘的工作内容和要求是(　　)。

A. 进一步查明沿线的工程地质条件

B. 进一步查明重点工程与不良地质区段的工程地质特征

C. 提供编制初步设计所需全部工程地质资料

D. 为线位布设和编制施工图设计提供完整的工程地质资料

4. 公路隧道勘察阶段一般分为踏勘、初勘与详勘三个阶段，其中，踏勘的工作内容是(　　)。

A. 收集、分析既有资料　　B. 进行钻探、物探和测试等

C. 沿路线进行地面踏勘　　D. 进行超前地质预报

5. 按隧道施工方法分，隧道一般可分为(　　)。

A. 明挖隧道　　B. 沉管隧道　　C. 水下隧道　　D. 盾构隧道

6. 对于盾构隧道而言，下列说法正确的有(　　)。

A. 工人不会暴露在围岩下工作

B. 机器噪声对附近居民干扰大

C. 盾构机适宜小半径的曲线段隧道施工

D. 对拼装衬砌整体结构防水技术要求高

7. 在公路交通中隧道具有(　　)等作用。

A. 克服高程　　B. 缩短运营里程

C. 改善道路线形　　D. 避免不良地质灾害

8. 地形、地质调查时，对沿河傍山地段的隧道，应调查分析(　　)。

A. 斜坡地质结构特征及其稳定性

B. 水流冲刷对山体和洞身稳定的影响

C. 场区内土地使用情况

D. 动植物生态

9. 在整个施工图设计文件中应有隧道设计说明书，对(　　)等做概括说明。中小隧道的设计内容酌减。

A. 隧道概况　　B. 设计意图及原则

C. 施工方法　　D. 注意事项

10. 隧道调查的资料应齐全、准确，满足设计要求，隧道调查包括(　　)几个方面。

A. 资料搜集　　B. 地形地质调查　　C. 气象调查　　D. 工程环境调查

习题参考答案及解析

一、单项选择题

1. C

【解析】熟悉隧道的分类，特别是熟悉《公路隧道设计规范　第一册　土建工程》(JTG 3370.1—2018)中的公路隧道长度分类表。

2. B

【解析】沉管法是修建水底隧道常用的施工方法。其他选项都是干扰项,故选 B。

3. C

【解析】因有浮力作用在沉管隧道上,所以视比重小,对地层承载力的要求不大。正确答案选 C。其他选项至少有一项不对。

4. D

【解析】盾构法是使用所谓的“盾构”机械,在围岩中推进,一边防止土砂的崩坍,一边在其内部进行开挖、衬砌作业修造隧道的方法。所谓的“盾构”机械即为盾构机,所以选 D,其他选项都是干扰项。

5. A

【解析】沉管隧道与其他水下隧道施工法相比,因能够设置在不妨碍通航的深度下。而其他施工法的隧道一般都设置在河(海)床下的岩石中,都比沉管隧道的埋置深度深,故沉管隧道全长可以缩短。

6. B

【解析】山区隧道工程的洞口地段和洞身覆盖过薄地段,暗挖施工地层不能形成稳定的自然拱,一般用明挖法施工。

7. B

【解析】该题的答案在《公路隧道设计规范　第一册　土建工程》(JTG 3370.1—2018)第 3.3.1 条中。选项 A 是初勘的目标,C 是详勘的目标,D 是施工中的目标。

8. C

【解析】该题的答案在《公路隧道设计规范　第一册　土建工程》(JTG 3370.1—2018)第 3.3.3 条的第 6 款中。地震问题当然由地震部门来鉴定。

9. D

【解析】《公路隧道设计规范　第一册　土建工程》(JTG 3370.1—2018)第 3.3.2 条规定:隧道工程测绘资料图纸内容和精度,应满足现行《公路工程地质勘察规范》(JTG C20)和《公路勘测规范》(JTG C10)的要求。注意要满足两个规范的要求,故应选 D。

10. B

【解析】随着埋深的增加,明挖法的投资、工期都将增大,因此,采用明挖法时要进行充分的比较。

二、多项选择题

1. ABD

【解析】隧道的设计通常要经过可行性研究、初步设计、施工图设计三个阶段。所以要排除选项 C。

2. ABC

【解析】初勘是在批准的工程可行性研究报告推荐建设方案的基础上,在初步选定的路线内进行勘察,其任务是满足初步设计对资料的要求。根据工程地质条件,优选路线方案,在路线基本走向范围内,对可能作为隧道线位的区间进行初勘,重点勘察不良地质地段,以明确隧道能否通过或如何通过,提供编制初步设计所需全部工程地质资料。所以正确答案为

ABC。而"为线位布设和编制施工图设计提供完整的工程地质资料"是详细工程地质勘察的内容,所以不能选 D。

3. ABD

【解析】详勘的任务是在初勘的基础上,进行补充校对,进一步查明沿线的工程地质条件,以及重点工程与不良地质区段的工程地质特征,为确定隧道位置的施工图设计提供详细的工程地质资料,以满足施工图设计的要求。很明显选项 C"提供编制初步设计所需全部工程地质资料"是错的。

4. AC

【解析】踏勘即可行性研究勘察。主要侧重于收集与研究已有文献资料;在工程可行性研究中,需在分析已有资料的基础上,通过踏勘,对各个可能方案做实地调查,并对不良地质地段等重要工点进行必要的勘探,大致查明地质情况。所以只有选项 AC 符合要求。

5. ABD

【解析】此题主要考有别于钻爆法的各种新的隧道修建技术,用盾构法修建的隧道称为盾构隧道,用沉管法修建的隧道称为沉管隧道,用明挖法修建的隧道称为明挖隧道。选项 C 显然不属于隧道修建技术范畴。

6. AD

【解析】盾构法施工的优点是:在盾构设备的掩护下进行地下开挖与衬砌支护作业,能保证施工安全;施工时振动和噪声小,对施工区域环境及附近居民干扰小。缺点是:曲率半径较小的曲线段施工比较困难;在饱和含水层中,对拼装衬砌整体结构防水技术要求高。所以只有选项 AD 正确。

7. ABCD

【解析】在公路交通建设中采用隧道方案具有改善道路线形、缩短运营里程、避免不良地质灾害等作用。

8. AB

【解析】在《公路隧道设计规范　第一册　土建工程》(JTG 3370.1—2018)第 3.3.4 条中有答案。选项 CD 不属于地形、地质调查工作,是工程环境调查应该做的工作。

9. ABCD

【解析】在整个施工图设计文件中应有隧道设计说明书,对隧道概况、设计意图及原则、施工方法及注意事项等做概括说明。中小隧道的设计内容酌减。

10. ABCD

【解析】见《公路隧道设计规范　第一册　土建工程》(JTG 3370.1—2018)的第 3.2 ~ 3.5 节。

第二节　山 岭 隧 道

【考试纲要】

1. 掌握隧道选址的原则和要求;隧道平面设计、纵断面设计、横断面设计的基本要求和方法;隧道洞口位置的选择原则;喷锚支护的基本原理和基本原则、喷锚支护类型的选择。

2. 熟悉隧道洞门各部位结构要求；隧道衬砌结构构造要求；隧道防排水设计的原则和洞内、外防排水系统的布置要求；特殊地质地段的辅助工程措施设计原则。

3. 了解隧道洞门结构计算原则和计算方法；各种隧道洞门的类型及适用条件。

4. 了解隧道围岩、围岩分级的概念；作用在隧道上的各种荷载和围岩压力确定方法；隧道结构设计的方法和各类计算模型的特点及适用条件；现场监控量测的意义、监控量测设计的内容和方法。

5. 了解隧道运营通风、照明的主要要求和标准。

【复习提示】

1. 复习要点

考试大纲中，隧道工程部分只涉及公路隧道。公路隧道指专门用于公路运输的地下结构工程。

重点：

隧道选址的原则和要求；隧道平面、纵断面和横断面设计的基本要求和方法；隧道洞口位置的选择和洞门各部位的结构要求；隧道衬砌结构构造要求；喷锚支护的基本原理、原则及喷锚支护类型的选择。

难点：

理解新奥法的基本原理，注意围岩分级的基本方法和衬砌结构构造要求，以及在案例题中的一些综合知识运用。

另外，隧道和洞口位置选择以及特殊地质地段的辅助工程措施设计可能涉及"专业基础知识"中工程地质及公路工程地质勘察的知识点；隧道平面、纵断面设计与道路线形设计的要求基本一致。考生注意系统掌握、前后融会贯通有关内容和知识点。

2. 规范提示

本部分主要涉及的规范是《公路隧道设计规范　第一册　土建工程》(JTG 3370.1—2018)，其中，隧道平面线形设计应符合现行《公路路线设计规范》(JTG D20)的要求。

隧道运营通风、照明的要求和标准涉及的规范是《公路隧道设计规范　第二册　交通工程及附属设施》(JTG D70/2—2014)。

明洞上公路车辆荷载及其所产生的冲击力、土压力，应按照现行《公路桥涵设计通用规范》(JTG D60)的有关规定计算。明洞上立交铁路列车活载及其所产生的冲击力、土压力按现行的《铁路桥涵设计基本规范》(TB 10002.1)的有关规定计算。地震荷载按《公路隧道设计规范　第一册　土建工程》(JTG 3370.1—2018)第16章及附录K确定。但据考试大纲，作用在隧道上的各种荷载的确定方法都属于一般了解的内容，考生只需适当了解。

◆◆ 习题精练 ◆◆

一、单项选择题

1. 位于陡崖下的洞口，应清除危石，不宜切削山坡，宜(　　)。

A. 砌挡土墙　B. 设防护架　C. 接长明洞　D. 绿化陡崖

2. 隧道通常是由(　　)组成。

A. 洞身构造和洞门　B. 洞身构造和洞门以及附属设施

C. 墙身和拱圈　D. 墙身、拱圈和仰拱

3. 洞门端墙基础必须置于稳固地基上，并埋入地面下一定的深度，嵌入岩石地基的深度不应小于0.2m，埋入土质地基的深度不应小于(　　)。

A. 0.5m　B. 0.7m　C. 1.0m　D. 0.9m

4. 从地表面向下开挖，在预定位置修筑结构物，然后在外部回填土石来掩盖和防护衬砌的施工方法属于(　　)。

A. 浅埋暗挖法　B. 明挖法　C. 顶管法　D. 盾构法

5. 根据不同的地质条件，《公路隧道设计规范　第一册　土建工程》(JTG 3370.1—2018)将围岩分为(　　)。

A. 4 种级别　B. 6 种级别　C. 5 种级别　D. 3 种级别

6. 隧道围岩为坚硬岩，岩体完整，具整体状或巨厚层状结构，其围岩基本质量指标为560，则该围岩属于(　　)。

A. Ⅰ级　B. Ⅵ级　C. Ⅴ级　D. Ⅱ级

7. 隧道长度是指(　　)。

A. 两端洞口的明、暗洞交界处之间的距离

B. 两端洞口衬砌端面之间的距离

C. 两端洞口衬砌端面与隧道轴线在路面顶交点间的距离

D. 两端洞口衬砌端面顶部之间的距离

8. 洞口位置选择应遵循(　　)的原则，避免在洞口形成高边坡和高仰坡。

A. “早进早出”　B. “早进晚出”　C. “晚进晚出”　D. “晚进早出”

9. 濒临水库地区的隧道，其(　　)设计高程应高出水库计算洪水位（含浪高和壅水高）0.5m以上。

A. 洞口路面　B. 仰拱　C. 洞口路肩　D. 边沟

10. 洞口的线路走向应尽量与该处地形等高线正交，避免产生(　　)危害。

A. 泥石流　B. 偏压　C. 岩堆　D. 危岩落石

11. 隧道里的紧急停车带长度不宜小于(　　)，其中有效长度不应小于(　　)。

A. 50m；30m　B. 40m；30m　C. 50m；40m　D. 40m；40m

12. 当隧道的平面线形设为曲线时，不宜采用(　　)和(　　)圆曲线。

A. 设超高的；加宽的　B. 设加宽的；大半径

C. 设超高的；大半径　D. 大半径；小半径

13. 分离式隧道间的净距，宜按对两洞结构(　　)的原则，结合隧道平面线形、围岩地质条件、断面形状和尺寸、施工方法等因素确定。

A. “早进晚出”　B. 彼此不产生有害影响

C. 不需爆破　D. 不变形

14. 隧道纵坡不应(　　)0.3%，也不应(　　)3%。

A. 小于;大于　　B. 大于;小于　　C. 大于;等于　　D. 等于;小于

15. 短于(　　)的隧道纵坡可不受坡度0.3%和3%的限制。

A. 100m　　B. 300m　　C. 400m　　D. 500m

16. 高速公路、一级公路的中、短隧道,受地形等条件限制时,经技术经济论证、交通安全评价后,隧道最大纵坡可适当加大,但不宜大于(　　)。

A. 4.5%　　B. 4.0%　　C. 5.0%　　D. 5.5%

17. (　　)是为保证隧道内各种交通的正常运行与安全,而规定在一定宽度和高度范围内不得有任何部件侵入的空间限界。

A. 内轮廓线　　B. 外轮廓线　　C. 隧道净空　　D. 隧道建筑限界

18. 隧道横断面设计中,当路面采用单面坡时,建筑限界底边线(　　);当采用双面坡时,建筑限界底边线(　　)。

A. 与路面重合;应水平置于路面最高处

B. 应水平置于路面最高处;与路面重合

C. 与路面重合;应水平置于路面最低处

D. 应水平置于路面最低处;应水平置于路面最高处

19. 一般说来,对于Ⅰ~Ⅲ级围岩,隧道内轮廓宜选用(　　)的边墙和曲率较大的顶拱。对Ⅳ~Ⅵ级软弱破碎围岩来说,隧道内轮廓宜选用(　　)的边墙。

A. 曲率较大、曲率较大　　B. 曲率较大、曲率较小

C. 曲率较小、曲率较小　　D. 曲率较小、曲率较大

20. 一般说来,衬砌断面宜采用(　　)断面。

A. 曲边墙拱形　　B. 直墙拱形　　C. 矩形　　D. 抗偏压形

21. 隧道(　　)应设加强衬砌。加强衬砌段的长度应根据地形、地质和环境条件确定。

A. Ⅰ级围岩段　　B. 中间段　　C. Ⅱ级围岩段　　D. 洞口段

22. 衬砌设计时,(　　)围岩地段的衬砌应向(　　)围岩地段延伸5~10m。

A. 较差;较好　　B. 较好;较差　　C. Ⅰ级;Ⅱ级　　D. Ⅱ级;Ⅲ级

23. 偏压衬砌段应向一般衬砌段延伸,延伸长度应根据偏压情况确定,一般不小于(　　)。

A. 8m　　B. 5m　　C. 10m　　D. 6m

24. 在确定开挖断面时,除应满足隧道净空和结构尺寸外,还应考虑初期支护并预留适当的变形量。预留变形量的大小可根据(　　)、断面大小、埋置深度、施工方法和支护情况等,通过计算分析确定或采用工程类比法预测。

A. 二次衬砌　　B. 初期支护　　C. 锚杆长度　　D. 围岩级别

25. 洞门端墙基础必须置于(　　)上,应视地形及地质条件,埋置足够的深度,保证洞门的稳定。

A. 松软地基　　B. Ⅵ级围岩　　C. 稳固地基　　D. Ⅴ级围岩

26. 复合式衬砌,两车道、三车道隧道支护参数可按《公路隧道设计规范　第一册　土建工程》(JTG 3370.1—2018)附录P中的表选用,在施工过程中应根据超前地质预报及(　　)进行必要的调整。

A. 围岩形变压力对设计支护参数

B. 现场围岩监控量测信息对设计支护参数

C. 地下水量对设计支护参数

D. 围岩松动压力对设计支护参数

27. 寒冷地区的隧道设计时,除考虑永久荷载以外,还需考虑(　　)。

A. 地震力　　B. 冻胀力　　C. 冲击压力　　D. 水压力

28. 隧道防排水应遵循“(　　),因地制宜,综合治理”的原则。

A. 以排为主　　B. 以堵为主

C. 以防为主　　D. 防、排、截、堵结合

29. 隧道预留洞室的防水构成宜与(　　)防水一致。

A. 洞口段　　B. 加强段　　C. 正洞　　D. 加宽段

30. 下面关于隧道路侧边沟排水坡与隧道纵坡的关系,下列说法合理的是(　　)。

A. 隧道路侧边沟排水坡与隧道纵坡相反

B. 隧道路侧边沟排水坡与隧道纵坡一致

C. 隧道路侧边沟排水坡大于隧道纵坡

D. 隧道路侧边沟排水坡小于隧道纵坡

31. 隧道中心水沟宜按间距 50 ~ 200m 设(　　),并根据需要设检查井。

A. 沉沙池　　B. 滤水蓖　　C. 盲沟　　D. 明沟

32. 寒冷地区隧道地下水可能产生冻结的地段,宜设(　　),其沟底应位于冻结深度以下。

A. 中心水沟　　B. 路面边沟　　C. 泄水洞　　D. 路侧边沟

33. 在隧底有渗水的地段,宜在垫层或仰拱充填施工缝位置或隧底冒水位置,沿隧道纵向每隔 3 ~ 8m 设(　　)。

A. 环向盲管　　B. 竖向盲管　　C. 横向透水水盲管　　D. 纵向盲管

34. 隧道喷锚衬砌中,钢筋网钢筋直径不应小于(　　),不宜大于 12mm。

A. 3mm　　B. 4mm　　C. 5mm　　D. 6mm

35. 通过瓦斯地层的公路隧道,含瓦斯地层的喷射混凝土厚度不应小于 15cm,二次模筑混凝土衬砌厚度不应小于(　　)。

A. 35cm　　B. 25cm　　C. 30cm　　D. 40cm

二、多项选择题

1. 洞身衬砌承受的荷载一般有(　　)。

A. 围岩压力　　B. 水压力　　C. 车辆载重　　D. 衬砌自重

2. 洞门承受的荷载有(　　)。

A. 边、仰坡的土压力　　B. 围岩压力

C. 车辆荷载　　D. 滚石、落石的撞击荷载

3. 端墙式洞门的适用条件有(　　)。

A. 地质条件较差　　B. 边、仰坡不高
C. 地形开阔　　D. 石质基本稳定

4. 隧道照明、通风等设施的功能是(　　)。
A. 保障车辆安全运行　　B. 交通管理
C. 车辆维护　　D. 改善洞内工作环境

5. 隧道建筑限界净空尺寸主要是指(　　)。
A. 限界净宽　B. 行车宽　C. 人行道宽　D. 限界净高

6. 洞口不宜设在(　　)、泥石流等不良地质地段及排水困难的沟谷低洼处或不稳定的悬崖陡壁下。
A. 滑坡　B. 崩塌　C. 岩堆　D. 危岩落石

7. 当地形条件限制等特殊地段隧道净距不能满足分离式独立双洞隧道的要求时,在经充分技术论证和比较,并制订可靠技术保障措施的基础上,也可采取(　　)形式。
A. 盾构隧道　B. 明挖隧道　C. 小净距隧道　D. 连拱隧道

8. 隧道内纵坡的变换不宜过大、过频,以保证(　　)。
A. 行车安全视距　B. 排水要求　C. 舒适性　D. 隧道结构安全

9. 隧道内轮廓设计除应符合隧道建筑限界的规定外,还应满足洞内路面、排水设施、装饰的需要,并为(　　)、指示标志等交通工程及附属设施提供所需空间。
A. 通风　B. 照明　C. 消防　D. 监控

10. 洞门端墙应根据实际需要设置(　　);洞门端墙墙身最小厚度不应小于0.5m。
A. 伸缩缝　B. 沉降缝　C. 泄水孔　D. 注浆孔

11. 隧道围岩较差地段应设置仰拱。路面与仰拱之间可采用(　　)填充。
A. 混凝土　B. 就地取土　C. 片石混凝土　D. 机制砂

12. 复合式衬砌结构由(　　)构成。
A. 喷锚衬砌　B. 防水层　C. 曲墙拱形衬砌　D. 模注混凝土衬砌

13. 喷锚衬砌是由(　　)等单独或组合使用的隧道围岩支护结构。
A. 防水层　B. 喷射混凝土　C. 锚杆　D. 钢筋网和钢架

14. 隧道洞内一般的防水措施有(　　)。
A. 在初期支护与二次衬砌之间设置防水板
B. 对二次衬砌的施工缝、沉降缝、伸缩缝采用止水带、止水条等措施
C. 隧道二次衬砌应满足抗渗要求
D. 设置路边排水沟

15. 按《公路隧道设计规范　第一册　土建工程》(JTG 3370.1—2018)要求,路面两侧的纵向排水沟主要引排(　　)。
A. 营运清洗水　B. 地下水　C. 其他废水　D. 消防水

16. 当地下水发育,含水层明显,又有长期充分补给来源时,可采用(　　)等截水、排水设施。
A. 路面边沟　B. 辅助坑道　C. 泄水洞　D. 仰坡截水沟

17. 地下结构设计方法可以归纳为以下(　　)设计模型。

A. 以工程类比为主的经验设计法

B. 以量测和试验为主的实用设计方法

C. 荷载-结构模型

D. 连续介质模型

18. 新奥法的支护手段与传统支护方式不同的是(　　)。

A. 采用喷锚支护主动加固围岩

B. 采用喷锚支护改善围岩的应力状态

C. 不允许围岩变形

D. 允许围岩“卸压”变形的同时限制围岩产生有害变形

19. 新奥法施工中,对围岩和支护进行观察、量测的目的是根据监控量测结果(　　)。

A. 及时修改初期支护参数或施工方法

B. 合理安排施工程序

C. 实现动态化设计

D. 保证隧道开挖轮廓圆顺

20. 按视觉适应规律、洞外与中间段亮度差以及亮度递减速率沿行车方向将隧道分为(　　)等若干段。

A. 入口段　　B. 中间段　　C. 过渡段　　D. 出口段

21. 运营隧道的通风方式有(　　)。

A. 全横向通风　　B. 半横向通风　　C. 自然通风　　D. 纵向通风

22. 隧道通风主要应对(　　)进行稀释。

A. 一氧化碳　　B. 烟雾　　C. 异味　　D. 二氧化碳

23. 岩体基本质量指标 BQ 与下列哪些因素有关(　　)。

A. 岩石单轴饱和抗压强度

B. 地下水影响修正系数

C. 岩体完整性指数

D. 主要软弱结构面产状影响修正系数

24. 围岩基本质量指标修正值[BQ]与下列哪些因素有关(　　)。

A. 岩体基本质量指标 BQ

B. 地下水影响修正系数

C. 初始应力状态修正系数

D. 主要软弱结构面产状影响修正系数

25. 关于浅埋隧道和深埋隧道围岩压力计算的说法,下列说法正确的有(　　)。

A. Ⅰ~Ⅳ级围岩深埋隧道围岩压力可按释放荷载计算

B. 浅埋隧道和深埋隧道围岩压力计算方法不一样

C. Ⅳ~Ⅵ级围岩中深埋隧道的围岩压力通常表现为松散荷载

D. 浅埋隧道围岩压力比深埋隧道围岩压力大一些

26. 隧道洞门的主要作用有(　　)。

A. 使车辆不受滚石、落石的威胁　　B. 标志和美化作用

C. 汇集和引排地表水　　D. 保持仰坡和边坡稳定

27. 公路隧道围岩分级依据的因素主要是指(　　)。

A. 岩石的坚硬程度　　B. 地下水的影响

C. 岩体完整程度　　D. 初始应力状态

28. 下列不属于新奥法原则核心的是(　　)。

A. 保护围岩,调动和发挥围岩的自承能力

B. 喷射混凝土和锚杆

C. 金属网和轻型钢拱架

D. 控制爆破

29. 高地应力区隧道设计应符合(　　)等规定。

A. 隧道轴线与最大主应力方向水平投影夹角宜小于30°

B. 隧道轴线与最大主应力方向水平投影夹角宜小于45°

C. 隧道衬砌断面应采用近似圆形断面

D. 隧道衬砌断面应采用矩形断面

30. 连拱隧道有偏压时,(　　)的确定应考虑偏压的影响。

A. 支护参数　　B. 施工方法　　C. 施工顺序　　D. 防排水设计

三、案例题

1. 某分离式双洞高速公路隧道,长600m,绝大部分为Ⅳ级围岩,隧道开挖断面的宽度为12.5m,按对两洞结构彼此不产生有害影响并且经济合理的原则,请问两洞的最小净距宜为(　　)。

A. 6m　　B. 15m　　C. 8m　　D. 35m

2. 某二级公路两车道单洞隧道长600m,为简化起见,我们只讨论隧道进口到隧道中点之间的300m范围的衬砌问题(里程桩号是K10+000~K10+300)。其中,K10+000~K10+200为Ⅳ级围岩,K10+200~K10+300为Ⅲ级围岩。隧道按复合式衬砌设计,初期支护和二次衬砌厚度等支护参数符合《公路隧道设计规范　第一册　土建工程》(JTG 3370.1—2018)的要求,并在隧道进口段(即洞口段)设置了10m的Ⅳ级围岩加强衬砌段。请问剩下的Ⅳ级围岩衬砌和Ⅲ级围岩衬砌长度分别为(　　)。

A. 190m;100m　　B. 180m;110m　　C. 200m;90m　　D. 210m;80m

3. 二级公路两车道单洞隧道,长600m,洞口段为Ⅴ级围岩、洞身段为Ⅳ级围岩。Ⅳ级围岩地段边墙衬砌厚度(含初期支护、防水层、二次衬砌)为50cm,隧道内轮廓净宽为10m。请问下列合理的隧道Ⅳ级围岩段开挖断面的宽度为(　　)。

A. 11.0m　　B. 11.1m　　C. 11.4m　　D. 11.3m

4. 二级公路两车道深埋隧道,埋深为200m,隧道开挖宽度为11m,宽度影响系数为1.6,Ⅴ级围岩的重度19kN/m^3。请问正确的围岩垂直均布压力为(　　)。

A. 200kN/m^2　　B. 203kN/m^2　　C. 219kN/m^2　　D. 246kN/m^2

5. 两车道公路隧道采用复合式衬砌,埋深为150m,据勘察报告:围岩重度为22kN/m^3,围岩基本质量指标 *BQ* 为290,有淋雨状出水,单位出水量为8L/min,结构面走向与洞轴线夹角

为 65°,结构面倾角为 80°,围岩初始应力不高。请问施做初期支护时,拱部和边墙喷射混凝土厚度范围宜选用下列哪个选项(　　)。

A. 5 ~ 8cm　　B. 8 ~ 12cm　　C. 12 ~ 20cm　　D. 18 ~ 28cm

6. 某设计速度为 80km/h 公路的建筑限界宽 11m,其中某隧道的建筑限界宽 10m。按规范要求,洞外相接路段应设置距洞口长度不小于(　　)的过渡段,且该过渡段不得小于 50m,以保持横断面的顺适过渡。

A. 55m　　B. 50m　　C. 60m　　D. 70m

7. 隧道围岩分级中,岩体完整程度的定量指标用岩体完整性系数 K_v 表达。某隧道有代表性地段的岩体弹性纵波速度为 2600m/s,在同一地段岩体取样测定岩石的纵波速度为 3000m/s。请问该地段的岩体完整性系数 K_v 为(　　)。

A. 0.70　　B. 0.75　　C. 0.80　　D. 0.87

8. 已知混凝土衬砌材料的极限抗压强度 $R_a = 10.5$MPa,极限抗拉强度 $R_l = 1.3$MPa,衬砌截面厚度 $h = 40$cm,截面宽度为单位宽度,即 $b = 1$m,隧道衬砌纵向弯曲系数 $\varphi = 1$,轴向力偏心影响系数 $\alpha = 0.928$。轴向力偏心距 $e_0 = 0.019$。混凝土抗压极限强度安全系数 $K_a = 2.0$,抗拉极限强度安全系数 $K_l = 2.4$。按《公路隧道设计规范　第一册　土建工程》(JTG 3370.1—2018)检算该截面强度,请问衬砌危险截面轴向力的最高限制值为(　　)。

A. 1949kN　　B. 2000kN　　C. 2149kN　　D. 2300kN

9. 某公路隧道Ⅴ级围岩设计用复合式衬砌,其中喷锚衬砌采用 20a 工字钢架,请问喷射混凝土厚度不应小于(　　)。

A. 230mm　　B. 240mm　　C. 250mm　　D. 260mm

10. 某隧道端墙洞门基础设置于砂岩地基上,地基承载力满足要求,靠端墙墙脚设有深 0.3m的沟槽,洞门端墙基础埋深应为(　　)。

A. 0.1m　　B. 0.2m　　C. 0.3m　　D. 0.4m

11. 某高速公路设计为双向四车道,按分线设分离式隧道(单洞两车道),设计速度为 120km/h,隧道长度 2km,隧道区地震动峰值加速度为 0.05g,相应的地震基本烈度为Ⅵ度,需进行抗震措施设计。Ⅳ级围岩段设置车行横洞和人行横洞,在主动与横洞的交叉口部采用复合式衬砌结构,其二次衬砌应采用(　　)结构。

A. 素混凝土　　B. 钢筋混凝土　　C. 抗水压混凝土　　D. 喷射混凝土

12. 某上、下行高速公路长隧道,主洞的建筑限界为:限界宽 10.75m;限界高 5.00m。需设置人行横通道和车行横通道。人行横通道的限界宽度和限界高度分别为 4.5m 和 2.5m。请问车行横通道限界宽度和限界高度分别为(　　)。

A. 4.0m 和 4.0m　　B. 4.0m 和 4.5m

C. 4.5m 和 5.0m　　D. 4.5m 和 5.5m

13. 某隧道通过含瓦斯地层的地段时,根据瓦斯气体含量、涌出量和气压,设计采用了双层模筑混凝土衬砌,这两层衬砌的施工缝应错开(　　)的距离设置。

A. 0.5m　　B. 1.5m　　C. 2m　　D. 1m

14. 某单向两车道隧道长 1km,采用全射流纵向通风方式,通风环境检测的设施除安装了 1 套风速风向检测器和 2 套 NO_2 检测器以外,还需安装(　　)。

A. 1 套 CO 检测器和 2 套能见度检测器

B. 2 套瓦斯检测仪和 2 套瓦斯检测仪

C. 1 套瓦斯检测仪和 1 套能见度检测器

D. 2 套 CO 检测器和 1 套能见度检测器

15. 某高地应力区隧道，最大深埋 3600m，隧道轴线与最大主应力方向水平投影夹角为 25°，衬砌断面为近似圆形断面，其中Ⅲ级围岩段花岗岩的单轴抗压强度 $P_b = 75$MPa，洞壁最大切向应力 $\sigma_{0max} = 70$MPa，请问这段围岩按岩爆分级名称应定为（　　）。

A. 轻微岩爆　　B. 剧烈岩爆　　C. 强烈岩爆　　D. 中等岩爆

16. 某双向四车道高速公路，设双洞分离式隧道，单洞两车道隧道长度 4160m，近期（2035 年）预测年平均日交通量 23656pcu/d，请问按公路隧道交通工程与附属设施等级分级，应定为（　　）。

A. C 级　　B. A^+ 级　　C. A 级　　D. B 级

17. 某隧道施工过程中，发现开挖前方有高压地下水，经研究采用超前钻孔排水对围岩稳定以及周边水环境影响较小，因此打算采用超前钻孔排放地下水，孔深 10m，请问孔径和每断面钻孔数应为（　　）。

A. 70mm;3 个　　B. 65mm;5 个　　C. 76mm;5 个　　D. 90mm;2 个

18. 某隧道设计纵向通风方式，采用的射流风机的参数：风量 3000m^3/h，全压 240Pa，质量 32kg。设计支撑射流风机的结构时，其结构的承载能力应为（　　）。

A. 380kg　　B. 400kg　　C. 550kg　　D. 450kg

习题参考答案及解析

一、单项选择题

1. C

【解析】见《公路隧道设计规范　第一册　土建工程》（JTG 3370.1—2018）第 7.2.2 条第 5 款："位于陡崖下的洞口，应清除危石，不宜切削山坡，宜接长明洞"。本题目中主要是防陡崖的落石，要减少对山崖的扰动，所以加长明洞是最优选择。

2. B

【解析】公路隧道是指专门用于公路运输的地下结构工程，它不光由洞身和洞门组成，还应包括隧道运营时所需的通风、照明、控制等附属设施。

3. C

【解析】《公路隧道设计规范　第一册　土建工程》（JTG 3370.1—2018）第 7.3.3 条规定：洞门端墙基础必须置于稳固地基上，并埋入地面下一定的深度，嵌入岩石地基的深度不应小于 0.2m，埋入土质地基的深度不应小于 1.0m。

4. B

【解析】公路隧道的按修建方法分，可分为明挖隧道、顶管隧道、沉管隧道、盾构隧道等。题目中给出的条件就是明挖法施工的修筑的隧道——明洞，所以选 B。

5. B

【解析】此题的目的是了解隧道围岩、围岩分级的概念,熟悉《公路隧道设计规范　第一册　土建工程》(JTG 3370.1—2018)中的围岩分级。

6. A

【解析】了解《公路隧道设计规范　第一册　土建工程》(JTG 3370.1—2018)围岩分级中的围岩基本质量指标 *BQ*(或围岩基本质量指标修正值[*BQ*])的数值范围。

7. C

【解析】熟悉《公路隧道设计规范　第一册　土建工程》(JTG 3370.1—2018)中隧道长度的定义,即两端洞口衬砌端面与隧道轴线在路面顶交点间的距离。

8. B

【解析】洞口位置应根据地形、地质、水文等条件着重考虑边坡及仰坡的稳定,宁可让隧道稍长些,这样可避免开挖高边坡路堑,也有利于保护自然环境。所以,隧道工作者在实践中提出确定隧道位置宜早进洞、晚出洞,也称"早进晚出"。

9. C

【解析】"濒临水库、沿河、岩溪的隧道,其洞口路肩设计高程应高出计算洪水位(含浪高和壅水高)0.5m 以上。"这是《公路隧道设计规范　第一册　土建工程》(JTG 3370.1—2018)第 4.2.5 条的隧道位置选择要求之一,以免洪水涌入隧道。

10. B

【解析】洞口的线路走向应尽量和该处地形等高线正交,这样可不造成一侧开挖面畸高,注意避免另侧岩壁过薄致产生偏压危害。

11. C

【解析】《公路隧道设计规范　第一册　土建工程》(JTG 3307.1—2018)的要求是紧急停车带长度不宜小于 50m,其中有效长度不应小于 40m。但《公路隧道设计规范》(JTG D70—2004)的要求是紧急停车带长度应取 40m,其中有效长度不得小于 30m。提请考生注意采用现行规范,所以答案是 C。

12. A

【解析】这是《公路隧道设计规范　第一册　土建工程》(JTG 3370.1—2018)第 4.3.1 条的规定。当隧道的平面线形设为曲线时,不宜采用设超高和加宽的圆曲线。

13. B

【解析】这是《公路隧道设计规范　第一册　土建工程》(JTG 3370.1—2018)第 4.3.3 条的规定。

14. A

【解析】这是《公路隧道设计规范　第一册　土建工程》(JTG 3370.1—2018)第 4.3.5 条的规定。隧道内纵面线形应考虑行车安全性、营运通风规模、施工作业和排水要求,隧道纵坡不应小于 0.3%,一般情况不应大于 3%。

15. A

【解析】这是《公路隧道设计规范　第一册　土建工程》(JTG 3370.1—2018)第 4.3.5 条内容之一。短于 100m 的隧道可不受此限制,主要是基于考虑行车安全性。

16. B

【解析】受地形等条件限制时,隧道纵坡可适当加大,但不宜大于4%,主要是纵坡加大后,汽车的一氧化碳和烟雾排放量增大,要保证驾驶员的视距的话,则需加大通风,造成隧道运营成本增加,所以,《公路隧道设计规范　第一册　土建工程》(JTG 3370.1—2018)第4.3.5条提出不宜大于4%的纵坡。

17. D

【解析】这是隧道建筑限界的定义,必须掌握。

18. A

【解析】这是《公路隧道设计规范　第一册　土建工程》(JTG 3370.1—2018)第4.4.1条内容之一。这样做能够体现建筑界限的合理性和行车安全。

19. D

【解析】内轮廓设计通常根据隧道限界,先将内轮廓拟定为三心圆形式,再并综合考虑设备、通风、受力条件等因素调整 R_1、R_2、α、β 等相关尺寸进行优化。例如,当围岩坚硬完整且水平侧向压力较小时,可通过适当增大 R_2 以减小左右边墙的曲率。反之当围岩软弱破碎且水平侧向压力较大时,可适当减小 R_2 以增大左右边墙的曲率。

20. A

【解析】一般说来,曲边墙拱形断面的受力条件较好,《公路隧道设计规范　第一册　土建工程》(JTG 3370.1—2018)第8.1.4条规定:衬砌断面宜采用曲边墙拱形断面。

21. D

【解析】一般来讲,隧道洞口段埋深浅、地质条件较差,《公路隧道设计规范　第一册　土建工程》(JTG 3370.1—2018)第8.1.4条规定:隧道洞口段应设加强衬砌。

22. A

【解析】较差围岩地段的衬砌厚些、强度高些,并且围岩较差和较好地段的分界线不是十分清晰。因此,《公路隧道设计规范　第一册　土建工程》(JTG 3370.1—2018)第8.1.4条规定:围岩较差地段的衬砌应向围岩较好地段延伸5~10m。

23. C

【解析】这是《公路隧道设计规范　第一册　土建工程》(JTG 3370.1—2018)第8.1.4条规定之一。道理同前,偏压段的衬砌厚些、强度高些,所以要向一般衬砌段延伸至少10m。

24. D

【解析】这是《公路隧道设计规范　第一册　土建工程》(JTG 3370.1—2018)第8.4.1条对复合式衬砌的规定之一。

25. C

【解析】这是《公路隧道设计规范　第一册　土建工程》(JTG 3370.1—2018)第7.3.3条对洞门构造及基础设置的规定之一。

26. B

【解析】这是《公路隧道设计规范　第一册　土建工程》(JTG 3370.1—2018)第8.4.2条对复合式衬砌的要求,根据现场围岩监控量测信息对支护参数进行必要的调整,也体现了新奥法的指导思想。

27. B

【解析】《公路隧道设计规范　第一册　土建工程》(JTG 3370.1—2018)第6.3.4条:寒冷地区的隧道应考虑冻胀力,冻胀力可根据当地的自然条件、围岩冬季含水率、冻结深度及排水条件等确定。

28. D

【解析】实践证明,采用防、排、截、堵相结合的原则比采用单一手段要有效些。

29. C

【解析】属于《公路隧道设计规范　第一册　土建工程》(JTG 3370.1—2018)第10.2.7条的内容。

30. B

【解析】《公路隧道设计规范　第一册　土建工程》(JTG 3370.1—2018)第10.3.2条规定:隧道路侧边沟排水坡度宜与隧道纵坡一致。

31. A

【解析】这是《公路隧道设计规范　第一册　土建工程》(JTG 3370.1—2018)第10.3.3条对隧道路面结构层以下设中心水沟时的规定之一。

32. A

【解析】这是《公路隧道设计规范　第一册　土建工程》(JTG 3370.1—2018)第10.5.1条对寒冷地区隧道防排水的规定之一。

33. C

【解析】这是《公路隧道设计规范　第一册　土建工程》(JTG 3370.1—2018)第10.3.4条对隧道路面结构底部排水的规定之一。

34. D

【解析】《公路隧道设计规范　第一册　土建工程》(JTG 3370.1—2018)第8.2.2条规定之一:钢筋网钢筋直径不应小于6mm,不宜大于12mm。

35. D

【解析】《公路隧道设计规范　第一册　土建工程》(JTG 3370.1—2018)第14.6.4条规定:含瓦斯地层的喷射混凝土厚度不应小于150mm,二次模筑混凝土衬砌厚度不应小于400mm。

二、多项选择题

1. ABCD

【解析】作用在隧道上的荷载主要指洞身衬砌承受的荷载,4个选项全对。

2. AD

【解析】边、仰坡的土压力是作用在端墙、翼墙式洞门上的。滚石、落石的撞击荷载属于偶然荷载,有时作用在洞门上,拦截仰坡上方的小量剥落、掉块也是洞门的功能之一。围岩压力一般对应洞身衬砌承受的荷载。车辆荷载显然不作用在洞门上。

3. BCD

【解析】端墙式洞门的适用条件中,地质条件较差没有包括在内。

4. AD

【解析】隧道运营通风、照明设施的主要功能是对有害气体和烟雾进行稀释,保证隧洞内卫生条件;保证路面亮度和路面亮度的均匀度,满足驾驶员的视觉要求,保证隧洞内行车安全;提高隧道内行车的舒适性。只有AD选项与之相关。

5. AD

【解析】隧道建筑限界的定义:"为保证隧道内各种交通的正常运行与安全,而规定在一定宽度和高度范围内不得有任何部件侵入的空间限界。"可见限界净宽和限界净高是正确答案。限界净宽中包含了行车宽和人行道宽。

6. ABCD

【解析】确定隧道洞门位置时,应考虑的原则之一是:要避开不良地质地段,如滑坡、崩塌、岩堆、危岩落石、泥石流等处。

7. CD

【解析】根据《公路隧道设计规范 第一册 土建工程》(JTG 3370.1—2018)第4.3.2条有相关要求,故选CD。选项AB是干扰项,因盾构隧道和明挖隧道是指不同修建技术修建的隧道名称。小净距隧道、连拱隧道是指隧道平面设计中的隧道形式。

8. AC

【解析】一般来讲隧道内纵坡的变换不宜过大、过频,以保证行车安全视距和舒适性。所以选AC。

9. ABCD

【解析】《公路隧道设计规范 第一册 土建工程》(JTG 3370.1—2018)第4.4.3条:隧道内轮廓设计除应符合隧道建筑限界的规定外,还应满足洞内路面、排水设施、装饰的需要,并为通风、照明、消防、监控、指示标志等交通工程及附属设施提供所需空间。所以全选。

10. ABC

【解析】《公路隧道设计规范 第一册 土建工程》(JTG 3370.1—2018)第7.3.3条规定:"洞门端墙应根据需要设置伸缩缝、沉降缝和泄水孔;洞门端墙墙身最小厚度不应小于0.5m。"所以选ABC。注浆孔是工艺要求,不属于洞门结构要求,故不选。

11. AC

【解析】《公路隧道设计规范 第一册 土建工程》(JTG 3370.1—2018)第8.1.4条规定:"隧道围岩较差地段应设置仰拱。路面与仰拱之间可采用混凝土或片石混凝土填充。"所以选AC。

12. ABD

【解析】这是概念题。《公路隧道设计规范 第一册 土建工程》(JTG 3370.1—2018)的第2.1.30条中有定义:复合式衬砌结构由喷锚衬砌、防水层和模注混凝土衬砌构成。所以选ABD。

13. BCD

【解析】这是概念题。《公路隧道设计规范 第一册 土建工程》(JTG 3370.1—2018)的第2.1.28条中有定义:喷锚衬砌是由喷射混凝土、锚杆、钢筋网和钢架等单独或组合使用的隧道围岩支护结构。所以选 BCD。

14. ABC

【解析】注意题目要求是“洞内的防水措施”,所以不能选 D,因为 D 是排水措施。故选 ABC。

15. ACD

【解析】按《公路隧道设计规范　第一册　土建工程》(JTG 3370.1—2018)要求,隧道洞内宜按地下水和营运清洗污水、消防污水分离排放的原则设置纵向排水系统。路面两侧的纵向排水沟主要引排营运清洗水、消防水和其他废水。路面结构下宜设纵向中心水沟(管),集中引排地下水。故选 ACD。

16. BC

【解析】因地下水发育,含水层明显,又有长期充分补给来源时,光靠二次衬砌外的纵环向盲管(沟)组成的排水系统满足不了排水要求,《公路隧道设计规范　第一册　土建工程》(JTG 3370.1—2018)第 10.3.6 条规定:“当地下水发育,含水层明显,又有长期充分补给来源时,可利用辅助坑道、平行导坑排水或设置泄水洞等截、排水设施。”故选 BC。

17. ABCD

【解析】目前采用的地下结构设计方法可以归纳为以下四种设计模型:①以参照过去隧道工程实践经验进行工程类比为主的经验设计法;②以现场量测和试验室试验为主的实用设计方法,例如以洞周位移量测值为基础的收敛-约束法;③作用-反作用模型,即荷载-结构模型,例如弹性地基圆环计算和弹性地基框架计算等计算法;④连续介质模型,包括解析法和数值法,其中数值计算法目前主要是有限单元法。故选 ABCD。

18. ABD

【解析】喷射混凝土和锚杆是新奥法的主要支护手段,此外还可辅以金属网和轻型钢拱架。与传统支护方式不同的是,采用喷锚支护可以主动加固围岩、改善围岩的应力状态;特别是在允许少量围岩变形“卸压”的同时限制围岩产生有害变形,以充分发挥围岩的自承作用,使围岩成为支护体系的组成部分。所以“不允许围岩变形”是错的,应选 ABD。

19. ABC

【解析】新奥法施工中必须对围岩和支护进行观察、量测,根据监控量测结果及时修改初期支护参数或施工方法,合理安排施工程序(如围岩和初支变形基本稳定后,及时施作二次衬砌),实现动态化设计。而选项 D“保证隧道开挖轮廓圆顺”是新奥法施工中的减少对围岩的扰动的措施之一,不是监控量测的目的。

20. ABCD

【解析】由于照明成本昂贵,一种成本低、安全又有保证的方法就是将隧道划分为若干照明区段。按视觉适应规律、洞外与中间段亮度差以及亮度递减速率沿行车方向将隧道分为入口段、若干过渡段、中间段以及出口段。所以全选。

21. ABCD

【解析】纵向通风是目前公路隧道用得最多的通风方式,也有少数隧道用半横向通风和全横向通风的,交通量不大的短隧道可用自然通风,所以全选。

22. ABC

【解析】本题的答案是通风的目的,也是《公路隧道设计规范 第二册 交通工程及附属设施》(JTG D70/2—2014)第5.1.1条的内容。

23. AC

【解析】《公路隧道设计规范 第一册 土建工程》(JTG 3370.1—2018)第3.6.1条建议,隧道围岩分级的综合评价方法宜采用两步分级,用岩体基本质量指标 *BQ* 进行初步分级,而岩体基本质量指标 *BQ* 与岩石单轴饱和抗压强度和岩体完整性指数有关。所以选AC。

24. ABCD

【解析】按《公路隧道设计规范 第一册 土建工程》(JTG 3370.1—2018)第3.6.1条建议,隧道围岩分级的综合评价方法第二步应按修正岩体基本质量指标值[*BQ*]对围岩进行详细定级。即在岩体基本质量指标 *BQ* 分级基础上,再考虑地下水、主要软弱结构面产状、构造应力因素的影响。所以全选。

25. ABC

【解析】一般来讲,Ⅰ~Ⅳ级围岩深埋隧道,围岩压力主要为形变压力,可按释放荷载计算;Ⅳ~Ⅵ级围岩通常比较松散,稳定性较差,Ⅳ~Ⅵ级围岩中深埋隧道的围岩压力表现为松散荷载,规范中有相应的计算方法;并且浅埋与深埋隧道的围岩压力计算方法不一样。所以选项ABC是对的。至于选项D,由于一般隧道埋深越大,垂直压力会越大,所以"浅埋隧道围岩压力比深埋隧道围岩压力大一些"这一说法不对。

26. ABCD

【解析】洞门的作用在于支挡洞口正面仰坡和路堑边坡,拦截仰坡上方的小量剥落、掉块,保持边坡、仰坡的稳定,并将坡面汇水引离隧道,保证洞口路线的安全。洞门还是隧道唯一的外露部分,对它进行适当的建筑艺术处理,可起到美化环境的作用。所以选ABCD。

27. ABCD

【解析】此题根据《公路隧道设计规范 第一册 土建工程》(JTG 3370.1—2018)第3.6.4条围岩级别划分表和岩体基本质量指标修正值[*BQ*]的影响因素去考虑。所以选ABCD。

28. BCD

【解析】保护围岩,调动和发挥围岩的自承能力是新奥法的核心原则。答案BCD只是实现新奥法核心原则的部分手段,不是核心原则。

29. AC

【解析】根据《公路隧道设计规范 第一册 土建工程》(JTG 3370.1—2018)第14.8.1条的规定。隧道轴线与最大主应力方向水平投影夹角越小越好,可减小地应力对隧道的作用。采用近似圆形断面,使隧道周边处于应力较均匀状态,可避免急剧转角引起的应力集中。

30. ABC

【解析】根据《公路隧道设计规范 第一册 土建工程》(JTG 3370.1—2018)第11.3.2条第5款规定,有偏压的连拱隧道,宜遵循"先外后里、先难后易"的原则,先施工偏压外侧的隧道,有利于施工安全。防排水设计与隧道有否偏压关系不大,所以不选D。

三、案例题

1. B

解:按照《公路隧道设计规范　第一册　土建工程》(JTG 3370.1—2018)第4.3.3条,分离式隧道间的净距,宜按两洞结构彼此不产生有害影响的原则,根据围岩地质条件、断面形状结构等因素综合确定。两洞净距宜取0.8~2.0倍开挖宽度。按此算Ⅳ级围岩取0.8~2.0倍开挖宽度,即12.5×(0.8~2.0)=10~25m。答案B在此范围内,所以选B。6m、8m为小净距,35m净距太大,虽然两洞结构不会彼此产生有害影响,但会浪费土地,经济上不合理。

请注意:《公路隧道设计规范　第一册　土建工程》(JTG 3370.1—2018)取消了《公路隧道设计规范》(JTG D70—2004)中的“分离式独立双洞间的最小净距”表(见下表)。原因是两洞之间的有害影响是有限和可控的,尽管两洞的净距小于“分离式独立双洞间的最小净距”表所列值,实际也多按分离式隧道考虑,所以取消了该表。请考生一定按现行规范答题。

2. C

解:《公路隧道设计规范　第一册　土建工程》(JTG 3370.1—2018)的第8.1.4条规定,两车道隧道洞口段要设不应小于10m的加强衬砌段。还规定围岩较差地段衬砌要向围岩较好地段衬砌延伸5~10m。因此,本题剩下的Ⅳ级围岩衬砌要往Ⅲ级围岩地段延伸10m,即Ⅳ级围岩衬砌长为200m(K10+010~K10+210),Ⅲ级围岩衬砌段长90m(K10+210~K10+300)。所以选C。

3. B

解:按照《公路隧道设计规范　第一册　土建工程》(JTG 3370.1—2018)第8.4.1条,在确定开挖断面时,除应满足隧道净空和结构尺寸外,还应考虑初期支护并预留适当的变形量,预留变形量可参照表8.4.1选用。Ⅳ级围岩两车道隧道的一侧预留变形量为5~8cm,两侧之和为10~16cm,加上内轮廓净宽10m和两侧衬砌厚度50cm×2,可算出开挖宽度为(0.10~0.16)+10+1=11.10~11.16m。取11.1m。

4. C

解:Ⅴ级围岩深埋隧道的围岩压力为松散荷载,垂直均布压力按《公路隧道设计规范　第一册　土建工程》(JTG 3370.1—2018)中式(6.2.2-1)和式(6.2.2-2)计算:

$$q=\gamma h$$

$$h=0.45\times 2^{S-1}\omega$$

式中:q——垂直均布压力(kN/m^2)

γ——围岩重度(kN/m^3);本题$\gamma=19kN/m^3$;

S——围岩级别;本题$S=5$;

ω——宽度影响系数,$\omega=1+i(B\text{-}5)$;为简化考题,本题直接给出了$\omega=1.6$;

B——隧道开挖宽度(m);本题$B=11m$。

将已知数代入上式,得$h=11.52$,再求得$q=19\times11.52=218.88kN/m^2$,取整为$219kN/m^2$。

5. D

解:复合衬砌的喷射混凝土厚度与围岩类别有关,所以要先确定围岩级别。根据《公路

隧道设计规范 第一册 土建工程》(JTG 3370.1—2018)第3.6.4条,对围岩进行详细定级时,应在岩体基本质量分级基础上考虑地下水、主要软弱结构面产状、构造应力因素的影响,修正岩体基本质量指标值 BQ,求得围岩基本质量指标修正值[BQ]。查规范表3.6.4确定围岩级别后,再查表P.0.1可得初期支护时拱部和边墙喷射混凝土厚度。

而围岩基本质量指标修正值[BQ]可按下式计算:

$$[BQ] = BQ - 100(K_1 + K_2 + K_3)$$

式中:[BQ]——围岩基本质量指标修整值;

BQ——围岩基本质量指标,本题 $BQ = 290$;

K_1——地下水影响修正系数;

K_2——主要软弱结构面产状影响修正系数;

K_3——初始应力状态修正系数。

上述系数分别查《公路隧道设计规范 第一册 土建工程》(JTG 3370.1—2018)附录中的表A.0.3-1、表A.0.3-2、表A.0.3-3。分别得 $K_1 = 0.4 \sim 0.6$;$K_2 = 0 \sim 0.2$;$K_3 = 0$(无高初始应力状态)。代入上式得[BQ] = 210 ~ 250。查表3.6.5,当[BQ] = 210 ~ 250时,为Ⅴ级围岩。再查表P.0.1,可得初期支护时拱部和边墙喷射混凝土厚度为18 ~ 28cm。

6. D

解:根据《公路隧道设计规范 第一册 土建工程》(JTG 3370.1—2018)第4.4.9条:洞外相接路段应设置距洞口不小于3s设计速度行车长度且不小于50m的过渡段,保持横断面的顺适过渡。按设计速度为80km/h计算,每秒的行程为22.22m,3s的行程应为67m,取整为70m。即选答案D。

7. B

解:根据《公路隧道设计规范 第一册 土建工程》式(A.0.2-1),有岩体完整程度的定量指标 K_v 的计算方法:

$$K_v = \left(\frac{v_{pm}}{v_{pr}}\right)^2$$

式中:v_{pm}——岩体弹性纵波速度(km/s),本题为2600m/s;

v_{pr}——岩石弹性纵波速度(km/s),本题为3000m/s。

将已知数代入上式,求得 $K_v = (2.6 \div 3)^2 = 0.75$。

8. A

解:按《公路隧道设计规范 第一册 土建工程》(JTG 3370.1—2018)第9.2.11条,当 $e_0 \leqslant 0.20$h时(本题 $e_0 = 0.019$,$0.2h = 0.08$,满足 $e_0 \leqslant 0.20h$ 的要求),系抗压强度控制承载能力可按式(9.2.11)来计算:

$$K_a N \leqslant \varphi \alpha R_a bh$$

式中:K_a——安全系数,本题 $K_a = 2.0$;

R_a——混凝土或砌体的抗压极限强度,本题 $R_a = 10.5\text{MPa} = 10500\text{kN/m}^2$;

N——轴向力(kN),本题待求;

b——截面宽度(m),本题 $b = 1\text{m}$;

h——截面厚度(m),本题 $h=0.4$m;

φ——构件纵向弯曲系数,本题 $\varphi=1$;

α——轴向力的偏心影响系数,本题 $\alpha=0.928$。

将已知量代入上式,得 $N=1949$kN。

9. D

解:根据《公路隧道设计规范　第一册　土建工程》(JTG 3370.1—2018)第 8.2.7 条要求,钢架与围岩之间的混凝土保护层厚度不应小于 40mm;临空一侧的混凝土保护层厚度不应小于 20mm。加上 20a 工字钢架的截面高 200mm,故喷射混凝土最小厚度为 40 + 200 + 20 = 260mm。

10. D

解:根据《公路隧道设计规范　第一册　土建工程》(JTG 3370.1—2018)第 7.3.3 条第 3 款,基底嵌入岩石地基的深度不应小于 0.2m,基底埋置深度应大于靠墙设置的各种沟、槽的埋置深度。此题如果没有深 0.3m 的沟槽,基础埋深 0.2m 就够了,但由于有深 0.3m 的水沟,按题设条件,基础埋深只能取 0.4m 了。

11. B

解:按《公路隧道设计规范　第一册　土建工程》(JTG 3370.1—2018)的表 P.0.1,两车道隧道Ⅳ级围岩段二次衬砌不用钢筋混凝土,但据第 16.4.7 条对抗震设防地段衬砌结构的要求:通道交叉口部采用复合式衬砌时,二次衬砌应采用钢筋混凝土结构。所以填 B。

12. C

解:按《公路隧道设计规范　第一册　土建工程》(JTG 3370.1—2018)的第 4.5.1 条第 1 款,车行横通道限界宽度不得小于 4.5m,限界高度与主洞限界高度一致。所以应填 C。

13. C

解:按《公路隧道设计规范　第一册　土建工程》(JTG 3370.1—2018)的第 14.6.3 条,采用双层模筑混凝土衬砌时,两层衬砌的施工缝应错开设置,错开距离不应小于 2m。所以填 C。

14. A

解:《公路隧道设计规范　第二册　交通工程与附属设施》(JTG D70/2—2014)的第 5.6.2 条的内容。瓦斯检测仪属于有害气体隧道的施工检测设备,排除 B、C,D 的数量有误。所以选 A。

15. B

解:按《公路隧道设计规范　第一册　土建工程》(JTG 3370.1—2018)的第 14.8.2 条的判据,$\sigma_{\theta\max}/P_b=0.93$,大于 0.9。再按表 14.8.2-1 可知应定为“剧烈岩爆”。所以填 B。

16. B

解:按《公路隧道设计规范　第二册　交通工程与附属设施》(JTG D70/2—2014)的第 3.0.2 条,根据隧道单洞长度和设计年度预测隧道单洞年平均日交通量,再查图 3.0.2(公路隧道交通工程与附属设施分级图)。可知应定为 A^+ 级。所以填 B。

17. C

解:按《公路隧道设计规范　第一册　土建工程》(JTG 3370.1—2018)的第 13.3.4

条,“超前钻孔排水的孔径不应小于 76mm,每断面钻孔数不应少于 3 个”。上述只有答案 C 符合要求。

18. C

解:按《公路隧道设计规范　第二册　交通工程与附属设施》(JTG D70/2—2014)的第 5.5.2 条,支撑射流风机的结构承载力应不小于风机实际静荷载的 15 倍。题设条件风机质量 32kg,按不小于 15 倍考虑,上述答案只有 C 符合。

第六章　交叉工程

第一节　一般要求

【考试纲要】

1. 掌握路线交叉的分类。

2. 了解路线交叉类型选择的主要依据。

【复习提示】

1. 复习要点

考生应在理解路线交叉包含的范围的基础上，掌握路线交叉的分类体系和分类方式；了解不同类型的路线交叉类型选择的主要依据，注意与交叉分类体系之间的关系。

2. 规范提示

公路路线交叉的分类、交叉类型的选择等知识点涉及《公路工程技术标准》（JTG B01—2014）、《公路路线设计规范》（JTG D20—2017），均为现行规范。其中，公路立体交叉设计的有关内容还涉及《公路立体交叉设计细则》（JTG/T D21—2014）。《公路工程技术标准》（JTG B01—2014）与《公路路线设计规范》（JTG D20—2017）在路线交叉分类及类型选择一致。

城市道路对应的知识点涉及现行《城市道路工程设计规范》（CJJ 37）、《城市道路路线设计规范》（CJJ 193—2012）、《城市道路交叉口设计规程》（CJJ 152—2010）。

习题精练

一、单项选择题

1. 路线交叉是指（　　）。

A. 道路之间、道路与铁路、道路与管线之间的交叉

B. 道路之间、道路与铁路、道路与沟渠之间的交叉

C. 城市道路之间、城市道路与铁路、城市道路与管线之间的交叉

D. 公路之间、公路与铁路、公路与管线之间的交叉

2. 道路与道路之间的交叉包括（　　）。

A. 平面交叉与分离式立体交叉　　B. 平面交叉与互通式立体交叉

C. 分离式立体交叉与互通式立体交叉　　D. 平面交叉与立体交叉

3. 按道路与道路在交叉处是否高度相同，将路线交叉分为（　　）。

A. 平面渠化交叉与平面非渠化交叉　　B. 平面交叉与立体交叉
C. 分离式立体交叉与互通式立体交叉　D. 公路或城市道路与铁路的交叉

4. 道路与道路在相同高度交叉，并有一共同构筑面时，则该交叉是(　　)。
A. 平面交叉　B. 立体交叉　C. 分离式立体交叉　D. 互通式立体交叉

5. 道路与道路在不同平面交叉，则该交叉是(　　)。
A. 平面交叉　B. 立体交叉　C. 分离式立体交叉　D. 互通式立体交叉

6. 根据交通渠化方式，平面交叉设计可分为(　　)。
A. 加铺转角式、分道转弯式、扩宽路口式、环形交叉
B. 三路交叉、四路交叉、五路交叉、多路
C. T 形交叉、Y 形交叉、十字交叉、X 形交叉
D. 无信号控制交叉、有信号控制交叉

7. 按交通管理方式，公路平面交叉可分为(　　)。
A. 加铺转角式、分道转弯式、扩宽路口式、环形交叉
B. 三路交叉、四路交叉、五路交叉、多路
C. T 形交叉、Y 形交叉、十字交叉、X 形交叉
D. 主路优先交叉、无优先交叉、信号交叉

8. 平面交叉口按相交道路的岔数分为(　　)。
A. 两岔交叉、三岔交叉、多岔交叉　B. 三岔交叉、四岔交叉、多岔交叉
C. 两岔交叉、四岔交叉、多岔交叉　D. 三岔交叉、四岔交叉、环形交叉

9. 城市道路平面交叉按交通管理方式分为(　　)。
A. 加铺转角式、分道转弯式、扩宽路口式、环形交叉
B. 三路交叉、四路交叉、五路交叉、多路交叉
C. T 形交叉、Y 形交叉、十字交叉、X 形交叉
D. 无信号控制交叉、信号控制交叉、环形交叉

10. 公路平面交叉类型选择的主要依据是相交道路的(　　)。
A. 等级、功能、直行和转弯交通量　B. 运行速度、设计交通量、通行能力
C. 等级、设计速度、通行能力　D. 等级、功能、通行能力

11. 立体交叉按相交道路的跨越方式可分为(　　)。
A. 互通式立体交叉和分离式立体交叉
B. 上跨式立体交叉和下穿式立体交叉
C. 两层式立体交叉和多层式立体交叉
D. 一般互通式立体交叉和枢纽互通式立体交叉

二、多项选择题

1. 路线交叉主要包含(　　)。
A. 道路之间的交叉　B. 道路与铁路的交叉
C. 道路与乡村道路的交叉　D. 道路与管线的交叉

2. 下列属于路线交叉设计的有(　　)。

A. 道路与轻轨的交叉
B. 道路与铁路的交叉
C. 道路与灌溉渠的交叉
D. 道路与动物通道的交叉

3. 下列平面交叉口属于渠化平面交叉的有( )。
A. 有信号控制
B. 设置导流岛加铺转角式
C. 分道转弯式
D. 设置分隔岛的扩宽路口式

4. 一级、二级、三级、四级公路之间相互交叉时,平面交叉设置要求正确有( )。
A. 干线一级公路之间应严格限制平面交叉
B. 干线二级公路之间不限制平面交叉
C. 二级公路与三级、四级公路之间不限制平面交叉
D. 三级、四级公路之间允许平面交叉

5. 平面交叉设计应该遵循的原则有( )。
A. 平面交叉应选用主要公路或主要交通流畅通、冲突点少、冲突区小的形式
B. 平面交叉几何设计应考虑交通管理方式
C. 相交公路在平面交叉范围内的路段只能采用直线
D. 平面交叉设计应采用设计小时交通量

6. 关于扩宽路口式平面交叉适用性,下列说法正确的有( )。
A. 设置转弯附加车道,可减少转弯车辆对直行车辆的影响
B. 各个转弯方向均应设置专用转弯附加车道
C. 适用于交通量较大、转弯车辆较多的一级、二级公路和城市主干路
D. 扩宽设置左转车道时,不能向对向车道一侧拓宽

7. 环形平面交叉不适于在下列哪些地方采用( )。
A. 快速道路上
B. 交通量大的干线道路
C. 有大量非机动车和行人交通的道路
D. 位于斜坡较大地形以及桥头引道

8. 平面交叉口形式取决于( )。
A. 道路网的规划
B. 周围地形、用地的情况
C. 设计速度、直行和转弯交通量
D. 交通性质和交通组织

9. 公路设置立体交叉的原则正确的有( )。
A. 高速公路与各级公路相交必须采用互通式立体交叉
B. 一级公路同交通量大的其他公路交叉应采用立体交叉
C. 二级公路之间的交叉在交通量大或有条件的地点可采用立体交叉
D. 三级公路之间的交叉不能采用立体交叉

10. 平面交叉口的设计依据是( )。
A. 设计速度、设计车辆
B. 设计交通量、通行能力
C. 交叉角度、交叉等级
D. 运行速度、路基宽度

11. 以下( )应采用信号交叉交通管理方式。
A. 两条交通量均大,且功能、等级相同的公路相交,难以用“主路优先”的管理时
B. 公路功能、等级、交通量有明显差别的两条公路相交,或交通量较大的T形交叉
C. 环形交叉的入口因交通量大而出现过多的交通延误时

D. 两相交公路虽有主次之别，但交通量均较大，采用“主路优先”交通管理方式会出现较频繁的交通事故和过分的交通延误时

12. 下列情况必须设置立体交叉的是(　　)。

A. 高速公路与一级公路相交

B. 高速公路与二级公路相交

C. 高速公路与村道相交

D. 一级公路与二级公路相交

13. 城市道路交叉分为平面交叉和立体交叉，确定交叉形式的主要根据有(　　)。

A. 相交道路的等级和功能　　B. 交通流量和流向

C. 地形和地质条件　　D. 气候条件

14. 公路选择互通式立体交叉设计的条件是(　　)。

A. 高速公路与各级公路相交

B. 高速公路、一级公路同通往县级以上城市、重要政治或经济中心主路相交处

C. 一级公路上，当平交的通行能力不能满足需要或出现频繁的交通事故时

D. 高速公路间及其与一级公路相交处

习题参考答案及解析

一、单项选择题

1. A

【解析】B中包含沟渠不对，C、D不全面，道路包含了公路、城市道路、林矿区道路、乡村道路等。应选A。

2. D

【解析】道路之间交叉分为平面交叉与立体交叉，而立体交叉又分为分离式立体交叉与互通式立体交叉，所以应选D。

3. B

【解析】道路与道路(或其他线形工程)在交叉处的高度相同则是平面交叉，否则是立体交叉。应选B。

4. A

【解析】道路与道路(或其他线形工程)在交叉处的高度相同则是平面交叉，否则是立体交。应选A。

5. B

【解析】道路与道路(或其他线形工程)在交叉处的高度不相同则是立体；C、D不一定，都属于立体交叉。应选B。

6. A

【解析】选项A是根据平面交叉口的交通运行特点和渠化程度分类；选项B是按相交道路的条数分类；选项C是按交叉形式分类；选项D是按交通管理方式分类。应选择A。

7. D

【解析】选项 A 是根据平面交叉口的交通运行特点和渠化程度分类;选项 B 是按相交道路的条数分类;选项 C 是按交叉形式分类;选项 D 是按交通控制方式分类。应选择 D。

8. B

【解析】相交道路的条数是以交叉点为基准划分的,没有两路交叉,环形交叉是交通组织方式,所以只能选 B。

9. D

【解析】见现行《城市道路工程设计规范》(CJJ 37)的规定。

10. A

【解析】是选择平面交叉还是立体交叉主要根据相交道路的等级、功能、直行和转弯交通量,所以应选择 A。

11. B

【解析】A 为按立体交叉的交通功能分类,D 为按交叉道路等级和重要性分类,C 为按照立交层数的分类,因此选择 B。

二、多项选择题

1. ABCD

【解析】道路与道路、铁路及管线的交叉是路线交叉设计的主要内容,而道路与道路交叉又包含道路与乡村道路的交叉,所以选 ABCD。

2. ABD

【解析】路线交叉包括道路之间,以及道路与铁路、轨道、管线、乡村道路、动物通道之间的交叉,道路与灌溉渠的交叉属于桥涵设计范围。

3. BCD

【解析】根据现行《公路路线设计规范》(JTG D20),渠化设计应根据交叉形式、交通管理方式以及转向交通量、设计速度等因素,采用加铺转角、加宽路口、设置转弯车道和交通岛等方式,因此选择 BCD。

4. AD

【解析】根据公路路线设计规范的表 10.1.1,干线一级公路之间应严格限制平面交叉,干线二级公路之间应限制平面交叉,集散二级公路与三级、四级公路之间不限制平面交叉,干线二级公路与三级、四级公路之间限制平面交叉,三级、四级公路之间允许平面交叉。因此应选择 AD。

5. ABD

【解析】C 选项不全面,相交公路也可以采用不设超高的曲线,其余答案均正确。

6. AC

【解析】扩宽路口式平面交叉在转弯交通量小的方向可不设置专用转弯车道;扩宽设置左转车道时,若当右侧扩宽困难,可以向对向车道一侧拓宽。应选 AC。

7. ABCD

【解析】当交通量较大,设计速度较高,有大量非机动车和行人时,采用环形平面交叉容易造成交通堵塞,一般不采用;在斜坡较大地形以及桥头引道因环道高差较大,也难以布置环形平交,因此选 ABCD。

8. ABCD

【解析】ABCD 均对平面交叉类型选择有较大影响,应全部选择。

9. BC

【解析】高速公路与各级公路相交必须采用立体交叉,但不一定是互通式立交。一级公路同交通量大的其他公路交叉应采用立体交叉。二级、三级公路间的交叉,直行交通量大时或有条件的地点宜采用立体交叉。因此答案应选择 BC。

10. AB

【解析】交叉角度不是依据,平面交叉没有等级,运行速度不是依据,故选 AB。

11. ACD

【解析】B 应采用主路优先交叉交通管理方式,因此选 ACD。

12. ABC

【解析】因为高速公路采取全封闭,所以与所有的道路交叉必须采用立体交叉,而一级公路可以不全封闭,与二级公路可以采取平面交叉。因此选 ABC。

13. ABC

【解析】根据现行《城市道路路线设计规范》(CJJ 37),交叉形式应根据相交道路的等级和功能、交通流量和流向、地形和地质等要求,进行技术、经济及环境效益的综合分析,合理确定,所以选择 ABC。

14. BCD

【解析】高速公路与各级公路相交必须采用立体,但不一定是互通式立体交叉,所以 A 不对,其余三个选项正确,因此选 BCD。

第二节　服务水平与通行能力

【考试纲要】

1. 掌握年平均日交通量和设计小时交通量的应用及换算方法。

2. 熟悉基本路段、匝道的设计通行能力。

【复习提示】

1. 复习要点

考生应掌握年平均日交通量和设计小时交通量的有关概念和规定,注意两者之间应用时的区别,熟悉两者之间的换算公式,充分理解公式中有关参数的含义和取值范围;熟悉基本路段和匝道的设计通行能力的概念及其规定。

2. 规范提示

平均日交通量和设计小时交通量的概念、应用的要求及其换算方法、基本路段和匝道的设计通行能力等知识点涉及《公路工程技术标准》(JTG B01—2014)、《公路路线设计规范》(JTG D20—2017),均为现行规范。其中,公路立体交叉设计的有关内容还涉及《公路立体交叉设计细则》(JTG/T D21—2014)。城市道路对应的知识点涉及现行《城市道路工程设计规范》(CJJ 37)、《城市道路路线设计规范》(CJJ 193—2012)、《城市道路交叉口设计规程》(CJJ 152—2010)。

习题精练

一、单项选择题

1. 计算交叉口的通行能力时,采用(　　)作为标准车型。

A. 小客车　B. 大客车　C. 载重车　D. 铰接列车

2. 公路互通式立体交叉的设计年限一般为(　　)年。

A. 10 ~ 12　B. 10 ~ 15　C. 15 ~ 20　D. 20 ~ 30

3. 我国公路的服务水平分为(　　)。

A. 四级　B. 五级　C. 六级　D. 八级

4. 新建城市快速路应按(　　)服务水平设计。

A. 一级　B. 二级　C. 三级　D. 四级

5. 影响基本路段通行能力的主要因素为(　　)。

A. 路基宽度、平曲线半径和纵坡

B. 道路条件、交通条件和驾驶条件

C. 交通组成、大型车的比例、驾驶员的水平

D. 交通监控方式

6. 匝道设计小时交通量与远景设计年限的单向年平均日交通量 AADT 的换算公式为:匝道设计小时交通量 = (　　)。

A. AADT × 方向系数　B. AADT × 设计小时交通量系数

C. AADT × 年增长率　D. AADT × 低峰小时交通量系数

7. (　　)用来检验匝道适应交通量大小的能力。

A. 设计速度　B. 运行速度　C. 通行能力　D. 设计交通量

8. 匝道设计小时交通量宜采用第(　　)位小时交通量。

A. 15　B. 30　C. 50　D. 85

9. 匝道设计交通量是指远景设计年限的交通量,一般采用(　　)作为匝道横断面设计依据。

A. 年平均日交通量　B. 年平均小时交通量

C. 年平均交通量　D. 设计小时交通量

10. 在设计阶段,公路立体交叉设计应采用哪种交通量(　　)。

A. 年平均日交通量　B. 设计小时交通量

C. 第 30 位小时交通量　D. 最大服务交通量

11. 已知四川某城市之间的高速公路互通式立体交叉中 B 单向匝道预测年度的年平均日交通量为 10000 辆/天,方向不均匀系数取 50%,该匝道单向设计小时交通量最接近(　　)。

A. 450 辆/小时　B. 650 辆/小时　C. 900 辆/小时　D. 1300 辆/小时

12. 在进行济南地区某近郊的一级公路设计时，其设计小时交通量系数为 12%，上行、下行方向的交通量之比为 4:6，预测年度的年平均日交通量为 20000 辆/天，该公路的单向设计小时交通量为（　　）。

A. 800 辆/小时　B. 960 辆/小时　C. 1200 辆/小时　D. 1440 辆/小时

13. 关于公路基本路段的通行能力，说法错误的是（　　）。

A. 公路基本路段的通行能力与行车道宽度有关

B. 公路基本路段的通行能力与硬路肩宽度有关

C. 公路基本路段的通行能力与交通的组成有关

D. 公路基本路段的通行能力与道路的纵坡无关

14. 公路互通式立体交叉范围内的主线一般采用的服务水平和基本路段相比（　　）。

A. 一样　B. 低一级　C. 低二级　D. 高一级

15. 我国《公路路线设计规范》（JTG D20—2017）规定高速公路设计速度为 120km/h 时，三级服务水平下，一条车道的最大服务交通量为（　　）pcu/（h · ln）。

A. 1000　B. 1200　C. 1400　D. 1650

16. 高速公路基本路段的实际通行能力等于设计通行能力乘以（　　）三个修正系数后得到。

A. 交通量大小、车道数、大型车比例　B. 交通量大小、车道数、驾驶者总体特征

C. 交通组成、路侧干扰、驾驶者总体特征　D. 交通组成、车道数、驾驶者总体特征

17. 环形匝道采用单车道时，其设计通行能力为（　　）。

A. 800pcu/h　B. 1000pcu/h

C. 800 ~ 1000pcu/h　D. 800 ~ 1200pcu/h

18. 关于匝道、分合流区、交织区、集散车道服务水平，说法正确的有（　　）。

A. 一般和主线相同　B. 一般比主线低二级

C. 不应低于三级　D. 不应低于四级

19. 关于匝道基本路段设计通行能力，下列说法正确的有（　　）。

A. 匝道设计速度越高，设计通行能力越大

B. 匝道设计速度越高，设计通行能力越低

C. 匝道设计通行能力与车道数无关

D. 匝道设计通行能力与服务水平亦无关

20. 当匝道的设计速度小于或等于 50km/h 时，单车道匝道的设计通行能力小于或等于（　　）pcu/h。

A. 1000　B. 1200　C. 1500　D. 2000

21. 当单向匝道的设计小时交通量在大于 1800pcu/h 时，匝道的标准横断面宜选择（　　）。

A. 单车道匝道　B. 双车道匝道（无紧急停车带）

C. 双车道匝道（有紧急停车带）　D. 三车道匝道

22. 互通式立体交叉匝道设置收费站时，匝道通行能力由（　　）的通行能力决定。

A. 匝道出口　B. 匝道入口　C. 收费站　D. 匝道本身

23. 互通式立体交叉匝道不设收费站时,一端连接高速公路,另一端以平面交叉的方式连接被交公路,其通行能力由(　　)决定。

A. 匝道出口　　B. 匝道入口　　C. 平面交叉　　D. 匝道本身

24. 匝道的设计交通量是指(　　)。

A. 远景设计年限的交通量　　B. 预测起始年初的交通量

C. 计划通车年的交通量　　D. 预测起始年末的交通量

25. 未设置收费站的匝道,其通行能力取决于匝道本身和出口、入口处的通行能力,以三者之中的(　　)作为采用值。

A. 最小值　　B. 最大值　　C. 平均值　　D. 加权平均值

二、多项选择题

1. 关于高速公路路段的设计通行能力,下列错误的是(　　)。

A. 路侧干扰系数对其设计通行能力有影响

B. 交通组成中,大型车越多设计通行能力越大

C. 设计通行能力与车道宽度有关

D. 设计服务水平越高,设计通行能力越大

2. 影响基本路段的设计通行能力的因素有(　　)。

A. 车道宽度　　B. 驾驶员的水平　　C. 侧向干扰系数　　D. 交通组成

3. 立体交叉主线年平均日交通量可采用(　　)。

A. 主线预测年限末的交通量　　B. 主线预测年限初的交通量

C. 建成通车后第 20 年的预测交通量　　D. 建成通车后第 1 年的预测交通量

4. 关于设计小时交通量,下列说法正确的有(　　)。

A. 是确定车道数和评价服务水平的依据

B. 应以一年中最大的高峰小时交通量作为设计依据,以免发生拥堵

C. 应以采用日平均小时交通量作为设计依据,以免造成浪费

D. 宜以第 30 位小时的交通量作为设计依据

5. 设计小时交通量可采用(　　)。

A. 年第 10 位小时的交通量

B. 年第 30 位小时的交通量

C. 年第 20 ~ 40 位间最合理的小时的交通量

D. 年第 85 位小时的交通量

6. 计算设计小时交通量时,方向不均匀系数可(　　)。

A. 进行交通量现场调查分析后确定　　B. 根据当地已有交通量观测资料确定

C. 无观测资料,在 50% ~ 60% 之间取值　　D. 无观测资料,在 80% ~ 90% 之间取值

7. 某立交体交叉连接线为双向交通,其预测远景设计年的年平均日交通量 AADT 是 10000pcu/d,设计小时交通量系数为 0.10。则连接线的设计小时交通量为(　　)pcu/h。

A. 1000　　B. 500　　C. 550　　D. 600

8. 当单向匝道的设计小时交通量为 700pcu/h 时,在不考虑匝道长度的情况下,匝道的标

准横断面可以选择的类型有(　　)。

A. 单车道匝道

B. 双车道匝道(无紧急停车带,且为单车道变速车道)

C. 双车道匝道(无紧急停车带,且为双车道变速车道)

D. 双车道匝道(有紧急停车带)

9. 当单向匝道的设计小时交通量为 1000pcu/h 时,匝道的标准横断面可以选择下列图中(图中尺寸单位为 m)哪些类型(　　)。

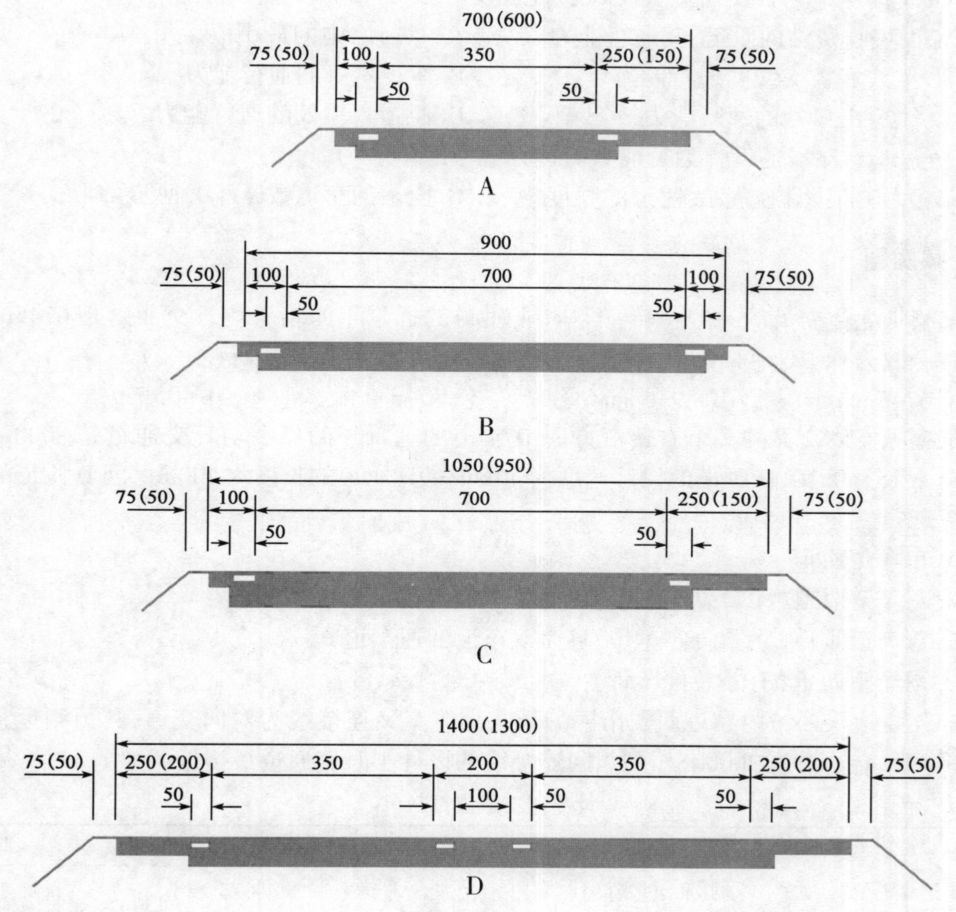

10. 计算高速公路基本路段的实际通行能力时,需要考虑的修正系数有(　　)。

A. 交通量大小　　B. 路侧干扰　　C. 交通组成　　D. 驾驶者总体特征

11. 关于匝道基本路段设计通行能力,下列正确的是(　　)。

A. 相同的设计速度下,双车道匝道的设计通行能力是单车道匝道的 2 倍

B. 匝道的设计服务水平可比主线低一级,但不应低于四级

C. 匝道三级服务水平比四级服务水平下的设计通行能力大

D. 设计速度越高,相同设计服务水平下,其设计通行能力越大

12. 匝道设计交通量的作用有( )。

A. 确定匝道类型和设计速度 B. 确定匝道车道数、几何形状

C. 确定匝道部分互通式或完全互通式 D. 确定匝道是否分期修建

13. 匝道设计交通量可通过( )公式计算。

A. 双向年平均日交通量 × 方向不均匀系数 × 设计小时系数

B. 双向年平均日交通量 × 设计小时系数

C. 单向年平均日交通量 × 方向不均匀系数 × 设计小时系数

D. 单向年平均日交通量 × 设计小时系数

14. 未设置收费站的匝道,其通行能力取决于( )之中的最小值。

A. 主线和被交线的通行能力 B. 匝道本身的通行能力

C. 匝道出口处的通行能力 D. 匝道入口处的通行能力

15. 匝道基本路段的设计通行能力的选择应考虑( )。

A. 匝道的设计速度 B. 匝道的长度 C. 匝道的车道数 D. 匝道的形式

三、案例题

1. 某喇叭立体交叉的一个左转弯方向 A 匝道的远景年的年平均日交通量是 6745pcu/d,设计小时系数为 0.12。问 A 匝道转弯方向的设计小时交通量最接近( )。

A. 6745pcu/h B. 5936pcu/h C. 809pcu/h D. 405pcu/h

2. 某喇叭立体交叉的一个右转弯方向 D 匝道的远景年的年平均日交通量是 8000pcu/d,设计小时系数为 0.10,D 匝道的设计速度为 40km/h,D 匝道的长度为 400m。问 D 匝道的标准横断面应选择( )合适。

A. 单车道匝道

B. 双车道匝道(无紧急停车带,且为单车道变速车道)

C. 双车道匝道(无紧急停车带,且为双车道变速车道)

D. 双车道匝道(有紧急停车带)

3. 沪陕高速陕西境内靠近西安市区的某立交体交叉连接线为对向交通,其预测远景设计年的年平均日交通量是 20000pcu/d。问连接线的设计小时交通量最接近( )。

设计小时交通量系数(%)

地区		华北	东北	华东	中南	西南	西北
		京、津、冀、晋、内蒙古	辽、吉、黑	沪、苏、浙、皖、闽、赣、鲁	豫、湘、鄂、粤、桂、琼	川、滇、黔、藏	陕、甘、青、宁、新
城市近郊	高速公路	8.0	9.5	8.5	8.5	9.0	9.5
	一级公路	9.5	11.0	10.0	10.0	10.5	11.0
	二级、三级公路	11.5	13.5	12.0	12.5	13.0	13.5
城间公路	高速公路	12.0	13.5	12.5	12.5	13.0	13.5
	一级公路	13.5	15.0	14.0	14.0	14.5	15.0
	二级、三级公路	15.5	17.5	16.0	16.5	17.0	17.5

A. 500pcu/h　　B. 750pcu/h　　C. 1100pcu/h　　D. 1340pcu/h

4. 某高速公路主线为双向六车道高速公路,设计速度为100km/h,大型车的实际行驶速度为80km/h,交通组成中各种车型的比例和车辆折算系数如下表所示。问该立交体交叉范围高速公路基本路段的设计通行能力最接近(　　)。

高速公路一条车道的最大服务交通量

实际行驶速度(km/h)	120	100	80
二级服务水平下最大服务交通量[pcu/(h·ln)]	1200	1150	1100
三级服务水平下最大服务交通量[pcu/(h·ln)]	1650	1600	1500

车型的比例和车辆折算系数

车型	小客车	中型车	大型车	拖挂车
车型比例(%)	70	19	10	1
折算系数	1	3	3	6

A. 680pcu/h　　B. 1150pcu/h　　C. 950pcu/h　　D. 1600pcu/h

习题参考答案及解析

一、单项选择题

1. A

【解析】计算通行能力均采用标准小客车,应选A。

2. C

【解析】二级公路的设计年限为15年,而高速公路的设计年限为20年,所以规范规定公路互通式立体交叉的设计年限一般为15~20年。

3. C

【解析】最新《公路工程技术标准》(JTG B01—2014)规定,我国公路服务水平分为六级,故选C。

4. C

【解析】现行《城市道路工程设计规范》(CJJ 37)规定,城市快速路应按三级服务水平设计,故选C。

5. B

【解析】影响基本路段通行能力的主要因素具体包括:道路几何条件(车道宽及侧向净宽)、交通组成(大型车混入率)、驾驶员状况等因素。A不准确,C不全面,D错误,故选B。

6. B

【解析】采用远景设计年限的年平均日交通量乘以设计小时交通量系数,应选B。

7. C

【解析】设计速度主要控制线形设计,运行速度会影响匝道的通行能力,但不是主要因素,而设计交通量是指远景设计年限的交通量,只有通行能力才是检验匝道适应交通量大小的能力,选 C。

8. B

【解析】将一年中所有 8760 个小时交通量按其与年平均日交通量的百分数大小顺序排列绘制曲线图,分析可知在 20 ~ 40 位小时交通量附近,曲线急剧变化,如以第 30 位小时交通量作为设计依据,在一年中只有 29 个小时的交通量超过设计值,会发生拥挤,占全年小时数的 0.33%,而全年 99.67% 的时间能够保证交通畅通。因此,设计小时交通量宜采用第 30 位小时交通量,也可根据当地调查结果采用第 20 ~ 40 位小时之间最为经济合理时位的小时交通量,故选 B。

9. D

【解析】以第 30 位小时交通量作为设计依据,在一年中只有 29 个小时的交通量超过设计值,会发生拥挤,占全年小时数的 0.33%,而全年 99.67% 的时间能够保证交通畅通。因此,匝道横断面设计应宜用第 30 位小时交通量,故选 D。

10. D

【解析】在特定纵坡路段(陡坡),大型车的折算系数会增加,进而影响交通组成修正系数,使特定纵坡路段(陡坡)的通行能力下降,故选 D。

11. D

【解析】该匝道为单向匝道,所以设计小时交通量 $DDHV = AADT \times K = 10000 \times K$,查《公路路线设计规范》(JTG D20—2017)表 3.3.4,可知 $K = 13\%$,DDHV = 1300 辆/小时。

12. D

【解析】查《公路路线设计规范》(JTG D20—2017)表 3.3.4,可知 $K = 12\%$,该一级公路的单向设计小时交通量 $DDHV = AADT \times D \times K = 20000 \times 0.6 \times 0.12 = 1440$ 辆/小时。注意方向系数应选择较大的方向,故选 D。

13. D

【解析】在特定纵坡路段(陡坡),大型车的折算系数会增加,进而影响交通组成修正系数,使特定纵坡路段(陡坡)的通行能力下降,故选 D。

14. A

【解析】为保证整个路段的通行能力和服务水平,两者应一样,故选 A。

15. D

【解析】根据《公路路线设计规范》(JTG D20—2017)的规定,高速公路设计速度为 120km/h 时,一条车道的最大服务交通量为 1650pcu/(h · ln)。

16. C

【解析】基本路段的设计通行能力 = 设计服务水平下的最大服务交通量 × 交通组成修正系数 × 路侧干扰修正系数 × 驾驶者总体特征修正系数,选 C。

17. D

【解析】根据《公路路线设计规范》(JTG D20—2017)第 11.3.2 条规定,环形匝道采用单车道时,其设计通行能力为 800 ~ 1000pcu/h,应选 D。

18. D

【解析】《公路立体交叉设计细则》(JTG/T D21—2014)规定,匝道、分合流区、交织区、集散车道的设计服务水平一般应比主线低一级,但不应低于四级服务水平,故选 D。

19. A

【解析】因为基本通行能力与车辆运行速度有关,所以设计通行能力与设计速度有关。匝道设计通行能力与车道数有关,与服务水平也有关,故选 A。

20. B

【解析】见《公路立体交叉设计细则》(JTG/T D21—2014)。

21. C

【解析】根据《公路路线设计规范》(JTG D20—2017)和《公路立体交叉设计细则》(JTG/T D21—2014),匝道的设计小时交通量在大于 1800pcu/h 时,匝道标准横断面应选择有紧急停车带的单向双车道匝道,选 C。

22. C

【解析】因收费站车辆运行速度低,甚至需要停车缴费,所以其通行能力对匝道的通行能力影响最大,选 C。

23. C

【解析】无收费站匝道与被交路平面交叉时,其通行能力应取决于平面交叉口的通行能力。

24. A

【解析】匝道的设计交通量是指远景设计年限的交通量,要保证立体交叉匝道的通行能力在远景使用年限末也能正常通行,故选 A。

25. A

【解析】保证了通行能力最小部位的畅通,也就能保证整个匝道的通行能力适应实际的交通量,应选三者之间的最小值作为匝道的通行能力。

二、多项选择题

1. ABCD

【解析】根据《公路路线设计规范》(JTG D20—2017)第 3.4.2 条规定,高速公路为全封闭公路,不计路侧干扰,路侧干扰系数取 1.0;大型车比例越大,交通组成修正系数越小,则设计通行能力就越小;高速公路设计通行能力计算公式中不涉及车行道宽度,二级、三级公路计算通行能力时需考虑车道宽度、路肩宽度的修正;设计服务水平越高,其最大服务交通量就越小,导致设计通行能力越小。故选 ABCD。

2. BCD

【解析】驾驶员的水平、侧向干扰、交通组成(其中包括大型车的比例)都对基本路段的设计通行能力有影响。

3. AC

【解析】根据《公路立体交叉设计细则》(JTG/T D21—2014),预测年限初和建成通车后第 1 年不满足使用要求,故选 AC。

4. AD

【解析】小时交通量是以小时为计算时段的交通量,是确定车道数和评价服务水平的依据。统计表明,在一天及全年,每小时交通量的变化很大。若以一年中最大的高峰小时交通量作为设计依据,会造成浪费,但如果采用日平均小时交通量则不能满足高峰交通需求,造成交通拥挤或阻塞。为使设计交通量的取值既保证交通安全畅通,又能使工程造价经济、合理,借助一年中每小时交通量的变化曲线来确定设计小时交通量。以第30位小时交通量作为设计依据,在一年中只有29个小时的交通量超过设计值,会发生拥挤,占全年小时数的0.33%,而全年99.67%的时间能够保证交通畅通。因此,设计小时交通量宜采用第30位小时交通量或20～40位小时之间最合理的小时交通量,故选AD。

5. BC

【解析】以第30位小时交通量作为设计依据,在一年中只有29个小时的交通量超过设计值,会发生拥挤,占全年小时数的0.33%,而全年99.67%的时间能够保证交通畅通。因此,设计小时交通量宜采用第30位小时交通量或20～40位小时之间最合理的小时交通量,故选BC。

6. ABC

【解析】方向不均匀系数可以进行交通调查,既可现场调查,也可以根据已有交通量观测资料分析,当无观测资料时,在50%～60%之间取。

7. BCD

【解析】设计小时交通量=AADT×设计小时交通量系数×方向不均匀系数,而方向不均匀系数在50%～60%之间取,因此,设计小时交通量在[500,600]pcu/h之间,故选BCD。

8. AB

【解析】根据《公路路线设计规范》(JTG D20—2017)和《公路立体交叉设计细则》(JTG D21—2014)的规定,当匝道的设计小时交通量为800pcu/h时,匝道标准横断面可选择单车道匝道或双车道匝道(无紧急停车带,且为单车道变速车道),选AB。

9. AB

【解析】根据《公路路线设计规范》(JTG D20—2017)的规定,当匝道的设计小时交通量等于1000pcu/h时,在不考虑匝道长度时,匝道标准横断面可单车道匝道或双车道匝道(无紧急停车带)。

10. BCD

【解析】根据《公路路线设计规范》(JTG D20—2017)的规定,基本路段的实际通行能力=设计服务水平下的最大服务交通量×交通组成修正系数×路侧干扰修正系数×驾驶者总体特征修正系数,选BCD。

11. BD

【解析】根据《公路立体交叉设计细则》(JTG/T D21—2014)第4.5.4条规定。

12. ABCD

【解析】根据匝道设计交通量可确定匝道类型和设计速度、确定匝道车道数和几何形状、确定匝道部分互通式或完全互通式、确定匝道是否分期修建。

13. AD

【解析】双向年平均日交通量需要考虑方向不均匀系数,单向平均日交通量则无须考虑方向不均匀系数。

14. BCD

【解析】匝道的通行能力取决于匝道本身和出、入口处的通行能力，以三者之中最小者作为采用值。

15. AC

【解析】匝道的设计通行能力与匝道的长度和形式没有关系。因此选 AC。

三、案例题

1. C

解:设计小时交通量 = 单向年平均日交通量 × 设计小时系数

所以,A 匝道的设计小时交通量 = 6745 × 0.12 = 809pcu/h。注意一个左转弯匝道,说明是单向匝道,所以不能乘方向系数。

2. B

解:D 匝道的设计小时交通量 = 8000 × 0.10 = 800pcu/h,而匝道长度为 400m,根据《公路路线设计规范》(JTG D20—2017)中关于匝道标准横断面的选择条件可知,在匝道设计速度为 40km/h 时,当 300pcu/h ≤ 匝道设计小时交通量 < 1200pcu/h,且匝道长度不小于 300m 时[或根据《公路立体交叉设计细则》(JTG/T D21—2014)中条件],应考虑超车之需而采用Ⅱ型,即无紧急停车带的双车道匝道,但此时应采用单车道变速车道。

3. C

解:位于陕西省西安市附近的高速公路,查表可知设计小时系数取 9.5%,连接线为双向交通,而设计小时交通量是指单向的,设计小时交通量 = 预测年度年平均日交通量 × 方向不均匀系数 × 设计小时交通量系数。在没有交通调查资料的情况下,方向不均匀系数取 0.5 ~ 0.6,因此,连接线设计小时交通量应该在[20000 × 0.5 × 0.095,20000 × 0.6 × 0.095]之间,即[950,1140]pcu/h 之间,选 C。

4. C

解:高速公路基本路段的设计通行能力应按下式计算:

$$C_{\mathrm{d}} = MSF_{\mathrm{i}} \times f_{\mathrm{HV}} \times f_{\mathrm{f}} \times f_{\mathrm{P}}$$

$$f_{\mathrm{HV}} = \frac{1}{1 + \sum P_i (E_i - 1)}$$

式中:C_{d}——高速公路基本路段的设计通行能力[veh/(h · ln)];

MSF_{i}——服务水平下的最大服务交通量[pcu/(h · ln)];

f_{HV}——交通组成修正系数,按下式计算;

P_i——第 i 种车型的交通量占总交通量的百分比;

E_i——第 i 种车型的折算系数,可按《公路路线设计规范》(JTG D20—2017)表 3.4.2-2 选用;

f_{f}——路侧干扰修正系数,高速公路取 1.0;

f_{P}——驾驶者总体特征修正系数,通过调查确定,通常在 0.95 ~ 1.00 之间。

(1)根据表中数据,计算交通组成修正系数:

$$f_{HV}=\frac{1}{1+0.19\times(3-1)+0.10\times(3-1)+0.01\times(6-1)}=0.613$$

(2)设计通行能力较小值：

高速公路应采用三级服务水平设计，所以有：

$$C_d=1600\times0.613\times1.00\times0.95=932\text{pcu/(h·ln)}$$

实际通行能力较大值：

$$C_d=1600\times0.613\times1.00\times1.00=981\text{pcu/(h·ln)}$$

故选项C符合。

第三节　平面交叉

【考试纲要】

1.掌握公路平面交叉的交通管理方式及选择要点，城市道路平面交叉交通组织方式及交叉分类。

2.熟悉公路平面交叉渠化设计要点，城市道路平面交叉进、出口车道设计要点。

【知识点复习】

1.复习要点

考生应掌握公路平面交叉的交通管理方式及管理方式的选择要点，城市道路平面交叉交通组织方式、城市道路平面交叉的分类；熟悉公路平面交叉渠化设计的要点，熟悉城市道路平面交叉进、出口车道设计要点。这些内容均在相应的规范、规程中有明确的规定，考生应归纳总结。

2.规范提示

公路路线交叉的交通管理方式、交通管理方式的选择要点等知识点涉及《公路路线设计规范》(JTG D20—207)。城市道路对应的知识点涉及现行《城市道路工程设计规范》(CJJ 37)、《城市道路交叉口设计规程》(CJJ 152—2010)。

《公路工程技术标准》(JTG B01—2014)对平面交叉斜交的最小角度和岔数做了调整，交叉角由应大于70°调整为45°，岔数由不宜多于4条调整为5条；对平面交叉应做渠化设计的条件也做了调整，规定三级及三级以上公路的平面交叉均应进行渠化设计。这部分应以《公路工程技术标准》(JTG B01—2014)为准。

习题精练

一、单项选择题

1.公路平面交叉交通管理方式选择的依据是(　　)。

A.相交公路的等级、设计速度、性质　　B.相交公路的功能、等级、交通量

C.相交公路的线形指标　　D.相交公路的地理位置

2.公路平面交叉交通管理方式包括(　　)交通管理方式。

A. 渠化、部分渠化、非渠化三种
B. 设置专用左转车道、实行交通管制、变左转为右转三种
C. 主路优先交叉、无优先交叉、信号交叉三种
D. 环形交叉、街坊绕行、远引掉头三种

3. 公路平面交叉采用主路优先管理方式的条件是(　　)。
A. 两相交公路虽有主次之别,但交通量均较大时
B. 公路功能、等级、交通量有明显差别的两条公路相交
C. 两条相交公路的线形指标一个高、另一个较低时
D. 两条相交公路的等级均低且交通量较小时

4. 公路平面交叉在什么情况下,可采用无优先的交通管理方式(　　)。
A. 两条相交公路的等级一个较高、另一条较低,但交通量都较小时
B. 两条相交公路的等级一样,但交通量较大时
C. 两条相交公路的等级均低且交通量较大时
D. 两条相交公路的等级均低且交通量较小时

5. 关于平面交叉信号交通管理方式,下列说法正确的有(　　)。
A. 公路交叉口一般不宜采用,而城市道路的交叉口一般均应该采用
B. 二级公路与三级公路相交时不应该采用
C. 环形交叉的入口因交通量大而出现过多的交通延误时,应该采用
D. 渠化交叉口不宜采用

6. 两条交通量均大,且功能、等级相同的公路平面交叉,应选择哪种交通管理方式(　　)。
A. 主路优先　　B. 无优先　　C. 信号交通管理　　D. 渠化交通

7. 两相交公路虽有主次之别,但交通量均较大,为避免出现较频繁的交通事故和过分的交通延误,宜选择哪种交通管理方式(　　)。
A. 主路优先　　B. 无优先　　C. 信号交通管理　　D. 渠化交通

8. 主要公路交通量相当大,而次要公路尽管交通量不大,次要公路上的车辆难以遇到可供驶入的主流间隙而引起不可接受的交通延误时,宜选择哪种交通管理方式(　　)。
A. 主路优先　　B. 无优先　　C. 信号交通管理　　D. 渠化交通

9. 两相交公路的交通量虽不太大(小于900pcu/h),但有相当数量的行人和非机动车穿越交叉,容易引起交通延误,甚至造成阻塞或交通事故时,宜选择哪种交通管理方式(　　)。
A. 主路优先　　B. 无优先　　C. 信号交通管理　　D. 渠化交通

10. 环形交叉的入口因交通量大而出现过多的交通延误时,则入口宜选择哪种交通管理方式(　　)。
A. 主路优先　　B. 无优先　　C. 信号交通管理　　D. 渠化交通

11. 城市道路平面交叉的交通管理方式包括(　　)交通管理方式。
A. 渠化、部分渠化、非渠化三种
B. 设置专用左转车道、实行交通管制、变左转为右转三种
C. 信号控制交叉、无信号控制交叉、环形交叉三种

D. 环形交通、街坊绕行、远引掉头三种

12. 城市道路平面交叉按交通管理方式分为(　　)。

A. 十字交叉、T 形交叉、环形交叉三种　　B. 加铺转角、拓宽路口、分道转弯式三种

C. 平 A 类、平 B 类、平 C 类三种　　D. 平Ⅰ类、平Ⅱ类、平Ⅲ类三种

13. 城市道路平面交叉中的平 A_1 类是指(　　)。

A. 交通信号控制,进出口道展宽交叉口　　B. 交通信号控制,进出口道不展宽交叉口

C. 支路只准右转通行的交叉口　　D. 减速让行或停车让行标志管制交叉

14. 城市道路平面交叉中的平 A_2 类是指(　　)。

A. 交通信号控制,进出口道展宽交叉口　　B. 交通信号控制,进出口道不展宽交叉口

C. 支路只准右转通行的交叉口　　D. 减速让行或停车让行标志管制交叉口

15. 城市道路平面交叉中的平 B_1 类是指(　　)。

A. 交通信号控制,进出口道展宽交叉口　　B. 交通信号控制,进出口道不展宽交叉口

C. 支路只准右转通行的交叉口　　D. 减速让行或停车让行标志管制交叉口

16. 城市道路平面交叉中的平 B_2 类是指(　　)。

A. 交通信号控制,进出口道展宽交叉口　　B. 交通信号控制,进出口道不展宽交叉口

C. 支路只准右转通行的交叉口　　D. 减速让行或停车让行标志管制交叉口

17. 城市道路平面交叉中的平 B_3 类是指(　　)。

A. 交通信号控制,进出口道不展宽交叉口

B. 支路只准右转通行的交叉口

C. 减速让行或停车让行标志管制交叉口

D. 全无管制交叉口

18. 城市道路平面交叉中的平 C 类是指(　　)。

A. 交通信号控制,进出口道不展宽交叉口　B. 支路只准右转通行的交叉口

C. 减速让行或停车让行标志管制交叉口　　D. 环形交叉口

19. 城市道路平面交叉推荐形式的选择主要依据是(　　)。

A. 相交道路的设计速度　　B. 相交道路的设计等级

C. 相交道路的红线宽度　　D. 相交道路的通行能力

20. 城市道路两条主干路之间、两条次干路之间或主干路与次干路的平面交叉推荐形式宜采用(　　)。

A. 平 A_1 类　　B. 平 A_2 类　　C. 平 B_1 类　　D. 平 B_2 类

21. 城市道路主干路与次干路的平面交叉推荐形式宜采用(　　)。

A. 平 A_1 类　　B. 平 A_2 类　　C. 平 B_1 类　　D. 平 B_2 类

22. 城市道路主干路与支路的平面交叉推荐形式宜采用(　　)。

A. 平 A_1 类　　B. 平 A_2 类　　C. 平 B_1 类　　D. 平 B_2 类

23. 城市道路次干路与支路的平面交叉推荐形式宜采用(　　)。

A. 平 A_1 类　　B. 平 A_2 类　　C. 平 B_1 类　　D. 平 B_2 类

24. 公路平面交叉必须要做渠化设计的有(　　)。

A. 两条二级公路相交　　B. 两条三级公路相交

C. 两条四级公路相交　　D. 高速公路与二级公路交叉

25. 两条二级公路平面交叉，对渠化的要求是(　　)。

A. 必须渠化　　B. 应该渠化　　C. 不做渠化　　D. 随便

26. 两条公路平面交叉，可不做渠化设计的条件是(　　)。

A. 一级公路的平面交叉

B. 二级公路的平面交叉

C. 三级公路的平面交叉转弯交通量较大

D. 三级公路与四级公路的交通量较小

27. 公路渠化平面交叉，若专辟右转弯车道时，应设置(　　)。

A. 导流岛　　B. 分隔岛　　C. 中心岛　　D. 安全岛

28. 公路渠化平面交叉，左转车道与对向直行车道间应设置(　　)。

A. 导流岛　　B. 分隔岛　　C. 中心岛　　D. 安全岛

29. 渠化平面交叉采用的交通岛按是否强制分隔，分为(　　)。

A. 导流岛、分隔岛　　B. 凸起式岛、浅碟式岛

C. 中心岛、安全岛　　D. 实体岛、隐形岛

30. 主要公路设计速度大于或等于 60km/h 时，应在主要公路上增设(　　)车道和(　　)车道。

A. 爬坡；爬坡　　B. 减速分流；加速汇流

C. 避险；避险　　D. 变速；变速

31. 左转交通量不是很小时，下列公路平面交叉，应在主要公路上增设左转弯车道的是(　　)。

A. 四车道公路　　B. 两车道公路　　C. 四级公路　　D. 三级公路

32. 左公路平面交叉设置右转专用车道，变速车道为非等宽渐变式时，其渐变段长度应不小于按减速时(　　)m/s 或加速时(　　)m/s 侧移率变换车道的计算值。

A. 0.6；1.0　　B. 1.0；1.0　　C. 1.0；0.6　　D. 1.0；1.0

33. 城市道路渠化平面交叉进口道车道数应(　　)上游路段的车道数。

A. 小于　　B. 大于　　C. 等于　　D. 都行

34. 城市道路渠化平面交叉进口道车道宽度不宜小于(　　)。

A. 2.5m　　B. 3.0m　　C. 3.5m　　D. 3.75m

35. 城市道路渠化平面交叉出口道车道宽度宜(　　)。

A. 不小于 3.0m　　B. 大于 3.5m　　C. 与路段一致　　D. 大于路段车道宽度

36. 两相交道路技术等级或交通量相近时，平面交叉范围内的设计速度不宜低于路段设计速度的(　　)。

A. 50%　　B. 60%　　C. 70%　　D. 80%

37. 城市道路交叉口范围内的设计速度宜为路段的(　　)。

A. 0.3 ~ 0.6　　B. 0.4 ~ 0.6　　C. 0.4 ~ 0.7　　D. 0.5 ~ 0.7

38. 公路平面交叉口斜交时，锐角不应小于(　　)，受地形限制或其他特殊情况限制，应大于(　　)。

A. 60°;45°　B. 70°;45°　C. 70°;60°　D. 60°;45°

39. 渠化平面交叉的右转弯车道,其内侧路面边缘应采用(　　)曲线。

A. 三心圆复曲线　B. 双心圆复曲线　C. 单圆曲线　D. 卵形曲线

40. 非渠化平面交叉中,交通量较小时,转弯路面边缘可采用的圆曲线最小半径为(　　)。

A. 8m　B. 10m　C. 15m　D. 20m

二、多项选择题

1. 公路平面交叉按交通管理方式包括(　　)。

A. 主路优先交叉　B. 无优先交叉　C. 信号交叉　D. 渠化交叉

2. 公路平面交叉在(　　)情况下采用主路优先的交通管理方式。

A. 公路功能、等级、交通量没有明显差别的两条公路相交

B. 公路功能、等级、交通量有明显差别的两条公路相交

C. 交通量较小的 T 形交叉应采用

D. 交通量较大的 T 形交叉应采用

3. 下列情况下,公路宜采用信号交叉管理方式的是(　　)。

A. 难用"主路优先"管理时

B. 采用"主路优先"管理方式会出现较频繁的交通事故和过分交通延误时

C. 次要公路上的车辆难以遇到可供驶入的主流间隙时

D. 次要公路上的车辆必须冒险才能驶入时

4. 下列情况下,公路宜采用信号交叉管理方式的是(　　)。

A. 公路功能、等级、交通量有明显差别的两条公路相交

B. 相交两条公路的等级均低且交通量较小时

C. 有相当数量的行人和非机动车穿越而引起交通延误、阻塞或交通事故时

D. 环形交叉的入口因交通量大而出现过多的交通延误时

5. 城市道路平面交叉交通管理方式包括(　　)。

A. 信号控制　B. 无信号控制　C. 环形交叉　D. 绕街区运行

6. 城市道路平面交叉按交通管理方式分为(　　)。

A. 平 A 类、平 B 类、平 C 类三种

B. 渠化、部分渠化、非渠化三种

C. 信号控制交叉、无信号控制交叉、环形交叉三种

D. 信号控制、交警指挥、其他三种

7. 关于城市道路平面交叉平 A 类,下列说法正确的有(　　)。

A. 平 A 类分为两类

B. 平 A 类分为三类

C. 平 A_1 类是指交通信号控制,进出口道展宽交叉口

D. 平 A_2 类是指交通信号控制,进出口道不展宽交叉口

8. 关于城市道路平面交叉平 B 类,下列说法正确的有(　　)。

A. 平 B 类是指信号控制的平面交叉

B. 平 B 类分为三类

C. 平 B_1 类是指支路只准右转通行的交叉口

D. 平 B_2 类是指减速让行或停车让行标志管制交叉口

9. 城市道路两支路之间的平面交叉推荐形式宜采用(　　)。

A. 平 A_2 类　　B. 平 B_1 类　　C. 平 B_2 类　　D. 平 B_3 类

10. 城市道路主干路与支路的平面交叉形式可采用(　　)。

A. 平 A_1 类　　B. 平 A_2 类　　C. 平 B_1 类　　D. 平 B_2 类

11. 城市道路次干路与支路的平面交叉形式可采用(　　)。

A. 平 A_1 类　　B. 平 A_2 类　　C. 平 B_1 类　　D. 平 B_2 类

12. 城市道路支路与支路的平面交叉推荐采用的形式有(　　)。

A. 平 A_2 类　　B. 平 B_2 类　　C. 平 B_3 类　　D. 平 C 类

13. 城市道路支路与支路的平面交叉形式可采用(　　)。

A. 平 A_2 类　　B. 平 B_2 类　　C. 平 B_3 类　　D. 平 C 类

14. 两条公路平面交叉,下列条件应做渠化设计的是(　　)。

A. 一级公路的平面交叉

B. 二级公路的平面交叉

C. 三级公路的平面交叉转弯交通量较大时

D. 三级公路与四级公路的交通量较小时

15. 两条公路的等级和交通量情况如下,则设置平面交叉时应做渠化设计的是(　　)。

A. 交通量较小的三级公路与交通量较小的四级公路

B. 交通量较大的三级公路与交通量较小的四级公路

C. 二级公路与交通量较小的四级公路

D. 二级公路与交通量较大的四级公路

16. 公路渠化平面交叉,(　　)条件应设置导流岛。

A. 需专辟右转弯车道时

B. 信号交叉中,左转弯为两条车道时,左转车道与同向直行车道间

C. 左转车道与对向直行车道间应设置

D. T 形交叉中,次要公路引道上的两左转弯行迹间

17. 公路渠化平面交叉,下列条件应设置分隔岛(　　)。

A. 需专辟右转弯车道时

B. 左转车道与对向直行车道间应设置

C. T 形交叉中,次要公路引道上的两左转弯行迹间

D. 对向行车道间需提供行人越路的避险场所

18. 渠化平面交叉是指利用(　　)把不同方向和速度的车辆划分车道行驶。

A. 分车线　　B. 信号控制　　C. 分隔带　　D. 交通岛

19. 一级公路、二级公路的平面交叉中,下列情况应设置右转弯车道的有(　　)。

A. 斜交角接近于 70°的锐角象限

B. 交通量较大,右转弯交通会引起不合理的交通延误时

C. 右转弯车流中重车比例较大时

D. 右转弯行驶速度大于 30km/h 时

20. 二级公路的平面交叉中,下列情况应设置左转弯车道的有(　　)。

A. 与高速公路、一级公路互通式立体交叉连接线相交时

B. 非机动车较多且未设置慢车道时

C. 左转弯车流中重车比例较大时

D. 左转弯交通会引起交通拥阻或交通事故时

21. 公路平面交叉设置有右转弯变速车道式,应采用渐变式变速车道的是(　　)。

A. 公路的设计速度为 80km/h,且直行交通量较大

B. 公路的设计速度为 60km/h,且直行交通量较大

C. 公路的设计速度为 40km/h,且直行交通量较大

D. 公路的设计速度为 40km/h,且直行交通量较小

22. 城市道路进口道设置左转专用车道可采用的方法有(　　)。

A. 展宽进口道,新增左转专用车道

B. 压缩较宽的中央分隔带,新辟左转专用车道

C. 道路中线偏移,新增左转专用车道

D. 在原直行车道中分出左转专用车道

23. 城市道路进口道设置右转专用车道可采用的方法有(　　)。

A. 展宽右侧进口道,新增右转专用车道

B. 压缩较宽的中央分隔带,新辟右转专用车道

C. 道路中线偏移,新增右转专用车道

D. 在原直行车道中分出右转专用车道

24. 关于城市道路设置左转专用车道,下列说法正确的有(　　)。

A. 城市道路平面交叉口均应设置左转专用车道

B. 当高峰 15min 内每信号周期左转车平均流量达 2 辆时,宜设置左转专用车道

C. 当每信号周期左转车平均流量达 10 辆,宜设两条左转专用车道

D. 当需要的左转专用车道长度达 90m 时,宜设两条左转专用车道

25. 关于城市道路平面交叉进口道长度,下列说法正确的有(　　)。

A. 进口道长度由展宽渐变段长度与展宽段长度组成

B. 渐变段长度按车辆以 70% 路段设计车速行驶 1s 横移一条车道计算

C. 展宽段最小长度应保证转弯车辆不受相邻候驶车辆排队长度的影响

D. 展宽段最小长度宜大于或等于 9 倍的高峰 15min 内每信号周期转弯车辆数

26. 城市道路进口道长度包括(　　)。

A. 减速段　　B. 展宽渐变段　　C. 展宽段　　D. 排队等候段

27. 关于进口道中的渐变段最小长度,下列说法正确的有(　　)。

A. 支路不宜小于 20m　　B. 次干路不宜小于 25m

C. 主干路不宜小于 30 ~ 35m　　D. 快速路不宜小于 40 ~ 50m

28. 关于进口道中的展宽段最小长度，下列说法正确的有(　　)。

A. 支路不宜小于 30 ~ 40m　　B. 次干路不宜小于 50 ~ 70m

C. 主干路不宜小于 70 ~ 90m　　D. 快速路不宜小于 90 ~ 110m

29. 关于城市道路平面交叉口出口道车道数的规定，下列哪些说法是正确的(　　)。

A. 出口道车道数应与上游各进口道同一信号相位流入的进口道车道数之和相匹配

B. 相邻进口道设有右转专用车道时，出口道应展宽一条右转专用出口车道

C. 出口道的车道数至少等于上游进口道的直行车道数

D. 出口道的车道数至少等于上游进口道的左转和右转车道数之和

30. 下列哪些情况下城市道路平面交叉口进口道宜设置两条左转专用车道(　　)。

A. 高峰 15min 内每信号周期左转车平均流量达 2 辆

B. 高峰 15min 内每信号周期左转车平均流量达 10 辆

C. 需要的左转专用车道长度达 90m

D. 左转交通量特别大且进口道上游路段车道数为 4 条

三、案例题

1. 某公路平面交叉口出口设置一条右转附加车道，减速段采用非等宽车道，减速段末端宽度为 3.7m，已知路段设计速度为 60km/h，则右转附加车道的计算长度最接近(　　)。

A. 55m　　B. 65m

C. 75m　　D. 85m

2. 某城市主干路道路平面交叉口在东向西进口道设置一条右转专用车道，已知路段设计速度为 60km/h，高峰 15min 内每信号周期右转车的排队车辆数为 8 辆，直行排队车辆数为 5 辆，则进口道右转专用道的计算长度最接近(　　)。

A. 103m　　B. 107m

C. 112m　　D. 115m

3. 某 T 形平面交叉，主路为具有集散功能的一级公路，设计速度采用 80km/h。在选择支路与主路的交点位置时，有四个方案可供选择，各交点平面交叉范围内的主路纵坡与相邻平面交叉的距离如下表。在各交点方案中，从技术指标分析，合适的方案为(　　)。

交点方案	主路纵坡(%)	与相邻平面交叉的距离(m)
A	0.5	1020
B	2.0	280
C	3.1	580
D	3.5	2100

4. 城市道路平面交叉口视距三角形范围内，不得有任何高出路面 1.2m 的妨碍驾驶员视线的障碍物。两条设计速度均为 50km/h 的城市道路相交，下列视距三角形图示和尺寸标注正确的是(　　)。

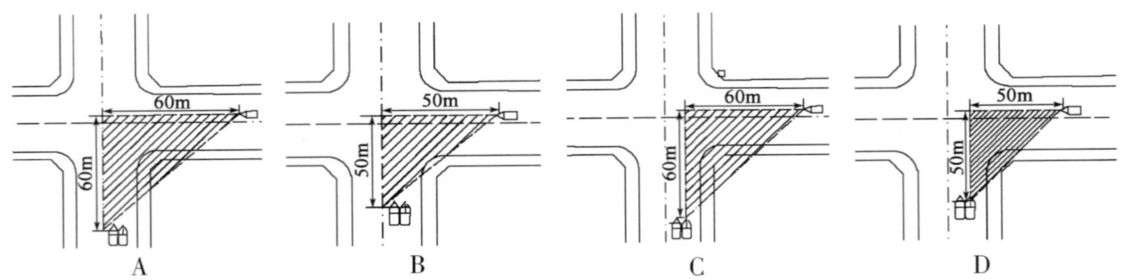

5. 某城市道路五路平面交叉口,各相交道路的角度如下图所示,已知环道设计速度为30km/h,最小交织段长度为35m,相交道路的车行道宽为15m,环道宽度为16m,紧靠中心岛的车道宽度为6m,横向力系数取0.15,横坡1.5%(路面雨水流向中心岛),中心岛的半径宜设计为(　　)。

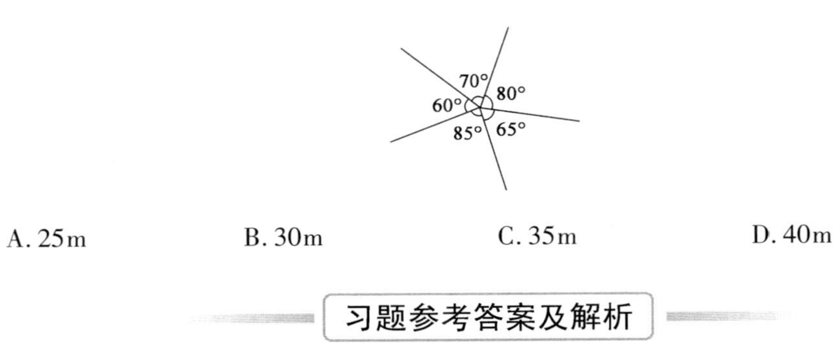

A. 25m　　B. 30m　　C. 35m　　D. 40m

习题参考答案及解析

一、单项选择题

1. B

【解析】根据《公路路线设计规范》(JTG D20—2017)第10.1.3条规定应选B。

2. C

【解析】根据《公路路线设计规范》(JTG D20—2017)第10.1.3条规定。

3. B

【解析】根据《公路路线设计规范》(JTG D20—2017)第10.1.3条规定,A应采用信号交通管理,C不是平面交叉交通管理方式选择的依据,D应选择无优先交叉交通管理方式,应选B。

4. D

【解析】根据《公路路线设计规范》(JTG D20—2017)第10.1.3条规定,A应采用主路优先管理方式,B、C应采用信号交通管理,因此选D。

5. C

【解析】公路和城市道路平面交叉都可以采用,所以A不对;仅仅凭公路等级无法选择交通管理方式,所以B不对;平面交叉交通管理方式与是否渠化没有关系。应选C。

6. C

【解析】根据《公路路线设计规范》(JTG D20—2017)第10.1.3条规定,当两者交通量均大,且功能、等级相同,无法分清主次时,应选择信号控制的交通管理方式。

7. C

【解析】根据《公路路线设计规范》(JTG D20—2017)第10.1.3条规定,根据公路平面交叉交通管理方式选择的依据,应选C。

8. C

【解析】根据《公路路线设计规范》(JTG D20—2017)第10.1.3条规定,根据公路平面交叉交通管理方式选择的依据,应选C。

9. C

【解析】根据《公路路线设计规范》(JTG D20—2017)第10.1.3条规定,根据公路平面交叉交通管理方式选择的依据,应选C。

10. C

【解析】根据《公路路线设计规范》(JTG D20—2017)第10.1.3条规定,根据公路平面交叉交通管理方式选择的依据,应选C。

11. C

【解析】A是指交通渠化程度,B是平面交叉的左转交通的组织方式,D是变左转为右转的交通组织实现方式,根据《城市道路交叉口设计规程》(CJJ 152—2010)第3.1.2条规定,应选C。

12. C

【解析】根据《城市道路交叉口设计规程》(CJJ 152—2010)第3.1.2条中关于平面交叉的分类,平A类是指信号控制交叉、平B类是指无信号控制交叉、平C类是指环形交叉,应选C。

13. A

【解析】根据《城市道路交叉口设计规程》(CJJ 152—2010)第3.1.2条中关于平面交叉的分类,应选A。

14. B

【解析】根据《城市道路交叉口设计规程》(CJJ 152—2010)第3.1.2条中关于平面交叉的分类,应选B。

15. C

【解析】根据《城市道路交叉口设计规程》(CJJ 152—2010)第3.1.2条中关于平面交叉的分类,应选C。

16. D

【解析】根据《城市道路交叉口设计规程》(CJJ 152—2010)第3.1.2条中关于平面交叉的分类,应选D。

17. D

【解析】根据《城市道路交叉口设计规程》(CJJ 152—2010)第3.1.2条中关于平面交叉的分类,应选D。

18. D

【解析】根据《城市道路交叉口设计规程》(CJJ 152—2010)第3.1.2条中关于平面交叉的分类,应选D。

19. B

【解析】根据《城市道路交叉口设计规程》(CJJ 152—2010)第3.1.3条中关于平面交叉的分类,应选B。

20. A

【解析】根据《城市道路交叉口设计规程》(CJJ 152—2010)第3.1.3条中关于平面交叉选型的要求,应选A。

21. A

【解析】根据《城市道路交叉口设计规程》(CJJ 152—2010)第3.1.3条中关于平面交叉选型的要求,应选A。

22. C

【解析】根据《城市道路交叉口设计规程》(CJJ 152—2010)第3.1.3条中关于平面交叉选型的要求,应选C。

23. D

【解析】根据《城市道路交叉口设计规程》(CJJ 152—2010)第3.1.3条中关于平面交叉选型的要求,应选D。

24. A

【解析】根据《公路路线设计规范》(JTG D20—2017)第10.1.6条中关于平面交叉渠化设计的要求,二级及二级以上公路的平而交叉必须进行渠化设计,二级公路的平面交叉应进行渠化设计;四级公路的平面交叉宜进行渠化设计,高速公路与任何公路均应进行立体交叉,应选A。

25. B

【解析】根据《公路路线设计规范》(JTG D20—2017)第10.1.6条中关于平面交叉渠化设计的要求,应选B。

26. D

【解析】根据《公路路线设计规范》(JTG D20—2017)第10.1.6条中关于平面交叉渠化设计的要求,应选D。

27. A

【解析】根据《公路路线设计规范》(JTG D20—2017)第10.5节中关于平面交叉渠化设计的要求,应选A。

28. B

【解析】根据《公路路线设计规范》(JTG D20—2017)第10.5节中关于平面交叉渠化设计的要求,应选B。

29. D

【解析】采用由缘石围成的交通岛为实体岛,能强制隔离车辆,采用标线示出的交通岛为隐形岛,无法强制分隔。

30. B

【解析】根据《公路路线设计规范》(JTG D20—2017)第10.5节中规定,当主要公路设计速度较高时,应主要公路上增设减速分流车道和加速汇流车道。

31. A

【解析】根据《公路路线设计规范》(JTG D20—2017)第10.5节规定四车道公路除左转交通量很小者外,均应在平面交叉范围内设置左转弯车道。

32. C

【解析】根据《公路路线设计规范》(JTG D20—2017)第10.5节中关于平面交叉的变速车道设计要点。

33. B

【解析】平面交叉转弯车速慢,通行能力降低,为提高平面交叉口的通行能力,进口道车道数应大于上游路段的车道数,应选B。

34. B

【解析】根据《城市道路交叉口设计规程》(CJJ 152—2010)中关于平面交叉渠化设计的要求,应选B。

35. C

【解析】出口道车速较入口快,接近路段的设计速度,应选C。

36. C

【解析】根据《公路路线设计规范》(JTG D20—2017),平面交叉范围内主要公路的设计速度,宜与路段设计速度相同;当两公路等级、交通量及功能相近时,直行车道的速度可适当降低,但不应低于路段速度70%,应选C。

37. C

【解析】根据《城市道路交叉口设计规程》(CJJ 152—2010),平面交叉口的设计速度在保证安全的前提下应按照各条道路设计速度的50%~70%取值,转弯取小值,直行取大值,应选D。

38. B

【解析】根据《公路路线设计规范》(CJJ 152—2010),平面交叉口斜交时锐角应不小70°,受限制时应大于45°。

39. A

【解析】根据《公路路线设计规范》(JTG D20—2017)第10.4.3条规定,对于路面内缘的曲线模式,三心复曲线的拟合性较好。

40. C

【解析】根据《公路路线设计规范》(JTG D20—2017)第10.4.3条的规定,非渠化平面交叉中,交通量较小或很小,转弯时允许"侵占"别的行迹,因而对路幅内缘的拟合不作要求或不作严格要求。非渠化平面交叉的转弯路面边缘可采用半径15m圆曲线。

二、多项选择题

1. ABC

【解析】根据《公路路线设计规范》(JTG D20—2017),应选ABC。

2. AD

【解析】根据《公路路线设计规范》(JTG D20—2017),应选 AD。

3. ABCD

【解析】根据《公路路线设计规范》(JTG D20—2017),应选 ABCD。

4. CD

【解析】根据《公路路线设计规范》(JTG D20—2017),A 应设置主路优先交叉交通管理方式,B 应采用无优先交叉交通管理方式,应选 CD。

5. ABC

【解析】D 是左转交通的组织方式,根据《城市道路交叉口设计规程》(CJJ 152—2010),应选 ABC。

6. AC

【解析】B 是指交通渠化程度,D 中的交警指挥也是信号控制的一种形式,根据《城市道路工程设计规范》(CJJ 152—2010),应选 AC。

7. ACD

【解析】根据《城市道路交叉口设计规程》(CJJ 152—2010),应选 ACD。

8. BCD

【解析】平 B 类是无信号控制的平面交叉,A 错误,其余正确,应选 BCD。

9. CD

【解析】根据《城市道路交叉口设计规程》(CJJ 152—2010)中关于平面交叉选型的要求,应选 CD。

10. AC

【解析】根据《城市道路交叉口设计规程》(CJJ 152—2010)中关于平面交叉选型的要求,应选 AC。

11. ACD

【解析】根据《城市道路交叉口设计规程》(CJJ 152—2010)中关于平面交叉选型的要求,应选 ACD。

12. BC

【解析】根据《城市道路交叉口设计规程》(CJJ 152—2010)中关于平面交叉选型的要求,应选 BC。

13. ABCD

【解析】根据《城市道路交叉口设计规程》(CJJ 152—2010)中关于平面交叉选型的要求,应选 ABCD。

14. ABC

【解析】根据《公路路线设计规范》(JTG D20—2017)中关于平面交叉渠化设计的要求,应选 ABC。

15. BCD

【解析】根据《公路路线设计规范》(JTG D20—2017),A 可不做渠化设计,与二级公路相交的平面交叉都应做渠化设计,应选 BCD。

16. AB

【解析】根据《公路路线设计规范》(JTG D20—2017)中关于平面交叉渠化设计的要求,应选 AB。

17. BCD

【解析】根据《公路路线设计规范》(JTG D20—2017)中关于平面交叉渠化设计的要求,应选 BCD。

18. ACD

【解析】信号控制不是渠化的工具和方法,应选 ACD。

19. ABCD

【解析】根据《公路路线设计规范》(JTG D20—2017)中关于平面交叉渠化设计的要求,ABCD 选项情况均应设置。

20. ABD

【解析】根据《公路路线设计规范》(JTG D20—2017)中关于平面交叉渠化的左转弯车道设计的要求,应选 ABD。

21. BCD

【解析】根据《公路路线设计规范》(JTG D20—2017),公路的设计速度大于或等于80km/h,且直行交通量较大时,右转弯变速车道应采用附渐变段的等宽车道,其余情况采用渐变式变速车道,所以应选 BCD。

22. ABCD

【解析】根据相交道路具体情况,可采取 ABCD 的方法。

23. AD

【解析】设置右转专用车道,不能对中央分隔带和道路中线上采取措施,只能拓宽右侧,或将右侧的直行车道划分为右转专用道。

24. BCD

【解析】根据《城市道路交叉口设计规程》(CJJ 152—2010)中关于进口道设置原则,应选 BCD。

25. ACD

【解析】根据《城市道路交叉口设计规程》(CJJ 152—2010)中关于进口道设置原则,选项 B 应为 70% 的路段设计车速行驶 3s 横移一条车道,其余正确,应选 ACD。

26. BC

【解析】选项 A、D 是确定展宽段时应考虑的因素,应选 BC。

27. ABC

【解析】快速路不设置平面交叉,根据《城市道路交叉口设计规程》(CJJ 152—2010)中关于平面交叉选型的要求,应选 ABC。

28. ABC

【解析】快速路不设置平面交叉,根据《城市道路交叉口设计规程》(CJJ 152—2010)中关于平面交叉选型的要求,应选 ABC。

29. BC

【解析】根据《城市道路交叉口设计规程》(CJJ 152—2010)第4.2.14条规定,出口道车道数应与上游各进口道同一信号相位流入的最大进口道车道数相匹配,A选项错误;出口道的车道数至少等于上游进口道的直行车道数,D选项错误。

30. BC

【解析】根据《城市道路交叉口设计规程》(CJJ 152—2010)第4.2.10条,应选BC。

三、案例题

1. B

解:《公路路线设计规范》(JTG D20—2017)第10.5.3条规定:变速车道为非等宽渐变式时,其长度应不小于按减速时1.0m/s或加速时0.6m/s的侧移率变换车道的计算值。右转附加车道的计算长度 $=3.7\div1.0\times(60/3.6)=61.7$m,B选项最接近。

2. B

解:展宽右转专用道的长度包括渐变段长度和展宽段长度。渐变段长度按车辆以70%的路段设计车速行驶3s横移一条车道时来计算确定,且不小于30~35m。$L_t=(60\div3.6)\times0.7\times3=35$m。展宽段长度应保证右转车不受相邻候驶车辆排队长度的影响,且满足信号周期内右转车的排队车辆数:$9\times8=72$m。所以,进口道右转专用道的计算长度为 $35+72=107$m。

3. A

解:根据《公路路线设计规范》(JTG D20—2017),主要公路在交叉范围内的纵坡应在0.15%~3%范围内,对于具有集散功能的一级公路,平面交叉口的最小间距为500m,综上所述,应选A。

4. C

解:根据《公路路线设计规范》(JTG D20—2017),两相交公路间,由各自停车视距所组成的三角区内不得存在任何有碍通视的物体,十字形交叉口最危险冲突点构成:主路最右侧直行车道和次路最左侧直行车道。综上所述,应选C。

5. D

解:根据《城市道路交叉口设计规程》(CJJ 152—2010),满足设计速度的中心岛半径 $R_V=\dfrac{V^2}{127(\mu\pm i_h)}-\dfrac{b}{2}$。$=\dfrac{30^2}{127\times(0.15+0.015)}-\dfrac{6}{2}=39.95$m;满足交织段长度的中心岛半径 $R_C=\dfrac{360L_g}{2\pi\omega}=\dfrac{360\times35}{2\pi\times60}=33.4$m,因此中心岛的最小半径应大于39.95m,综上所述,应选D。

第四节　立　体　交　叉

【考试纲要】

1. 掌握公路立体交叉分类及各级公路选择立交的依据(城市道路:立体交叉分类及选型要点)。

2. 掌握公路互通式立体交叉间距规定(城市道路:快速路主线上相邻出入口间距)。
3. 掌握互通式立体交叉一致性设计和车道平衡设计原则等。
4. 熟悉公路(城市道路)互通式立体交叉常用形式及方案选择要点。
5. 了解公路(城市道路)互通式立体交叉连接部设计要点。

【知识点复习】

1. 复习要点

考生应了解公路立体交叉分类原则,掌握公路立体交叉分类方法和分类体系,在此基础上掌握各级公路之间交叉时,选择不同类型立交的依据;同时也要根据《城市道路交叉口设计规程》(CJJ 152—2010)掌握城市道路立体交叉分类及选型要点。

考生应掌握公路互通式立体交叉各种间距的有关规定,掌握城市道路快速路主线上相邻出入口间距的规定。掌握互通式立体交叉一致性设计和车道平衡设计的基本原则,明确哪些情况会导致车道数不平衡。熟悉公路和城市道路互通式立体交叉常用形式及方案选择要点。了解公路和城市道路互通式立体交叉连接部设计要点。

2. 规范提示

上述知识点涉及《公路工程技术标准》(JTG B01—2014)、《公路路线设计规范》(JTG D20—2017),均为现行规范。其中,公路立体交叉设计的有关内容还涉及《公路立体交叉设计细则》(JTG/T D21—2014)。城市道路对应的知识点涉及现行《城市道路工程设计规范》(CJJ 37)、《城市道路交叉口设计规程》(CJJ 152—2010)。

《公路工程技术标准》(JTG B01—2014)对设置立体交叉的条件略做了调整,规定:“二、三、四级公路间的交叉,直行交通量大时,宜采用立体交叉。”强调了“直行交通量较大时”。对设置互通式立体交叉和分离式立体交叉的条件也做了更加明确的规定。这部分内容分应以《公路工程技术标准》(JTG B01—2014)的规定为准。

习题精练

一、单项选择题

1. 立体交叉按交通功能分为(　　)。
   A. 分离式立体交叉和互通式立体交叉　　B. 部分互通式立体交叉和全互通式立体交叉
   C. 公路立体交叉和城市道路立体交叉　　D. 铁路立体交叉和人行立体交叉
2. 互通式立体交叉按转弯方向连通程度分为(　　)。
   A. 分离式立体交叉和互通式立体交叉
   B. 部分互通式立体交叉、全互通式立体交叉
   C. 公路立体交叉和城市道路立体交叉
   D. 三路立体交叉、四路立体交叉、多路立体交叉
3. 互通式立体交叉按交叉道路岔数分为(　　)。
   A. 三岔、四岔及多岔立体交叉
   B. 分离式立体交叉和互通式立体交叉

C. 部分互通式立体交叉和完全互通式立体交叉

D. 枢纽和一般互通式立体交叉

4. 互通式立体交叉按重要性分为(　　)。

A. 三路、四路及多路立体交叉

B. 分离式和互通式立体交叉

C. 部分互通式立体交叉和完全互通式立体交叉

D. 枢纽和一般互通式立体交叉

5. 互通式立体交叉按相交道路的跨越方式分为(　　)。

A. 上跨式和下穿式

B. 分离式和互通式立体交叉

C. 部分互通式立体交叉和完全互通式立体交叉

D. 枢纽和一般互通式立体交叉

6. 高速公路与其他公路相交,必须采用(　　)。

A. 渠化平面交叉口

B. 带有专用左右转车道的平面交叉口

C. 环形平面交叉

D. 立体交叉

7. 一级公路同交通量大的其他公路交叉,宜采用(　　)。

A. 立体交叉

B. 渠化平面交叉口

C. 环形平面交叉

D. 带有专用左右转车道的平面交叉口

8. 高速公路同通往县城的主要公路相交处应设置成(　　)。

A. 互通式立体交叉　　B. 分离式立体交叉

C. 渠化平面交叉口　　D. 信号平面交叉口

9. 高速公路同其他各级公路交叉,除因交通转换而设置互通式立体交叉外,均必须设置(　　)。

A. 互通式立体交叉　　B. 分离式立体交叉

C. 渠化平面交叉口　　D. 信号平面交叉口

10. 关于城市道路互通式立体交叉分类,下列说法正确的是(　　)。

A. 立 A 类是指枢纽立交,立 B 类是指分离式立交,立 C 类是指一般立交

B. 立 A 类是指枢纽立交,立 B 类是指一般立交,立 C 类是指分离式立交

C. 立 A 类是指分离式立交,立 B 类是指一般立交,立 C 类是枢纽指立交

D. 立 A 类是指分离式立交,立 B 类是指枢纽立交,立 C 类是指一般立交

11. 关于城市道路互通式立体交叉形式选择,下列说法正确的是(　　)。

A. 快速路之间推荐选择立 C 类　　B. 快速路与主干路之间推荐选择立 B 类

C. 快速路与次干路之间推荐选择立 A 类　　D. 快速路与支路之间推荐选择立 A_2 类

12. 城市道路快速路之间的立体交叉推荐选用(　　)。

A. 立 A_1 类　　B. 立 A_2 类　　C. 立 B 类　　D. 立 C 类

13. 城市道路快速路与主干路的立体交叉推荐选用(　　)。

A. 立 A_1 类　　B. 立 A_2 类　　C. 立 B 类　　D. 立 C 类

14. 城市道路快速路与次干路的立体交叉推荐选用(　　)。

A. 立 A_1 类　　B. 立 A_2 类　　C. 立 B 类　　D. 立 C 类

15. 大城市、重要工业园区附近的高速公路上互通式立体交叉的平均间距宜为(　　)km。

A. 2 ~ 4　　B. 3 ~ 5　　C. 5 ~ 10　　D. 15 ~ 25

16. 大城市和重要工业园区外的其他地区的高速公路上互通式立体交叉的平均间距宜为(　　)km。

A. 2 ~ 4　　B. 3 ~ 5　　C. 5 ~ 10　　D. 15 ~ 25

17. 高速公路上相邻互通式立体交叉的最小间距,不宜小于(　　)km。

A. 1　　B. 2　　C. 3　　D. 4

18. 因路网结构或其他特殊情况限制,经论证相邻互通式立体交叉的间距需适当减小时,间距的最小值可为 1km,此间距是指前一个立体交叉的(　　)至下一个立体交叉的(　　)之间的距离。

A. 交叉点;交叉点

B. 加速车道合流小鼻点;减速车道分流小鼻点

C. 加速车道终点;减速车道起点

D. 加速车道渐变段终点;减速车道渐变段起点

19. 高速公路上相邻互通式立体交叉的最大间距,不宜超过(　　)km。

A. 20　　B. 30　　C. 40　　D. 50

20. 当高速公路上相邻互通式立体交叉的最大间距超过 30km 时,应设置(　　)。

A. 服务区　　B. 停车区

C. 中央分隔带开口掉头设施　　D. 与主线立体分离的 U 形转弯设施

21. 条件受限制时,互通式立体交叉与服务区、停车区、公共汽车停靠站之间的距离可适当减小,但上一入口终点至下一个出口起点的距离不应小于(　　)m。

A. 200　　B. 500　　C. 1000　　D. 1500

22. 条件受限制时,隧道出口至前方互通式立体交叉减速车道渐变段起点的距离不应小于(　　)m。

A. 200　　B. 500　　C. 1000　　D. 1500

23. 设计速度 100km/h 的城市道路快速路上两相邻连续出口之间的最小间距为(　　)m。

A. 260　　B. 460　　C. 760　　D. 1270

24. 设计速度 80km/h 的城市道路快速路上两相邻出入口之间的最小间距为(　　)m。

A. 210　　B. 610　　C. 760　　D. 1020

25. 设计速度 60km/h 的城市道路快速路上两相邻出入口之间的最小间距为(　　)m。

A. 160　　B. 460　　C. 760　　D. 1020

26. 城市道路快速路上两相邻出入口之间的最小间距随着设计速度的增加而(　　)。

A. 减少　　B. 增加　　C. 不变　　D. 先增加后减少

27. 关于高速公路互通式立体交叉出口的一致性,说法正确的是(　　)。

A. 同一侧宜设置连续多个出口,以便分别驶出

B. 有条件时分流端部宜统一设置于交叉点之后

C. 有条件时分流端部宜统一设置于交叉点之前

D. 高速公路全线的每个出口应根据各自的特点,采用独特的形式

28. 根据高速公路互通式立体交叉车道数平衡的基本原则,两条车流合流后正线上的车道数应不少于合流前交会道路上所有车道数总和(　　)。

A. 加 1　　B. 减 1　　C. 不变　　D. 减 2

29. 根据高速公路互通式立体交叉车道数平衡的基本原则,正线上的车道数应不少于分流后分岔道路的所有车道数总和(　　)。

A. 加 1　　B. 减 1　　C. 不变　　D. 减 2

30. 根据高速公路互通式立体交叉车道数平衡的基本原则,正线上一个方向的车道数每次减少不应多于(　　)条。

A. 1　　B. 2　　C. 3　　D. 4

31. 在分、合流处,既要保持车道数平衡,又要保持基本车道数连续,如两者发生矛盾时,可通过在分流点前或合流点后的正线上增设(　　)的办法来解决。

A. 减速车道　　B. 加速车道　　C. 集散车道　　D. 辅助车道

32. 关于喇叭形互通式立体交叉,下列说法正确的是(　　)。

A. 经环形左转匝道驶入主线为 B 型,安全性较差

B. 经环形左转匝道驶出主线为 B 型,安全性较好

C. 经环形左转匝道驶入主线为 A 型,安全性较好

D. 经环形左转匝道驶出主线为 A 型,安全性较差

33. 喇叭形互通式立体交叉的布置应与转弯交通量的分布结合,应将(　　)。

A. 环形匝道设置在左转弯交通量大的方向上

B. 环形匝道设置在左转弯交通量小的方向上

C. 环形匝道设置在右转弯交通量大的方向上

D. 环形匝道设置在右转弯交通量小的方向上

34. 为消除苜蓿叶形互通式立体交叉正线上的交织,避免双重出口,使标志简化,提高通行能力和行车安全,常在正线的外侧增设(　　)。

A. 集散车道　　B. 变速车道　　C. 爬坡车道　　D. 辅助车道

35. 可作为苜蓿叶形互通式立体交叉前期工程的立交形式是(　　)。

A. A 型喇叭形　　B. 子叶形　　C. B 型喇叭形　　D. Y 形

36. 关于高速公路上苜蓿叶互通式立体交叉适用性,下列说法正确的是(　　)。

A. 适用于左转交通量较小的一般互通式立体交叉

B. 适用于左转交通量较大的一般互通式立体交叉

C. 适用于左转交通量较小的枢纽互通式立体交叉

D. 适用于左转交通量较大的枢纽互通式立体交叉

37. 一座互通式立体交叉以设(　　)座收费站为宜。

A. 1　　B. 2　　C. 3　　D. 4

38. 一座高速公路互通式立体交叉是否收费对该立体交叉形式选择的影响(　　)。

A. 较小　　B. 较大　　C. 基本没有影响　　D. 不好说

39. 高速公路与三级公路十字交叉,可选择的收费互通式立体交叉形式有(　　)。

A. 苜蓿叶形　　B. 涡轮形

C. 喇叭形 + 平面交叉　　D. 渠化平面交叉

40. 涡轮形互通式立交的四条左转弯匝道的形式是(　　)。

A. 定向式(或直接式)　　B. 半定向式(或半直接式)

C. 间接式(或环形)　　D. 自由式

41. Y 形互通式立体交叉适用于(　　)。

A. 左转弯速度低,且交通量小的枢纽互通式立体交叉

B. 左转弯速度高,且交通量小的枢纽互通式立体交叉

C. 左转弯速度低,且交通量大的枢纽互通式立体交叉

D. 左转弯速度高,且交通量大的枢纽互通式立体交叉

42. 分、合流鼻端的匝道部分应具有与行驶速度相应的较高的平面线形指标和流畅的线形,其中分流鼻处的平面线形指标应比合流鼻处的平面线形指标(　　)。

A. 高　　B. 低　　C. 一样　　D. 没有规定

43. 为给误行车辆提供返回的余地,行车道边缘应设置偏置加宽值,因此偏置加宽应该设置在(　　)两侧,对主线和匝道的硬路肩加宽。

A. 合流鼻　　B. 分流鼻　　C. 分流点　　D. 分流点

44. 当不能保证主线出入口间的应有距离或遇转弯车流的紧迫交织干扰主线车流时,应采用与主线相分隔的(　　)将出入口串联起来。

A. 变速车道　　B. 辅助车道　　C. 爬坡车道　　D. 集散车道

45. 根据《公路路线设计规范》(JTG D20—2017)的规定,位于直线路段的单车道变速车道,减速车道和加速车道宜分别采用(　　)。

A. 直接式、平行式　　B. 直接式、直接式　　C. 平行式、直接式　　D. 平行式、平行式

46. 根据《公路路线设计规范》(JTG D20—2017)的规定,位于直线路段的双车道变速车道,减速车道和加速车道宜分别采用(　　)。

A. 直接式、平行式　　B. 直接式、直接式　　C. 平行式、直接式　　D. 平行式、平行式

47. 减速段长度是指渐变段车道宽达(　　)宽的位置与分流鼻之间的距离。

A. 半个车道　　B. 一个车道　　C. 一个路缘带　　D. 一个硬路肩

48. 当正线纵坡大于(　　)时,下坡路段的减速车道长度和上坡路段的加速车道长度应根据正线纵坡度大小予以修正。

A. 2%　　B. 3%　　C. 4%　　D. 5%

49. 平行式变速车道位于主线曲线内侧时,变速车道的线形应(　　)。

A. 线形分岔点以外宜采用直线

B. 线形分岔点以外宜采用 S 形回旋线

C. 线形分岔点以外宜采用大半径圆曲线

D. 线形分岔点以外宜采用卵形回旋线或复合回旋线

50. 辅助车道的宽度与主线的车道宽度(　　),且与主线车道间不设路缘带。

A. 宽　　B. 窄　　C. 相同　　D. 没有规定

51. 辅助车道右侧的硬路肩,其宽度一般与正常路段的主线硬路肩相同;用地或其他条件受限制时可减窄,但不得小于(　　)m。

A. 1.0　　B. 1.5　　C. 2.0　　D. 2.5

二、多项选择题

1. 立体交叉按用途分为(　　)。

A. 分离式立体交叉、互通式立体交叉　　B. 公路立体交叉、城市道路立体交叉

C. 铁路立体交叉、人行立体交叉　　D. 喇叭形立体交叉、苜蓿叶形立体交叉

2. 下列位置应该设置立体交叉的有(　　)。

A. 两条高速公路相交处　　B. 高速公路与乡村道路相交处

C. 二级公路与二级公路相交处　　D. 一级公路与二级公路相交处

3. 下列位置应该设置互通式立体交叉的有(　　)。

A. 两条高速公路相交处

B. 两条具干线功能的一级公路相交处

C. 高速公路与三级公路相交处

D. 高速公路同通往重要交通源的公路相交,且使该公路成为其支线

4. 下列交叉位置应该设置互通式立体交叉的有(　　)。

A. 高速公路、一级公路同通往县级以上城市、重要的政治或经济中心的主要公路

B. 高速公路、一级公路同通往重要工矿区、港口、机场、车站和游览胜地等的主要公路

C. 一级公路上,当平面交叉的通行能力不能满足需要或出现频繁交通事故时

D. 设置互通式立体交叉的综合效益大于设置平面交叉时

5. 下列情况必须设置立体交叉的有(　　)。

A. 高速公路与一级公路相交　　B. 高速公路与二级公路相交

C. 高速公路与村道相交　　D. 一级公路与二级公路相交

6. 下列交叉位置应该设置分离式立体交叉的有(　　)。

A. 高速公路与四级公路交叉　　B. 具干线功能的一级公路与四级公路的交叉

C. 三级公路之间的交叉　　D. 高速公路与乡村道路交叉

7. 具干线功能的一级公路之间的互通式立体交叉属于(　　)。

A. 公路互通式立体交叉　　B. 城市互通式立体交叉

C. 一般互通式立体交叉　　D. 枢纽互通式立体交叉

8. 关于公路互通式立体交叉,下列说法正确的有(　　)。

A. 枢纽互通式立体交叉匝道上不允许设置收费站

B. 一般互通式立体交叉匝道上允许设置收费站

C. 枢纽互通式立体交叉常用于高速公路与高速公路之间的交叉

D. 一般互通式立体交叉常用于高速公路或一级公路与双车道公路之间的交叉

9. 下列关于枢纽互通式立体交叉，下列说法正确的有（　　）。

A. 只有两条高速公路相交处的互通式立体交叉才是枢纽互通式立体交叉

B. 枢纽互通式立体交叉匝道上不设置收费站

C. 枢纽互通式立体交叉匝道端部不出现穿越冲突

D. 一级公路间的立体交叉应该是枢纽互通式立体交叉

10. 下列关于一般互通式立体交叉，下列说法正确的有（　　）。

A. 高速公路与二级公路相交应该设置成一般互通式立体交叉

B. 一般互通式立体交叉匝道上也不应该设置收费站

C. 承担干线功能的一级公路与承担集散功能的一级公路相交的互通式立体交叉，应为一般互通式立体交叉

D. 一般互通式立体交叉在高速公路出入口以外允许设置平面交叉

11. 关于城市立体交叉分类，下列说法正确的有（　　）。

A. 分为立 A 类、立 B 类、立 C 类三类

B. 分为立 A 类、立 B 类、立 C 类、立 D 类四类

C. 立 A 类是指分离式立体交叉

D. 立 C 类是指分离式立体交叉

12. 关于城市快速路与主干路，可选的类型有（　　）。

A. 立 A_1 类　　B. 立 A_2 类　　C. 立 B 类　　D. 立 C 类

13. 关于城市快速路与次干路，可选的类型有（　　）。

A. 立 A_1 类　　B. 立 A_2 类　　C. 立 B 类　　D. 立 C 类

14. 确定一条高速公路上互通式立体交叉的间距时，主要应考虑的因素有（　　）。

A. 交通密度　　B. 相邻立交的交织段长度

C. 设交通标志和信号距离的要求　　D. 驾驶员操作顺适的要求

15. 关于高速公路上互通式立体交叉的间距，下列说法正确的有（　　）。

A. 大城市、重要工业园区附近的平均间距宜为 5 ~ 10km

B. 其他地区的平均间距宜为 15 ~ 25km

C. 相邻互通式立体交叉的最小间距，不宜小于 1km

D. 相邻互通式立体交叉的最小净距，不宜小于 4km

16. 高速公路上两座名称为 M、N 的相邻互通式立体交叉，下列说法正确的有（　　）。

A. M、N 之间的最小净距不宜小于 1km

B. 最小净距是 M、N 分别与被交路的交点的里程之差

C. 最小净距是 M 加速车道终点至 N 减速车道起点间的距离

D. 最小净距是 M 加速车道渐变段终点至 N 减速车道渐变段起点间的距离

17. 互通式立体交叉一致性设计是指（　　）。

A. 高速公路全线的出口应采用相对一致的形式

B. 应保证主交通流方向车道的连续性

C. 当有连续多个出口时，宜合并为单一的出口

D. 有条件时分流点宜统一设置于交叉点之后

18. 立体交叉范围内车道平衡的设计原则为(　　)。

A. 合流后正线上的车道数应不少于合流前交会道路上所有车道数总和减 1

B. 正线上的车道数应不少于分流后分岔道路的所有车道数总和减 1

C. 基本车道数一般不因通过互通式立体交叉而改变

D. 正线上一个方向的车道数每次减少不应多于 1 条

19. 下图中车道数不平衡的有(　　)。

20. 四个左转弯方向交通量都较大的四路互通式立体交叉,可选择的形式有(　　)。

A. 苜蓿叶形　　B. 半直连的 X 形　　C. 涡轮形　　D. 环形

21. 下列情况可以采用半直连式 T 形互通式体交叉的有(　　)。

A. 出入交通量相对较少的枢纽互通式立体交叉

B. 左转弯速度较低的枢纽互通式立体交叉

C. 出入交通量较大的一般互通式立交

D. 匝道布设受地形、地物限制较严格的一般互通式立交

22. 菱形互通式立体交叉适用于(　　)。

A. 出入交通量较小　　B. 匝道上无收费站

C. 干线公路和次要公路　　D. 匝道上有收费站

23. 高速公路收费立体交叉设置收费站的方法是在距相交道路交叉点适当距离处另设一条连接线,在连接线与高速公路相交的一端设置(　　),与被交路交叉处设置(　　)。

A. 三路立体交叉;三路平面交叉　　B. 三路平面交叉;三路立体交叉

C. 三路立体交叉;三路立体交叉　　D. 三路平面交叉;三路平面交叉

24. 高速公路与二级公路相交,需要设置成只有一个收费站的立体交叉,在连接线与高速公路相交的一端可以选择的交叉形式有(　　)。

A. 三路平面交叉　　B. 喇叭形立体交叉　　C. Y 形立体交叉　　D. 子叶式立体交叉

25. 城市道路立 A_2 类互通式立体交叉可选用的形式有(　　)。

A. 全定向形　　B. 喇叭形　　C. 苜蓿叶形　　D. 半定向组合形

26. 城市道路立 A 类和立 B 类互通式立体交叉都可选用的形式有(　　)。

A. 全定向形　　B. 喇叭形　　C. 苜蓿叶形　　D. 环形

27. 公路互通式立体交叉符合下列(　　)情况,宜增长变速车道。

A. 主线设计速度小于或等于 100km/h,且匝道的线形指标又不高时

B. 主线、匝道的预测交通量接近通行能力时

C. 主线、匝道的载重车和大型客车比例较高时

D. 变速车道位于主线的曲线路段

28. 主线为曲线时，对平行式变速车道线形要求，下列说法正确的有（　　）。

A. 直接式变速车道直至分、汇流鼻的全长范围内应采用与主线相同的线形

B. 直接式变速车道直至分、汇流鼻的全长范围内应采用与主线相反的线形

C. 平行式变速车道与主线相依部分应采用与主线相同的曲率

D. 平行式变速车道与主线相依部分应采用与主线相反的曲率

29. 关于公路互通式立体交叉变速车道横断面，下列说法正确的有（　　）。

A. 车道宽度宜采用主线车道宽度

B. 车道与主线直行车道之间宜设置路缘带，宽度可采用 0.5m

C. 右侧硬路肩宽度宜采用主线与匝道硬路肩中较宽者的宽度

D. 当条件受限时，右侧硬路肩宽度可适当减窄，但不应小于 1.0m

30. 关于城市道路互通式立体交叉一般双车道出入口规定，下列说法正确的有（　　）。

A. 直接式出入口内侧变速车道加减速段长度是单车道规定值的 50%

B. 直接式出入口内侧变速车道加减速段长度是单车道规定值的 80%

C. 平行式出入口右侧变速车道较左侧变速车道短一个渐变段长度

D. 平行式出入口右侧变速车道较左侧变速车道短两个渐变段长度

31. 下列关于公路互通式立体交叉设计的叙述中，正确的有（　　）。

A. 公路匝道标准横断面类型分为 4 种，其中Ⅱ型和Ⅲ型分别为“单向双车道匝道”和“对向非分隔式双车道匝道”

B. 进行匝道平面设计时，只能以分流点作为其平面线形设计的起点

C. 在匝道平面布线方法的选择上，可以采用从匝道两头向中间布线

D. 匝道收费站广场处的路面横坡可以低于 2.0%

32. 如果主线设计速度为 100km/h，右侧硬路肩宽与 C_1 值均为 3.0m，变速车道为单车道的形式，则当匝道侧偏置加宽值 C_2 为（　　）m，且偏置过渡段长度为（　　）m 时，可满足规范要求。

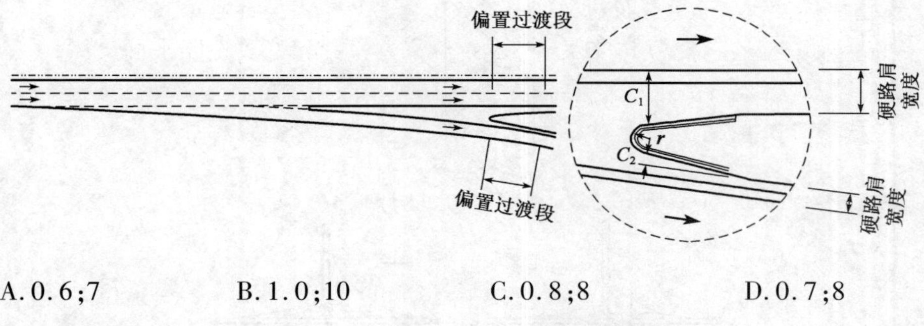

A. 0.6；7　　B. 1.0；10　　C. 0.8；8　　D. 0.7；8

三、案例题

1. 某三岔互通式立体交叉各流向的设计小时交通量（单位：pcu/h）如图所示，该立交设计方案最合理的是（　　）。

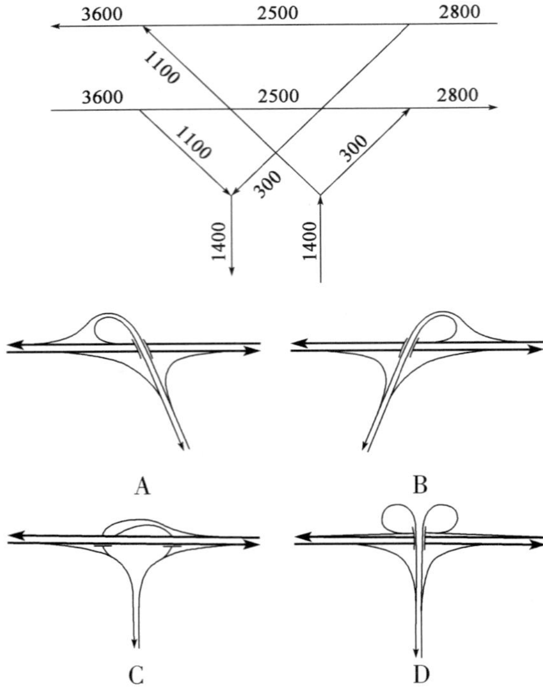

2. 某四岔互通式立体交叉各流向的设计小时交通量(单位:pcu/h)如图所示,该立交设计方案最合理的是(　　)。

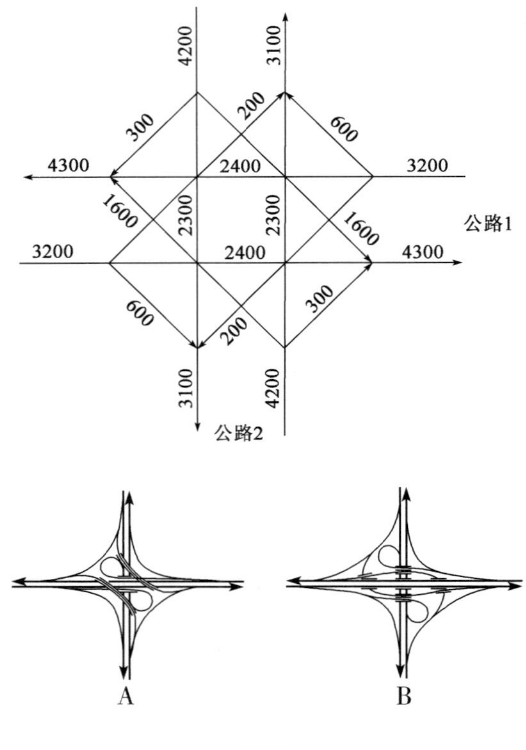

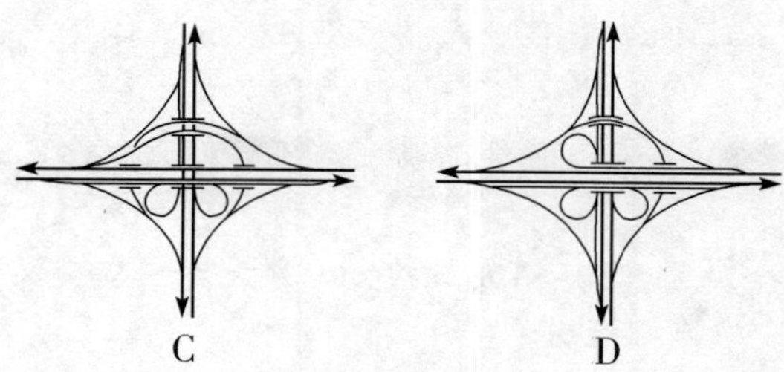

3. 重庆市主城郊区某高速公路互通立交中A右转匝道预测年平均日交通量为12000辆/天，A匝道设计速度为60km/h，匝道长度为400m，下列匝道横断面类型中最合理的是（　　）。

A. 单向单车道匝道　　B. 无紧急停车带的单向双车道匝道

C. 有紧急停车带的单向双车道匝道　　D. 对向分隔式双车道匝道

4. 某公路互通立交主线设计速度100km/h，在直接式单车道减速车道范围内主线上坡3%；平行式单车道加速车道范围内主线也是上坡3%，匝道设计速度均为30km/h。减速车道和加速车道的设计符合基本要求的是（　　）。

A. 减速车道125m，加速车道200m　　B. 减速车道145m，加速车道240m

C. 减速车道137.5m，加速车道200m　　D. 减速车道159.5m，加速车道240m

习题参考答案及解析

一、单项选择题

1. A

【解析】立体交叉上若设置专门匝道实现车辆转弯的交通功能，则是互通式立体交叉，若只实现直行车辆在空间的分离，不设置专用转弯匝道，则是分离式立体交叉，B是按照转弯方向连通程度分类，C是立体交叉相交道路的性质分类，D是按照用途分类。

2. B

【解析】每个转弯方向均有匝道实现转弯则是全互通式立体交叉，否则是部分互通式立体交叉。

3. A

【解析】相交道路的条数是以交叉点为基准划分的，大于或等于五路时，称为多路互通式立体交叉，因此选A。

4. D

【解析】高速公路与双车道公路或具集散功能的一级公路设置的互通式立体交叉，宜采用一般互通式立体交叉；高速公路之间、高速公路与具干线功能的一级公路之间或具干线功能的一级公路之间相互交叉的互通式立体交叉，宜采用枢纽互通式立体交叉。

5. A

【解析】按相交道路的跨越方式，立体交叉可分为上跨式和下跨式两类。

6. D

【解析】高速公路全封闭,与其他公路相交必须设置立体交叉。

7. A

【解析】一级公路车速高,与其他交通量大的公路相交应设置立体交叉。

8. A

【解析】高速公路全封闭,与其他公路相交必须设置立体交叉,与县城是交通重要的发生源,应该与之能进行交流转换,因此选A。

9. B

【解析】高速公路全封闭,与其他公路相交必须设置立体交叉,无交通流转换时应设置分离式立体交叉,应选B。

10. B

【解析】见现行《城市道路工程设计规范》(CJJ 37)中关于城市道路立体交叉分类,应选B。

11. B

【解析】见现行《城市道路工程设计规范》(CJJ 37)中关于城市道路立体交叉分类,应选B。

12. A

【解析】见现行《城市道路工程设计规范》(CJJ 37)中关于城市道路立体交叉分类,应选A。

13. C

【解析】见现行《城市道路工程设计规范》(CJJ 37)中关于城市道路立体交叉分类,应选C。

14. D

【解析】见现行《城市道路工程设计规范》(CJJ 37)中关于城市道路立体交叉分类,应选D。

15. C

【解析】见《公路路线设计规范》(JTG D20—2017)。

16. D

【解析】见《公路路线设计规范》(JTG D20—2017)。

17. D

【解析】见《公路路线设计规范》(JTG D20—2017)。

18. D

【解析】见《公路路线设计规范》(JTG D20—2017)。

19. B

【解析】见《公路路线设计规范》(JTG D20—2017)。

20. D

【解析】见《公路路线设计规范》(JTG D20—2017)。

21. C

【解析】见《公路路线设计规范》(JTG D20—2017)。

22. C

【解析】见《公路路线设计规范》(JTG D20—2017)。

23. C

【解析】见《城市快速路设计规程》(CJJ 129—2009)。

24. A

【解析】见《城市快速路设计规程》(CJJ 129—2009)。

25. C

【解析】见《城市快速路设计规程》(CJJ 129—2009)。

26. B

【解析】见《城市快速路设计规程》(CJJ 129—2009)。

27. C

【解析】当有连续多个出口时,宜合并为单一的出口,A不对;为了便于识别出口,分流端部宜统一设置于交叉点之前,所以B不正确,C正确;高速公路全线的出口应采用相对一致的形式,D不正确。应选C。

28. B

【解析】根据高速公路互通式立体交叉车道数平衡的基本原则,应选B。

29. B

【解析】根据高速公路互通式立体交叉车道数平衡的基本原则,应选B。

30. A

【解析】根据高速公路互通式立体交叉车道数平衡的基本原则,应选A。

31. D

【解析】AB为变速车道,C为解决车流交织而设置的,所以应选D。

32. C

【解析】喇叭形立体交叉可分为A型和B型,经环形左转匝道驶入正线(或主线)为A型,驶出时为B型;主线驶出后接半径较小的环形匝道,容易因减速不够而导致侧翻事故,因此从主线驶出后直接进入环形匝道的安全性较差。应选C。

33. B

【解析】环形匝道是用于左转弯方向,因环形匝道平面指标低,适应的交通量小,所以应选B。

34. A

【解析】集散车道的作用就是消除正线上的交织,应选A。

35. B

【解析】子叶形的两个左转弯匝道均采用环形匝道,与苜蓿叶的环形匝道类似,可作为苜蓿叶形互通式立体交叉前期工程,应选B。

36. A

【解析】苜蓿叶互通式立体交叉的四个左转弯环形匝道适应车速较低,适应的交通量较小,所以应选用一般互通式立体交叉。

37. A

【解析】为节省管理和运营成本,一座互通式立体交叉以设1座收费站为宜,应选A。

38. B

【解析】一座互通式立体交叉以设1座收费站为宜,四路互通式立体交叉为了只设置1座收费站,需要修建连接线,连接线两端设置三路交叉,这对高速公路互通式立体交叉形式的影响较大。

39. C

【解析】苜蓿叶形和涡轮形不适合收费立交,所以AB不对,采用与高速公路设置平面交叉不允许,D也不对,应选C。

40. B

【解析】涡轮形互通式立体交叉的四条左转弯匝道均采用的是大回形匝道,属于半定向式(或半直接式),应选B。

41. D

【解析】Y形互通式立体交叉的两条左转弯匝道采用直连式或半直连式,适应车速较大,适应的交通量也较大,应选D。

42. A

【解析】驶出匝道的分流鼻处,因从正线分离后行驶速度较高,应具有较大的曲率半径。

43. B

【解析】偏置加宽应设置在分流的地方,且在分流鼻两侧,应选B。

44. D

【解析】A、C显然不对,B是用于车道平衡时,应选D。

45. A

【解析】见《公路路线设计规范》(JTG D20—2017),应选A。

46. B

【解析】见《公路路线设计规范》(JTG D20—2017),应选B。

47. B

【解析】减速段是从减速车道具有一个车道宽度的地方起算的,应选B。

48. A

【解析】见《公路路线设计规范》(JTG D20—2017),应选A。

49. D

【解析】见《公路路线设计规范》(JTG D20—2017),应选D。

50. C

【解析】见《公路路线设计规范》(JTG D20—2017),应选C。

51. B

【解析】见《公路路线设计规范》(JTG D20—2017),应选B。

二、多项选择题

1. BC

【解析】A是按跨越方式分类,D是按几何形状分类,应选BC。

2. AB

【解析】高速公路全封闭,因此与各级公路相交均应设置立体交叉,其余等级道路之间则不一定,因此应选 AB。

3. ABD

【解析】见《公路路线设计规范》(JTG D20—2017),应选 ABD。

4. ABCD

【解析】见《公路路线设计规范》(JTG D20—2017),应选 ABCD。

5. ABC

【解析】应高速公路采取全封闭,与所有的道路交叉必须采用立体交叉,而一级公路可以不全封闭,与二级公路可以采取平面交叉。因此应选 ABC。

6. ABCD

【解析】见《公路路线设计规范》(JTG D20—2017),应选 ABCD。

7. AD

【解析】见《公路路线设计规范》(JTG D20—2017),应选 AD。

8. ABCD

【解析】见《公路路线设计规范》(JTG D20—2017),说法全部正确。

9. BC

【解析】见《公路路线设计规范》(JTG D20—2017),A 太绝对,D 也不一定,应选 BC。

10. ACD

【解析】见《公路路线设计规范》(JTG D20—2017),一般互通式立体交叉匝道上可以设置收费站,应选择 ACD。

11. AD

【解析】见《城市道路交叉口设计规程》(CJJ 152—2010),应选 AD。

12. BCD

【解析】见《城市道路交叉口设计规程》(CJJ 152—2010),应选 BCD。

13. CD

【解析】见《城市道路交叉口设计规程》(CJJ 152—2010),应选 CD。

14. ABCD

【解析】选项中的因素都是确定高速公路上互通式立体交叉的间距时应考虑的因素。

15. AB

【解析】见《公路路线设计规范》(JTG D20—2017),C 和 D 的说法反了,应选 AB。

16. AD

【解析】见《公路路线设计规范》(JTG D20—2017),B 是指相邻互通式立体交叉之间的间距,C 也不对,应选 AD。

17. ABC

【解析】D 不对,应该是设置于交叉点之前,便于驾驶人识别出口,其余正确,应选 ABC。

18. ABCD

【解析】四个选项均正确。

19. AB

【解析】A 是车道数平衡、但基本车道数不连续;B 是基本车道数连续但车道数不平衡;C 是单车道分流合流,车道数平衡;D 设置了辅助车道,车道数也平衡。应选 AB。

20. BC

【解析】半直连的 X 形和涡轮形四条左转弯匝道均采用的是半直连式匝道,指标较高,运行速度高,适应的交通量大,应选 BC。

21. ABCD

【解析】四个选项均正确。

22. ABC

【解析】应选 ABC。

23. AC

【解析】与高速公路相连的一段应设置三路立体交叉,与被交路交叉处设置应根据被交路的等级和交通量,选择三路平面交叉或三路立体交叉,应选 AC。

24. BCD

【解析】与高速公路相连的一段应设置立体交叉,应选 BCD。

25. BCD

【解析】见《城市道路交叉口设计规程》(CJJ 152—2010),应选 BCD。

26. BC

【解析】见《城市道路交叉口设计规程》(CJJ 152—2010),应选 BC。

27. ABC

【解析】见《公路路线设计规范》(JTG D20—2017),应选 ABC。

28. AC

【解析】见《公路路线设计规范》(JTG D20—2017),应选 AC。

29. BC

【解析】变速车道宽度宜采用匝道,A 不对;右侧硬路肩宽度可适当减窄,但不应小于 1.5m,D 也不对,应选 BC。

30. BC

【解析】见《城市道路交叉口设计规程》(CJJ 152—2010),应选 BC。

31. CD

【解析】A 选项,Ⅱ型和Ⅲ型横断面应为"无紧急停车带的单向双车道匝道"和"有紧急停车带的单向双车道匝道";B 选项,减速车道渐变段起点也可以作为匝道平面设计起点;C 选项正确;D 选项,收费站广场处横坡最小为 1.5%。

32. AD

【解析】根据《公路路线设计规范》(JTG D20—2017)11.3.7 条第 2 款,C_2 值介于 0.6 ~ 1.0 之间皆可,同时参照《公路立体交叉设计细则》(JTG/T D21—2014)第 10.9.1 条第 5 款中对于偏置过渡段渐变率的"不宜"与"不应"的规定,可计算得到 B、C 不符合要求。应选 A、D。

三、案例题

1. A

解：次要公路左转交通量为1100pcu/h，主要公路左转交通量为300pcu/h，而环形匝道设计通行能力为800～1000pcu/h，排除叶形立交；根据梨形立交的适用条件，可以排除梨形。根据左转入口匝道的交通量判断，应选择B型喇叭形立交。

2. A

解：公路2左转进入公路1的交通量均为1600pcu/h，大于1500pcu/h，所以公路2进入公路1的两条左转弯匝道宜选用内转弯半直连式匝道；公路1左转进入公路2的交通量均为200pcu/h，交通量较小，环形匝道可以满足要求。根据所提供的4种类型，故选择A选项。

3. B

解：根据《公路路线设计规范》(JTG D20—2017)第3.3.4条规定，查表3.3.4，重庆郊区的设计小时交通系数取9%，所以设计小时交通量为12000pcu/d×9%＝1080pcu/h，匝道设计速度60km/h，因此，查阅《公路立体交叉设计细则》(JTG/T D21—2014)表7.3.1可知，应选择B选项。

4. B

解：根据《公路立体交叉设计细则》(JTG/T D21—2014)第10.2.6条规定，对变速车道长度修正，出口下坡和入口上坡，当纵坡大于2%应修正、当匝道基本路段设计速度小于40km/h时，减速车道最小长度宜按高一级主线设计速度取值。

减速车道出口上坡，不需要纵坡修正，但匝道设计速度为30km/h小于40km/h，减速速度车道长度应按照上一档及120km/h的速度取值，查细则表10.2.5，取值为145m。

查细则表10.2.5，平行式加速车道应取值为200m，其3%上坡，应按照纵坡进行修正，查表10.2.6的修正系数为1.2，其修正后的长度为200×1.2＝240m。因此选择B选项。

第五节　公路与铁路、乡村道路及管线交叉

【考试纲要】

1. 熟悉公路与铁路(城市道路与轨道交通线路)的交叉形式及设计要点。

2. 了解公路与乡村道路、公路(城市道路)与管线等的交叉设计要点。

【知识点复习】

1. 复习要点

考生应掌握熟悉公路与铁路、城市道路与轨道交通线路的交叉形式选用的原则和规定，掌握相应交叉形式的设计要点，同时也要了解公路与乡村道路、公路或城市道路与管线等的交叉设计要点。

2. 规范提示

上述知识点涉及《公路工程技术标准》(JTG B01—2014)、《公路路线设计规范》(JTG

D20—2017),均为现行规范。城市道路对应的知识点涉及现行《城市道路工程设计规范》(CJJ 37)、《城市道路交叉口设计规程》(CJJ 152—2010)。

《公路工程技术标准》(JTG B01—2014)新增了“高速铁路”与公路相交时必须设置立体交叉的规定;关于公路与铁路平交、与架空线路相交、与原油管道和天然气输送管道交叉时的最小斜交角度的规定。

习题精练

一、单项选择题

1. 公路与铁路交叉时,新建项目应首选(　　)。

A. 互通式立体交叉 B. 分离式立体交叉 C. 简单平面交叉 D. 有人值守道口

2. 高速公路、一级公路与铁路交叉时(　　)。

A. 必须设置立体交叉 B. 可以设置立体交叉
C. 可以简单平面交叉 D. 应该设置平面交叉

3. 公路上跨电气化铁路时,其跨线桥结构形式应按(　　)输送的施工工艺与方法确定,以不致危及公路施工和铁路行车的安全。

A. 中断电力 B. 不中断电力 C. 短时间中断电力 D. 长时间中断电力

4. 公路上跨铁路的跨线桥的桥面雨水(　　)排至铁路道砟界范围内。

A. 可以间接 B. 可以直接 C. 不可以直接 D. 以上均不正确

5. 当铁路跨越公路时,可以在公路路幅范围内设置中墩的公路为(　　)。

A. 四车道高速公路 B. 六车道高速公路 C. 二级、三级公路 D. 四级公路

6. 铁路跨越高速公路、一级公路时,其铁路跨线桥应设置(　　)。

A. 防撞护栏 B. 防护网 C. 防眩网 D. 防落网

7. 公路与铁路平面交叉应选在铁路与道路的直线段,且保证直线段长度从钢轨外缘算起不应小于(　　)m。

A. 30 B. 40 C. 50 D. 60

8. 在无人看守或未设置自动信号的道口,为了行车安全,应保证各级道路的(　　)视距要求。

A. 超车 B. 停车 C. 错车 D. 会车

9. 在无人看守或未设置自动信号的道口,为了行车安全,在距离交叉口不小于停车视距,且不得小于(　　)m 范围内,能看到两侧不小于瞭望视距以外的火车。

A. 50 B. 100 C. 150 D. 200

10. 公路与铁路平交道口两侧公路的水平路段长度(不包括竖曲线),从铁路最外侧钢轨外侧算起,不应小于(　　)m。

A. 16 B. 25 C. 50 D. 60

11. 公路与铁路相交的道口两侧紧接水平路段的公路纵坡,不应大于(　　);当受地形条件及其他特殊情况限制时,不得大于(　　)。

A. 2%;4% B. 3%;5% C. 1%;3% D. 4%;6%

12. 对于重车驶向道口一侧的公路下坡路段，紧邻道口水平路段的纵坡不应大于（　　）。

A. 1%　　B. 2%　　C. 3%　　D. 4%

13. 公路与铁路平面相交，必须斜交时，其交叉的锐角应大于（　　）。

A. 30°　　B. 45°　　C. 60°　　D. 70°

14. 高速公路与乡村道路交叉设置通道时，间距宜为（　　）m 左右。

A. 200　　B. 300　　C. 400　　D. 500

15. 公路与乡村道路平面交叉，当必须斜交时，其交叉的锐角应不小于（　　）；受地形条件或其他特殊情况限制时，应不小于（　　）。

A. 60°；30°　　B. 60°；45°　　C. 70°；50°　　D. 70°；60°

16. 公路与乡村道路相交，交叉处公路两侧的乡村道路直线长度应各不小于（　　）m。

A. 10　　B. 20　　C. 30　　D. 40

17. 公路与乡村道路平面交叉，交叉处公路两侧应分别设置不小于（　　）m 的水平段。

A. 10　　B. 20　　C. 30　　D. 40

18. 公路与乡村道路平面交叉时，交叉处公路两侧应分别设置一段水平段。紧接水平段的纵坡不应大于（　　），困难地段不应大于（　　）。

A. 2%；4%　　B. 3%；5%　　C. 3%；6%　　D. 4%；6%

19. 公路与乡村道路相交，设置通道时，最小的净宽是（　　）m。

A. 3.5　　B. 4.0　　C. 6.0　　D. 8.5

20. 公路与乡村道路相交，设置人行通道时，最小的净高是（　　）m。

A. 2.0　　B. 2.2　　C. 2.7　　D. 3.2

21. 公路与乡村道路相交，设置拖拉机、畜力车通道时，最小的净高是（　　）m。

A. 2.0　　B. 2.2　　C. 2.7　　D. 3.2

22. 公路与乡村道路相交，设置农用汽车通道时，最小的净高是（　　）m。

A. 2.0　　B. 2.2　　C. 2.7　　D. 3.2

23. 公路与乡村道路相交，设置天桥时，桥面最小的净宽是（　　）m。

A. 3.0　　B. 3.5　　C. 4.5　　D. 6.0

24. 公路与乡村道路相交，需要对乡村道路进行改线时，改线段平、纵技术指标不应低于（　　）公路的最小值。

A. 一级　　B. 二级　　C. 三级　　D. 四级

25. 公路与架空送电线路相交，以垂直交叉为宜。必须斜交时，其交叉的锐角应不小于（　　）。

A. 30°　　B. 45°　　C. 60°　　D. 70°

26. 公路从架空送电线路下穿过时，宜从（　　）通过。

A. 导线最大弧垂处　　B. 紧贴杆塔处

C. 导线最大弧垂与杆塔之间　　D. 以上均可

27. 公路与原油、天然气输送管道相交，以垂直交叉为宜。必须斜交时，其交叉的锐角宜不小于（　　）。

A. 15°　　B. 30°　　C. 45°　　D. 60°

28. 穿越公路的原油、天然气输送管道的保护套管顶面距路面底基层的底面应不小于(　　)m。

A. 0.5　　B. 1.0　　C. 1.5　　D. 2.0

29. 快速路和重要的主干路与铁路交叉时(　　)。

A. 必须设置立体交叉　　B. 可以设置立体交叉

C. 可以简单平面交叉　　D. 应该设置平面交叉

30. 城市道路与铁路平面交叉应选在铁路与道路的直线段,且保证直线段长度从钢轨外缘算起不得小于(　　)m。

A. 30　　B. 40　　C. 50　　D. 60

31. 城市道路与轨道交通线路斜交时,锐角应不小于(　　)。

A. 30°　　B. 45°　　C. 50°　　D. 60°

32. 城市道路与铁路平面交叉,紧接道口平台两端的道路的机动车道纵坡一般不应大于(　　)。

A. 2%　　B. 3%　　C. 4%　　D. 5%

二、多项选择题

1. 符合下列情况,必须设置立体交叉的是(　　)。

A. 高速公路、一级公路和快速路与铁路交叉时

B. 二级公路与普通铁路交叉时

C. 道路与准高速铁路交叉时

D. 道路与旅客列车设计速度为 140km/h 铁路交叉时

2. 符合下列情况,应设置立体交叉的是(　　)。

A. 设计速度为 80km/h、60km/h 的二级公路同铁路交叉时

B. 公路同路段旅客列车设计速度为 120km/h 的铁路交叉时

C. 铁路有大量调车作业且对公路车辆、行人时间延误严重时

D. 三级公路与铁路交叉时

3. 公路与铁路立体交叉范围内的公路视距要求应满足(　　)。

A. 高速公路、一级公路应满足超车视距

B. 高速公路、一级公路应满足停车视距

C. 二级、三级、四级公路应满足会车视距

D. 二级、三级、四级公路应满足停车视距

4. 铁路上跨公路时,不可以在路幅范围内上设置桥墩的情况有(　　)。

A. 四车道高速公路　　B. 六车道及其以上车道高速公路

C. 二级公路　　D. 三级、四级公路

5. 下列位置不宜设置公路与铁路的平交道口的有(　　)。

A. 铁路站场　　B. 道岔　　C. 桥头　　D. 隧道洞口

6. 在无人看守或未设置自动信号道口的视距三角形内,下列可能影响视距,需要清除的障碍物有(　　)。

A. 房屋　　B. 高秆庄稼　　C. 竹林　　D. 路灯杆

7. 关于公路上跨铁路设计要点,下列说法正确的有(　　)。

A. 跨线桥的跨径与净高必须符合被跨铁路建筑限界的规定

B. 跨线桥桥面雨水不得直接排至铁路道砟界范围内

C. 公路上跨铁路时,仅需要检核中线交叉点处的建筑限界

D. 跨线桥宜设防撞护栏和防落网

8. 关于铁路上跨公路设计要点,下列说法正确的有(　　)。

A. 跨线桥的跨径与净高必须符合公路建筑界限的规定

B. 不得在四车道及以下公路路幅范围内设置墩、台

C. 跨线桥的跨径与布孔应满足公路视距和对前方公路识别的要求

D. 跨线桥宜应设防落网

9. 乡村道路、公路相交,需要对乡村道路进行改线的有(　　)。

A. 交叉角小于60°

B. 不改线会造成工程量增加较多

C. 交叉处的地形、地质、视距不适宜设置交叉

D. 交叉处原乡村道路平面线形不适宜设置交叉

10. 高速公路与乡村道路相交可设置(　　)。

A. 信号控制的平面交叉　　B. 渠化的平面交叉

C. 通道　　D. 天桥

11. 高速公路与乡村道路相交设置通道时,关于通道的最小净高选择,下列说法正确的有(　　)。

A. 通行行人时,最小净高应≥2.20m

B. 通行农用汽车时,最小净高应≥5.00m

C. 通行农用拖拉机时,最小净高应≥2.70m

D. 通行畜力车时,最小净高应≥3.20m

12. 高速公路与乡村道路设置天桥时,应注意(　　)。

A. 桥面净宽应不小于8m

B. 车道荷载等级应采用公路—Ⅰ级

C. 跨越高速公路、一级公路的天桥,应设防撞护栏和防落网

D. 天桥的桥面雨水不得直接排至公路路面

13. 关于公路与乡村道路设置人行通道的设计要点,下列说法正确的有(　　)。

A. 净宽应不小于4.0m　　B. 净高应不小于2.0m

C. 设置坡道时,其坡度不应陡于1:8　　D. 特殊困难地区允许人行通道内积水

14. 关于高速公路与乡村道路设置人行天桥的设计要点,下列说法正确的有(　　)。

A. 净宽应不小于2.0m

B. 净高应不小于5.0m

C. 设置坡道时,其坡度不应陡于1:1.5

D. 一般人群荷载采用3kN/m^2,行人密集地区宜采用3.5kN/m^2

15. 关于公路与乡村道路设置平面交叉时的设计要点，下列说法正确的有(　　)。

A. 必须斜交时，其交叉的锐角应不小于70°；特殊限制时，应不小于45°

B. 公路两侧的乡村道路直线长度均应不小于20m

C. 交叉处公路两侧乡村道路应分别设置不小于10m的水平段

D. 平面交叉处的视距三角形内不得有障碍物

16. 与公路相交的管线按照性质和用途，包括(　　)。

A. 管道　　B. 电力　　C. 电信　　D. 渠道

17. 架空送电线路导线与路面的垂直距离，应根据(　　)情况进行计算后综合确定。

A. 最高气温情况　　B. 覆冰无风情况　　C. 最大风速情况　　D. 最低气温情况

18. 受地形条件或其他特殊情况限制时，公路与公路、与管线交叉最小锐角的角度规定，下列说法正确的有(　　)。

A. 公路与公路平面交叉时，应不小于30°

B. 公路与公路平面交叉时，应不小于45°

C. 公路与天然气输送管道交叉时，应不小于30°

D. 公路与天然气输送管道交叉时，应不小于45°

19. 受地形条件或其他特殊情况限制时，公路与原油、与架空线路交叉最小锐角的角度规定，下列说法正确的有(　　)。

A. 公路与原油送管道交叉时，应不小于30°

B. 公路与原油送管道交叉时，应不小于45°

C. 公路与架空线路交叉时，应不小于45°

D. 公路与架空线路交叉时，应不小于60°

20. 关于原油、天然气输送管道与公路交叉且采用下穿方式时的要求，下列说法正确的有(　　)。

A. 与高速公路、一级公路，必须设置地下通道(涵)

B. 与各级公路相交，应设置地下通道(涵)或者套管

C. 与二级公路、三级公路、四级公路相交，必须设置通道(涵)

D. 穿越公路的保护套管其顶面距路面底基层的底面应不小于1.0m

21. 符合下列情况，应设置立体交叉的是(　　)。

A. 主干路、次干路、支路与铁路交叉，当道口交通量大或铁路调车作业繁忙时

B. 各级道路与旅客列车设计行车速度大于或等于120km/h的铁路交叉

C. 当受地形等条件限制，采用平面交叉危及行车安全时

D. 道路与铁路交叉，机动车交通量不大，但非机动车和行人流量较大时

22. 下列位置不应设置城市道路与铁路的平交道口的有(　　)。

A. 铁路站场　　B. 铁路道岔处　　C. 铁路圆曲线路段　　D. 双轨铁路路段

23. 城市道路与铁路平面交叉时，下列设计要点正确的有(　　)。

A. 道路线形应为直线

B. 直线段从最外侧钢轨外缘算起应不小于30m

C. 缘石转弯曲线切点距最外侧钢轨外缘应不小于30m

D. 无栏木设施时，停止线位置距最外侧钢轨外缘应不小于 1m

24. 城市道路与铁路平面交叉时，道口两侧应设置平台，对平台的设计要求正确的有( )。

A. 平台长度宜不小于 36m　　B. 平台长度宜不小于 16m

C. 平台纵坡宜不大于 2%　　D. 平台纵坡宜不大于 0.5%

25. 下列城市道路与轨道交通线路交叉时，必须设置立体交叉的是( )。

A. 快速路　　B. 主干路　　C. 次干路　　D. 支路

习题参考答案及解析

一、单项选择题

1. B

【解析】公路与铁路无需互通，A 错误，为了保证铁路和公路的运营安全，新建项目首选应设置分离式立体交叉。应选 B。

2. A

【解析】高速公路全封闭，高速公路和一级公路车辆运行速度快，交通量大，与铁路必须设置立体交叉，应选 A。

3. B

【解析】见《公路路线设计规范》(JTG D20—2017)，应选 B。

4. C

【解析】见《公路路线设计规范》(JTG D20—2017)，应选 C。

5. B

【解析】见《公路路线设计规范》(JTG D20—2017)，应选 B。

6. D

【解析】见《公路路线设计规范》(JTG D20—2017)，应选 D。

7. C

【解析】见《公路路线设计规范》(JTG D20—2017)，应选 C。

8. B

【解析】见《公路路线设计规范》(JTG D20—2017)，应选 B。

9. A

【解析】见《公路路线设计规范》(JTG D20—2017)，应选 A。

10. A

【解析】见《公路路线设计规范》(JTG D20—2017)，应选 A。

11. B

【解析】见《公路路线设计规范》(JTG D20—2017)，应选 B。

12. C

【解析】见《公路路线设计规范》(JTG D20—2017)，应选 C。

13. B

【解析】 见《公路路线设计规范》(JTG D20—2017),应选 B。

14. C

【解析】 见《公路路线设计规范》(JTG D20—2017),应选 C。

15. D

【解析】 见《公路路线设计规范》(JTG D20—2017),应选 D。

16. B

【解析】 见《公路路线设计规范》(JTG D20—2017),应选 B。

17. A

【解析】 见《公路路线设计规范》(JTG D20—2017),应选 A。

18. C

【解析】 见《公路路线设计规范》(JTG D20—2017),应选 C。

19. B

【解析】 见《公路路线设计规范》(JTG D20—2017),应选 B。

20. B

【解析】 见《公路路线设计规范》(JTG D20—2017),应选 B。

21. C

【解析】 见《公路路线设计规范》(JTG D20—2017),应选 C。

22. D

【解析】 见《公路路线设计规范》(JTG D20—2017),应选 D。

23. C

【解析】 见《公路路线设计规范》(JTG D20—2017),应选 C。

24. D

【解析】 见《公路路线设计规范》(JTG D20—2017),应选 D。

25. B

【解析】 见《公路工程技术标准》(JTG D20—2017),应选 B。

26. C

【解析】 见《公路路线设计规范》(JTG D20—2017),应选 C。

27. B

【解析】 见《公路工程技术标准》(JTG D20—2017),应选 B。

28. B

【解析】 见《公路路线设计规范》(JTG D20—2017),应选 B。

29. A

【解析】 见《城市道路交叉口设计规程》(CJJ 152—2010),应选 A。

30. A

【解析】 见《城市道路交叉口设计规程》(CJJ 152—2010),应选 A。

31. B

【解析】 见《城市道路交叉口设计规程》(CJJ 152—2010),应选 B。

32. B

【解析】见《城市道路交叉口设计规程》(CJJ 152—2010),应选 B。

二、多项选择题

1. ACD

【解析】见《公路路线设计规范》(JTG D20—2017),应选 ACD。

2. ABC

【解析】见《公路路线设计规范》(JTG D20—2017),应选 ABC。

3. BC

【解析】见《公路路线设计规范》(JTG D20—2017),应选 BC。

4. ACD

【解析】见《公路路线设计规范》(JTG D20—2017),应选 ACD。

5. ABCD

【解析】见《公路路线设计规范》(JTG D20—2017),道口不得设置在铁路站场、道岔、桥头、隧道洞口及调车作业的地段附近。应选 ABCD。

6. ABC

【解析】见《公路路线设计规范》(JTG D20—2017),应选 ABC。

7. ABD

【解析】见《公路路线设计规范》(JTG D20—2017),应选 ABD。

8. ABCD

【解析】见《公路路线设计规范》(JTG D20—2017),应选 ABCD。

9. ABCD

【解析】见《公路路线设计规范》(JTG D20—2017),应选 ABCD。

10. CD

【解析】高速公路与任何道路相交不可能设置平面交叉,高速公路与乡村道路交叉必须设置通道或天桥,见《公路路线设计规范》(JTG D20—2017),应选 CD。

11. AC

【解析】根据《公路路线设计规范》(JTG D20—2017),通道通行行人时应不小于2.20m,通行拖拉机、畜力车时的最小净高不小于2.70m,通行农用汽车时应不小于3.20m,应选 AC。

12. CD

【解析】桥面净宽应不小于4.5m,车道荷载等级应采用公路—Ⅱ级,所以 AB 错误,CD 正确。见《公路路线设计规范》(JTG D20—2017)。

13. AC

【解析】净高应不小于2.2m,特殊困难地区也不允许人行通道内积水,应做好排水设计,所以 BD 错误,AC 正确。见《公路路线设计规范》(JTG D20—2017)。

14. BD

【解析】净宽应不小于3.0m,设置坡道时,其坡度不应陡于1:4,所以 AC 错误,BD 正确。见《公路路线设计规范》(JTG D20—2017)。

15. BCD

【解析】斜交时,特殊限制的锐角应不小于60°,所以A错误,应选BCD。见《公路路线设计规范》(JTG D20—2017)。

16. ABC

【解析】与渠道相交,属于桥涵设计应考虑的问题,应选ABC。

17. ABC

【解析】最低气温没有影响,应考虑高温时线路热胀后,距离地面高度减少带来净空高度不足的问题,同时考虑覆冰和风速的影响,见《公路路线设计规范》(JTG D20—2017),所以应选ABC。

18. BC

【解析】见《公路工程技术标准》(JTG B01—2014),受地形条件或其他特殊情况限制时,公路与公路平面交叉时,最小锐角应45°;公路与天然气输送管道交叉时,最小锐角应不小于30°,所以应选BC。

19. AC

【解析】见《公路工程技术标准》(JTG B01—2014),受地形条件或其他特殊情况限制时,公路与原油送管道交叉时,最小锐角应不小于30°;与公路与架空线路交叉时,最小锐角应不小于45°,所以应选AC。

20. AD

【解析】见《公路路线设计规范》(JTG D20—2017),所以应选AD。

21. ABC

【解析】见《城市道路交叉口设计规程》(CJJ 152—2010),D选项是可设置,不是应该设置。所以应选ABC。

22. ABC

【解析】见《城市道路交叉口设计规程》(CJJ 152—2010),道路与铁路平面交叉道口不应设在铁路道岔处、站场范围内、铁路曲线路段以及道路与铁路通视条件不符合行车安全要求的路段上。应选ABC。

23. ABC

【解析】见《城市道路交叉口设计规程》(CJJ 152—2010),无栏木设施时,停止线位置距最外侧钢轨外缘应不小于5m,应选ABC。

24. BD

【解析】见《城市道路交叉口设计规程》(CJJ 152—2010),城市道路与铁路平面交叉时,道口两侧应设置平台,平台长度不宜小于16m,平台纵坡宜不大于0.5%。应选BD。

25. ABCD

【解析】各级道路与城市轨道交通线路交叉时,必须设置立体交叉,见《城市道路交叉口设计规程》(CJJ 152—2010),应选ABCD。

第七章　交通工程及沿线设施

第一节　一 般 规 定

【考试纲要】

了解交通工程概况，研究范围、内容和目的。

【复习提示】

1. 复习要点

考生应在了解交通工程概况，研究范围，熟悉交通工程研究内容、研究目的的基础上，熟练掌握交通安全设施、服务设施、管理设施的种类、作用和设置条件。

2. 规范提示

交通工程概况，研究范围、内容和目的等知识点涉及《公路交通安全设施设计规范》(JTG D81—2017)、《公路工程技术标准》(JTG B01—2014)、《高速公路交通工程及沿线设施设计通用规范》(JTG D80—2006)，均为现行规范。

较之原规范，《公路交通安全设施设计规范》(JTG D81—2017)的修订增加了隧道轮廓带、示警桩、示警墩、道口标注等设施，加强了隧道、低等级公路路侧险要和小型平面交叉等特殊路段的轮廓诱导规定；防落网的范围扩大到防落物网和防落石网两类；在新增加的"其他交通安全设施"一章中，涵盖了防风栅、防雪栅、积雪标杆、限高架、减速丘、凸面镜等设施；增加了"避险车道"一章，对避险车道的设置原则、设置位置、平纵线形、长度、铺装材料和附属设施的设计进行了系统规定，首次对中央分隔带活动护栏提出了防护等级的要求。《公路工程技术标准》(JTG B01—2014)修订增加了公路改扩建、特殊地区高速公路、运行速度、非机动车和行人密集路段、设计年限、安全性评价、救灾通道等方面的规定和要求，调整和补充了干线公路交通工程、乡村公路交叉等方面的规定，调整了公路适应交通量、交通量预测年限、服务水平分级、路基横断面宽度、纵坡、隧道断面及进出口线形、交通工程分类及建筑设施年限等方面的规定。

◆ 习题精练 ◆

一、单项选择题

1. 公路交通安全设施设计应坚持(　　)的原则。

A. 以人为本、经济适用、系统设计、重点突出

B. 以人为本、预防为主、系统设计、重点突出

C. 以人为本、预防为主、经济适用、重点突出

D. 以人为本、预防为主、系统设计、经济适用

2. 高速公路交通工程及沿线设施的设计交通量应采用该高速公路主体工程的(　　)。

A. 最大交通量　　B. 实际交通量　　C. 预测交通量　　D. 平均交通量

3. 根据高速公路的(　　),拟定交通工程及沿线设施分期实施原则,划定征地范围,确定预留项目、管道预埋等方案。

A. 设计交通量　　B. 实际交通量　　C. 预测交通量　　D. 平均交通量

4. 交通工程及沿线设施应按照(　　)的原则进行设计。

A. “保障安全、提供服务、经济实用”　　B. “保障舒适、提供服务、经济实用”

C. “保障舒适、提供服务、利于管理”　　D. “保障安全、提供服务、利于管理”

二、多项选择题

1. 根据交通工程及沿线设施的设计原则,交通工程及沿线设施包括(　　)。

A. 交通机电设施　　B. 交通安全设施　　C. 服务设施　　D. 管理设施

2. 公路交通安全设施设计内容包括(　　)、护栏和栏杆、视线诱导设施、隔离栅、防护网、防眩设施和其他交通安全设施等。

A. 避险车道　　B. 交通标志　　C. 交通标线　　D. 监控设备

3. 公路交通安全设施为满足公路使用者安全行车的需要,应该具有(　　)、全时保障等使用功能。

A. 主动引导　　B. 被动防护　　C. 安全保障　　D. 隔离封闭

4. 根据我国《公路工程技术标准》(JTG B01—2014),公路根据功能和适应的交通量可分为(　　)、三级公路和四级公路。

A. 干线公路　　B. 高速公路　　C. 一级公路　　D. 二级公路

5. 交通工程及沿线设施的建设规模与标准应根据(　　)、公路的功能等综合论证确定。

A. 公路网规划　　B. 公路等级　　C. 交通量　　D. 运营条件

6. 公路主体工程总体设计经共同确认后,应在主体工程和交通工程及沿线设施的设计文件中以相同设计方案进行总体设计,其相关的部分主要内容为(　　)。

A. 交通工程及沿线设施的技术标准与建设规模

B. 交通安全设施、服务设施、管理设施的设置方案

C. 收费制式及其主线收费站、匝道收费站的设置方案

D. 服务设施、管理设施等的供水设计方案及其排污处理方案

E. 服务设施、管理设施、收费广场的综合排水设计方案及其同主体工程排水设计的衔接方案

习题参考答案及解析

一、单项选择题

1. B

【解析】公路交通安全设施设计原则中不含有“经济适用”,综合排除下来,故选B。

2. C

【解析】因为高速公路使用年限较长,因此在进行设计时应采用预测交通量。

3. A

【解析】交通工程及沿线设施分期实施原则,划定征地范围,确定预留项目、管道预埋等方案是由高速公路设计交通量来确定的。

4. D

【解析】交通工程及沿线设施的设计原则:保障安全、提供服务、利于管理。

二、多项选择题

1. BCD

【解析】根据交通工程及沿线设施的设计原则,交通工程及沿线设施分为:交通安全设施、服务设施、管理设施,交通机电设施属于管理设施。

2. ABC

【解析】公路交通安全设施的设计内容:交通标志、交通标线(含突起路标)、护栏和栏杆、视线诱导设施、隔离栅、防护网、防眩设施、避险车道和其他设施(含防风栅、防雪栅、积雪标杆、限高架、减速丘和凸面镜)等。

3. ABD

【解析】公路交通安全设施应具有的使用功能:主动引导、被动防护、隔离封闭、全时保障。安全保障过于笼统,因此排除选项C。

4. BCD

【解析】根据功能和适应的交通量,公路分为:高速公路、一级公路、二级公路、三级公路和四级公路。

5. ABCD

【解析】交通工程及沿线设施的建设规模与标准应根据公路网规划、公路等级、交通量、运营条件及公路的功能等综合论证确定。

6. ABCDE

【解析】公路主体工程和交通工程及沿线设施的设计文件中以下的设计内容以相同设计方案进行总体设计:①交通工程及沿线设施的技术标准与建设规模;②交通安全设施、服务设施、管理设施的设置方案;③收费制式及其主线收费站、匝道收费站的设置方案;④服务设施、管理设施等的供水设计方案及其排污处理方案;⑤服务设施、管理设施、收费广场的综合排水设计方案及其同主体工程排水设计的衔接方案。

第二节　交通安全设施

【考试纲要】

1. 掌握交通安全设施的种类、作用和设置条件。

2. 熟悉道路交通标志、标线、防护设施及其他附属设施的内容、作用、分类和设置原则。

3. 熟悉城市道路交通安全设施的种类、作用和设置方法。

【复习提示】

1. 复习要点

考生应掌握公路和城市道路中交通安全设施的种类、作用、设置条件及其等级分类和适用的道路;熟悉道路交通标志和标线的内容、作用和分类,熟悉颜色含义、形状含义、安装方式、照明方式及其尺寸选取的影响因素;掌握护栏的相关术语,掌握其作用、分类、构造、材料和设置原则;熟悉隔离栅、防眩设施、轮廓标等附属安全设施的内容和设置原则。

2. 规范提示

交通安全设施的种类、作用、设置条件和护栏、隔离栅、轮廓标以及其他安全附属设施的内容、作用、设置原则等知识点涉及《公路交通安全设施设计规范》(JTG D81—2006)和《公路工程技术标准》(JTG B01—2014)等规范,其中《公路交通安全设施设计规范》(JTG D81—2017)与原规范相比,增加了护栏的防护等级;对路侧护栏的设置条件和防护等级的确定更加具体化;细化了各类桥梁护栏的构造要求;首次对中央分隔带活动护栏提出了防护等级的要求;增加了"避险车道"一章,对避险车道的设置原则、设置位置、平纵线形、长度、铺装材料和附属设施的设计进行了系统规定。

道路交通标志和标线的内容、作用、分类、设置原则、影响因素等知识点涉及《道路交通标志和标线　第1部分:总则》(GB 5768.1—2009)、《道路交通标志和标线　第2部分:道路交通标志》(GB 5768.2—2009)、《道路交通标志和标线　第3部分:道路交通标线》(GB 5768.3—2009)等规范,较之前版本,增加了道路交通标志和标线基本图形以及道路交通标志和标线使用的原则等;"速度管理"改为"限制速度","铁路平交口"改为"铁路道口","自行车和行人控制"改为"非机动车和行人";规定警告、禁令、指示标志尺寸的一般值,细化了停车指示标志,明确一般道路指路标志的分类;设计新的车距确认形式,增加了蓝色和黄色停车位标线形式,明确不同颜色停车位标线的含义。

城市道路对应的知识点涉及《城市道路工程设计规范》(CJJ 37—2012),较之前版本强化了交通安全和管理设施的设计内容。

习题精练

一、单项选择题

1. 城市交通安全设施等级分为A、B、C、D四级,其中C级的适用范围为(　　)。

A. 快速路

B. 主干路、次干路作为交通干线时

C. 主干路、次干路作为集散、服务功能时

D. 次干路、支路

2. 当同一地点需要设置两个以上的标志时,可安装在一个支撑结构上,但最多不宜超过(　　)。

A. 2个　　B. 3个　　C. 4个　　D. 6个

3. 交通标志形状一般选用正等边三角形、倒等边三角形、圆形、八角形、方形等形状，那么正等边三角形一般用于(　　)。

A. 指示标志　　B. 指路标志　　C. 警告标志　　D. 禁令标志

4. 指路标志的汉字高度一般应根据(　　)选取。

A. 地形　　B. 设计速度　　C. 道路等级　　D. 信息要素

5. 交通标志安装时，标志版面的法线与公路中心线平行或呈一定角度。路侧安装的指路标志和警告标志安装角度为(　　)。

A. 0 ~ 10°　　B. 0 ~ 15°　　C. 0 ~ 30°　　D. 0 ~ 45°

6. (　　)及以上等级的公路必须设置交通标线，其他等级的公路宜视需要设置交通标线。

A. 四级　　B. 三级　　C. 二级　　D. 一级

7. 根据交通标志形状的使用规则，“减速让行”禁令标志的形状应为(　　)。

A. 正等边三角形　　B. 倒等边三角形　　C. 圆形　　D. 八角形

8. (　　)的颜色为黄底、黑边、黑图形，“叉形符号”“斜杠符号”为白底红图形。

A. 警告标志　　B. 禁令标志　　C. 指示标志　　D. 告示标志

9. 交通标线是由施画或安装于道路上的(　　)及立面标记、实体标记、突起路标和轮廓标等所构成的交通设施。

A. 线段、箭头、字符、图案　　B. 线条、箭头、字符、图形

C. 线段、箭头、文字、图形　　D. 线条、箭头、文字、图案

10. (　　)表示道路信息的指引，为驾驶者提供去往目的地所经过的道路、沿途相关城镇、重要公共设施、服务设施、地点、距离和行车方向等信息。

A. 指路标志　　B. 指示标志　　C. 告示标志　　D. 旅游区标志

11. 可跨越同向车行道分界线为(　　)，用来分隔同向行驶的交通流。

A. 白色实线　　B. 白色虚线　　C. 黄色实线　　D. 黄色虚线

12. 行车道边缘线、车道分界线宽度应符合下述规定：当设计速度为 100km/h 时，行车道边缘线、车道分界线应分别为(　　)cm。

A. 20、20　　B. 20、15　　C. 25、20　　D. 25、15

13. 导向箭头的尺寸应根据(　　)进行选取。

A. 车道宽度　　B. 设计速度　　C. 箭头类型　　D. 道路等级

14. 路面文字标记是利用路面文字指示限制车辆行驶的标记，则其字高、字宽、纵向间距的选取与(　　)有关。

A. 车道宽度　　B. 道路等级　　C. 可用空间　　D. 设计速度

15. 护栏按其在公路中的横向设置位置，可分为(　　)。

A. 路基护栏和桥梁护栏　　B. 路侧护栏和桥梁护栏

C. 路基护栏和中央分隔带护栏　　D. 路侧护栏和中央分隔带护栏

16. 护栏按其在公路中的纵向设置位置，可分为(　　)。

A. 路基护栏和桥梁护栏　　B. 路侧护栏和桥梁护栏

C. 路基护栏和中央分隔带护栏　　D. 路侧护栏和中央分隔带护栏

17. 根据碰撞后的变形程度,波形梁护栏属于( )。
A. 柔性护栏 B. 半柔性护栏 C. 刚性护栏 D. 半刚性护栏
18. 根据碰撞后的变形程度,缆索护栏属于( )。
A. 柔性护栏 B. 半柔性护栏 C. 刚性护栏 D. 半刚性护栏
19. 混凝土护栏属于( )。
A. 柔性护栏 B. 半柔性护栏 C. 刚性护栏 D. 半刚性护栏
20. 护栏端头和防撞垫的防护等级按设计防护速度可分为( )。
A. 一级、二级 B. 一级、二级、三级
C. 一级、二级、三级、四级 D. 一级、二级、三级、四级、五级
21. 用于阻止人、畜进入公路或沿线其他禁入区域、防止非法侵占公路用地的设施是( )。
A. 路侧护栏 B. 中央分隔带护栏 C. 隔离栅 D. 路基护栏
22. 相同等级公路中,不同类型护栏的最小结构长度大小关系正确的是( )。
A. 缆索护栏 > 波形梁护栏 > 混凝土护栏 B. 波形梁护栏 > 缆索护栏 > 混凝土护栏
C. 混凝土护栏 > 缆索护栏 > 波形梁护栏 D. 混凝土护栏 > 波形梁护栏 > 缆索护栏
23. 下列关于防落网说法错误的是( )。
A. 防落物网和防落石网统称为防落网
B. 防落物网距桥面高度不低于 2.0m
C. 防落物网的设置范围为下穿铁路、公路等被保护区的宽度并向路外延长 10 ~ 20m
D. 防落石网应充分考虑地形条件、地质条件、危岩分布范围、落石运动途径及公路工程的相关关系等因素后加以设置
24. 防眩设施应按部分遮光原理设计,直线路段遮光角不应小于( )。
A. 5° B. 6° C. 7° D. 8°
25. 匝道处轮廓标的设置间距和( )有关。
A. 曲线半径 B. 匝道长度 C. 匝道通行能力 D. 匝道车速
26. 下列关于隧道轮廓带设置规定说法错误的是( )。
A. 特长隧道、长隧道可每隔 500m 设置一处隧道轮廓带。视距不良等特殊路段宜适当加密
B. 无照明的二级及二级以下公路隧道无须设置隧道轮廓带
C. 紧急停车带前适当位置宜设置隧道轮廓带
D. 隧道轮廓带应避免产生眩光

二、多项选择题

1. 高速公路的交通工程安全设施等级应为 A 级,下列说法正确的有( )。
A. A 级交通安全设施应为用路者提供系统和完善的指示、指路、警告、禁令等信息,保障行人行驶安全、舒适
B. A 级交通安全设施应配置:标志、标线、视线诱导标、隔离栅、防护网、防眩板、护栏、防撞设施等

C. 位于风雪沙坠石等危及公路安全的路段,应设置防风栅、防雪栅、防落网、积雪标杆等交通安全设施

D. 特殊情况下可设置紧急出口、避险车道等交通安全设施

2. 公路交通安全设施包括(　　)。

A. 交通标志和标线　　B. 隔离栅

C. 护栏　　D. 防眩设施和桥梁护网

3. 道路交通标志是以颜色、形状和(　　)等向道路使用者传递信息,用以管理交通的设施。

A. 字体　　B. 字符　　C. 图形　　D. 图像

4. 以下交通标线的设置原则中,正确的有(　　)。

A. 高速公路和一级公路的一般路段应设置车行道边缘线和车行道分界线

B. 车行道边缘线应设置于公路两侧紧靠行车道的硬路肩内,不得侵入车行道内

C. 车行道边缘线的宽度应为 15 ~ 20cm

D. 车行道分界线的宽度应为 10 ~ 15cm

5. 交通标志按其作用可分为(　　)两大类。

A. 主要标志　　B. 次要标志　　C. 主标志　　D. 辅助标志

6. 交通标志按作用可分为主标志和辅助标志两大类,其中主标志可分为(　　)、旅游区标志、作业区标志、告示标志等 7 种标志。

A. 警告标志和禁令标志　　B. 警示标志和禁止标志

C. 指示标志和指路标志　　D. 指导标志和指路标志

7. 道路的设计速度是众多交通标志设计的依据,以下交通标志的尺寸设计依据设计速度的是(　　)。

A. 警告标志　　B. 禁令标志　　C. 指示标志　　D. 指路标志

8. 以下属于交通标志支撑方式的是(　　)。

A. 柱式　　B. 悬臂式　　C. 门架式　　D. 附着式

9. 道路交通标线按功能分类,可分为(　　)。

A. 指示标线　　B. 禁止标线　　C. 警示标线　　D. 警告标线

10. 道路交通标线按形态分类,可分为(　　)。

A. 线条　　B. 字符　　C. 突起路标　　D. 轮廓标

11. 道路交通标线按设置方式分类,可分为(　　)。

A. 纵向标线　　B. 横向标线　　C. 其他标线　　D. 轮廓标

12. 关于车行道边缘线,以下说法正确的有(　　)。

A. 白色虚线用以指示车辆可临时越线行驶的车行道边缘

B. 白色实线用于指示禁止车辆跨越的车行道边缘或机非分界

C. 白色虚实线的虚线侧允许车辆越线行驶,实线侧不允许车辆越线行驶

D. 白色虚实线的实线侧允许车辆越线行驶,虚线侧不允许车辆越线行驶

13. 必须设置轮廓标的道路是(　　)。

A. 一级公路　　B. 二级公路　　C. 三级公路　　D. 快速路

14. 护栏根据碰撞后的变形程度,可分为(　　)。

A. 刚性护栏　　B. 半刚性护栏　　C. 半柔性护栏　　D. 柔性护栏

15. 选择桥梁护栏形式时,应考虑(　　)因素。

A. 桥梁护栏的防护性能

B. 环境和景观要求

C. 受碰撞后的护栏变形程度

D. 护栏的初期建设成本,不计投入使用后的养护成本

16. 除特殊路段外,以下公路沿线两侧必须连续设置隔离栅的有(　　)。

A. 高速公路　　B. 需要控制出入的一级公路

C. 二级公路　　D. 三级公路

17. 路侧护栏最小结构长度和(　　)因素有关。

A. 公路长度　　B. 公路等级　　C. 车辆构成　　D. 护栏类型

18. 选取中央分隔带开口护栏形式时,应符合下列规定(　　)。

A. 应有效地阻止非紧急车辆在中央分隔带开口处的通行

B. 中央分隔带开口护栏应方便开启与关闭、具有可移动性,宜在 10min 内开启 15m 及以上的长度

C. 应与相邻中央分隔带护栏能合理过渡

D. 中央分隔带开口处互动护栏的两固定端安装应牢固,连接部分具有防盗功能

19. 以下说法正确的有(　　)。

A. 整体式断面中间带宽度大于 12m 时必须设置中央分隔带护栏

B. 禁止掉头的一级公路中央分隔带开口处可设置中央分隔带开口护栏

C. 高速公路中央分隔带开口处必须设置中央分隔带开口护栏

D. 整体式断面中间带宽度小于或等于 12m 时必须设置中央分隔带护栏

20. 下列哪些位置护栏应进行便于失控车辆安全导向的端头处理(　　)。

A. 交通分流处三角地带位置　　B. 护栏设置的起讫点位置

C. 隧道入、出口处位置　　D. 中央分隔带开口位置

21. 以下说法正确的是(　　)。

A. 作为干线公路的二级公路桥梁必须设置中央分隔带护栏

B. 作为干线公路的一级公路桥梁必须设置中央分隔带护栏

C. 作为干线公路的一级、二级公路桥梁必须设置路侧护栏

D. 高速公路桥梁中央分隔带必须设置桥梁护栏

22. 按行车方向,高速公路、一级公路正确安装公路轮廓标的方式有(　　)。

A. 白色反射体的轮廓标应安装于公路右侧

B. 黄色反射体的轮廓标应安装于公路右侧

C. 白色反射体的轮廓标应安装于中央分隔带

D. 黄色反射体的轮廓标应安装于中央分隔带

23. 公路中,以下可适当加密轮廓标间隔的路段有(　　)。

A. 高速公路主线直线路段　　B. 路基宽度变化路段

C. 竖曲线路段　　　　　　　　　　　D. 车道数量变化路段

24. 路侧安全净区应(　　)。

A. 位于公路行车方向最右侧车行道以外 B. 相对平坦

C. 无障碍物　　　　　　　　　　　　D. 可供失控车辆重新返回正常行驶路线

25. 下列关于避险车道设置说法正确的有(　　)。

A. 避险车道应设置交通标志、标线、轮廓标等交通安全设施

B. 避险车道的设置位置及形式宜结合地形、线形条件确定,设置位置处宜避开桥梁,并应避开隧道

C. 避险车道制动床的长度应根据车辆驶入速度、避险车道纵坡及坡床材料综合确定

D. 避险车道制动床末端应增设防撞桶、废轮胎等缓冲装置

习题参考答案及解析

一、单项选择题

1. C

【解析】现行《城市道路工程设计规范》(CJJ 37)规定,A 级适用于快速路,B 级适用于主干路、次干路作为交通干线时,C 级适用于主干路、次干路作为集散、服务功能时,D 级适用于次干路、支路,选 C。

2. C

【解析】为了保证视认性,同一地点需要设置两个以上标志时,可安装在一个支撑结构上,但最多不应超过 4 个,分开设置的标志,应先满足禁令、指示和警告标志的设置空间,选 C。

3. C

【解析】本题考查的是交通标志形状的使用规则,不同形状适用不同性质的标志;正等边三角形一般用于警告标志,圆形适用于禁令和指示标志,倒等边三角形用于“减速让行”禁令标志,方形一般用于指路标志,部分警告、禁令和指示标志,旅游区标志,辅助标志,告示标志等;选 C。

4. B

【解析】除特殊规定外,指路标志汉字高度一般应根据设计速度选取,汉字字宽和字高相等,字高可考虑设置路段的运行速度(v_{85})进行调整。设计速度为 100 ~ 120km/h 时,高度为 60 ~ 70cm;设计速度为 71 ~ 99km/h 时,汉字高度为 50 ~ 60cm;设计速度为 40 ~ 70km/h 时,汉字高度为 35 ~ 50cm;设计速度小于 40km/h 时,汉字高度一般为 25 ~ 30cm;不能再小,选 B。

5. A

【解析】依据设计规范,路侧安装的指路标志和警告标志安装角度为 0 ~ 10°,选 A。

6. C

【解析】公路按等级可分为一级公路、二级公路、三级公路和四级公路,二级及以上等级的公路必须设置交通标线,选 C。

7. B

【解析】在交通标志形状中,正等边三角形用于警告标志;圆形用于禁令和指示标志;倒等边三角形用于“减速让行”禁令标志;八角形用于“停车让行”禁令标志,选 B。

8. A

【解析】依据规范,警告标志的颜色为黄底、黑边、黑图形,“注意信号灯”标志的图形为红、黄、绿、黑四色,“叉形符号”“斜杠符号”为白底红图形,选 A。

9. D

【解析】要分清道路交通标志和标线各自的构成要素,字符和图形均为交通标志的构成要素,不能混淆,选项 ABC 排除;依据规范规定,道路交通标线是由施画或安装于道路上的各种线条、箭头、文字、图案及立面标记、实体标记、突起路标和轮廓标等所构成的交通设施,线段不属于标线的构成要素,选 D。

10. A

【解析】指路标志表示道路信息的指引,为驾驶者提供去往目的地所经过的道路、沿途相关城镇、重要公共设施、服务设施、地点、距离和行车方向等信息;指示标志表示指示车辆、行人行进的含义,道路使用者应遵循,选 A。

11. B

【解析】可跨越对向车行道分界线为黄色虚线,用于分隔对向行驶的交通流;可跨越同向车行道分界线为白色虚线,用来分隔同向行驶的交通流,设在同向行驶的车行道分界上,选 B。

12. B

【解析】行车道边缘线、车道分界线设置宽度应符合下表规定:

设计速度(km/h)	行车道边缘线(cm)	车道分界线(cm)
120、100	20	15
80	20 或 15	15

根据上表可知,当设计速度为 100km/h 时,行车道边缘线、车道分界线应分别为 20、15cm,故 B 正确。

13. B

【解析】导向箭头的尺寸显然与道路等级不相关,选项 D 排除;选项 AC 是混淆项,规范中明确规定,导向箭头的尺寸应依据设计速度选取,规范中也给出了参考尺寸,选 B。

14. D

【解析】与交通标志文字尺寸的选取一样,路面文字标记的高度应根据道路设计速度确定,除特殊规定外,规格应根据规范确定,选 D。

15. D

【解析】护栏在公路中按横向设置位置可分为路侧护栏和中央分隔带护栏,故选 D。

16. A

【解析】护栏在公路中按纵向设置位置可分为路基护栏和桥梁护栏,故选 A。

17. D

【解析】不存在半柔性护栏这一叫法,排除 B。按照碰撞后变形程度护栏可以分为刚性护栏、半刚性护栏和柔性护栏，刚性护栏基本不变形，半刚性护栏变形程度居中，柔性护栏变形最大，各自主要代表形式分别为混凝土护栏、波形梁护栏、缆索护栏。波形梁护栏具有一定的强度和刚度，碰撞后会产生一定变形，属于半刚性护栏，选 D。

18. A

【解析】按照碰撞后变形程度护栏可以分为刚性护栏、半刚性护栏和柔性护栏。车辆碰撞到缆索护栏上时，要依靠缆索拉力抵抗车辆碰撞荷载，吸收能量，缆索产生的变形较大，属于柔性护栏，故选 A。

19. C

【解析】按照碰撞后变形程度护栏可以分为刚性护栏、半刚性护栏和柔性护栏，变形程度依次增大。混凝土护栏通过失控车辆碰撞后爬高并转向来吸收碰撞能量，基本不变形，故选 C。

20. C

【解析】根据《公路交通安全设施设计规范》(JTG D81—2017)，护栏端头和防撞垫的防护等级按设计防护速度划分为一级、二级、三级三个等级，故选 B。

21. C

【解析】护栏是一种纵向吸能结构，通过自体变形和车辆爬高来吸收碰撞能量从而改变车辆行驶方向、阻止车辆越出路外或进入对向车道、最大限度减少对乘员伤害的一种交通安全设施，A、B、D 都属于护栏范畴。此题易选成 A 或 D，只要明确隔离栅和护栏的含义区别，易选出正确答案 C。

22. A

【解析】混凝土护栏、波形梁护栏和缆索护栏分别为刚性护栏、半刚性护栏和柔性护栏，三者在车辆碰撞后变形程度依次增加。由于三种护栏的特性，同等级公路中设置路侧护栏时，它们的最小结构长度依次减小。在《公路交通安全设施设计规范》(JTG D81—2017)表 6.2.21 中能看出它们之间的大小关系，缆索护栏 > 波形梁护栏 > 混凝土护栏，选 A。

23. B

【解析】防落物网和防落石网统称为防落网；防落物网的设置范围为下穿铁路、公路等被保护区的宽度并向路外延长 10 ~ 20m；防落石网应充分考虑地形条件、地质条件、危岩分布范围、落石运动途径及公路工程的相关关系等因素后加以设置，ACD 正确；防落物网距桥面高度不低于 1.8m，故 B 错误，选 B。

24. D

【解析】防眩设施的遮光角太小不能获得良好的防止眩目效果，直线路段防眩设施的遮光角不应小于 8°，平、竖曲线路段遮光角应为 8° ~ 15°。

25. A

【解析】匝道轮廓标设置间距不应大于下表规定，故匝道轮廓标设置间距和其半径相关，且在一定范围内随着半径增加而增加，选 A。

曲线半径(m)	≤89	90 ~ 179	180 ~ 274	275 ~ 374	375 ~ 999	1000 ~ 1999	≥2000
设置间距(m)	8	12	16	24	32	40	48

26. B

【解析】隧道轮廓带的设置应符合下列规定:

(1)特长隧道、长隧道可每隔500m设置一处隧道轮廓带。视距不良等特殊路段宜适当加密。

(2)无照明的二级及二级以下公路隧道必须设置隧道轮廓带。

(3)紧急停车带前适当位置宜设置隧道轮廓带。

(4)隧道轮廓带的颜色宜采用白光,宽度宜为15~20cm。

(5)隧道轮廓带应避免产生眩光。

二、多项选择题

1. ABCD

【解析】高速公路的交通工程安全设施等级应为A级:

(1)A级交通安全设施应为用路者提供系统和完善的指示、指路、警告、禁令等信息,保障行人行驶安全、舒适。

(2)A级交通安全设施应配置:标志、标线、视线诱导标、隔离栅、防护网、防眩板、护栏、防撞设施等。

(3)位于风雪沙坠石等危及公路安全的路段,应设置防风栅、防雪栅、防落网、积雪标杆等交通安全设施。

(4)特殊情况下可设置紧急出口、避险车道等交通安全设施。

故选ABCD。

2. ABCD

【解析】交通工程及沿线设施的内容主要包括了交通安全设施、服务设施和管理设施的设计。护栏、交通标志、交通标线、隔离栅、桥梁护栏、防眩设施等设施在一定程度上都提高了公路交通安全水平,都属于公路交通安全设施设计内容,故选ABCD。

3. BC

【解析】根据道路交通标志的基本规定,道路交通标志是以颜色、形状、字符、图形等向道路使用者传递信息,用以管理交通的设施;选项AD为混淆项,只有BC选项符合题意要求。

4. ABCD

【解析】一般路段的交通标线应遵循以下设置原则:高速公路和一级公路的一般路段应设置车行道边缘线、车行道分界线;二级及以下等级的双车道公路应设置路面中心线,路面较宽或非机动车较多的路段可设置车行道边缘线;车行道边缘线应设置于公路两侧紧靠车行道的硬路肩内,不得侵入车行道内,故选ABCD。

5. CD

【解析】交通标志按其作用可分为主标志和辅助标志两大类,AB选项为混淆项,规范中未提及;其中主标志包括警告标志、禁令标志、指示标志、指路标志、旅游区标志、作业区标志、告示标志,辅助标志是附设在主标志下、对主标志进行辅助说明的标志,故选CD。

6. AC

【解析】主标志可分为7类:①警告标志——警告车辆、行人注意道路交通的标志;②禁令标志——禁止或限制车辆、行人交通行为的标志;③指示标志——指示车辆、行人交通行为的标志;④指路标志——传递道路方向、地点、距离信息的标志;⑤旅游区标志——提供旅游景点方向、距离的标志;⑥作业区标志——告知道路作业区通行的标志;⑦告示标志——告知路外设施、安全行驶信息以及其他信息的标志;选项 AB 和 CD 说法易混淆,需要掌握主标志分的 7 大类,故选 AC。

7. ABC

【解析】警告标志、禁令标志、指示标志等标志的边长、边宽等尺寸的选取一般应依据道路的设计速度,按规范给定的范围进行选取,也可考虑设置路段的运行速度(v_{85})进行调整;而指路标志的尺寸大小应根据字数、文字高度及排列情况确定;设计速度是大多数交通标志设计的依据,个别除外,故选 ABC。

8. ABCD

【解析】根据《道路交通标志和标线》(GB 5768.2—2009)规定,交通标志的支撑方式包括柱式、门架式、悬臂式和附着式,故选 ABCD。

9. ABD

【解析】交通标线可按功能、设置方式和形态进行分类,其中:按功能可分为指示标线、禁止标线和警告标线,警示标线为混淆项,故排除 C 选项;按设置方式可分为纵向标线、横向标线和其他标线;按形态可分为线条、字符、突起路标和轮廓标,故选 ABD。

10. ABCD

【解析】交通标线可按功能、设置方式和形态进行分类,其中,按功能可分为指示标线、禁止标线和警告标线;按设置方式可分为纵向标线、横向标线和其他标线;按形态可分为线条、字符、突起路标和轮廓标,故选 ABCD。

11. ABC

【解析】交通标线可按功能、设置方式和形态进行分类,其中,按功能可分为指示标线、禁止标线和警告标线;按形态可分为线条、字符、突起路标和轮廓标;按设置方式可分为纵向标线、横向标线和其他标线,轮廓标属形态标线,故排除选项 D,选 ABC。

12. ABC

【解析】规范规定,车行道边缘白色实线用于指示禁止车辆跨越的车行道边缘或机非分界;白色虚线用以指示车辆可临时越线行驶的车行道边缘;白色虚实线的虚线侧允许车辆越线行驶,实线侧不允许车辆越线行驶,用以规范车辆行驶轨迹,故 ABC 正确。

13. AD

【解析】规范中关于轮廓标的设置规定:①高速公路、一级公路和城市快速干道的主线,以及其互通立交、服务区、停车场的进出匝道或连接道,应连续设置轮廓标;②二级公路、三级公路、其他道路和路段视需要可沿主线两侧连续设置轮廓标,故选 AD。

14. ABD

【解析】护栏按碰撞后变形程度可以分为三类,分别为刚性、半刚性和柔性护栏。没有半柔性护栏这一术语,故选 ABD。

15. ABC

【解析】桥梁护栏的选择应综合考虑各因素:考虑防撞性能以保证其能有效吸收设计的碰撞能量;桥梁护栏最大动态变形量不能超过可容许变形距离,需考虑变形程度;还要适应环境和景观要求;从经济方面还需考虑其全寿命周期成本,即除考虑护栏的初期建设成本外,还应考虑投入使用后的养护成本,D 错,选 ABC。

16. AB

【解析】隔离栅需要达到一定要求才设置。除特殊路段外,高速公路和需要控制出入的一级公路必须连续设置隔离栅。其他等级公路可根据需要设置,不是必须设置,CD 错,故选 AB。

17. BD

【解析】在《公路交通安全设施设计规范》(JTG D81—2017)中,对不同公路等级的路侧护栏采用不同护栏类型时的最小结构长度做出了相关规定,即路侧护栏最小结构长度与公路等级和护栏类型两个因素有关,公路长度和车辆构成与确定护栏最小结构长度无关,故选 BD。

18. ACD

【解析】在《公路交通安全设施设计规范》(JTG D81—2017)中,选取中央分隔带开口护栏形式时,应有效地阻止非紧急车辆在中央分隔带开口处的通行;中央分隔带开口护栏应方便开启与关闭、具有可移动性,宜在 10min 内开启 10m 及以上的长度;应与相邻中央分隔带护栏能合理过渡;中央分隔带开口处活动护栏的两固定端安装应牢固,连接部分具有防盗功能,故选 ACD。

19. BCD

【解析】整体式断面中间带宽度小于或等于 12m 时,必须设置中央分隔带护栏;大于 12m 时应分路段确定是否设置中央分隔带护栏,A 错误,D 正确。禁止掉头的一级公路中央分隔带开口处可设置中央分隔带开口护栏,高速公路中央分隔带开口处必须设置中央分隔带开口护栏。故选 BCD。

20. ABCD

【解析】交通分流处三角地带位置,护栏设置的起讫点位置,隧道入、出口处位置和中央分隔带开口位置易出现安全隐患,这些地方护栏都应进行车辆安全导向端头处理,以提高车辆安全性。故选 ABCD。

21. BCD

【解析】高速公路桥梁的外侧和中央分隔带必须设置桥梁护栏,D 正确。作为干线公路的一级公路桥梁必须设置路侧护栏和中央分隔带护栏。作为干线公路的二级公路桥梁必须设置路侧护栏,中央分隔带护栏不是必须设置的,故 A 错误,BC 正确。故选 BCD。

22. AD

【解析】一般规定,按行车方向,高速公路、一级公路白色反射体的轮廓标应安装于公路右侧,黄色反射体的轮廓标应安装于中央分隔带。故选 AD。

23. BCD

【解析】高速公路主线应全线连续设置轮廓标,但是直线路段轮廓标不用加密设置间隔,A 错误。车道数量有变化的路段及竖曲线路段可适当加密轮廓标间隔,显示道路边界,提示道路的变化,指引车道正常行驶。故选 BCD。

24. ABCD

【解析】路侧安全净区是公路行车方向最右侧车行道以外、相对平坦、无障碍物、可供失控车辆重新返回正常行驶路线的带状区域,故 ABCD 都正确。

25. ABCD

【解析】避险车道应设置交通标志、标线、轮廓标等交通安全设施；避险车道的设置位置及形式宜结合地形、线形条件确定，设置位置处宜避开桥梁，并应避开隧道；避险车道制动床的长度应根据车辆驶入速度、避险车道纵坡及坡床材料综合确定；避险车道制动床末端应增设防撞桶、废轮胎等缓冲装置，故 ABCD 都正确。

第三节　服务设施

【考试纲要】

1. 掌握服务设施的种类、作用和设置条件。

2. 掌握城市广场、停车场设计。

【复习提示】

1. 复习要点

考生应掌握和熟悉公路交通工程及沿线设施服务设施的种类、作用，并掌握服务设施设置的条件；同时也要掌握城市广场和停车场的作用、分类、构造以及设计内容和设计原则。

2. 规范提示

服务设施的种类、作用和设置条件等知识点涉及《公路工程技术标准》(JTG B01—2014)、《高速公路交通工程及沿线设施设计通用规范》(JTG D80—2006)，均为现行规范。

城市广场和停车场设计相应的知识点涉及《城市综合交通体系规划标准》(GB/T 51328—2018)、《城市道路工程设计规范》(CJJ 37—2012)、《无障碍设计规范》(GB 50763—2012)、《城市道路绿化规划与设计规范》(CJJ 75—97)。

本节涉及的 6 个标准规范，其中新制定的有 1 个，即《城市综合交通体系规划标准》(GB/T 51328—2018)；有删减的规范 1 个，即《城市道路绿化规划与设计规范》(CJJ 75—97)。

《城市综合交通体系规划标准》(GB/T 51328—2018) 在章节编排和内容深度组成上较《城市道路交通规划设计规范》(GB 50220—95)有较大变化，将原有的自行车交通与步行交通两章整合为步行与非机动车交通，将城市货运交通、城市道路、城市公共交通三个章节的内容进行了修订，同时增加了综合交通与城市空间布局、城市交通体系协调、规划实施评估、城市对外交通交通、客运枢纽、交通调查与需求分析以及交通信息化等方面的规定。

《城市道路绿化规划与设计规范》(CJJ 75—97)删除了道路绿化规划章中的道路绿地率指标和道路绿地布局与景观规划两节。

习题精练

一、单项选择题

1. 高速公路的服务设施等级应为(　　)。

A. A 级　　B. B 级　　C. C 级　　D. D 级

2. (　　)之间的平均间距宜为 50km。

A. 停车区与停车区　　B. 停车区与服务区
C. 服务区与服务区　　D. 服务区与客运汽车停靠站

3. 服务区初期停车场、餐饮等的建筑面积可按预测的第(　　)年交通量设计。
A. 5　　B. 10　　C. 15　　D. 20

4. 停车区一般不设置的设施是(　　)。
A. 停车场　　B. 公共厕所　　C. 室外休息区　　D. 旅馆

5. 有关服务区说法不正确的是(　　)。
A. 服务区的布设只能采用分离式,可对称布设或非对称布设
B. 服务区内各项设施应按功能分区设置,将为人服务和为车服务的设施及其他附属设施分开设置
C. 服务区广场应结合服务主楼、停车场、公共厕所等布设,作交通流线设计
D. 服务区的停车场的车位数与停车方式应根据交通量、交通组成设计

6. 下列关于收费站广场设计应符合的规定,下列说法错误的是(　　)。
A. 公路收费站广场应设置在凹形竖曲线的底部
B. 匝道收费站广场中心线至匝道分岔点的距离不宜小于 100m,且不宜小于 75m
C. 匝道收费站广场中心线至被交道路平交点的距离不宜小于 150m,不能满足时,应增加设置等待车道
D. 收费站广场的宽度包括收费车道、收费岛、路肩(或路缘带)的宽度

7. 服务区、停车区的建设规模应根据公路(　　)、交通组成、自然环境、用地条件四个因素确定。
A. 设计交通量　　B. 实际交通量　　C. 预测交通量　　D. 平均交通量

8. (　　)周边宜种植高大乔木,并宜设计成开放式绿地,植物配置宜疏朗通透,且集中成片绿地不应小于广场总面积的 25%。
A. 公共活动广场　　B. 集散广场　　C. 纪念性广场　　D. 商业广场

9. 设在交通频繁的多条道路交叉的大型交叉口或交汇地点,有组织与分散车流功能的广场是(　　)。
A. 公共活动广场　　B. 集散广场　　C. 交通广场　　D. 商业广场

10. 有关交通集散广场用地,下列说法正确的是(　　)。
A. 全市车站、码头的交通集散广场用地总面积可由聚集人流量决定
B. 车站、码头前的交通集散广场的规模由规划城市人口决定
C. 车站、码头前的交通集散广场供旅客上下车的停车点,允许车辆短暂停留
D. 机动车和非机动车的停车场应设置在集散广场内部

11. 城市广场的公共停车场停车数在 50 ~ 100 辆之间时,应设置的无障碍机动车停车位不少于(　　)。
A. 1 个　　B. 2 个　　C. 3 个　　D. 4 个

12. (　　)公共停车场(库)应设置不少于停车数量 2% 的无障碍机动车停车位。
A. Ⅰ类　　B. Ⅱ类　　C. Ⅲ类　　D. Ⅳ类

13. 关于机动车停车场的设计,说法不正确的是(　　)。

A. 合理利用场地　　B. 合理安排停车区及通道
C. 满足消防要求　　D. 车位设置时，只按照规定的几种车位设置

14. 关于非机动车停车场设计，下列说法不正确的是(　　)。
A. 非机动车停车场出入口数量应根据停车规模设计且不宜少于 2 个
B. 场内停车区应分组安排
C. 停车场应设置适宜坡度
D. 停车区必须设有车棚、存车支架等设施

二、多项选择题

1. 服务设施包括(　　)。
A. 服务区　　B. 停车区　　C. 客运汽车停靠站　　D. 监控设施
2. 服务区、停车区的位置规划和布设应根据哪些条件确定(　　)。
A. 区域路网　　B. 建设条件　　C. 景观要求　　D. 环保要求
3. 服务区、停车区的建设规模应根据哪些因素确定(　　)。
A. 设计交通量　　B. 交通组成　　C. 自然环境　　D. 用地条件
4. 客运汽车停靠站的位置宜根据地区哪些条件布设(　　)。
A. 公路交通规划　　B. 公路沿线城镇分布　　C. 景观要求　　D. 出行需求
5. 高速公路应设置服务区，作为干线的哪些公路宜设置服务区(　　)。
A. 一级公路　　B. 二级公路　　C. 三级公路　　D. 四级公路
6. 高速公路服务区应设置餐饮、商品零售点以及(　　)等设施。
A. 停车场　　B. 加油站　　C. 车辆维修站　　D. 公共厕所
7. 城市广场按其性质、用途分类可分为(　　)。
A. 公共活动广场　　B. 集散广场　　C. 商业广场　　D. 纪念性广场
8. 城市广场进行无障碍设计的范围应包括(　　)。
A. 公共活动广场　　B. 集散广场　　C. 交通广场　　D. 纪念性广场
9. 城市广场盲道的设置应符合的规定有(　　)。
A. 设有台阶或坡道时，距每段台阶与坡道起、终点适当距离处应设提示盲道
B. 提示盲道长度应与台阶、坡道相对应
C. 人行道中有行进盲道时，不需与提示盲道相连接
D. 人行道中有行进盲道时，应与提示盲道相连接
10. 应布置适当容量的公共停车场的场所有(　　)。
A. 大型商场　　B. 飞机场　　C. 火车站　　D. 大型体育场
11. 有关公共停车场，下列说法正确的有(　　)。
A. 公共停车场的规模应考虑服务对象因素
B. 公共停车场的规模应考虑交通特征因素
C. 公共停车场可分为机动车停车场与非机动车停车场
D. 停车场平面设计应满足消防要求，并留出辅助设施的位置
12. 有关机动车停车场的设计，下列说法正确的有(　　)。

A. 车位布置可按纵向或横向排列分组安排

B. 停车场出入口可设在主干路、次干路或支路上

C. 停车场出入口应远离交叉口

D. 停车场出入口应有良好的通视条件,视距三角形范围内的障碍物应清除

13. 根据车辆停放的场地划分,公共停车场可分为(　　)。

A. 路上停车场　　B. 路外停车场　　C. 公用停车场　　D. 专用停车场

习题参考答案及解析

一、单项选择题

1. A

【解析】高速公路具有交通量大、速度快等特点,为保证高速公路运行的安全和快速,高速公路的服务等级应为 A 级,因此选 A。

2. C

【解析】服务区之间平均间距宜为 50km,停车区与服务区或停车区之间的距离宜为 15 ~ 25km,客运停靠站与服务区和客运停靠站与停车区之间的距离未规定,选 C。

3. B

【解析】选项 D 是干扰项,停车场、餐饮等建筑面积可按预测的第 10 年交通量设计;用地及其预留、预埋等相关工程应按预测的第 20 年交通量设计,选 B。

4. D

【解析】停车区应设置停车场、公共厕所、室外休息区。由于停车区面积较小,一般不设置旅馆,选 D。

5. A

【解析】本题可用排除法。服务区的布设宜采用分离式,可对称布设或非对称布设,地形条件适宜时,亦可采用集中式或其他形式。选项 A 说法片面,其余选项说法均正确,选 A。

6. A

【解析】下列关于收费站广场设计应符合下列规定:

(1)公路收费站广场应避免设置在凹形竖曲线的底部。

(2)匝道收费站广场中心线至匝道分岔点的距离不宜小于 100m,且不宜小于 75m,至被交道路平交点的距离不宜小于 150m,不能满足时,应增加设置等待车道。

(3)收费站广场的宽度包括收费车道、收费岛、路肩(或路缘带)的宽度。

故选 A。

7. A

【解析】服务区、停车区的建设规模应根据公路设计交通量、交通组成、自然环境、用地条件四个因素确定。故选 A。

8. A

【解析】本题采用排除法。只有 A、B 两项的公共活动广场和集散广场规定了集中成片

绿地面积的要求,可排除 C、D 两项。其中公共活动广场集中成片绿地不应小于广场总面积的 25%,车站、码头、机场的集散广场集中成片绿地不应小于广场总面积的 10%。排除 B,选 A。

9. C

【解析】公共活动广场多布置在城市中心地区,作为城市政治、文化活动中心以及人群集会场所;集散广场为布置在火车站、港口码头、飞机场、体育馆以及展览馆等大型公共建筑物前面的广场,是人流、车辆集散停留较多的广场;交通广场设在交通频繁的多条道路交叉的大型交叉口或交汇地点,有组织与分散车流的功能;商业广场应以人行活动为主,合理布置商业、人流活动区,选 C。

10. C

【解析】A、B 两项答案混淆了,A 选项交通集散广场用地总面积是按规划城市人口计算而不是由聚集人流量决定;B 选项规模由聚集人流量决定,不是规划城市人口;C 选项车站、码头前的交通集散广场供旅客上下车的停车点,允许车辆短暂停留,说法正确;D 选项机动车和非机动车的停车场应设置在集散广场外围而不是内部,所以也是错误的,选 C。

11. B

【解析】城市广场的公共停车场的停车数在 50 辆以下时应设置不少于 1 个无障碍机动车停车位,100 辆以下时应设置不少于 2 个无障碍机动车停车位,因此公共停车场的停车数在 50 ~ 100 辆时,应设置的无障碍机动车停车位不少于 2 个。

12. A

【解析】各类公共停车场(库)应设置无障碍停车位的车位数量如下表所示:

公共停车场(库)	应设置无障碍机动车停车位数量
Ⅰ类	不少于停车数量 2%
Ⅱ类及Ⅲ类	不少于停车数量 2%,且不小于 2 个
Ⅳ类	不少于 1 个

由上表可知,Ⅱ类及Ⅲ类无障碍机动车停车数量应不少于停车数量 2%,且不小于 2 个,意味着可以等于 2 个,因此错误,排除 B、C、D,故选 A。

13. D

【解析】本题可用排除法。D 选项中“车位设置时,只按照规定的几种车位设置”,显然过于绝对。由规范可知,如有特殊车型,应按实际车辆外轮廓尺寸进行设计,选 D。

14. D

【解析】由规定可知,非机动车停车场出入口不宜少于 2 个,出入口宽度宜为 2.5 ~ 3.5m;场内停车区应分组安排,每组场地长度宜为 15 ~ 20m;非机动车停车场坡度宜为 0.3% ~ 4.0%。因此 A、B、C 均正确。选项 D 说法太绝对,在地下车库设置的停车区就不用设置车棚,应改为停车场应设有车棚、存车支架等设施,选 D。

二、多项选择题

1. ABC

【解析】服务设施包括服务区、停车区和客运汽车停靠站。而监控设施属于管理设施，不属于服务设施，选 ABC。

2. ABCD

【解析】服务区、停车区的位置应根据区域路网、建设条件、景观和环保要求等规划和布设，选 ABCD。

3. ABCD

【解析】服务区、停车区的位置应根据公路设计交通量、交通组成、自然环境和用地条件等因素确定，四个选项均正确，选 ABCD。

4. ABD

【解析】客运汽车停靠站的位置宜根据地区公路交通规划、公路沿线城镇分布、出行需求布设。C 是混淆选项，客运汽车停靠站的布设并没有景观要求，选 ABD。

5. AB

【解析】高速公路应设置服务区，作为干线的一、二级公路宜设置服务区。所以只有一、二级公路宜设置服务区，选 AB。

6. ABCD

【解析】高速公路服务区应设置停车场、加油站、车辆维修站、公共厕所、室内外休息区、餐饮、商品零售点等设施。根据公路环境和需求可设置人员住宿、车辆加水等设施。本题全部选项均正确，选 ABCD。

7. ABCD

【解析】城市广场是指与城市道路相连接的社会公共用地部分，是车辆和行人交通的枢纽场所，或是城市居民社会活动和政治活动的中心。规范按其用途和性质将其分为公共活动广场、集散广场、交通广场、纪念性广场和商业广场五类。所有选项均正确，选 ABCD。

8. AB

【解析】城市广场进行无障碍设计的范围包括公共活动广场和集散广场，商业广场、交通广场和纪念性广场不在要求范围内，选 AB。

9. ABD

【解析】城市广场盲道设置应符合的规定：①设有台阶或坡道时，距每段台阶与坡道的起点与终点 250 ~ 500mm 处应设提示盲道，提示盲道长度应与台阶、坡道相对应，宽度应为 250 ~ 500mm。②人行道中有行进盲道时，应与提示盲道相连接。选项 C 和 D 明显矛盾，其中有一项肯定错误，由规定可知选项 C 错误，选 ABD。

10. ABCD

【解析】在大型公共建筑、交通枢纽、人流车流量大的广场等处均应布置适当容量的公共停车场。其中大型商场和大型体育场属于人流车流量大的大型公共建筑，飞机场站和火车站属于交通枢纽，4 个场所均应布设适当容量的公共停车场，选 ABCD。

11. ABCD

【解析】公共停车场的规模应按服务对象、交通特性等因素确定，AB 选项正确；按停放车辆类型，公共停车场可分为机动车停车场和非机动车停车场，C 选项正确；停车场平面设计应有效地利用场地，合理安排停车区及通道，应满足消防要求，并留出辅助设施的位置；D 选项也正确,选 ABCD。

12. ACD

【解析】机动车停车场内车位布置可按纵向或横向排列分组安排;停车场的出入口不宜设在主干路上,可设在次干路或支路上,并应远离交叉口,且停车场出入口应有良好的通视条件,视距三角形范围内的障碍物应清除。因此 B 选项错误,其余选项均正确,选 ACD。

13. AB

【解析】停车场根据停放的场地分为路上停车场和路外停车场,根据服务对象分为公共停车场和专用停车场,选 AB。

第四节　管 理 设 施

【考试纲要】

掌握管理设施的种类、作用和设置条件。

【复习提示】

1. 复习要点

考生应在熟悉交通工程概况、研究范围、研究内容、研究目的的基础上,熟练掌握交通管理设施的种类、作用和设置条件,熟悉监控系统管理机构、收费系统管理机构、通信系统管理机构的组成及作用。

2. 规范提示

交通工程概况、研究范围等知识点涉及《公路工程技术标准》(JTG B01—2014),交通管理设施的种类、作用和设置条件等知识点涉及《高速公路交通工程及沿线设施设计通用规范》(JTG D80—2006),均为现行规范。

《高速公路交通工程及沿线设施设计通用规范》(JTG D80—2006)对包括管理机构、监控系统、收费系统、通信系统、配电照明以及房屋建筑在内的管理设施的分类、设计规模、设置条件、适用范围等内容进行了详细的说明。相对于《高速公路交通工程及沿线设施设计通用规范》(JTG D80—2006),《公路工程技术标准》(JTG B01—2014)则着重说明了高速公路上不同管理设施设置时应符合的各项规定。

习题精练

一、单项选择题

1. 高速公路的管理设施等级应为(　　)级。

A. A　　B. B　　C. C　　D. D

2. 管理机构应根据(　　)确定交通工程及沿线设施总体设计及其管理机构的部门、人员定编等。

A. 公路网规划　　B. 交通量

C. 主体工程总体设计　　D. 公路等级

3. A 级监控设施的适用范围为(　　)。

A. 高速公路(全程监控)　B. 高速公路(分段监控)

C. 干线一级、二级公路　D. 集散公路、支线公路

4. 收费站前或距收费站适当位置处宜设置限制(　　)进入的检测设施。

A. 超长车辆　B. 超重车辆　C. 超限超载车辆　D. 超高车辆

5. 收费岛前后的路面应采用(　　)。

A. 水泥混凝土路面　B. 沥青路面　C. 砂石路面　D. 沥青混凝土路面

6. 管理机构的房屋建筑规模宜按预测的第(　　)年交通量确定。

A. 10　B. 20　C. 25　D. 30

7. 收费广场出口和入口的收费车道数均不应小于(　　)条。

A. 2　B. 4　C. 6　D. 8

8. A 级管理设施的监控系统可分为四类,其中适用范围为四、六车道高速公路服务水平达到二级下限的路段的是(　　)。

A. A22　B. A21　C. A12　D. A11

9. 收费广场中心线至匝道分流点的距离不应小于(　　)m。

A. 65　B. 70　C. 75　D. 85

二、多项选择题

1. 管理设施应设置(　　)、通信、配电、照明和养护等设施。

A. 管理　B. 监控　C. 收费　D. 服务

2. 省(自治区、直辖市)管理机构宜设置管理中心、管理分中心、(　　)等。

A. 管理处　B. 管理室　C. 管理站　D. 养护工区

3. 监控系统应具备(　　)功能。

A. 信息采集　B. 信息处理与决策　C. 信息发布与控制　D. 信息分析

4. 监控系统管理机构应由(　　)组成。

A. 监控中心　B. 监控分中心　C. 监控室　D. 监控站

5. 监控系统根据监控类别、公路路网、交通量、联网管理等情况,可分别采用(　　)等方式。

A. 全线控制　B. 主线控制　C. 匝道控制　D. 通道控制

6. 收费系统管理机构应由(　　)组成。

A. 省(自治区、直辖市)收费中心　B. 收费分中心

C. 收费站　D. 收费处

7. 收费方式应根据收费系统的建设规模、运行管理、联网收费等具体条件,可采用(　　)。

A. 人工收费　B. 半自动收费　C. 自动收费　D. 不停车收费

8. 通信系统管理机构应由(　　)组成。

A. 通信中心　B. 通信室　C. 通信分中心　D. 通信站

9. 我国高速公路的收费制式有(　　)。

A. 开放式　　B. 封闭式　　C. 混合式　　D. 分离式

10. 收费岛长度应根据(　　)确定。

A. 收费广场类型　　B. 安装的收费设备　　C. 道路环境　　D. 交通条件

11. 高速公路通信网由(　　)组成。

A. 传输网　　B. 传送网　　C. 业务网　　D. 支撑网

习题参考答案及解析

一、单项选择题

1. A

【解析】交通工程及沿线设施等级分为A、B、C、D四级。高速公路具有交通量大、速度快等特点,为保证高速公路运行的安全和快速,高速公路的管理等级应为A级,选A。

2. C

【解析】公路主体工程和交通工程及沿线设施的设计文件中以下的设计内容以相同设计方案进行总体设计:①交通工程及沿线设施的技术标准与建设规模;②交通安全设施、服务设施、管理设施的设置方案等。因此,交通工程及沿线设施的总体设计和管理机构的设置应以主体工程总体设计为根据,选C。

3. A

【解析】各等级监控设施的适用范围如下表所示:

监控设施等级	适用范围
A	高速公路(全程监控)
B	高速公路(分段监控)
C	干线一级、二级公路
D	集散公路、支线公路

由上表可知,A级监控设施的适用范围为高速公路(全程监控),故选A。

4. C

【解析】基于行车安全及保障道路使用年限考虑,收费站前或距收费站适当位置处宜设置限制超限超载车辆进入的检测设施,选C。

5. A

【解析】收费岛前后的路面应采用水泥混凝土路面,选A。

6. B

【解析】高速公路和具干线功能的一级公路的设计交通量应按20年预测,管理机构的建筑规模以高速公路设计交通量为准,选B。

7. A

【解析】收费广场出口和入口的收费车道数均不应小于2条,选A。

8. B

【解析】A 级管理设施的监控系统分类及适用范围如下表所示:

分类	A2		A1	
	A22 系统配置	A21 系统配置	A12 系统配置	A11 系统配置
适用范围	四、六车道高速公路服务水平一、二级的路段	四、六车道高速公路服务水平达到二级下限的路段	八车道高速公路服务水平一、二级的路段。四、六车道高速公路特大桥、特长隧道等特殊区段	八车道高速公路服务水平达到二级下限的路段。六车道高速公路服务水平低于二级的路段

由上表可知,适用范围为四、六车道高速公路服务水平达到二级下限的路段的监控类别为A21,选 B。

9. C

【解析】收费广场中心线至匝道分流点的距离不应小于 75m,选 C。

二、多项选择题

1. ABC

【解析】A 级管理设施应设置管理、监控、收费、通信、配电、照明和养护等设施,服务设施不属于管理设施,选 ABC。

2. CD

【解析】省(自治区、直辖市)管理机构宜设置管理中心、管理分中心、管理站、养护工区等。管理处、管理室不属于管理机构,选 CD。

3. ABC

【解析】监控系统应具备信息采集、信息处理与决策、信息发布与控制等功能。监控系统不具备信息分析功能,选 ABC。

4. ABD

【解析】监控系统管理机构应由监控中心、监控分中心、监控站组成。监控室不属于监控机构,选 ABD。

5. BCD

【解析】监控系统根据监控类别、公路路网、交通量、联网管理等情况,可分别采用主线控制、匝道控制和通道控制等方式,选 BCD。

6. ABC

【解析】收费系统管理机构应由省(自治区、直辖市)收费中心、收费分中心、收费站组成,收费处不属于收费机构,选 ABC。

7. BCD

【解析】收费方式应根据收费系统的建设规模、运行管理、联网收费等具体条件,可采用半自动收费、自动收费、不停车收费,选 BCD。

8. ACD

【解析】通信系统管理机构应由通信中心、通信分中心、通信站组成,通信室不属于通信系统管理机构,选 ACD。

9. ABC

【解析】收费公路有三种经典制式，即按路段均等收费制（开放式）、按互通式立体交叉区段均等收费制（封闭式）和混合式，选 ABC。

10. AB

【解析】收费岛长度应根据收费广场类型及其安装的收费设备确定。主线收费广场长度为 28 ~ 36m；匝道收费广场为 18 ~ 36m；不停车收费车道可根据实际需要确定。选 AB。

11. BCD

【解析】高速公路通信网由传送网、业务网、支撑网组成，选 BCD。

第八章　道路工程施工组织与概预算

第一节　道路工程施工组织

【考试纲要】

1. 掌握道路施工组织的任务;施工作业方式及其特点;施工组织一般方法;施工组织设计文件内容。

2. 熟悉施工组织设计文件编制原则;机械化施工组织设计内容和特点;材料供应计划编制方法。

3. 了解道路建设内容及程序;道路施工程序;道路施工组织调查。

【复习提示】

1. 复习要点

道路建设的内容、特点,道路工程基本建设内容、程序,施工组织设计任务,道路施工程序,施工过程的组织原则、组织方式,流水作业原理、参数计算,施工组织设计基本原则、文件种类,施工进度计划形式的种类、编制步骤,横道图制作,双代号网络图组成、参数计算,进度计划检查与调整,施工平面图内容与设计原则,机械化施工组织设计内容。

重点:

基本建设程序,施工组织设计任务,道路施工程序,施工过程组织原则,流水作业,进度图形式与制作,双代号网络图组成与计算,计划检查与调整,平面组织设计。

难点:

流水作业参数计算与分析,进度图编制,进度计划检查与调整,双代号网络时间参数计算与分析。

2. 规范提示

施工组织设计文件本身没有专用的技术规范与标准,但必须遵守道路工程有关的一切施工技术规范与标准,并保证达到道路工程施工质量验收标准。

◆◆ 习题精练 ◆◆

一、单项选择题

1. (　　)是施工组织总体设计的具体化,以单位工程为对象编制,用以指导单位工程准备和施工全过程,它还是施工单位编制月旬作业计划的基础文件。

A. 施工组织规划设计　　B. 施工组织总体设计

C. 单位工程施工组织设计　　D. 分部工程施工组织设计

2. 某工程网络计划中，工作 M 的最早开始时间和最迟开始时间分别为第 12 天和第 15 天，其持续时间为 5 天。工作 M 有三项紧后工作，它们的最早开始时间分别为第 21 天、第 24 天和第 28 天，则工作 M 的自由时差为(　　)天。

A. 1　　B. 3　　C. 4　　D. 8

3. 施工组织总体设计是以(　　)为对象编制的。

A. 单位工程　　B. 分部工程

C. 分项工程　　D. 整个建设项目或群体工程

4. 完成一个工程项目后，再接着去完成另一个同类工程项目的施工组织方法，称为(　　)。

A. 顺序作业法　　B. 平行作业法　　C. 流水作业法　　D. 网络计划法

5. 布置施工总平面图时，应优先考虑的是(　　)。

A. 搅拌站、加工厂　　B. 场外交通道路

C. 内部运输道路　　D. 临时设施

6. 在流水作业参数中，属于时间参数的是(　　)。

A. 施工段数目　　B. 工作面　　C. 工序数　　D. 流水节拍

7. 流水施工中，流水节拍是指(　　)。

A. 两相邻的工作队进入流水作业的最小时间间隔

B. 某个专业队在一个施工段上的施工作业时间

C. 某个专业队在各个施工段上的作业时间之和

D. 某个专业队在施工段上的技术间歇时间

8. 在网络计划中关键工作的(　　)最小。

A. 自由时差　　B. 总时差　　C. 持续时间　　D. 时间间隔

9. 在流水作业参数中，属于工艺参数的是(　　)。

A. 施工段数目　　B. 工作面　　C. 工序数　　D. 流水节拍

10. 在某工程双代号网络计划中，如果以某关键节点为完成节点的工作有 3 项，则该 3 项工作(　　)。

A. 全部为关键工作　　B. 至少有一项为关键工作

C. 自由时差相等　　D. 总时差相等

11. 在双代号时标网络计划中，关键线路是指(　　)。

A. 没有虚工作的线路　　B. 由关键节点组成的线路

C. 没有波形线的线路　　D. 持续时间最长工作所在的线路

12. 网络计划中工作的总时差等于(　　)。

A. 紧前工作的最迟开始时间与紧后最早开始时间之差

B. 紧后工作的最早开始时间与本工作的最早完成时间之差

C. 工作的最迟完成时间与最早完成时间之差

D. 紧后工作的最迟开始时间与本工作的最迟完成时间之差

13. 已知网络计划中工作 M 有两项紧后工作，这两项紧后工作的最早开始时间分别为第 15 天和第 19 天，工作 M 的最早开始时间和最迟开始时间分别为第 4 天和第 9 天。如果工作 M 的持续时间为 6 天，则工作 M(　　)。

A. 总时差为 4 天　B. 自由时差为 0 天　C. 总时差为 5 天　D. 自由时差为 4 天

14. 两个相邻施工队进入流水作业的时间间隔称为(　　)。

A. 流水节拍　B. 流水步距　C. 技术间歇　D. 组织间歇

15. 流水施工的实质就是(　　)。

A. 提高劳动生产率　B. 加快施工进度

C. 提高工程质量　D. 连续作业,均衡生产

16. 某施工段中的工程量为 200,安排施工队人数为 25 人,每人每天完成 0.8,则该队在该施工段中的流水节拍是(　　)。

A. 12 天　B. 10 天　C. 8 天　D. 6 天

17. 某项目部承担了某段公路工程的施工任务,包括路基工程、路面工程两部分。在路基工程施工组织设计的编制过程中,需要重点考虑的内容有:

①施工方法和土石方的调配方案;

②项目总进度计划;

③机械设备配置情况;

④布置好堆料点、运料线、行车路等。

请问:下列选项中对该路基工程施工组织设计需要重点考虑的内容判断正确的是(　　)。

A. ①正确;②不妥;③不正确;④不妥　B. ①不妥;②正确;③不妥;④不正确

C. ①不正确;②不妥;③不妥;④正确　D. ①正确;②不妥;③不妥;④不正确

18. 某工程划分为 4 个流水任务段,组织 2 个施工队进行等节奏流水施工,流水节拍为 4 天,其工期是(　　)。

A. 18 天　B. 20 天　C. 22 天　D. 24 天

19. 网络计划的缺点是(　　)。

A. 很难反映工作间的相互关系　B. 不能反映关键工作

C. 现场进度计划执行的形象直观　D. 不能用电算

20. 网络计划中,关键线路的判定依据为(　　)。

A. 总工期最短　B. 总时差最小

C. 自由时差最小　D. 自始至终无虚箭线

21. 网络计划中关键工作是指(　　)最小的工作。

A. 自由时间　B. 总时差　C. 持续时间　D. 时间间隔

22. 在双代号网络图中,箭杆表示(　　)。

A. 工序之间的逻辑关系　B. 工序

C. 工序进行方向　D. 工序持续时间

23. 在双代号网络图中,箭杆指示方向表示(　　)。

A. 工序之间的逻辑关系　B. 工序

C. 工序进行方向　D. 工序持续时间

24. 在单代号网络图中,箭杆表示(　　)。

A. 工序之间的逻辑关系　B. 工序

C. 工序进行方向　D. 工序持续时间

25. 某工作有两项紧前工作 A、B，其持续时间是 A = 3、B = 4，其最早开始时间是 A = 5、B = 6，则本工作的最早开始时间是(　　)。

A. 10　　B. 8　　C. 6　　D. 5

26. 某工作有两项紧后工作 A、B，其持续时间是 A = 7、B = 12，其最迟完成时间是 A = 20、B = 15，则本工作的最迟完成时间是(　　)。

A. 3　　B. 13　　C. 15　　D. 20

27. 横道图进度计划中的进度线长短与(　　)相对应。

A. 时间坐标　　B. 工作名称　　C. 资源数量　　D. 成本

28. 总时差指的是在不影响(　　)的前提下，本工作可利用的机动时间。

A. 紧前工作　　B. 紧后工作　　C. 持续时间　　D. 总工期

29. 自由时差指的是在不影响紧后工作(　　)的前提下，本工作可利用的机动时间。

A. 最早开始时间　　B. 最早完成时间　　C. 最迟开始时间　　D. 最迟完成时间

30. 在工程网络计划中，工作 M 的最早开始时间为第 28 天，其持续时间为 9 天。该工作有三项紧后工作，它们的最迟开始时间分别为第 40 天、第 43 天和第 48 天，则工作 M 的总时差为(　　)天。

A. 6　　B. 11　　C. 3　　D. 12

31. 网络计划中各项工作之间的逻辑关系包括工艺关系和(　　)。

A. 制约关系　　B. 干扰关系　　C. 组织关系　　D. 主次关系

二、多项选择题

1. 施工方案的基本内容包括(　　)。

A. 施工方法的选择　　B. 开竣工时间

C. 运输方案的确定　　D. 技术组织措施

E. 施工机械的选择

2. 某项目部承担了某段公路工程的施工任务，包括路基工程、路面工程两部分。在路基工程施工组织设计的编制过程中，编制的方法与步骤如下：

①研究分析有关资料，全面了解工程情况和施工条件；

②结合当地具体情况，选择施工方法，确定土石方调配方案、工点划分和施工顺序；

③按照施工方法及土石方调配资料，查有关技术定额，计算劳动力、施工机械需要量；

④按照施工进度计划及劳动力和施工机械分布情况，确定生活供应、材料供应、机械修理等组织工作及其机构分布，计算临时房屋需要量和机械修理设备的需要量。

请问：就编制的方法与步骤而言，你认为还应该加上哪些重点内容(　　)。

A. 编制粮油供应与储藏计划，加强后勤保障

B. 安排施工进度计划，计算各施工分段所需工期，并安排各分段开工、完工日期

C. 编制劳动力、施工机械、机具和材料的供应计划

D. 编制施工组织设计说明书

3. 施工技术组织措施包括(　　)。

A. 保证质量及安全的措施　　B. 材料供应的措施

C. 冬、雨季施工及防止污染的措施　　D. 降低成本的措施

E. 机械供应的措施

4. 流水作业的特点是(　　)。

A. 连续性　　B. 均衡性　　C. 提高劳动生产率　　D. 有节奏

E. 工期最短

5. 在流水作业参数中,属于空间参数的是(　　)。

A. 施工段数目　　B. 工作面　　C. 工序数　　D. 流水节拍

E. 流水步距

6. (　　)是网络图绘制的规定。

A. 一个图只允许有一个起点节点　　B. 不允许出现循环回路

C. 每个节点只允许有内向箭线　　D. 必须绘制出关键线路

E. 不允许出现双向箭线

7. 由不同功能的施工进度计划构成进度计划系统,包括(　　)。

A. 控制性进度计划　　B. 实施性进度计划

C. 指导性进度计划　　D. 总进度计划

E. 采购进度计划

8. 横道图对比网络计划的缺点有(　　)。

A. 工作之间的逻辑关系无法表达　　B. 不能确定关键工作

C. 计划调整只能用手工方式　　D. 工作量较大

E. 难以适应大的进度计划系统

9. 常用的工程网络计划类型有(　　)。

A. 双代号网络计划　　B. 单代号网络计划

C. 横道图　　D. 双代号时标网络计划

E. 单代号搭接网络计划

10. 双代号网络图中工作的逻辑关系包括(　　)两大类关系。

A. 工艺关系　　B. 紧前关系　　C. 并列关系　　D. 紧后关系

E. 组织关系

11. 工程网络计划有不同的表达形式,根据绘图规则下列说法正确的有(　　)。

A. 时标网络计划中可能存在波形线　　B. 单代号网络计划中不能存在虚工作

C. 单代号网络计划中可能存在虚箭线　　D. 双代号网络计划中不能存在虚工作

E. 双代号网络计划中可能存在虚箭线

12. 已知网络计划中工作 M 有两项紧后工作,这两项紧后工作的最早开始时间分别为第 11 天和第 13 天,工作 M 的最早开始时间和最迟开始时间分别为第 5 天和第 9 天。如果工作 M 的持续时间为 6 天,则工作 M(　　)。

A. 总时差为 4 天　　B. 自由时差为 0 天

C. 总时差为 2 天　　D. 自由时差为 2 天

E. 与紧后工作时间间隔分别为 0 天和 2 天

13. 工程网络计划的计算工期等于(　　)。

A. 单代号网络计划中终点节点所代表的最早完成时间

B. 单代号网络计划中终点节点所代表的最迟完成时间
C. 双代号网络计划中结束工作最早完成时间的最大值
D. 双代号网络计划中结束工作最迟完成时间的最大值
E. 时标网络计划中最后一项关键工作的最早完成时间

14. 工程双代号网络计划的特点是(　　)。
A. 关键线路上相邻工作的时间间隔为零
B. 关键工作两端的节点为关键节点
C. 关键工作的总时差为零
D. 关键节点的最早时间与最迟时间相等
E. 关键线路的总持续时间最长

15. 在下列有关网络计划的叙述中,正确的说法有(　　)。
A. 在时标网络计划中,除有实箭线外,还可能有虚箭线和波形线
B. 单代号网络计划中不存在虚拟工作
C. 在单、双代号网络计划中均可能有虚箭线
D. 在双代号网络计划中,一般存在实箭线和虚箭线两种箭线
E. 在双代号网络计划中,一般不存在虚箭线

16. 关于网络计划,下列说法不正确的有(　　)。
A. 在双代号网络计划中,关键路线上不可以存在虚工作
B. 在单代号网络计划中不存在虚工作
C. 在单代号网络计划中不存在虚箭线
D. 在双代号时标网络计划中,凡自始至终不出现波形线的线路就是关键线路
E. 在双代号时标网络计划中,波形线的水平投影长度就是该工作的总时差

17. 在网络图中,关键线路(　　)。
A. 是工作总持续时间最长的线路　　B. 是总时差最小工作的连线
C. 可能有若干条　　D. 只有一条
E. 是固定不变的一条线路

18. 在工程项目进度控制的网络计划技术中,关键线路是指(　　)。
A. 相邻两工作间的时间间隔均为零　　B. 总持续时间最长
C. 时标网络计划中没有波形线　　D. 双代号网络计划中无虚箭线
E. 双代号网络计划中关键线路由关键节点连成

19. 在工程双代号网络计划中,某项工作的最早完成时间是指其(　　)。
A. 开始节点的最早时间与工作总时差之和
B. 开始节点的最早时间与工作持续时间之和
C. 完成节点的最迟时间与工作持续时间之差
D. 完成节点的最迟时间与工作总时差之差
E. 完成节点的最迟时间与工作自由时差之差

20. 关于节点时间参数的概念中,正确的有(　　)。
A. 两个关键节点间的工作,就是关键工作

B. 结束节点的最迟时间,就是总工期

C. 工作的结束节点最迟时间减开始节点的最早时间,就是总工期

D. 某节点前所有的各工作,其最迟结束时间相等

21. 施工组织设计文件是一个泛指,包括(　　)。

A. 时间组织　　B. 施工方案

C. 施工组织设计　　D. 施工组织计划

22. 下列属于土石方机械的有(　　)。

A. 轮式压路机　　B. 推土机　　C. 铲运机　　D. 电焊机

23. 路面工程常用的机械有(　　)。

A. 水泥混凝土摊铺机　　B. 平地机

C. 混凝土输送泵　　D. 自卸车

24. 施工组织计划文本的说明部分包含(　　)。

A. 融资时间　　B. 初步设计审批意见

C. 水文、地质、气候应对措施　　D. 投标报价的标的

E. 拆迁、征地情况

25. 某公路工程需要在某一路段修建一座挡墙和若干涵洞。施工单位甲负责挡墙和涵洞的施工任务,为了保证挡墙的质量和进度,开工前监理工程师要求施工单位针对挡墙特点,编制施工组织设计。施工单位拟定的挡墙施工组织设计内容如下:

(1)工程概况;

(2)施工准备工作及设计;

(3)施工进度计划;

(4)施工方案和方法;

(5)施工平面图布置等;

……

请问下列哪些说法正确(　　)。

A. 施工组织设计内容不完善

B. 监理工程师应该编制施工组织设计

C. 监理工程师指挥失误

D. 构造物施工不需要平面布置

26. 某路桥公司中标承包了某高速公路工程后,组成了以公司副总经理为项目经理的项目经理部,下设技术部、材料部、合同部、财务部等。

(1)技术部在对收集的施工技术资料、施工定额及概预算资料、施工组织管理工作的有关政策规定、环境保护规定、公司对该工程施工的有关规定进行分析的基础上,编制了路基工程、路面工程的施工组织设计。

(2)在路基工程的施工组织设计中,填土路堤的施工方法采用水平分层填筑法,要求每层填料布料均匀,松铺厚度不超过50cm,施工程序为:取土→运输→推土机初平→压路机碾压→平地机整平。

(3)采用流水施工作业法进行施工组织。

问题1:在编制施工组织设计前,技术部还应该补充收集哪些资料(　　)。

A. 工程设计文件

B. 自然条件和经济调查资料

C. 该路桥公司历年利润和职工奖金

D. 工程承包合同

E. 高速公路业主领导班子组成

问题2:路基工程的施工组织设计中存在哪些问题(　　)。

A. 每层填料布料的松铺厚度不超过50cm

B. 施工程序中平地机整平应该在压路机碾压之后

C. 填土路堤的施工方法采用水平分层填筑法

D. 每层填料布料均匀

三、案例题

1. 某施工队对相邻几个构造物的基础工程进行流水施工,工序均为挖基、砌石头及回填土,在一、二、三、四、五5个施工段施工,其持续时间如下表所示,试确定最短工期为(　　)。

工　序	施　工　段				
	一	二	三	四	五
挖基	6	9	3	4	6
砌石头	6	4	3	3	5
回填土	8	8	6	9	8

A. 51天　　B. 53天

C. 55天　　D. 57天

2. 某分部工程双代号网络计划如下图所示,其中关键线路是(　　)。

A. 14568　　B. 14378

C. 14568　　D. 14578

E. 工作H

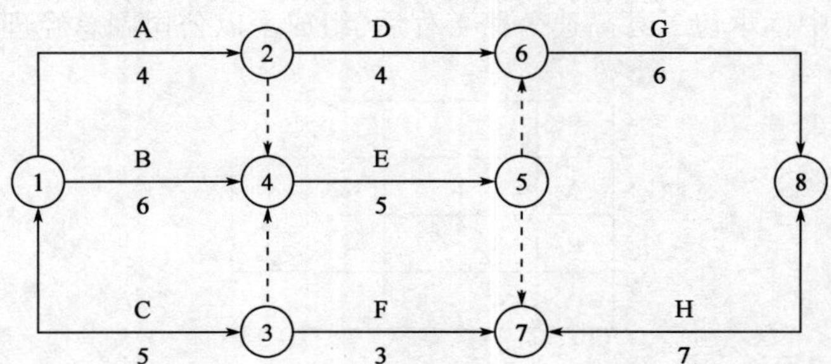

3. 采用图算法或者理论算法计算下图时间参数。

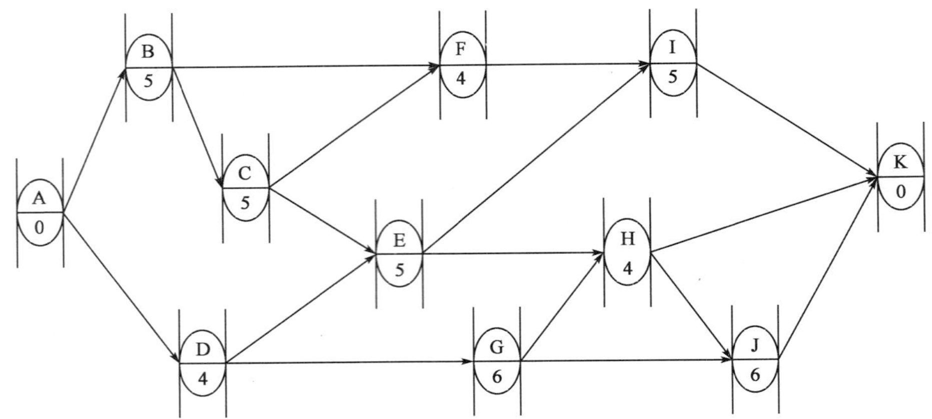

(1)总工期与关键线路分别为(　　)。

A. 25, ABCFIK　　B. 20, ABCEHJK　　C. 25, ABCEHJK　　D. 20, ABCEIK

(2)E 工作的最早时间与 G 工作的最迟结束时间分别为(　　)。

A. 10 与 15　　B. 10 与 20　　C. 5 与 15　　D. 5 与 10

4. 下图中关键线路、时差判断错误的是(　　)。

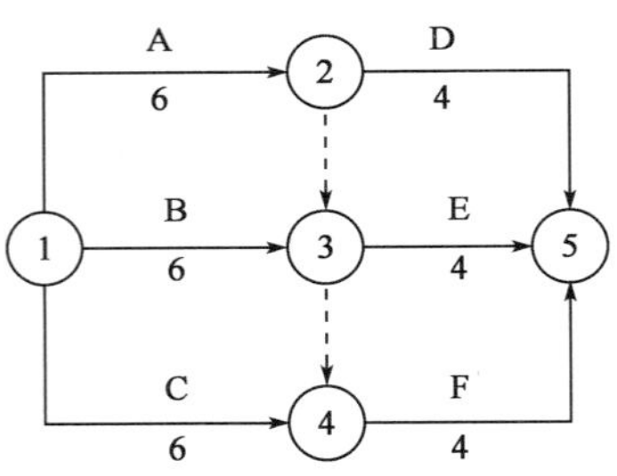

A. 关键线路有三条　　B. A、B 是关键工作

C. C 工作 TF≠0　　D. F 工作 TF = 0

5. 某施工队对相邻几座构造物的基础工程进行施工,各工序的持续时间如下,试问该工程的计划工期为(　　)。

工序	1号	2号	3号	4号
A	4	5	2	6
B	3	7	8	3
C	4	4	5	6

A. 32 天　　B. 35 天　　C. 37 天　　D. 39 天

习题参考答案及解析

一、单项选择题

1. C

【解析】施工组织设计文件类型按组织设计深度分四种,从粗到细有一点包含关系。出题方式不外乎测试对设计深度的理解。

2. C

【解析】自由时差的计算公式有两种,一种是时差参数之间的换算,另一种由其实际应用的意义即不影响紧后工作的最早开工时间来推算。所以,其紧后工作最早开始时间的最小值即是计算依据。

3. D

【解析】分清施工组织设计的概念很重要,这是一个排除法应用。选项A、B、C均是书本概念,现场施工组织总设计由施工单位具体设计,施工单位必须以一个整体项目为对象进行设计。

4. A

【解析】网络计划法不属于作业方式范围,三种基本作业方式是经常的考题,特别是流水作业可以变化很多形式出题。

5. C

【解析】施工平面组织设计的设计原则。

6. D

【解析】时间参数与空间参数的区别,持续时间就是流水节拍,还有流水步距、时间间隔等。

7. B

【解析】持续时间与作业时间是一个概念,指某一个施工段上一道工序施工经历的时间。流水步距是描述是否为连续过程的指标,持续时间之和更不是一个流水节拍。

8. B

【解析】选项都是时差,当然总时间为零是最小的。总时差实际意义概念的转换说法很多,考题也是非常常见。

9. C

【解析】流水作业参数有三种,除工艺参数外,还有时间参数和空间参数。在流水作业施工组织中,技术过程和分析都离不开这三类参数。

10. B

【解析】总时差的变换等价命题很多,关键线路就是其中之一,关键节点肯定在关键线路上,那么这个节点必然联系一个关键工作。

11. C

【解析】时标网络图上波形线表示时差,没有波形线就是时差为零。容易出错的是选项B,因为单代号网络图中关键节点组成的线路不一定是关键线路。本题目如果是约定在双代号网络图条件下,选项B即为对。

12. C

【解析】总时差对总工期的意义,只有在最迟状态下,本工作的完工与紧后工作开工之差才是总时差,或代表不影响总工期条件下工作推迟开工的最大幅度。这些总时差的等价命题很多,注意变通,但万变不离总时差的基本计算公式,在双代号网络图中记住"最大-最小-持续时间"。最大指终点最迟时间,最小指起点最早时间。选项A错在本工作总时差使用了其紧前工作与其紧后工作的参数来计算。

13. C

【解析】万变不离基本计算公式,总时差就是本工作的最早与最迟时间之差,即9-4=5;但自由时差最基本的实际意义还是在最早状态下的不影响紧后工作最早开始的本工作机动时间,即15-10=5。

14. B

【解析】题目暗藏了流水作业就是连续施工的,只有连续的情况下才是流水步距。比如该题换为"两个相邻施工队进入施工段作业的时间间隔称为(　　)",那么答案就是D,因为流水步距属于时间间隔的范畴,但严格于时间间隔。

15. D

【解析】流水作业的本质就是专业化施工,连续生产,资源均衡利用。

16. B

【解析】工程量、劳动量、生产效率或定额之间的换算关系,采用简单的乘除法即可。

17. D

【解析】①正确。②不妥;应为:施工进度计划。③不妥;应为:生产要素配置。④不正确;应为:工地施工组织。故选D。

18. B

【解析】等节奏就是每个节拍都相同,区分于非节奏流水。计算可简单套公式(流水步距就是一个流水节拍),也可画图计算,还可以用"按队(工序)累加,错位相减取大差"的方法。2个施工队就是2个工序。

19. C

【解析】多种进度图形式的优缺点对比,而且是互补的。一方的缺点就是另一方的优点,这样比较好分析。

20. B

【解析】总时差基本意义:总时差为零的工作组成的线路为关键线路。

21. B

【解析】总时差的基本定义。即网络计划技术中关键工作的总时差最小,特点值为零,也有为负数的情况,比如压缩工期的网络计划调整计算。

22. B

【解析】注意单双代号网络图的区别,不要弄混淆。箭杆线代表工序过程,不仅仅是时间,还有消耗过程。

23. C

【解析】三要素的箭头唯一代表了不可逆的时间延伸方向,这点单双代号网络图是一样的。

24. A

【解析】与双代号相反,在单代号网络图中,箭杆线表示联系。

25. A

【解析】考查工作时间参数的意义,最早时间就是不影响紧前工作完成的开始时间,所以取紧前工作最早完成时间最大值。

26. A

【解析】一个工作的最迟完成不能影响紧后工作的最迟开始,那就是说,前面工作的完成不能迟于(大于)后面工作(最迟)开始(最小值)。紧后工作开始时间就是倒退计算了。

27. A

【解析】横道图是一维坐标,就是时间坐标,画横道图就是将横道线长短与时间比例的坐标对应,表现出工作的相对先后的开工、完工时刻。

28. D

【解析】是否对总工期有影响是总时差的根本作用。

29. A

【解析】自由时差的定义。

30. C

【解析】工作 M 的最早时间和持续时间是两个已知参数,那么,工作 M 的最迟完成时间就是所求的决定参数,最迟完成时间就是不影响紧后工作最迟开始的最小值(从最迟时间参数计算顺序看也是"从右往左递减取小"),所以在 M 三个紧后工作中找到最小值即可。

31. C

【解析】网络图先进性表现在有严密逻辑性而被计算机程序化使用。这种逻辑关系在工程应用上突出为天然的工艺关系和人为的组织关系。

二、多项选择题

1. ACDE

【解析】施工方案是施工组织文件的组成和基础,其中方法是方案细化。施工方案解决技术关键,与开竣工时间无关。

2. BCD

【解析】①安排施工进度计划,计算各施工分段所需工期,并安排各分段开工、完工日期;②编制劳动力、施工机械、机具和材料的供应计划;③编制施工组织设计说明书。

粮油生活计划不是施工组织的技术计划问题。

3. ACD

【解析】施工技术组织不包括资源组织。

4. ABCD

【解析】流水施工不会取得工期最短的效果。

5. AB

【解析】流水作业三类参数应该根据施工组织现场的运用灵活辨识,这三类参数是指时间参数(持续时间、流水节拍、工期、流水步距),空间参数(施工段数、工作面),工艺参数(工序数、流水强度)。各类参数作用和意义不一样。

6. ABE

【解析】网络计划节点是通过内外向箭线连接的网,规则中对关键线路标注未作规定。

7. ABC

【解析】总进度计划是进度计划文件的同类,施工进度计划指工程实体的进展,不包括资源计划。

8. BCDE

【解析】横道图与网络图是互补的,各自的优缺点是对立的,这点必须谨记。

9. ABDE

【解析】横道图不属于网络计划图。

10. AE

【解析】排除法即可。逻辑关系指形成网络图的约束关系,只有天然的工艺关系和人为的组织关系。紧前与紧后的关系是图形结构的表面式样,而表列关系是说工作或者箭杆线的并行排列,还是图形表面式样。

11. ABE

【解析】规则规定双代号网络图不消耗时间和资源的关系用虚箭线表示,单代号网络图中复杂的联系可以有交叉箭线,不能用虚箭线。

12. ABE

【解析】总时差就是同一个工作的最早开始时间与最迟开始时间之差,所以 M 工作总时差是 9 - 5 = 4 天;自由时差是不影响紧后工作最早开始的时差,紧后工作的最早开始时间(11、13)中最小是 11 天,那么 M 最早开始时间 5 天加上本工作持续时间 6 天即为 11 天,刚好等于紧后工作最早开始时间的 11 天,所以自由时差为 0 天;进一步,另一个紧后工作最早时间是 13 天,比前一个工作的 11 天推后了 2 天,所以在最早状态下,M 工作离紧后工作的时间间隔是 0 天和 2 天。

13. ACE

【解析】计算工期由哪些参数来表现,或者什么位置的参数代表工期,要分析并理解。结束节点(即最后节点)上的时间参数很重要。

14. ABE

【解析】总时差作用和关键线路的等价命题,这里是难点也是出题频率高的考点。

15. AD

【解析】有关网络图绘制、计算、形式的考题很多,这些叙述很常见,关键是对基本概念要很清晰。这样的考题难度较大。时标网络计划中,虚箭线都是用虚线或者波形线表示的,单代号网络计划中箭线表示逻辑联系,所以不能有虚箭线只能是实箭线;而双代号网络计划中则可以有实箭线与虚箭线,记住:虚箭线除了表示前后联系,其他什么含义也没有,比如说混凝土梁板养护工作消耗时间不消耗资源就还是属于实工作。

16. ABE

【解析】有关网络图绘制、计算、形式的考题很多,这些叙述很常见,关键是对基本概念要很清晰。这样的考题难度较大。虚工作(虚箭线)表示联系的,当然关键线路上的所有联系都存在,当然也有虚工作;单代号网络图中一定没有虚箭线而只有实箭线,但虚工作却存在(比如网络图的最开始节点与最后结束节点);时标网络计划中关键线路没时差也就没有虚线条或者波形线;时标网络图上的波形线长度代表总时差,只有当相干时差为0时,波形线才既是总时差又是自由时差(注:该知识点考纲不要求)。

17. ABC

【解析】关键线路等价命题,注意与总时差联合使用的等价命题更多,也是高难度题目。

18. BC

【解析】总时差与关键线路等价命题很多,是考题频发的考点。总时差为零的工作肯定是关键工作,有关键工作组成的线路才是关键线路;特别应关注双代号网络图中关键节点指某节点上最早开始时间与最迟开始时间相等的节点;或者是关键线路上的节点就是关键节点,但是后面这句话却不能反过来说,即由关键节点连成的线路不一定是关键线路(这里非常容易犯错,要联系复杂网络图举证分析)。

19. BE

【解析】工作参数的计算与节点参数或者时差参数的关联,可以反推计算。这些也是高难度题目,注意工作参数的基本公式和实际意义,以及转换。

20. BD

【解析】有关网络图绘制、计算、形式的考题很多,这些叙述很常见,基本概念清晰了,这些等价说法就难不倒了。同18题一致,即由关键节点组成的线路不一定是关键线路。关于C选项容易犯的错误就是,正常计算确实从开始节点的0算到结束节点的最迟时间即为计划工期,但在进度计划调整计算中即压缩工期的计算时,开始节点的最早时间就为负值了;另外,在制定网络计划的时候一般不称总工期而称计划工期。

21. BCD

【解析】施工组织设计文件按使用的时间先后主要分三类,时间组织包括资源组织都是隶属于这三类组织文件中的主要内容。

22. ABC

【解析】土石方机械是较为普遍的机械,但电焊机只能作为土石方机械的维修用,它不对土石方直接作用。另外,施工机械的搭配与配合也是经常出题的地方。

23. ABD

【解析】常用机械的一般概念,考验机械选择。路面工程的混凝土不用输送泵而用搅拌运输车。

24. BCE

【解析】施工组织计划文件内容很多,在说明部分都是准备情况的交代,前期融资及标的都不在计划考虑范围内。

25. AC

【解析】施工组织设计在准备阶段完成,开工前做施工方案和方法已经迟了,作为监理指挥已经落后于现场节奏,存在失误。

施工组织设计还含有相关措施,包括:①技术、质量、安全组织及保证措施;②文明施工和环境保护措施。

考生请注意,施工组织设计包括内容很广泛。多选题使用排除法较好。

26. (1) ABD

【解析】还应收集:工程设计文件、工程承包合同、自然条件和经济调查资料。

(2) AB

【解析】存在的问题有:每层填料布料的松铺厚度不超过50cm是错误的,应该为不超过30cm;施工程序中平地机整平应该在压路机碾压之前。

三、案例题

1. B

解:施工方案的选定与施工段顺序有关,施工顺序的改变影响工期长短,最短工期的方案是个优化的概念,流水施工的经济性即可体现出来。

最短工期施工方案排序得出:三,四,五,一,二(比较顺序:三,五,一,四,二)。

采用简化计算方法:

按最佳顺序:

	三	四	五	一	二
挖基	3	4	6	6	9
砌石头	3	3	5	6	4
回填土	6	9	8	8	8

分别累加:

	三	四	五	一	二
挖基	3	7	13	19	28
砌石头	3	6	11	17	21
回填土	6	15	23	31	39

错位相减求流水步距:

K_{AB}:	3	7	13	19	28		
−)		3	6	11	17	21	
	3	4	7	8	11	−	K_{AB}=11
K_{BC}:	3	6	11	17	21		
−)		6	15	23	31	39	
	3	0	−	−	−	−	K_{AB}=3

因此,工期 $T=(11+3)+39=53$(天)。

2. D

解:双代号节点参数计算到结束节点,结束节点的时间为工期,可以计算总时差,也可以从节点参数上判断关键节点,从而找到关键线路。

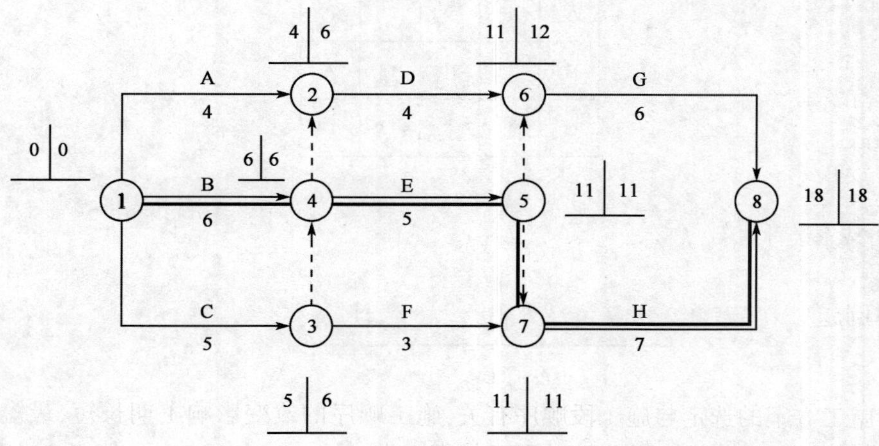

3. (1)C

(2)A

解:

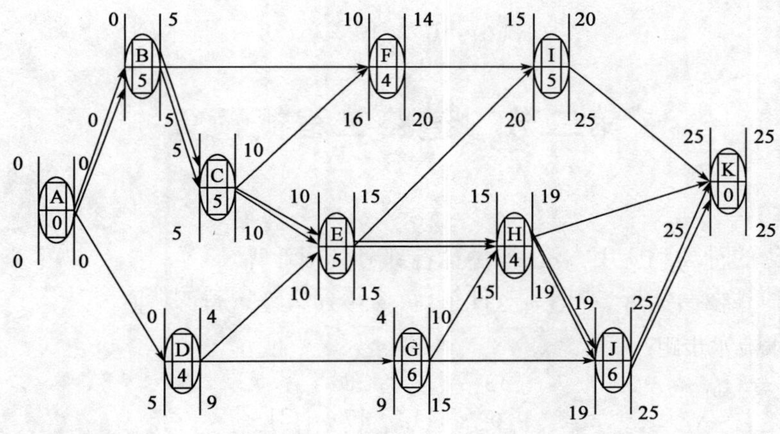

4. C

解:该图上所有工作都是关键工作,所有工作总时差 TF 都为 0,所以 C 选项总时差不为零错误。该图上前三个工作持续时间为 6 天,后三个工作持续时间为 4 天,计划工期都是 10 天,计算总时差后发现 A、B、C、D、E、F 六个工作均为 0,所以只有 C 答案总时差不为 0。

本题最大难点是考察关键线路有几条,读者可以自己尝试,所有可以组成的线路均是关键线路。

5. B

解:各工序分段累加:

工序	1号	2号	3号	4号
A	4	9	11	17
B	3	10	18	21
C	4	8	13	19

错位相减求流水步距 K_{ij}:

$$\begin{array}{rrrrrrl} & 4 & 9 & 11 & 17 & & \\ -) & & 3 & 10 & 18 & 21 & \\ \hline & 4 & 6 & 1 & - & - & K_{AB}=6 \end{array}$$

$$\begin{array}{rrrrrrl} & 3 & 10 & 18 & 21 & & \\ -) & & 4 & 8 & 13 & 19 & \\ \hline & 3 & 6 & 10 & 8 & - & K_{BC}=10 \end{array}$$

施工计划工期为:

$$T=(6+10)+19=35(\text{天})$$

第二节 道路工程概预算

【考试纲要】

1. 熟悉定额的种类和应用方法;概预算各部分费用计算。

2. 了解概预算编制依据、费用与文件组成;概预算所需资料的调查方法。

【复习提示】

1. 复习要点

道路工程定额定义、特点、分类,道路工程定额运用,概预算文件分类,概预算文件编制依据,概预算费用组成,概预算表格文件组成,概预算费用计算。

重点:

道路工程定额的特点与分类,道路工程定额单位、工程数量确定,概预算文件分类,概预算表格文件组成,建安费计算,费率计算。

2. 规范提示

道路工程概预算参照的规范主要是《公路工程建设项目概算预算编制办法》(JTG 3830—2018)。

习题精练

一、单项选择题

1. 在概预算的费用组成中，规费的计算基数是（　　）。

A. 人工费　B. 材料费　C. 机械费　D. 建筑安装费

2. 以下各项费用中，属于直接费的是（　　）。

A. 施工辅助费　B. 税金　C. 工人工资　D. 工地转移费

3. 以下各项费用中，属于建筑安装工程费的是（　　）。

A. 家具购置费　B. 标底编制费　C. 教育费附加　D. 不可预见费

4. 按照《公路工程建设项目概算预算编制办法》（JTG 3830—2018）规定，建筑安装工程费包括（　　）。

A. 直接费、设备购置费、措施费、企业管理费、规费、利润、税金和专项费用

B. 直接工程费、设备购置费、措施费、企业管理费、规费、利润、税金和专项费用

C. 直接费、间接费、利润、税金

D. 直接工程费、间接费、利润

5. 分部分项工程直接工程费主要包括（　　）。

A. 人工费、材料费、施工机械使用费

B. 人工费、材料费、施工机械使用费、现场管理费、其他直接费

C. 人工费、材料费、施工机械使用费、现场管理费、间接费

D. 人工费、材料费、施工机械使用费、现场管理费、其他直接费、间接费

6. 我国公路项目现行建筑安装工程费用中，按规定税金的计税基数为（　　）。

A. 计划利润

B. 直接工程费 + 设备购置费 + 措施费 + 企业管理费 + 规费 + 利润

C. 营业额

D. 直接费 + 设备购置费 + 措施费 + 企业管理费 + 规费 + 利润

7. 建筑安装工程直接工程费中的人工费是指（　　）。

A. 施工现场所有人员的工资性费用

B. 施工现场与建筑安装施工直接有关的人员的工资性费用

C. 直接从事建筑安装施工的生产人员开支的各项费用

D. 直接从事建筑安装施工的生产人员及机械操作人员开支的各项费用

8. 需要计取特殊地区施工增加费的地区不包括（　　）。

A. 高原地区　B. 风沙地区　C. 冰冻地区　D. 沿海地区

9. 直接费中不包含（　　）。

A. 人工费　B. 材料费　C. 直接工程费　D. 施工机械使用费

10. 下列关于税金的计算公式中，正确的是（　　）。

A. 税金 =（直接费 + 措施费 + 企业管理费）× 建筑业增值税税率

B. 税金 =（直接费 + 措施费 + 企业管理费 + 规费）× 建筑业增值税税率

C. 税金 =(直接费 + 设备购置费 + 措施费 + 企业管理费 + 规费)× 建筑业增值税税率

D. 税金 =(直接费 + 设备购置费 + 措施费 + 企业管理费 + 规费 + 利润)× 建筑业增值税税率

二、多项选择题

1. 概预算编制的主要依据包括(　　)。

A. 设计资料

B. 拟分包情况

C. 施工组织设计资料

D. 地方主管部门颁布的有关法令性文件或规定

E. 施工单位的能力及潜力

2. 规费是指法律、法规、规章、规程规定施工企业必须缴纳的费用,包括(　　)。

A. 养老保险费　B. 失业保险费　C. 劳动保险费　D. 医疗保险费

E. 工伤保险费

3. 建设项目管理费包括(　　)。

A. 科研项目研究试验费　B. 桩基检测费

C. 生产人员培训费　D. 设计文件审查费

E. 竣(交)工验收试验检测费

4. 我国现行建筑安装工程费用中,应计入企业管理费的项目有(　　)。

A. 财务费　B. 工会经费　C. 脚手架费　D. 劳动保险费

E. 工程排污费

5. 按《公路工程建设项目概算预算编制办法》(JTG 3830—2018)规定,土地使用及拆迁补偿费包括(　　)。

A. 永久占地费　B. 临时占地费　C. 拆迁补偿费　D. 水土保持补偿费

E. 其他费用

6. 建筑安装工程费中的措施费包括(　　)。

A. 冬季施工增加费　B. 雨季施工增加费　C. 夜间施工增加费

D. 临时设施费　E. 特殊地区施工增加费

7. 建筑安装工程费中的企业管理费包括(　　)。

A. 基本费用　B. 主副食运费补贴　C. 职工探亲路费　D. 职工生活补贴

E. 财务费用

8. 建筑安装工程费中的规费包括(　　)。

A. 养老保险费　B. 失业保险费　C. 医疗保险费　D. 人身意外保险

E. 工伤保险费

9. 工程总造价中的工程建设其他费包括(　　)。

A. 建设项目管理费　B. 研究试验费

C. 建设项目前期工作费　D. 设计文件审查费

E. 生产准备费

10. 工程建设其他费中的生产准备费包括(　　)。

A. 工器具购置费　　B. 生产人员招聘费

C. 办公和生活用家具购置费　　D. 生产人员培训费

E. 应急保通设备购置费

11. 工程总造价中的预备费包括(　　)。

A. 基本预备费　B. 不可预见费　C. 价差预备费　D. 工程变更预备费

E. 工程索赔预备费

习题参考答案及解析

一、单项选择题

1. A

【解析】间接费里面的规费按人工费为基数计算,由企业上缴国家。

2. C

【解析】直接费是指施工过程中耗费的构成工程实体和有助于工程形成的各项费用,包括人工费、材料费、施工机械使用费。工人工资即为人工费就属于直接费。

3. C

【解析】本习题主要考查概预算费用组成的分类,只有教育费附加属于税金,归类于建筑安装工程费中的企业管理费里的基本费用,其他均不属于第一大部分费用即建筑安装工程费。

4. A

【解析】建筑安装工程费包括直接费、设备购置费、措施费、企业管理费、规费、利润、税金和专项费用。

5. A

【解析】所有工程的直接工程费都是由人工费、材料费、施工机械使用费所组成。

6. D

【解析】税金 =(直接费 + 设备购置费 + 措施费 + 企业管理费 + 规费 + 利润) × 建筑业增值税税率。

7. C

【解析】人工费是指列入概预算定额的直接从事建筑安装工程施工的生产工人开支的各项费用。

8. C

【解析】特殊地区施工增加费包括高原地区施工增加费、风沙地区施工增加费、沿海地区施工增加费三项。

9. C

【解析】直接费包括:人工费、材料费、施工机械使用费。

10. D

【解析】税金是指国家税法规定应计入建筑安装工程造价的增值税销项税额。税金＝(直接费＋设备购置费＋措施费＋企业管理费＋规费＋利润)×建筑业增值税税率。

二、多项选择题

1. ACDE

【解析】标准依据很多很泛,这类多选题主要使用排除法作答,比如分包问题就不是施工现场组织处理的事情,而是承包合同管理的范围。

2. ABDE

【解析】规费由企业交给国家,劳动保险费在概预算的规定中属于企业管理费中的基本费用。

3. DE

【解析】建设项目管理费由五部分组成,包括:建设单位(业主)管理费、建设项目信息化费、工程监理费、设计文件审查费、竣工验收试验检测费。

4. ABDE

【解析】企业管理费组成范围很广,费用很大,要特别注意出题。除了脚手架是直接工程费外,其余几项均属于企业管理费。

5. ABCDE

【解析】概预算编制办法规定:土地使用及拆迁补偿费包含永久占地费、临时占地费、拆迁补偿费、水土保持补偿费、其他费用。

6. ABCE

【解析】措施费包括:①冬季施工增加费;②雨季施工增加费;③夜间施工增加费;④特殊地区施工增加费(包括高原地区、风沙地区、沿海地区施工增加费);⑤行车干扰工程施工增加费;⑥施工辅助费;⑦工地转移费。

7. ABCE

【解析】企业管理费包括:①基本费用;②主副食运费补贴;③职工探亲路费;④职工取暖补贴;⑤财务费用。

8. ABCE

【解析】规费包括:①养老保险费;②失业保险费;③医疗保险费;④工伤保险费;⑤住房公积金。

9. ABCE

【解析】工程建设其他费包括:①建设项目管理费;②研究试验费;③建设项目前期工作费;④专项评价(估)费;⑤联合试运转费;⑥生产准备费;⑦工程保通管理费;⑧工程保险费;⑨其他相关费用。

10. ACDE

【解析】生产准备费包括:①工器具购置费;②办公和生活用家具购置费;③生产人员培训费;④应急保通设备购置费。

11. AC

【解析】预备费包括:①基本预备费;②价差预备费。